U0154405

救災體系：
成效與變革

楊永年———著

Disaster Management System:
Effectiveness and Change

五南圖書出版公司 印行

自序

　　本書的重點在救災體系的成效評量，以及評量後所做的變革，是否發揮應有的功能（成效），以避免問題或錯誤重複發生。救災體系於2020年4月出版後，作者仍持續思考與進行相關修訂。修訂過程深感章節安排有所欠缺；進一步認為，不論從理論或實務思考，均缺少救災體系成效與變革兩大部分。由於這兩章是救災體系發展的關鍵，因此非寫不可；雖然已出版的《救災體系》專書有零星論述，唯未做系統整理，深感有遺珠之憾。本書可視為《救災體系》二部曲或進階篇，主要係《救災體系》完稿出版後，持續修正過程獲得的靈感；部分原因是在2020年短期出國研究，博覽國外大學的圖書資源。具體而言，《救災體系》專書完成後，原本思考應增加兩章，這兩章是「救災體系成效與衡量」，以及「救災體系變革」。但後來愈寫資料與靈感愈多，因此又獨立出這本專書。由於推動組織變革者，多以「創新」者自居；但這涉及重要的組織變革複雜因素，若無適當規劃或衡量，可能出現負面效應。

　　而有些會以組織變革之名，行奪權或玩弄權力與政治之實。這部分在救災體系變革也可能發生，因為即便變革動機不在權力與政治，卻仍可能存在權力與政治的隱含意義。甚至也曾發生變革（採購設備）過程，發生貪瀆問題的個案；因為採購設備的目的是要提升救災成效。本書以成效與變革為主軸撰寫，應該說成效是變革的基礎，要進行變革之前，得先進行績效（成效）衡量（評量或診斷）；或衡量結果應作為變革的「科學依據」或證據。但也可能因衡量指標差異，成效被不當解讀。本書採用《救災體系》專書的研究架構，進行救災成效與變革延伸與深入論述；融入中

央政府、地方政府、非營利組織與社區等。同時擴大災難的定義或解釋，認為暴動、大規模貪瀆、大規模環保汙染或廢棄物，都可視為災難。這和傳統救災體系災難的概念雖有不同，但體系的概念與運作邏輯是相通的。

本書的寫作，帶入作者獲博士課程感受最深的組織行為；並進一步和組織發展（變革）連結；組織發展係組織行為其中一章，但組織發展（變革）亦已自成領域，並有專屬教科書。作者於2006年完成組織行為教科書，同年2月作者轉往國立成功大學政治系（公共行政領域）任教。曾負責公共行政（或稱行政學）與公共政策兩門必修課程，自然將組織行為理論帶進（與結合）前述兩門課程或領域。這些內容展現在作者撰寫《救災體系》專書中，主要在詮釋政府組織在救災體系扮演非常關鍵的角色與功能。應該說，本書主要從組織（行為）切入，但兼納公共行政、公共管理與公共政策相關文獻。本書之完成必須感謝《救災體系》專書審查與出版後，諸多先進提供寶貴修正與回饋意見；為了回應這些意見與問題，因此找尋與閱讀更多文獻，有助本書的完成。

也因作者有機會在日本關西學院大學客座期間，充分利用該校圖書資源，強化《救災體系》專書的內涵；而產生更多的寫作靈感。加上在科技部（2022年8月1日已改為國科會）短期研究計畫支助下（補助編號：109-2918-I-006-010），前往美國德州聖休士頓大學災難與應變管理研究中心（Center for the Study of Disasters & Emergency Management (CDEM), Sam Houston State University）擔任訪問學者。因為這些機緣，得以查閱並應用該校豐富的圖書資源；因而在完稿後仍持續進行修訂，因此《救災體系》的第二本專書於是誕生。內容特別增加新冠肺炎的應變，特別是美國之行讓作者深刻經歷與體悟，對於新冠肺炎疫情在美國爆發後所產生的諸多效應，包括聯邦、州、地方政府、非營利組織等如何因應等，這些議題在本書都有討論。

本書可視為《救災體系》的「進階篇」，之前的專書則可視為「基礎篇」。同時感謝國科會人文社會科學研究中心，委託國立政治大學公共行政學報（TSSCI期刊）審查本書，並經匿名審查後通過。亦特別要向匿名的審查委員致謝，讓本書更為完整。《救災體系》、《救災體系：成效與

變革》兩本專書可以分開或融合閱讀。然而，如果讀者能同時閱讀兩本，可更深入了解救災體系運作的優點、問題與困境。尤其是，本書聚焦成效與變革兩大議題主軸，具有重要性與特殊性。重要性在於，本書目的期待救災體系能發揮更大的功能；特殊性在於，聚焦救災體系成效與變革的專書並不多見。同時期待本書出版，能發揮救災體系成效提升的作用。關於本書撰寫過程，雖盡力修正並避免重複或謬誤，仍可能存在疏漏，尚祈讀者不吝指正。

　　感謝國科會與原子能委員會的支持與協助，包括補助於2020年前往國外（美國德州休士頓）進行短期研究，以及補助研究計畫。包括國科會之「北部核電廠周遭社區自主輻安防災治理之研究」，計畫編號MOST 109-NU-E-006-001-NU。國科會「日本救災體系之研究——以2019年哈吉貝風災為例」已執行完畢，計畫編號MOST 109-2410-H-006-025。國科會「北部核電廠周遭社區自主輻安防災治理之研究 II」，計畫編號MOST 110-NU-E-006-002-NU。國科會「自主防災社區之研究」，計畫編號MOST 110-2410-H-006-020。原子能委員會「核能二廠鄰近社區核安自主管理之研究」；以及國科會「淺山生態系生態服務及農業資源永續」，整合型計畫，擔任總計畫共同主持人與子計畫主持人，子計畫名稱：「淺山生態系與社區服務體系之研究」，計畫編號MOST 110-2321-B-006-007；與第二年的計畫，計畫編號MOST 111-2321-B-006-010。

　　最後要感謝成功大學研究獎勵與經費補助，包括研發處、社會科學院、政治系等，提供的補助與行政協助、優良的研究環境。以及內人岷秀的建議與支持，得以持續研究（出版）能量。還有五南圖書出版公司編輯群的努力投入，本書才得以完整呈現。

楊永年 謹識於國立成功大學

目錄

表目錄

圖目錄

第一章

緒論

　　撰寫本書過程因同時執行兩件國科會研究計畫（均係2021年通過之研究計畫，一件是個別型的自主防災社區計畫；另一件是生科司的整合型計畫，作者負責其中的子計畫），有兩個重要發現，第一，氣候變遷加劇災難發生的頻率，例如2021年就發生諸多千年或百年一遇的災難（這部分本書內容有相關論述）；氣候變遷影響農業發展甚深，例如臺中市東勢的甜柿栽種的海拔愈來愈高，因此2021年國科會生科司徵求相關計畫，而作者參與其中一個整合型計畫（主要研究場域在臺南市東山區）。作者初步發現，因為2021年先有旱災後加上大雨，造成臺南東山龍眼大量裂果與落果，導致2021年東山龍眼（乾）產量大減（有受訪農夫表示僅剩往年平均的5成產量）。唯本書比較著重的會是在救災體系因應氣候變遷（造成的災難）；農損部分雖然重要，但不是本書的重要內容。

　　第二，政策影響救災體系運作甚深，或可以說政策引領救災體系運作；而政策的形成又和領導者的態度有關（當然也和政治制度或政治氣候有關），例如美國共和黨和民主黨（總統）對氣候變遷議題的認同就截然不同，就可能影響救災體系的運作。或因政治因素，形成了救災體系的結構選擇（Moe, 1989）。主要也因為防救災政策規劃與執行，有賴救災體系運作或落實；或可以說，救災政策（與背後的政治或領導者的態度）與體系運作密切相關。而制度因素也是影響政策形成的關鍵因素，這些現象可以從本書的閱讀獲得部分解答。但面對2021年發生諸多因氣候變遷發生的大型災難（本書第二章第二節有相關論述），也讓國際社會不得不重視救災體系（變革），也突顯本書或本議題的重要性。

　　由於災難發生時，通常因為救災（救人）優先，所以效率（時間）通常被視為最重要因素（但效率不是唯一因素，因為還涉及民眾的滿意度或服務品質）。例如，救護車響起警報聲，通常就有行車的優先權，但救護車的配備或服務品質也很重要。另一方面，其他駕駛人會否或願否禮讓救護車，除了仰賴政策管制或配套，制度（特別是非正式規範或社會文化）因素也不可或缺（North, 1990）。災難發生後，救災體系運作是否發揮應有功能，不一定會在第一時間獲得關切；或通常要等救災或災難過後，才能詳細（研究）檢討。不過，往往因為事過境遷，導致體系問題不受重

視，使得救災過程存在影響成效的問題，經常得不到重視或經常重複發生。因此，評估（或評量）救災體系成效很重要，但評估後如何針對既存的防救災問題進行後續變革，以提升或精進救災體系成效，也很重要。

　　邏輯上與程序上，應先進行（系統的）成效評估，再進行救災（組織）體系變革；變革之後，是否（持續）提升救災成效，必須持續評量，或應思考如何制度化變革的成效。由於政府係救災體系的主軸，災害防救政策自然影響救災體系設計與運作；而政策又受政治與（或）社會體制影響，因而有其動態性與複雜性；本書即圍繞在這些議題進行討論。2004年5月上映的《明天過後》（the day after tomorrow）屬災難電影，該片以氣候變遷為主軸，帶出地震、颶風、海嘯、酷寒、南極冰層斷裂、直升機墜機（因酷寒所致）等災難；而劇中扮演美國副總統的先生，不願承認氣候變遷帶來極端氣候（災難）的事實，導致災難因應政策的遲緩，間接與直接影響救災體系運作，造成更為嚴重的災難。

　　不過劇中扮演的總統，在關鍵時刻下達（大規模）撤離令，拯救了數千萬美國人的生命；而這也可以解讀為：總統態度的轉變，立即形成有效的防救災政策並動員救災體系，影響救災成效至鉅。巧合的是，2004年12月發生南亞大海嘯、2005年卡崔娜颶風，讓很多人感覺《明天過後》的電影情節栩栩如生；有些場景（包括政府政策與官員的態度或行為）似曾相識，或類似的場景也出現在電影播出後國內外發生的災難。例如，之後的2009年臺灣莫拉克風災、2011年東日本大地震與海嘯（與核電事故）、2012年珊迪颶風（美國）、2013年海燕（強烈）颱風（菲律賓）、2016年日本熊本大地震、2020年天鵝（強烈）颱風（菲律賓），不只造成嚴重災難，也讓我們看到或親身感受到防救災政策或救災體系作為之不足（或成效不彰）。

　　菲律賓官方統計海燕颱風造成5,680人死亡，受影響人數達1,124萬人，讓作者感受深刻。[1] 至於同屬強烈颱風的天鵝颱風，則造成20人喪生

---

[1]　https://den.ncdr.nat.gov.tw/1132/1188/1205/14615/20531/，瀏覽日期：2021/7/21。

與45萬人撤離家園的災情。[2] 也許因為海燕颱風災情過於慘重，才有天鵝颱風45萬人撤離家園的行動；也因此避免了一場更大的災難，唯這得進一步進行研究或查證。不過，這兩起強烈颱風給我們的啟示是，災難嚴重程度與颱風級別不一定成正比；整備與減災作為有可能降低災難的嚴重程度。此外，在2018年至2021年間，多個颱風與強降雨襲擊日本；也造成日本許多地區嚴重災情。例如位於日本靜岡縣伊豆半島的熱海市，於2021年7月3日上午10時30分發生嚴重土石流，導致18人死亡14人失蹤。[3]

日本關西學院大學總合政策學院長峯純一教授，在2021年7月20日下午7時視訊演講時，分享「熱海市伊豆山區土石流個案分析」，提及熱海市的重災區，在7月3日前已連續數日大雨，7月3日早上7時與9時分別出現雨量高峰，9時的氣象報告則預測雨勢將減緩。因為該則氣象報告，降低了熱海市役所政府的警覺心與發布撤離令的決心。前述災難或多或少也在呼應《明天過後》的電影情節，因為這些災難造成嚴重的生命財產損失。《明天過後》這部影片在提醒我們，應重視氣候變遷，也要有防災意識。同時指出，政府領導者的態度，以及所形成的政策必須考量與因應可能的災難。而這又和災難能否預測（或政府能否超前部署）有關，如果以《明天過後》這部電影說明，隱含災難是可以預測的，因為氣候變遷，已給了人們許多重要的訊息。

唯如電影情節所述，現實中也有許多領導者，不願相信氣候變遷的存在。例如在現在生活中，美國前總統川普就不相信氣候變遷的存在。作者推測，這可能和經濟利益密切相關，原因是美國係使用石化燃料與排碳大國。而這樣的思維似乎也可以解釋或反映，川普總統在面對新冠肺炎（Coronavirus 2019，又稱COVID-19，早期稱武漢肺炎，目前以新冠肺炎或新冠病毒為名）爆發初期，並不願承認病毒已擴散（或擔心影響經濟），所以展現輕忽態度。例如川普總統在新冠肺炎爆發初期曾說，病毒會像流感一樣，很快就過去，請大家（美國民眾）不用擔心。也可能因為

2　https://www.thenewslens.com/article/142799，瀏覽日期：2021/7/21。
3　https://udn.com/news/story/6809/5610048，瀏覽日期：2021/7/21。

川普總統的輕忽（可能導致防疫體系動員不足），導致後來病毒大爆發，美國亦成為世界疫情最嚴重的國家之一。美國在2021年2月下旬，新冠肺炎死亡人數突破50萬人，拜登總統表達「……必須記得這些人，才能開始療癒、團結……」。[4]

前文除表達拜登總統的態度，同時隱含其會動員防疫體系，以提升防疫成效。應該說，每個國家或國際間，每年都有大大小小不同的災難或災害（通常大規模稱災難、小規模稱災害，不過災難與災害有時也交替使用，本書視為同義詞）。目前國際與國內經常要面臨各種不同的災難，這災難部分是無法或難以抗拒；但部分和人類的（破壞或致災）行為有關。因此如何消弭災難，或一旦災難來臨，我們（人類）能夠因應，考驗著人類的智慧，而智慧的背後和永續機制的建立有關。例如，很多災難發生的過程，重複出現人為疏失或錯誤，如何能夠避免這些失誤，是本書的重要目的。

第一節　研究背景

表1-1係美國截至2021年所發生的災難統計表，從該表可以看出主要的災難是惡劣天氣（server storm），共有143例占總災難事件的46.1%。至於惡劣天氣包括閃電（lighting）、破壞性強風（damaging winds）、冰雹（hail）、龍捲風（tornadoes）、洪水（flooding）等。[5] 熱帶氣旋（tropical cyclone，即臺灣俗稱的颱風）則共有56例，占比為18.1%。而如果將惡劣天氣和熱帶氣旋合併，占比則逾6成4。因此，就美國而言暴風雨致災的風險最高。熱帶氣旋的死亡人數為159人（為各類災難中死亡人數最多類別），惡劣天氣死亡人數則為45人。顯然熱帶氣旋在美國造成的死亡風險最高。而熱帶氣旋的財損約11,480億（逾兆）美元（並逾災難總

4　https://udn.com/news/story/120944/5269415，瀏覽日期：2021/2/24。

5　https://www.noaa.gov/explainers/severe-storms，瀏覽日期：2022/1/19。

財損的5成），惡劣天氣則逾3,300億美元財損。因此，美國熱帶氣旋（災難）造成的影響似乎最大。而依表1-1的統計表（數字），就成為美國防災政策的重要參考。臺灣（消防署）也有類似的統計數字，但比較沒像表1-1容易閱讀。[6]

表1-1　美國災難風險種類與傷亡損失

Billion-dollar events to affect the United States from 1980 to 2021 (CPI-Adjusted)

Disaster Type	Events	Events/Year	Percent Frequency	Total Costs	Percent of Total Costs	Cost/Event	Cost/Year	Deaths	Deaths/Year
Drought	29	0.7	9.4%	$285.4B (CI)	13.2%	$9.8B	$6.8B	4,139[†]	99[†]
Flooding	35	0.8	11.3%	$164.2B (CI)	7.6%	$4.7B	$3.9B	624	15
Freeze	9	0.2	2.9%	$32.8B (CI)	1.5%	$3.6B	$0.8B	162	4
Severe Storm	143	3.4	46.1%	$330.7B (CI)	15.3%	$2.3B	$7.9B	1,880	45
Tropical Cyclone	56	1.3	18.1%	$1,148.0B (CI)	53.2%	$20.5B	$27.3B	6,697	159
Wildfire	19	0.5	6.1%	$120.2B (CI)	5.6%	$6.3B	$2.9B	401	10
Winter Storm	19	0.5	6.1%	$78.6B (CI)	3.6%	$4.1B	$1.9B	1,277	30
All Disasters	310	7.4	100.0%	$2,159.9B (CI)	100.0%	$7.0B	$51.4B	15,180	361

[†]Deaths associated with drought are the result of heat waves. (Not all droughts are accompanied by extreme heat waves.)
Flooding events (river basin or urban flooding from excessive rainfall) are separate from inland flood damage caused by tropical cyclone events.
The confidence interval (CI) probabilities (75%, 90% and 95%) represent the uncertainty associated with the disaster cost estimates. Monte Carlo simulations were used to produce upper and lower bounds at these confidence levels (Smith and Matthews, 2015).

資料來源：https://www.ncdc.noaa.gov/billions/summary-stats#temporal-comparison-div，瀏覽日期：2022/1/19。

　　而從表1-2美國災難統計表顯示，從1980年迄今的災難事件，2021年逾10億美元財損的災難就有20件，遠高於四十年來的平均數（過去四十年平均災難為7.4件）。2021年因災難導致的死亡人數為688人，遠高於總平均的361人。2021年災難事件的總災損為1,145億美元，但四十年來的災難財損平均約為515億美元。可以說，不論從表1-1或表1-2，都顯示2021年是美國災難嚴重的年分。除了讓我們觀察到（美國）的災難趨勢，對於美

---

[6]　https://www.nfa.gov.tw/cht/index.php?code=list&ids=233，瀏覽日期：2022/1/19。

國防救災也有許多啓示。第一，應從過去災難個案檢討，進一步檢視防救災政策是否存在漏洞或盲點。第二，一旦防救災政策有所調整，對於救災體系運作，也應作適度的調整。第三，從過去災難個案研究，並作不同個案的比較分析，則可以更清楚了解美國防救災問題的根源，並可提供解決方案的建議。

表1-2　美國災難統計表

Select Time Period Comparisons of United States Billion-Dollar Disaster Statistics (CPI-Adjusted)

Time Period	Billion-Dollar Disasters	Events/Year	Cost	Percent of Total Cost	Cost/Year	Deaths	Deaths/Year
1980s (1980-1989)	29	2.9	$190.2B	8.8%	$19.0B	2,870	287
1990s (1990-1999)	53	5.3	$293.0B	13.6%	$29.3B	3,045	305
2000s (2000-2009)	63	6.3	$556.8B	25.8%	$55.7B	3,091	309
2010s (2010-2019)	123	12.3	$872.9B	40.4%	$87.3B	5,224	522
Last 5 Years (2017-2021)	86	17.2	$742.1B	34.4%	$148.4B	4,519	904
Last 3 Years (2019-2021)	56	18.7	$295.9B	13.7%	$98.6B	994	331
Last Year (2021)	20	20.0	$145.0B	6.7%	$145.0B	688	688
All Years (1980-2021)	310	7.4	$2,159.9B	100.0%	$51.4B	15,180	361

資料來源：https://www.ncdc.noaa.gov/billions/summary-stats#temporal-comparison-div，瀏覽日期：2022/1/19。

災難對人類而言一直都是存在的，Withington（2010）針對歷史上發生過的災難，區分爲火山（volcanoes）、地震（earthquakes）、海嘯（tsunamis）、洪水（floods）、颱風〔typhoons，又稱風暴（storms），或颶風（hurricanes）〕、其他極端氣候與神祕的毒害〔other extreme weather & a mysterious poisoning，如冰雹（hailstorm）、美國龍捲風（American tornadoes）、美國熱浪（American heatwaves）、季節性洪水（monsoon flood）〕、瘟疫〔plagues，雅典（Athens）、羅馬（Rome）、東羅馬（Justinian）等年代，不明原因的頭痛發燒突然死亡、黑死病（the black death）、後期的瘟疫（later plagues）〕、其他疾病〔other diseases，如麻疹（Measles）、天花（Smallpox）、斑疹傷寒

（Typhus）、霍亂（Cholera）、嗜睡（Sleep sickness）、流感（flu）、瘧疾（Malaria）、愛滋病（AIDS）〕、飢荒（famine）、戰爭與侵略（war and invasion）、國家的謀殺（murder by the state）、叛軍暴動與恐怖主義（rebellions, riots & terrorism）、火災（fires）、爆炸與大規模毒害（explosion & mass poisonings，含礦災）、潰逃倒塌與大規模恐慌（stampedes, collapses & mass panics）、毀滅〔shipwrecks，如鐵達尼號（Titanic）〕、火車事故（train crashes）、飛機失事（air crashes）、其他交通災難（other transport disasters）等。

　　前述災害分類相當詳細，可以說幾乎涵蓋人類歷史上發生過的所有災難；有些災難的死亡以百萬人或千萬人計，甚是悲慘。例如新冠肺炎全球疫情，在2021年1月13日的統計，逾9,000萬人確診，逾190萬人喪生。[7]我們同時可以發現，類似災難與因應災難的模式存在錯誤且重複發生（但當這錯誤行為和民主體制有關，有些人並不認為有錯）。例如，即便公衛專家疾呼戴口罩可防病毒快速擴散；但美國對是否強制配戴口罩，一直存在爭議。至於如何深入研究找出深層的原因，並進行後續的變革，讓人類的生命財產獲得更大保障，就非常重要。例如災難的發生，可能大幅改變我們的生活環境，Withington（2010: 49-52）即指出，美國德州南方的加爾維斯敦，在19世紀前相當的繁榮、富有，甚至有南方紐約之稱；但經過一場颶風卻整個改觀。作者於2020年3月11日，訪談休士頓市政府住宅與社區發展局，官員說加爾維斯敦在1900年颶風災難發生前，曾是德州最大城；後因颶風災難影響，人口大量北移至現今的休士頓，讓休士頓成為全美第四大城。

　　而前述現象也顯示出，颶風後會帶來城市的巨大改變；而這些改變有些是自願的（例如自願搬遷），有些是非自願的（颶風就是非自願因素）。Withington（2010: 49-52）進一步指出，在1900年時，加爾維斯敦總人口達42,000人，也是德州最大的港口。1900年9月4日，當時颶風在古巴時，就有氣象警示颶風可能侵襲加爾維斯敦，但可能因為沒有特別預

防；也可能因為當時居民沒有經歷過大型颶風，因而欠缺危機意識。而這正可以解釋，1900年9月5日凌晨4時，已有約3英呎（約1公尺）的巨浪；因此有少部分民眾開始警醒，開始撤離家園。但很多居民仍未撤離（警覺），以致9月8日晚上10時，海浪達15英呎（約5公尺），因而釀成大災。最後導致約6,000人死亡，3,600戶家庭被摧毀，5,000戶家庭成為無家可歸；在當時這是美國有史以來最大的颶風災難。基此慘痛經驗，許多居民漸漸搬離加爾維斯敦並北移至休士頓。加爾維斯敦目前仍是德州重要的觀光城市，也蓋有颶風博物館（Hurricane Museum），但其重要性與繁榮程度已不若1900年代。

　　另一方面，中國在2020年，有超過7,000萬人受洪水災害所影響，直接經濟損失逾315億，為1998年以來最嚴重的汛情。這次災難，共緊急安置470萬人，死亡與失蹤人口為271人。死亡與失蹤人口較五年平均下降約5成；房屋倒塌下降近5成。[8]至於這代表減災政策或策略發揮功能，或未發揮功能，有待進一步研究。因為這麼龐大的災損，代表減災策略仍有精進空間，而這又涉及災難的意義與內涵。災難若簡單區分，可分為天然或人為兩類。不論是天然或人為災害，經常涉及搶救與預防，因此不能忽略人為（含體制）因素。例如地震造成建築物倒塌導致傷亡發生，由於建築物就係人所搭建，所以離不開人的因素。再以地質災害為例，「種類包括活動斷層、山崩、地盤下陷、基礎沉陷、侵蝕和沉積等作用，引起的地震、山崩、地層下陷等人力難以控制的災害」。[9]地質災害背後固然存在大自然因素，但人為（不當）開發，也可能直接或間接造成地質災害的發生。

　　還有一種地質災害為泥貫入體（Mud Diapirs，**是泥質沉積物混合大量流體從海底深處慢慢的往上竄貫侵入上部地層，為非爆發式的貫入過程**）可能出現在臺灣西南部（海域），並伴隨泥火山的發生（陳松春、許

8　https://udn.com/news/story/7332/4834698，瀏覽日期：2020/9/4。

9　http://edresource.nmns.edu.tw/ShowObject.aspx?id=0b81a1f92d0b81da27a8，瀏覽日期：2020/8/30。

樹坤、王詠絢、劉家瑄，2014）；而該文主要和油氣探測有關。再依作者
參加2020年8月4日在成功大學舉辦的「臺灣西南部厚層泥岩區之地質災
害型態與成因探討」研討會，提到**「臺灣西南部厚層泥岩區存在且正在發
生著我們並不十分清楚的地質災害」**。泥貫入體與泥火山都可能致災；尤
其**「台灣高鐵南延屏東案、龍崎事業廢棄物掩埋場、臺南鐵路地下化、沙
崙智慧綠能科學城、橋頭科學園區開發案、核三廠延役問題、台86線東延
案等」**。可能因為前述地質災害，造成天然加人為的災難。但究竟何者為
因、何者為果，有時不是那麼清楚。例如2021年1月8日，義大利南部某醫
院停車場突然出現面積約618坪、深度20公尺的天坑；雖無人傷亡，但吞
沒數輛汽車；經指派專家調查，可能是雨水滲入導致坍塌。**10**

　　應該說，地質災害會否受人類影響，存在許多可能。例如，人類對地
質進行開發、改變、探勘或入侵，是可能造成地質災害。至於地質災害會
否造成人類的災難，可能要視規模與地點而定；或即便有地質損害，但未
造成人類生命財產損失，就不能稱為災難。唯地質災害是可能造成災難，
以地層下陷為例，同時存在天然與人為因素。例如依成功大學水工試驗研
究所的定義，**「地層下陷係指因人為或自然因素引起地層內部孔隙壓縮，
造成地面沉陷之現象。一般而言，臺灣的地層下陷主要係由人為因素所造
成，大多為超量抽取地下水」**。**11** 比較令人擔憂的是，地層下陷可能和水
災、建築物倒塌，與危及鐵路、道路與高鐵。設若造成高鐵行車安全，就
可能形成複合式災難。關於地層下陷的議題，經濟部水利署相當關切，官
網也有臺灣各縣市地層下陷相關資訊。**12**

　　或者，地層下陷固然和用水有關（所以水利署必須關注），但如何
解決地層下陷卻需跨部會與跨層級政府合作；因為這議題可能和農委會、
交通部，以及地方政府都有關係，或這同樣是組織間合作的議題；至於組
織間合作的成效如何衡量，將於本書第三章第三節進行討論。而之所以進

---

10 https://udn.com/news/story/6812/5161153，瀏覽日期：2021/1/16。

11 http://www.lsprc.ncku.edu.tw/index.php/2015-07-27-07-54-22/knowlege/195-2015-09-24-08-46-42.
html，瀏覽日期：2020/5/11。

12 https://www.wra.gov.tw/6950/7170/7356/7488/13314/，瀏覽日期：2020/5/11。

行災難分類，主要的原因在於，不同災難存在不同的特性，為精進災害防救專業發展，因此有分類之必要。就如災害防救法第3條，就針對不同的災害作分類，並作具體分工由不同部會負責。當然，也可能存在複合型災難，例如瘟疫加上暴亂（本書第二章第二節有詳細論述）。因此分類歸分類，不能忽略複合型災難發生的可能性，必須發展整合性的機制，但前提是因應的政策或策略必須精準有效。

應該說，因為存在不同種類災難，救災體系運作要有專業分工因應；但分工之後又可能存在整合問題。換言之，由於災難種類愈來愈多元，而且對於應變的品質要求愈來愈高，因此在專業分工就有更高的期待。消防署與消防局的成立，就在回應前述專業分工的要求與期待。這部分在臺灣省各縣市政府消防局組織規程準則（草案）總說明，就提及「**近年來本省工商業進步繁榮，人口大量集中，建築物趨向高層化、大型化、地下化及使用性質多元化，致現代化都市火災型態及火災問題趨於嚴重而複雜；⋯⋯邇來重大建築物火災、危險物品爆炸事故、水災、颱風、地震等重大災害事故頻傳，造成重大人員傷亡及鉅大財產損失，引起社會大眾對公共安全之疑慮及消防救災、緊急救護應變措施之關切**」。

前述內容主要在陳述警消分立的重要性迫切性，同時隱含成立專責消防機關，可以提升救災（救護）能力。一位資深消防官員於2020年8月25日，接受作者簡易訪談時回憶，警消分立決策的形成，主要因為大型災難發生後，經過檢討與研究發現，消防人員與單位之專業性不足。另一個重要原因是，消防隸屬警察組織，未受到應有的重視。例如，在警察組織主導下的消防運作，難免因強調治安的核心任務，導致消防任務的偏離或忽略；但龐大警察資源支援（消防）救災的情形也經常可見。然而，消防署與消防局籌備與成立過程，主軸在消防專業化的考量與組織設計；而不是救災體系協調整合的思維。應該說，救災體系存在跨組織整合問題，係消防署（局）獨立後才慢慢浮現。如果警消分立以協調整合為主軸，可能因為跨機關（部會）整合困難度高，延緩消防署與消防局獨立的期程。再者，如果以「整合」為主軸，主導性就不在消防組織，所以警消分立聚焦消防專業能力同時存在理想與現實的考量。

消防署與消防局成立過程，可能因為過於強調專業分工，忽略整合或未就整合議題進行組織設計；使得原本密切合作的資源也必須切割。再者，災害應變的細部運作可能因災害專業領域的不同，而在執行過程中存在差別。例如，恐怖攻擊過程可能會散布較多謠言或假訊息；或恐怖攻擊的資訊蒐集與公開，部分和天然災害（如颱風）會有不同，例如颱風會有清楚的路徑與雨量預測數據。再者，防疫資訊的獲取、應用與傳播的敏感度比雨量資訊更高，因為疫情直接威脅生命與健康。同時擴及相關防疫資源動員，以及（兩岸與國際）組織間合作議題，都直接和防疫成效密切相關。2020年爆發新冠肺炎，對我國與世界防疫體系造成挑戰，同時造成失業與經濟活動嚴重影響；甚至直接或間接讓複合型災難發生的頻率增加。例如，2021年5月至7月期間，臺灣南部歷經嚴重旱災與水災，有些商家則因無法營業蒙受巨額虧損。

關於防疫體系的定義，就本書而言等同於救災體系（楊永年，2021a），因為依災害防救法的精神，重大或大型災害係由行政院主責；行政院下設災害防救辦公室（幕僚單位），同時可以召開災害防救會報，以及透過災害防救委員會（行政院副院長為召集人）召開諮詢會議。由於臺灣新冠肺炎防疫處理期間，主要由衛福部主導，並由陳時中部長擔任指揮官；但因為涉及跨部會、跨層級政府，難免造成衛福部部長協調與整合存在困難。理由在於，我行政院官網雖有完整的組織架構，但若首長（行政院長）不重視，也難以發揮應有的（整合）功能（楊永年，2020：35-39）。[13] 因為組織結構呈現層級節制的「靜態」現象，但如何發揮動態的功能，有必要由上而下集結跨域（包括跨部會與跨層級）資源；透過各層級首長工作承諾的提升，就可能有助防救災資源的活化。

再以防疫體系對於醫療體系論述，這兩者在中央或地方政府實際運作並無不同，因為都會採相同的模式運作。但防疫、醫療與防救災行政（或政策）人員仍可能因專業不同，可能存在不同的解讀意義。例如醫療人

---

[13] https://cdprc.ey.gov.tw/Page/A80816CB7B6965EB，瀏覽日期：2021/2/7。

員會從是否設置「防疫專責醫院」的角度，[14] 以及既有的六個區域緊急醫療救護中心（Reginal Emergency Management Operation Center, REMOC）進行設計與思考，這六區包括臺北區、北區、中區、南區、高屏區與東區。[15] 前述的思考無可厚非，但仍可能存在區域整合的問題，其內涵包括跨中央與地方政府層級，以及跨縣市問題，而這可以從過去不同的個案得到印證（楊永年，2012c；2012d）。作者引註兩個個案，分別是2012年署立新營醫院北門分院呈現的中央與地方整合困境，以及臺灣中南部發生大雨的跨縣市整合問題。而前述的困境或問題，同樣可能出現在新冠肺炎防疫體系運作上。

　　新冠肺炎病毒最早出現在中國武漢，並在武漢市快速蔓延；後來傳至亞洲、歐洲、北美洲、南美洲、非洲。所以最初係以「武漢肺炎」稱呼，後來發現武漢肺炎可能造成中國（武漢）「汙名化」，或為避免中國或武漢遭標籤化，因此推動不使用武漢肺炎。後以病毒是人類共同的敵人的理由，WHO正式命名為新冠肺炎。新冠肺炎未曾在歷史上出現，但可歸類為瘟疫的一種。關於新冠肺炎的感染源、傳播媒介、疫苗發展仍存在不同說法，但造成全球災難卻是事實。目前人類對於新冠肺炎存在許多已知，但也仍有許多未知，使得疫情發展存在不確定性。新冠肺炎除了對人類健康生命造成威脅，同時影響全球各國的經濟與生活。例如，美國休士頓中國城商家表示，因為疫情加上歧視，讓他們營運狀況比2017年哈維風災更慘。原因是，除了因為疫情或居家令，居民不敢上餐廳；更大的因素是，商家必須面對歧視、攻擊，以及被無故捲入政治紛爭。[16]

14　https://health.udn.com/health/story/120951/5238721，瀏覽日期：2021/2/7。

15　http://ws.ndc.gov.tw/Download.ashx?u=LzAwMS9hZG1pbmlzdHJhdG9yL2NlZmlsZS9kYjA0NTM3Yi0wOGJhLTRhZjktYjUyZS02YWM1OTNkNzljYmIucGRm&n=MDYt5aSn6YeP5YK355eF5oKj57Ch5aCxLeaXpeacrOS6pOa1geWNlOacgyjlnIvnmbzmnIPniYgpcHB0eC5wZGY%3D，瀏覽日期：2021/2/7。

16　https://www.worldjournal.com/6947481/article-%e9%87%8d%e5%95%9f%e9%9b%a3%e8%8f%af%e5%9f%a0%e5%95%86%e5%ae%b6%e9%87%8d%e5%95%9f%e6%9b%b4%e9%9b%a3-%e5%8f%97%e6%ad%a7%e8%a6%96%e4%bb%96%e5%80%91%e6%9c%89%e8%aa%aa%e4%b8%8d%e5%87%ba-2/?ref=%E8%A6%81%E8%81%9E_%E6%96%B0%E8%81%9E%E7%B8%BD%E8%A6%BD，瀏覽日期：2020/5/18。

　　雖然新冠肺炎於2019年12月發生或爆發（也有一種說法是11月就有個案發生），但一直到2020年1月近農曆春節時，中國才公開疫情資訊。可能確認新冠病毒的時間延遲，也可能存在防疫資訊不願公開的情形，導致全球許多國家都陸續出現龐大確診案例。但全球新冠肺炎疫情嚴重成為事實時，人與人或國與國之間，卻不一定能夠共同攜手對抗共同的敵人（病毒）；也就是仍存在本位主義或權力政治考量，除了不願合作，甚至出現互相攻訐或導致（製造）仇恨等，造成更多的人為災難。例如，戴口罩與否曾有一段時間成為美國的政治爭議，因此口罩爭議可能是導致美國疫情快速惡化的重要原因。再者，世界各國也不乏防疫專家與資源，卻仍難以抵擋病毒快速蔓延。因此問題可能不在缺乏防疫專家或專業，可能的原因是專業意見不受（政治）尊重或重視，例如川普總統和防疫專家佛奇，就經常有不合或衝突的傳聞。[17]

　　關於新冠肺炎病毒是經由動物傳染，或經由人為合成，目前防疫科學界似乎仍有許多爭辯或討論，以及對於感染源為何，都有不同的說法；甚至變成美國與中國爭辯的議題。[18] 同時也傳出，動物也可能確診新冠肺炎，這些訊息都讓民眾感受到新冠肺炎病毒的威力或壓力。[19] 合理的說法是，即便後來證明病毒係經由動物傳染給人，也不能完全歸咎或分類為天然災害；有可能因為人類不斷繁衍（人口增加）、不斷開發森林或生態棲地、肉品或多元動物不斷消耗或成為佳餚，導致諸多生物滅絕，或動物生活空間遭到壓縮。這些是病毒（災難）背後存在的問題或原因，或縱使原因不一定是單一，卻可能存在人、病毒、生態環境互動產生的（動態）結果。

　　基此，病毒的發生直接或間接和人類（行為）有關；加以，目前全球各國感染嚴重的情形分析，絕對存在人為（災難）或制度因素，不能（完全）歸咎是自然（天災）因素，例如美國防疫隔離政策和臺灣就不相同，

[17] https://www.cna.com.tw/news/aopl/202004130125.aspx，瀏覽日期：2021/1/30。

[18] https://www.bbc.com/zhongwen/trad/science-52133480，瀏覽日期：2021/1/30。

[19] https://www.cna.com.tw/news/aopl/202012120107.aspx，瀏覽日期：2021/1/30。

詳細內容在本書第三章第二節第柒部分有相關論述。既然病毒造成人類大災難，要探索或解決這問題，無法單靠個人的力量去面對或解決。而這同樣突顯救災或防疫體系（研究）的重要，而不只是病毒（防疫與傳染）是我們必須關切的重點，背後存在的防疫資訊、動員、組織間合作等眾多議題也都不能忽略；而這些都是救災體系重要的（個案）研究素材。綜言之，本書試圖從過去不同的災難個案研究中，探索和整理出相關問題與發現；同時嘗試從永續的角度提出解決問題的方式。

第二節　研究動機與目的

本書目的在提升救災體系成效，但須先衡量或評估成效，並提供或回饋給救災體系作為變革資訊；特別透過重大災難個案研究，有助提供救災體系變革或防救災策略強化。依聯合國減災策略辦公室（United Nations Office for Disaster Risk Reduce, UNDRR）官網的說法，在1998年至2017年間發生的災難，總共有130萬人喪生，同時影響44億人。地表發生的事件包括地震、海嘯是主要的致命災難，但氣候變遷相關的事件，包括颶風（颱風）、洪水、乾旱、熱浪與其他極端氣候事件等，卻囊括91%的災難。這些災難翻轉了人類的開發成果，同時對人類的生命造成無法逆轉的傷害。除非我們採取行動，否則氣候變遷將造成更多的死亡與傷害。[20] 關於聯合國減災策略辦公室在日本發表的1994年《橫濱宣言》、2005年的《兵庫宣言》，以及2015年的《仙台減災網領》等，主要都在回應前述災難，所做的國際減災策略與努力（楊永年，2020：5-7）。

應該說，日本係聯合國成員，具有與國際連結或合作的優勢；有助救災成效的提升。本書救災體系採用楊永年（2020：25-39）的定義，「**透過組織集合體的連結，以救助為主軸，達災害防救功能或成效提升的效**

---

[20] https://www.undrr.org/developing-national-disaster-risk-reduction-strategies，瀏覽日期：2020/9/3。

果。因為大型災害救災緊急性與複雜性，經常無法或難以由單一組織（或機關）達到目的；而以救助為主軸的思維涵蓋預防。所以要以組織集合體進行實作，也因此要從這個角度進行研究，方得窺全貌」。這定義原本以天然災害為主，但因大型「人為」災難也適用這個定義，特別是新冠肺炎從2019年底發生，到2022年1月，仍不斷傳出變種病毒株肆虐；甚至傳出美國單日病例暴增106萬例，對醫療體系造成衝擊。[21] 對於染疫者，政府（醫院）固然必須儘快救助與隔離，還必須立即啟動防疫（救災）體系，避免疫情進一步擴散；也可以說，防疫體系不能有絲毫鬆懈。

不僅如此，2020年適逢美國大選年，期間發生Floyd遭警察鎖喉而死案，造成美國全國各州抗議遊行不斷，以及美國發生國會暴力案（目前仍在調查中，同時潛藏拜登總統與川普前總統的政治角力）等，都屬於（制度框架影響下的）人為災難，也必須立即啟動救災體系（唯主責單位可能會有差異）。前述災難也因此提供諸多案例得以檢視「救災體系」的內涵，自然擴大了救災體系的定義。依聯合國減災策略辦公室2020年年度報告，針對新冠肺炎疫情造成的災難；就鼓勵採用仙台架構（Sendai Framework），透過仙台架構的執行，以強化全球監控、分析與協調；同時也要支持地區（regional）與國家（national）的仙台架構執行。[22]

仙台架構（The Sendai Framework for Disaster Risk Reduction 2015-2030, Sendai Framework）主要是2015年後的發展議題，提供會員國具體的減災風險行動（架構）。[23] 顯然仙台架構的採用，不因人為或天然災害而有所區隔；這也隱含救災體系研究架構，適用人為與天然災害。由於救災體系要能持續精進有效的因應災難，必須不斷進行研究、評估、衡量（或稱績效評量）與變革，評量的內容主要作為組織學習，以及後續進行變革的重要基礎。至於如何進行救災成效衡量，以及進行體系變革，這是

---

[21] https://tw.appledaily.com/international/20220104/4MPFTKIZMZF5NEGKG5DLLHVBF4/，瀏覽日期：2022/1/6。

[22] https://reliefweb.int/report/world/undrr-annual-report-2020，瀏覽日期：2022/1/19。

[23] https://www.undrr.org/implementing-sendai-framework/what-sendai-framework，瀏覽日期：2022/1/19。

兩個大議題；但卻是相關且重要的兩個議題。而且是在救災體系下探討這兩個大議題，所以是本書的寫作目的，除了進一步深化救災體系內容，同時探索成效衡量與組織變革兩大主題。

　　雖然中文的救災體系和英文的「Disaster Management System」可能存在語意上的落差；但救災著重「搶救」以及Disaster Management System聚焦「disaster」，因為就這解釋而言，兩者的相似度高。就理論而言，《救災體系》專書針對資訊、動員、組織間合作等三個獨立專章（亦可稱為自變項），進行理論與實務運作的討論與分析，但獨缺依變項救災成效之系統論述（楊永年，2020：44-50）。而這也是專書出版後才發現的問題，因此深感應補齊（強）救災成效的專章論述，主要原因在於，大災難發生後，多會發生許多缺失，所以也多會進行救災體系變革；唯變革過程不一定符合「計畫性變革」理論；或變革過程充滿政治利益考量。再就實務運作而言，成效或績效通常是組織最引以為傲或可以展示之處，卻也經常缺乏系統與完整的評估，以致在運用上存在許多問題或盲點。

　　或者，進行計畫性變革（或災難問題解決）之前，通常應有完整的評估。或因為重大事故之後，必須進行組織變革，應有完整的調查報告為基礎。但實際上，所謂（公開）完整的調查報告並不常見（可能存在高水準的調查報告，但因很多調查報告不願公開，因此難探究竟）。有些調查報告（或稱檢討報告）會強調他們做了多少事，提供多少資源（包括人力、器械、經費、糧食與其他用品）。[24] 可能的原因在於，他們希望讓捐款人、災民或其他相關政策利害關係人，知道他們做了很多的努力；至於成效如何（資源是否適當動員），經常避重就輕；或也可能誇大成效。當然要自己（所屬組織，或利害關係人）檢討自己，不是簡單的事，或有時可能不夠客觀。因此若有外部人員參與，通常可以提升客觀度；但前提是外部人員具專業性，且願秉持客觀公正的態度。

　　如果個案真相或問題（診斷）不完整，對於組織變革的成效（因為

---

[24] https://reliefweb.int/sites/reliefweb.int/files/resources/OCHA%20Situation%20Report_ Myanmar%20Floods%20Emergency_No%204.pdf，瀏覽日期：2020/9/2。

缺乏依據或證據），就難以提升。因此，如何撰寫準確、客觀與深入的調查報告有其必要。至於調查報告如何撰寫，固然有其專業性或技術性，但也有其一般性或普遍性（或組織變革的資訊）。因為調查的重點在發現事實、真相與關鍵點的因果關係描述，主要目的在預防錯誤重複發生。如果報告撰寫者，能有學術或研究報告的訓練，有助調查報告的撰寫。或者，調查報告可以外包或委外，只是責任還在委託單位；或雖然委外，仍應想辦法和委外者形成合作或夥伴關係。當然最好還是由業管單位撰寫，再邀請專家學者提供諮詢建議；因為有時個案調查報告涉及職權或公權力，不見得適合由不具公務員背景人員進行調查或撰寫報告。只是，具公務員身分者撰寫調查報告，可能遭懷疑有來自上級或政治壓力。而如果由監察院撰寫調查報告，公信力就比較足夠；不過監察院也可能受政治制度影響，導致公信力不足。

以2020年4月26日臺北市錢櫃KTV發生火警個案為例，該案導致6人死亡，以及多人受傷。這是人為災難，可以進行救災體系分析，分析後的結果可作為組織變革依據。再詳細論述，這背後可能同時存在業者與官員（行為）疏失，而為避免類似問題發生，可以從工作內容、互動關係、組織設計與工作情境因素等四個層次進行分析。這四個分析層次類似組織行為分析（楊永年，2006），涵蓋個人、團體、組織、組織環境等。比較關鍵的三個大問題是，第一，何以業者會關掉警報系統；第二，前一天臺北市政府聯合稽查小組為什麼沒有查出施工以及施工應有施工計畫；第三，有關政府（消防）救災作為，以及所設計的逃生路線（含安全梯的使用），是否合乎作業規範標準。這三個關鍵問題，可各自成為重要的研究議題，包括業者營利導向思考，以及聯合稽查成為例行或形式化的業務；而這都脫離不了制度或體制的因素。因此均可從本段文字的四個層次進行深入分析。

就前述四個層次，工作內容簡單的分析問題是，針對火警預防，誰應該做些什麼、怎麼做，才可以避免這次火警發生；而實際上相關人員做些什麼、怎麼做，才讓這次火警發生。互動關係則涉及第一線人員與監督（或主管）人員（包括內部與外部），是否存在提醒或預防功能。組織

設計則從作業流程，以及從組織分工的角度進行檢討。工作情境（組織環境）則從官員、業者、府會（市政府與市議員）更大的動態因素進行問題的檢討與思考；唯這和系統理論的應用與解釋有關。針對業者關掉警報系統的問題，除了採取重罰外，還得加強監控或檢查；同時明定警報器開或關的責任歸屬，包括負責的員工與值班經理。可能的情形是，雖已有相關（罰則）規定，但為營利之便，或避免警報器影響營運，所以關掉警報器。

針對前述問題，或可從加強監控進行設計，而這可以包括，一旦業者關閉警報器，主管機關就有訊息通報或顯示。就技術層面而言，這樣的管制方式相當容易，以人工智慧或電子連線方式，就會有警報器的訊息傳送至主管機關。但如此簡單的思維，在實務上不見得可以施行。第一，業者不喜歡，因為會喪失業者的自主性，因為業者可能擔心隨時被監控；第二，管制或主管機關不願意主動管制或缺乏管制誘因，因為這會加重主管機關的責任。在此情形下，可能會透過民意代表，以及想辦法找尋與現有法令不符之處，以逃避這樣的規範；而這可能要看首長的堅持度與對問題或法令的熟悉度。如果可以透過這樣的方式進行變革，也同時可以解決聯合稽查的問題；或至少警報器有沒有開，聯檢小組就不必再確認警報器開關。其他如是否有施工計畫書，是否有在進行施工，都可以透過網路（AI設計或人工智慧）進行處理；以減少人力的浪費，也可以縮減作業流程。

或者，也可以針對臺北市政府相關機關（特別是聯合稽查小組所屬機關），進行前述四個面向的檢討，並進行調查報告之撰寫。調查報告撰寫當然也可以圖1-1作為研究架構（見本書第36頁），以資訊、動員、組織間合作，探索火警發生的原因，以及因應的策略。換言之，前述內容已勾勒出調查報告的撰寫架構，若能完成，有機會可以改善類似錢櫃大火案例存在的問題。只是，包括實作單位、研究單位，可能會有各種理由，無法或難以完整詳實的調查報告；因此，之後的組織變革（不論有無實施）都難以精準或落實變革。例如，依資訊、動員、組織間合作三個自變項，再加上依變項救災成效，又可以有諸多定義內涵，可以深究火警的因果關

係。其目在提升防救災成效或功能，其內含包括預防、減災、搶救與復原。

　　而不論採用何種研究（或寫作）架構，重點仍在於如何深入分析與了解組織（臺北市政府）面對業者或災害，所呈現組織運作的動態性，以及受環境影響的可能因素。這樣的調查報告，可以透視影響火警（災害）的可能因素，及其所造成的影響。而這同時，會自動查出責任歸屬的因果關係，或俗稱誰應該負什麼責任，或該接受什麼懲處。過去許多案例的處理模式是，調查報告沒有出爐，懲處或責任定位很快就公布，對於是否能避免錯誤重複發生，則不會是主軸。由於公務員最擔心或害怕的就是被追究責任，因此主管機關對於調查過程通常抱持兩種態度。第一種態度是撇清責任，第二種態度是立即定調責任之歸屬（誰該負政治或行政責任）。雖然主管機關也會思考如何避免災害發生，但經常因為諸多因素，導致避災或避免錯誤的運作無法持續或落實。

　　如果主管機關（首長）採取第一種態度，通常不會在意未來會否發生同樣的錯誤。第二種（以追究責任為主軸的）態度，可能影響工作士氣；因為有些當事人擔心會被究責，就不太願意說出問題真相。在此情形下，對於系統性的火災案例檢討也不會重視，有關預防機制或作為就難以落實，對於後續變革（避免災害發生）就相當困難。而這問題的根源和制度因素有關，使得問題解決無法或難以從永續（避免錯誤重複發生）的角度進行思考。若以2020年7月國軍舉辦的漢光演習為例，釀兩死一傷的慘劇，海軍司令部也很快公布調查報告，說明和「海象驟變」有關。[25] 不過這份調查報告仍存在許多疑點，值得進一步釐清；或者，理論上應作詳細與系統化評估再公告或對外說明。

　　唯可能因外部壓力過大，因此短時間內就出現海象驟變的調查（報告

[25] https://www.msn.com/zh-tw/news/national/%E6%B5%B7%E8%BB%8D%E8%AA%BF%E6%9F%A5%E5%A0%B1%E5%91%8A%E5%87%BA%E7%88%90%EF%BC%81%E7%BB%E8%89%87%E6%84%8F%E5%A4%96%E9%87%802%E6%AD%BB%E9%87%8D%E5%82%B7-%E9%97%9C%E9%8D%B5%E4%B8%BB%E5%9B%A0%E6%98%AF%E6%B5%B7%E8%B1%A1%E9%A9%9F%E8%AE%8A/ar-BB16nWI5，瀏覽日期：2020/7/7。

或結果）解釋，但這樣的解釋存在六個問題（楊永年，2020f）。第一，客觀性：由於出事的單位係隸屬海軍的海軍陸戰隊，海軍司令部是利害關係人，調查報告的客觀性會遭到質疑。第二，多元性：通常事故發生的因素很多，不會是單一因素，而是多元因素所造成。第三，公開性：為昭公信，調查報告通常都應公開，主要在接受監督並策勵未來。第四，課責性：調查報告應同時為上級、民意機關、社會大眾負責，而這同時呼應公開性。第五，海象的可預測性：海象是氣象的一部分，有可預測的部分，也存在難以（或不可）預測部分；這部分在演習或實際作戰都很重要，亦可作為教育訓練重要的基礎，所以也是調查報告必須釐清的要點。第六，人為的動態性：官兵操演過程存在動態性；例如，海象驟變的當時官兵如何因應，或事前有否相關準備或預防，都可以是重要的調查內容。

理論上，根據前述六項衡量指標，同時結合圖1-1研究架構，是可以寫出完整或系統的調查報告。不過，實務上可能因為效率（特別是時間急迫）因素，相關利害關係人急於知道緣由；因此，若未能即時給予具說服力的說法，可能因任意猜測導致失焦。或也可能因為追究責任的因素，使得調查報告不敢往「人為疏失」的方向發展。但也有可能因為撰寫調查報告必須投入較長時間，完成調查報告後因為時效已過，社會大眾（或媒體）的關切度就會減弱。合理的論述是，任何事故的發生，都可能同時存在人為疏失與體制因素（含不確定的環境因素）。

或者，追查人為疏失的背後，亦不能忽略體制（制度）因素造成的結果；包括正式與非正式規範，都有許多探討的空間。甚至作者認為，調查體制原因重於個人疏失與責任追究，才能作進一步的組織變革，避免同樣問題（錯誤）重複發生。主要因為體制問題，必須以計畫性（長期性）變革，才可能提升組織（救災）績效。最簡單的思考邏輯是，救災體系必須有完整或系統的評估，並作為救災體系變革的基礎。或者，重大災難後，通常會有許多檢討，同時會要求（立即）進行變革，目的在強化救災體系成效（或功能）。但往往因為事過境遷，問題仍未獲得應有的重視；或可能因為資訊不夠公開，或溝通不良，導致相關變革得不到認同。例如2021年4月2日臺鐵太魯閣號事件，經媒體批露後，行政院與交通部都有回應，

但是否能有有效變革（以及變革資訊是否在官網公開），則仍待進一步檢視。[26]

　　再深入分析，救災體系變革能否提升救災成效，有時因為沒有持續關注或深度評估，因此存在不確定性；或最終可能沒有提升救災成效。而這也是本書最重要的目的與價值，因為救災體系成效衡量的目的之一是，透過救災體系變革，以進一步提升救災成效；至於避免相同問題重複發生，也屬於救災成效之提升。也因此災難的發生，正好提供很好的（個案）研究發展素材，可以全面檢視救災體系存在的問題或盲點。只是，依前述案例的說明，所謂理想的績效評估模式套用在災難個案研究，可能存在限制；使得評估（調查）報告，不容易呈現全貌或真相。基此，作者積極整理與撰寫救災成效與救災體系變革兩大部分。這兩大部分的探索成為本書的主軸，同時可讓救災體系內涵更為完整。再進一步論述，以救災成效衡量與組織變革兩大主軸寫成專書，有其必要性與重要性。主要理由有七：

　　第一，獨立為專書，可以突顯救災體系成效與變革的重要性。第二，成效與變革兩個議題屬於救災體系「進階概念」，但其重要性更甚於其他議題，而且係作者完成《救災體系》專書後更有深刻感受；因此，本書可視為《救災體系》進階篇（或通俗的名詞可以二部曲稱呼）。應該說，在實務運作中，這兩個議題經常被關切與運用，實質上卻不一定有助救災成效提升；因此希望對未來救災體系變革有貢獻。第三，救災成效與變革兩個議題在救災體系專書有零星論述，但無系統整理與討論。第四，因為本書的撰寫，可讓救災體系績評（成效）評估與變革的脈絡更清晰、更完整；而且這兩個議題和救災體系相關，但亦可以獨立於《救災體系》專書閱讀。第五，在組織行為理論中，組織績效（Cameron and Whetten, 1983; Robertson, Callinan and Bartram, 2002）與組織發展（Cummings and Worley, 2001）兩個議題，除了係獨立專題（專章），同時分別有專書出版；特別是組織發展（organization development, OD）領域有一定成熟

---

[26] https://udn.com/news/story/7266/6012165?from=udn-catelistnews_ch2&fbclid=IwAR3hdedbM1Kd qBgb6EgA_AREylldu90vNSJEknTMDFIXkqUn3_3WMiR055E，瀏覽日期：2022/1/6。

度，因為是正式課程（通常在商業或管理領域開設），並有相關教科書。第六，救災體系（中文的「救」）具動態性，組織變革同樣具動態性（中文的「變」具動態性）；不同之處在於，救災體系在救災過程存在動態性，而救災體系變革，則是組織體系具有動態性。第七，2020年新冠肺炎疫情相當嚴重，成為救災體系重要的研究案例或研究素材。基於前述七個理由，因此作者決定以專書方式呈現救災體系的成效與變革。

至於本書書名訂定，存在許多思考。原本在修訂專書時，嘗試以「救災成效」與「救災政策與創新」作為兩個主題或章節名稱。後來決定以專書呈現後，即開始思考如何整合這兩個議題的名詞作為專書標題。作者曾考量以「救災政策衡量與創新」，如此等於帶進公共政策的理論與思維。原因是，救災體系變革過程，經常是政策考量或決策的結果。最後確定以《救災體系：成效與變革》為書名，維持以組織（理論）為主軸的思維。唯仍深感（救災）政策與組織密切相關，例如警消分立（最早亦使用「分隸」稱之，兩者音同義不同，分立有切割或分開之義；分隸則讓其分屬不同組織，或警消不再有隸屬關係之義）、組合屋政策、永久屋政策、強制撤離政策。

而前述多是由上而下的政策形成或決議，決議後即進行政策規劃與執行。例如2009年莫拉克風災後，成立行政院災害防救辦公室；美國聯邦政府因應新冠肺炎疫情嚴峻，考慮在國務院（State Department）下成立疫情因應辦公室，唯2018年時川普總統卻解散了原本在國家安全委員會（National Security Council）下的疫情因應辦公室。[27] 換言之，為因應災難或提升災難處理成效，經常會成立組織（或辦公室），以強化分工、協調、整合能力（能量）。而這也在印證，政策落實需要依賴組織（運作）達成。通常新機關（或單位、組織）成立，會有清楚的任務或目標，因此也會有比較高的績效或成效。不過，也可能因為組織文化、領導或其他因素，讓功能難以發揮。

---

[27] https://www.cbs58.com/news/trump-administration-moves-ahead-with-plan-to-open-new-pandemic-office-as-coronavirus-crisis-intensifies，瀏覽日期：2020/7/4。

　　因此，新機關成立是否真能提升組織績效（或救災成效），仍須透過成效衡量機制進行檢視。救災成效內容和政策評估具高重疊性（不過概念上仍有解釋上的差異，主要差異在於組織管理與公共政策領域之別）。但因救災體系係以「組織」為主軸，若以「政策」角度切入，雖無不可（或許可作為下本專書的主軸）；唯難免在整體系統論述或連結上較不協調。至於使用創新一詞，主要視創新與變革為同義詞，或創新有時比較能吸引更多人關注。換言之，專書確定以目前名稱為題，等於再回到以組織或救災體系為主軸的內容。基此，《救災體系》專書，則可以「救災體系：基礎篇」為名或正名，並進一步區隔兩本專書的內容；但《救災體系》可以不用更名，因為從本書書名，就可窺見本書與救災體系的差異。

　　當然，如果讀者願意兩本交互閱讀，對於救災體系運作會更清楚。例如，楊永年（2020：15-16）針對救災體系的內涵指出，「**從救災切入防災，比較能夠聚焦論述，主要理由有三：第一，防災與救災本為一體，第二，防災與救災存在整合問題，第三，防災應從救災獲得經驗**」。因此，本書內容論述與分析，係以救災為主軸，但也會擴及防災與減災之議題。再者，因為救災體系成效衡量與變革，背後和政策與體制有關。也因此，作者特別融入許多公共行政領域著作，同時發現救災體系和公共行政領域高度相關。而領域的界定與內涵，在本書第二章有相關說明。重點在於，作者會將公共政策（政策形成、規劃、執行）的概念，結合於本書內容論述。由於成效等於是救災體系功能發揮與否的檢視，至於變革是否必要，經常和成效檢視的結果密切相關。如果成效不佳，通常就有變革的需求。不過，其前提是，成效檢視是否嚴密或準確；或這應成為（救災體系）組織診斷的內涵或先決條件。

第三節　救災體系的系統意義

　　救災體系一詞原本就存在系統的意義或內涵，楊永年（2020：25-39）針對救災體系定義的討論，有關體系僅略述其與系統理論或開放系統有

關，並未就系統（system）一詞作更深入之論述與連結。系統理論經常會引用熱力學「熵」的概念，「**表示整個系統內的溫度情況，且以其作為一個量度，可描述系統內的溫度變化和分布情況……系統越亂，熵就越大；系統越有序，熵就越小**」。[28] Scott（1992）指出，根據熱力學第二法則，所有系統會自動增加「熵」，讓已分化的結構解散，同時導致失序極大化。應該說「**系統的熵永不減少……一個生命，在它活著的時候，總是保持著一種高度有序的狀態……它與外界的物質能量交換或從環境中不斷吸取負熵，進行新陳代謝**」。[29] Scott（1992: 83-84）針對開放系統（open systems）的解釋是，能夠仰賴環境獲得資源，得以自我維生（self-maintenance）。

而這自然帶入組織環境的概念，依Jurkovich（1974）的看法，可依變動頻率高低、穩定或不穩定、複雜或不複雜、例行性或非例行性、組織化或非組織化，將組織環境分成64種。這表示環境因素不全然是不可預測，例如穩定與例行的環境因素；在此前提下，就可降低計畫性變革的不確定性。因此，依開放系統概念，可透過穩定或例行的組織環境類別，持續得到「負熵」（即能量），藉以回復或修復問題並恢復秩序。意思是說，組織（系統）不斷在改變，而且通常是往失序的方向發展（這也是封閉系統closed system的解釋）。Collie（1986）亦指出，系統演化（Evolution，也可視為改變）通常在不平衡的過程發生，而這過程主要是透過物種熵與資訊內容的增加。

換言之，災難的發生有時是組織環境難以預測的因素，但有時也和組織內部封閉系統熵的增加有關。而這或許可以解釋下文周人蔘弊案，以及美國洛杉磯警察局弊案。因為前述警察組織可能往集權或封閉系統方向發展，讓熵不斷增加；或也可能某些因素讓組織（外部）環境負熵難以進入，無法注入組織負熵，所以導致弊案（或衰敗）發生。應該說，不管願不願意，組織都會有改變；唯變革理論主要關注的是在計畫性變革

---

[28] https://terms.naer.edu.tw/detail/1680044/?index=4，瀏覽日期：2021/11/28。

[29] https://kknews.cc/zh-tw/news/amkjm8v.html，瀏覽日期：2021/11/28。

（planned change），這在本書第一章第二節有相關討論。而前述的改變（或組織變革）可能來自內部，也可能來自（環境）外部。但當熵愈來愈大，可能代表（內部）系統愈紊亂。或者，設若組織沒能從環境獲得負熵（能量或能源），就可能往衰敗的方向發展。這樣的解釋，提供了組織變革重要的啓發，因爲變革代理人（change agent）如果是在組織（系統）內部產生，可能會持續增加「熵」。

或若要增加「負熵」，變革代理人可能宜從（外部）環境進行聘用（Wienclaw, 2019）。不過，組織變革能否發揮成效，變革代理人是因素之一，不會是唯一因素；重點在於能否增加負熵。因此Ottaway（1983）認爲變革代理人可以是內部或外部人員，也有其合理處。甚至領導者（如轉化型領導）也可視爲變革代理人，推動計畫性變革（Shanker and Omer, 2012; Tanno and Banner, 2018）。另種解釋是，如果變革代理人（不論內部或外部）能從環境帶入能量，就能讓組織（系統）活絡。Ottaway（1983）進一步認爲變革代理人具專業性，通常會是具有行爲科學博士者，擁有心理學、心理諮商、訓練團體等相關專業知識。

而依組織生態理論（organizational ecology）說法，組織的存在係由一群相互關連的組織建構而成的系統（Trist, 1977），組織間的互動關係是重要因素。由於救災體系涵蓋中央政府、地方政府、非營利組織、社區（楊永年，2020：44-50），所以涵蓋面相當廣；以中央政府爲例，除了行政院各部會（還包括行政院中部、南部、雲嘉南、東部辦公室）、監察院、立法院、司法院、考試院，還有總統府暨所有機關（組織）；如果再增加（行政院）所屬三級、四級機關，中央政府組織的規模與複雜度更高。然而，如此龐大的中央政府組織之間，不一定會有密切的互動。或除非龐大的組織間存在共同目標（例如防救災），否則相互間的互動或關連性就不會太高。這有如Scott（1992: 20-21）的觀點，認爲組織構成的四個要素，包括社會結構（social structure）、組織成員（participants）、目標（goals）、技術（technology）等；但因組織環境的影響，會產生變化。

因爲特定災害的來臨，隨著災害的變化，形成動態性的「救災體系」。重點在於，組織有其專業性（或也可解釋爲封閉性）；而在環境

變遷時，產生了專業與環境的互動。同樣的邏輯，因為防疫而有「防疫體系」，因為廉政問題而有「廉政體系」，因為治安問題而有「治安體系」，因為移民問題而有「移民體系」。而為解決跨組織（例如跨行政院部會）問題，所以有農委會、國發會、國科會（後改為國科會）之設置，以建立部會（組織）間的連結。而Hannan and Freeman（1977）提出族群生態理論（population ecology），主要觀點認為組織存在與滅亡類似達爾文演化論，適者生存、不適者淘汰；因此認為組織是生態中競爭（competition）與自然選擇（natural selection）產生的結果。在此前提下，不只是組織本身，環繞於組織的族群（populations of organizations），以及組織身處的社群組織（communities of organizations），都可以是不同的組織研究單位。

在楊永年（2020：I-III）《救災體系》一書中，行政院九二一震災災後重建推動委員會黃榮村前執行長所提，有些人會從媒體報導得到印象，認為民間與宗教團體的貢獻較多；忽略政府的角色與貢獻。不過，可能有部分人會直覺認為救災體系的主軸是政府，非營利組織與社區是輔佐的角色。這兩種說法都有其道理，但本書比較傾向是前者的解釋，政府（包括中央與地方）是救災體系的主軸；但因政府失靈讓政府應有的功能無法或難以發揮（Weimer and Vining, 1989）。不過（災難）治理（governance）概念存在濃厚的政府思維，因為英文governance的字根有職權（authority）、政權（regime）、管轄（jurisdiction）、[30]政府（government）、法律（rule）、規範（conduct）與行政（administration）的意涵。[31]

只是依Rhodes（2017; 2007）的解讀，治理的主軸是在政府沒錯，卻不是集權或中文統治的意思（中文統治比較偏向是中央集權或控制的意思，英文則也是governance一詞），治理主要和分化政體（differentiated polity）、政策網絡（policy networks）、國家空洞化（hollowing-out of

---

[30] https://www.merriam-webster.com/dictionary/governance，瀏覽日期：2020/8/30。

[31] https://www.etymonline.com/word/governance，瀏覽日期：2020/8/30。

state），並進一步認為治理主要是自我組織（self-organising）、組織間網絡（inter-organisational networks）、相互依存（interdependence）、資源交換（resource exchange）、遊戲規則（rules of the game）與來自國家賦予的自主性（autonomy）。但這樣的定義或內涵和本書救災體系的定義有許多相似處，特別是組織間網絡與資源交換，唯本書係以組織間合作（inter-organizational cooperation）為名；再者分析的層次（levels of analysis）也類似，都偏向系統或組織環境的組織間關係。

　　兩者不同的是，治理主體討論仍以政府為主，而且偏向政治理論或取向的論述。救災體系比較是組織理論或實證取向，而且納入非營利組織與社區的變項。再就救災體系分析，體系或系統比組織的範圍更大，也就是將系統理論的概念帶進救災體系。其特點是，將組織的輸入、轉化與輸出同時進行考量。特別是大型災難，無法或難以由單一組織完成，經常必須有中央政府、地方政府、非營利組織等共同參與或合作；這就是系統的概念或意義。也因為災難具有動態性，讓救災體系的輸入、轉化與輸出存在許多不確定性。Kiran（2016: 64-70）系統涵蓋面相當廣，甚至包括宇宙、太陽系、地球；而且系統之下又有次系統（sub-system）。這代表系統外還有系統，也就是說救災體系外還有更大的體系；而這也符合組織環境的概念思維（楊永年，2006：493-533）。

　　Kiran引用牛津字典（Oxford Dictionary）的系統定義值得參考，內容包括事務或零件的整體（例如消化系統、鐵路系統、控制系統）、整套概念理論原則與社區規範（例如政治系統或政府系統），以系統的方式或透過系統化建立有秩序或組織系統的工作模式。就像人體存在不同的系統，包括呼吸、循環、消化等不同系統，基此，救災體系內也可能存在如資訊系統、人事系統、主計系統、採購系統、醫療系統、廉政系統等，這些都可以是救災體系的次系統，但也可以定義為和救災體系相關的系統。而這同時提供救災成效衡量的因素（含指標），存在諸多系統因素；而這當然對於救災體系變革，也存在理論與實務上的意義。理論上可以套用圖1-1與圖2-1（見第二章第一節）進行更深入之（系統）分析，實務上也更清楚變革過程不能只考慮（組織）體系內部因素，外部因素也得同時進行思考。

　　基此，值得思考的是，採購系統、醫療系統、廉政系統的崩壞也會是
災難的範圍。如果單一災害個案，同時對比數個個案，可了解該個案涉及
整個系統或體制的問題。例如，2011年新北市中小學營養午餐採購弊案，
共約38名校長涉案，若加上廠商共有78名被告；纏訟九年之後，尚無結
案跡象。[32] 78名被告代表78個家庭陷入苦難，讓原本可以發揮正常或正面
功能的78個家庭，深陷訴訟與生活危機；因此，若把這個集體貪瀆個案定
義為災難並不為過。固然訴訟中的校長與廠商有其過錯與法律責任必須承
擔，但背後採購系統存在的問題，也不能忽略。2017年長庚醫院急診室爆
發集體出走案例，可能造成醫療系統崩壞，或讓急診醫療功能受損（楊永
年，2017d），這同樣屬災難可涵蓋的範疇。

　　廉政系統的崩壞同樣可能造成災難，例如1996年發生的周人蔘弊
案，經過二十四年尚未完全定案；其中有197人遭檢方起訴。[33] 這同樣是
大型災難，因為除了197人或197個家庭陷入苦難，同時影響社會對臺北
市政府警察局（中山分局）的信任，直接或間接影響治安的維護。類似而
且更嚴重的警察集體貪瀆，發生在美國加州的洛杉磯；主要因為搜尋洛城
大暴動（係因民眾對LAPD警察執法不當行為判決不滿）相關資料過程，
發現該個案的存在。該貪瀆以「Rampart Scandle」（音譯為雷帕特醜聞，
Rampart是LAPD所屬18個分局之一）為名，該集體貪瀆案係於1999年被
揭發；主要的弊案是很多案件嫌犯係遭警察不當（羅織罪名或不當槍殺）
入罪。一位在LAPD工作十年的警察名字為Perez，因持古柯鹼遭逮捕，但
為換取減刑，因此擔任吹哨者，將LAPD集體貪瀆事件全盤說出。

　　貪瀆事件於1995年開始，主要的成員是LAPD的CRASH（Community
Resources Against Street Hoodlums，譯為反黑組），CRASH屬便衣警察，
主要是混在黑幫，並防止黑幫發生暴力事件。而依當時的犯罪統計資料顯
示CRASH有助犯罪率下降；CRASH成立的原因主要為1980年代Rampart

---

[32] https://www.upmedia.mg/news_info.php?SerialNo=94602，瀏覽日期：2020/8/29。
[33] https://udn.com/news/story/7321/4279235，瀏覽日期：2020/8/29。

區黑幫犯罪案件居高不下；案發後，有70位警官遭到調查。[34] Rampart Scandle事件讓經歷洛城大暴動（LA Riots）形象大傷的LAPD，再度陷入危機；而這同樣是那些受調查警察的災難，也是Rampart分局與LAPD的災難。重點在於，前述災難的發生，突顯救災體系的不足；或因災難協助救災體系診斷出問題，所以有變革的需求與必要。

　　Kiran引用全國管理學會（American Management Association, AMA）定義系統的三個團體類別，第一種是和生命（包括人群）有關的團體，主要聚焦在對個人與行為科學的影響。第二種是超過兩種元素整合的團體，包括人群、事務或概念等，並能在特定期間內產生共同目標、資料操作、事務與能量，例如政府系統、評估系統與分類系統。第三種是系統和特定科學技術連結所產生的團體，例如哲學、數學與傳記（biography）。重點在於，不論任何定義，系統取向有其目的性；而為達到特定目標，必須同時檢視輸入、轉化與輸出，或從輸出、轉化與輸入找尋其特別的工具或方法，才能有效變革。

　　由於釐清體系或系統的意義，有助深入績效衡量以及後續的組織變革。基此，有兩個重要的問題必須進一步探索或釐清，第一，救災體系是否涵蓋民眾？（提這問題的原因在於釐清民眾屬組織體系內部或外部）；第二，暴動或暴亂是否屬於災難？關於第一個問題，理論上，救災體系與系統理論不能分割，因此，包括和災難直接或間接相關的民眾，都應納入救災體系的範疇；所以民眾應屬救災體系的範圍。例如，木屐寮社區防救災組訓的經驗，顯示經過組訓的民眾，可成為救災的助力（楊永年，2020：223），所以納入救災體系並無疑義。不過，在許多人的認知裡，民眾不在政府（救災）組織定義的範圍，但卻也被涵蓋在圖2-1的組織環境與組織績效的定義中。因為民眾屬組織環境範圍，而當具類似情境的民眾（或稱災民）愈多，對救災體系就形成變革的壓力；而且民眾的滿意度是政府組織績效的內涵之一，可能直接或間接影響政府組織變革。

　　因此從這角度論述，災民亦屬救災體系的範疇，只是災民的聲音，

---

[34] https://www.cpp.edu/~rrreese/nonfla/RAMPART.HTML，瀏覽日期：2020/8/29。

經常不太容易被官僚體系高層聽到；或是經過層層篩選才會接收到相關訊息，以致失去學習或改變的機會（Argyris, 1977）。至於非災民亦非屬民間救災團體的（一般）民眾，如果其在認知上，不認為自己屬於救災體系或和救災體系有關，是可以排除其在救災體系的範圍。只是災難與人，有著動態性，兩者可能隨時會有連結，例如大家對於新冠肺炎存在焦慮與恐懼，其與救災（防疫）體系有關連，或亦可視為對救災體系的範疇。不過，救災體系一詞仍容易被解讀為「政府組織」，以致實務運作上，民眾有時不被納入救災體系的範疇思考。而這問題之所以重要，主要在組織（體系）變革過程中，必須有清楚區隔，所設計的變革策略才會精準。或者，是否將民眾納入救災體系並非重點，主要在於釐清救災體系的範圍，有助救災體系的分析與論述。

再者，災難也存在不同層次的分析問題（levels of analysis），這可以包括個人、團體、組織、組織環境等不同層次。例如小型車禍（如兩車對撞），對交通事故當事人而言，可能會認為是個人的災難。不過，小型車禍對政府官員（如交通警察）而言，通常不會視為災難（唯若是連環車禍，就可能被交通警察「單位」視為災難），而是煩人的「例行公事」。因此，關於災難的定義，可能隨不同的當事人而存在差異。或者，當災難的規模愈大，通常政府介入的層次（或層級）可能愈高；例如可能由一組（或一群）交通警察，或可能由警察局（組織層次）進行處理或因應，包括刑鑑識人員可能參與相關鑑定工作。也就是說，當災難涉及的政府部門（人員）愈多，愈可能被定義為災難的機率愈高。

關於第二個問題，暴動或暴亂是否屬於災難，答案應該是肯定的。例如，1992年發生於美國加州洛杉磯的「洛城大暴動」是加州大型災難（後來也有國民兵的介入），本書第三章第二節有深入論述。至於美國9/11恐怖攻擊事件，則是美國的大型災難；或應該是攸關國家安全與國際政治的大型災難。也因此9/11事件後，美國立即成立國土安全部（進行組織變革與調整），並將聯邦緊急應變總署（Federal Emergency Management Agency, FEMA）納入該部。不過大部分災難（管理）研究，比較聚焦天災因應，並未將人為災難納入，但既為災難，政府（不論是中央、聯邦或

地方政府）就必須面對與處理。我國災害防救法中，雖有空難、海難、爆炸等，但並未納入「暴動」或「恐怖攻擊」。在此情形下，暴動或恐怖攻擊就不一定會以既有的中央（行政院）災害應變中心模式運作。或若暴動與恐怖攻擊發生，可能直接由警察或（國軍）介入。

　　若是恐怖攻擊或暴動危及國家安全，理論上係由直隸總統府的國家安全會議主導；在此情形下，中央災害應變中心也必須配合國安會的指揮監督。只是，美國在Floyd遭警察鎖喉而死之後，全美各州發生群眾抗議。關於群眾抗議活動是否可定義為災難，時任總統的川普與民主黨總統候選人拜登存在不同意見；這部分本書第三章與第四章會有相關討論。楊永年（2011b）在2011年4月7日，由余紀忠文教基金會所主辦的一場複合型災難研討會上（主要也在回應日本311大地震、海嘯與核電事故），提出臺灣防災體系的五大建議，內容包括災害預警、緊急疏散、緊急搶救、緊急安置、緊急後勤補給等五項；而要做好這五項工作，平時就必須融入整備或預防管理的內涵。而這應包括公部門、私部門或民間，以及非營利組織等，重要的是，這定義也等於涵蓋救災體系的系統主張。前述定義固然具系統性，不過其內涵和災難管理也有比較高的重疊性。英文Disaster Management System的直譯是災難管理系統，並沒有以救助或搶救為主軸之意。

　　而中文採用救災一詞，除了存在動態或行動意涵，也呈現主軸的內涵；或者，災難來臨我們必須立即採取搶救或救助，預防固然重要，但其重要性經常在搶救過程或經驗比較能突顯。Sylves（2008: 11）定義應急管理（emergency management）為應用科學、技術、規劃與管理領域，因應極端災難造成大規模傷亡、財產破壞，以及社區生命的毀損等。而本書的重點在於救災體系組織分工，能否發揮前述災難管理的功能。也因此，救災體系涵蓋的功能或標的，包括整備（preparedness）、回應（response）、復原（recovery）與減災（mitigation）；或這部分救災體系與災難管理的內涵是相同的。至於本書採用體系（英文譯為system）比組織的範圍更大，也就是將系統理論的概念帶進來。

　　Rivera and Kapucu（2015: vii）指出美國佛羅里達州擁有最理想的救

災體系，但以目前美國聯邦體制（Federalism）運作的現況，除了合作之外，可能還存在衝突、競爭或權力與政治的問題。例如對於新冠肺炎議題，聯邦與州之間存在許多矛盾或權力與政治的角力，而這也可以從川普總統和州長聯盟相互攻訐得到印證。或者，聯邦與州政府亦相互競爭以爭取醫療資源。重點在於，緊急災難來臨時，不同層級或不同管轄區域政府，不一定會（願意）合作。臺灣民主政治起步較美國為晚，但六都（或直轄市）成立後，也存在較以往為高的自主性；使得中央與地方政府間或地方政府間不全然只有合作，而存在競合的權力與政治關係。原因在於地方政府首長係民選產生，其背負的是（不同政黨或不同政治價值）選民或選票的壓力。例如，對於新北市政府在新冠肺炎的超前部署，臺北市政府不願加入；但新北市和桃園市則形成聯盟合作的關係。[35] 關於中央政府在防疫上的紓困政策，和地方政府也存在許多政策執行的落差。

　　救災體系中「救災」一詞具有動態性，就像Weick（1979）從社會心理學的觀點，並以organizing（動名詞）而非以organization（名詞）來解釋組織的意義與內涵；也以理論化（theorizing）取代理論（名詞）。依Weick的說法，救災體系的存在是認知過程（cognitive process）或資訊運作過程（information processing）的結果；可以說組織運作經常是組織和環境互動（interacting）與詮釋（interpreting）的結果，並強調組織具有主動行動（enactment）的特性，因為組織會受環境影響或根據環境傳達的訊息採取適當的行動。而這除了可以用來解釋救災體系運作的情形，也可以理解救災體系變革的原因與結果。例如，2009年莫拉克風災後，因為輿論或環境的需求，所以成立行政院災害防救辦公室；而在行政院災害防救辦公室成立前，作者曾有兩篇專文論述防救災專責單位成立有其必要性（楊永年，2009b；2009c）。由於災害防救辦公室屬於行政院的幕僚單位（不是獨立機關），主要功能在協助行政院長進行防救災的跨部會協調整合；而當行政院長不重視或不啓動救災體系，災害防救辦公室就比較難以發揮跨部會整合功能。

---

[35] https://udn.com/news/story/120940/4494799，瀏覽日期：2020/4/17。

　　救災體系一詞雖可以有廣義概念，但不宜無限擴張，或者救災體系的界線是存在的；而其存在可以不同組織理論解釋，包括有無具體救災分工，以及（自我組織）認知上是否與救災有關。不過，這樣的解釋仍存在許多不確定性，原因在於救災是公共事務，理論上和所有人都有關（或沒有界線、不應有界線），但實際上不是所有人都會參與或投入救災；也就是說，有時救災相關團體（組織或國家），會自動設定界線。除了不一定有職位（銜）或分工，認知上也不一定存在救災的責任（當然，即便有救災相關職位，也不一定存在高度救災承諾）。所以才有無疆界組織（boundaryless organizations）的提出（Ashkenas, Ulrich, Jick and Kerr, 1995），目的在讓更多有能力、有意願的救災團體，可以參與救災的行列。或這也是救災體系定義存在的兩難，或救災體系可能存在模糊界線，而這可能和組織環境的不確定性有關。

　　不論組織績效或組織發展，都是兩個大領域，均可分別應用於救災體系，但兩者亦存在重疊或相關性。因為成效衡量目的之一是，根據衡量的結果，進行組織（體系）變革。至於變革之後，仍必須持續衡量，再回饋進行二次變革之參考。換言之，本書撰寫的目的，在完成救災體系的兩個重要議題，讓救災體系的探索與建構更為完整；最終亦希望讓救災體系發揮最大功能。基此，作者本書聚焦成效與變革進行撰寫，讓讀者不必閱讀《救災體系》專書，亦能了解本書內容；但若讀者能參閱《救災體系》專書，讀者對救災體系的了解可更深入。至於救災體系的核心概念如圖1-1所示，自變項分別是資訊、動員與組織間合作，依變項是救災成效；有關自變項與依變項定義，則參考救災體系第二章第三節。

　　關於救災成效的衡量，主要在釐清自變項與依變項的因果關係，或證明自變項在什麼情形下，有助依變項成效的提升。圖1-1研究架構主要係作者針對天然災害所發展的研究架構，至於SARS或新冠肺炎，屬於人為災難，是否適用圖1-1詮釋？作者認為適用，詳細論述如下。應該說，防疫體系基本的運作概念等同於救災體系，不論病毒（防疫）或災情資訊，都是防疫或救災的關鍵因素。沒有疫情資訊，不知如何阻絕或隔離病毒；就像說沒有（天災）資訊不知如何因應或救災。都必須動員相關資源，進

行防疫與救災；但啓動的人力資源可能不同，例如若有傷亡，都會需要醫療資源，唯防疫需要較多的病毒感染相關資源。而因為很多重要資源，也多掌握在不同的組織，例如，一旦爆發天災或疫情，通常都需要醫療資源介入。

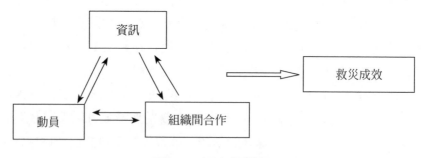

圖1-1　研究架構圖

資料來源：Yang（2010; 2016）。

而醫療資源掌握在不同醫院，衛福部（衛生局）為行政（管制）機關，也擁有相關資源。而且，防疫（管制）措施不能只靠衛福部，還需要跨部會（局處合作），突顯組織間合作的重要。只是防疫（病毒）醫療，則需要更多病毒（感染科）專業知識。至於搶救災民與染疫病患，都需要注意安全，因為救災與防疫人員都可能存在生命安全威脅。因此，圖1-1同時適用於天然與人為（防疫）災難。不過，特別是（具高傳染性的）病毒（防疫）資訊，往往具高度敏感性或動態性，而且病毒無法用肉眼看到，也無法用手觸摸到。但天然災害資訊卻經常可以看到、觸摸到，亦可傳輸影像，因此資訊需求的本質不同。天然災害通常會強調「黃金72小時」，但「防疫體系」需要的時間更短；若一不小心，病毒感染或擴散速度則更高。

由於防疫也納入我國災害防救災的項目，並以「生物病原」災害命名。因此就法律層面而言，天災與防疫適用同部法律（災害防救法）；因此也適用同一個救災體系，只是需要的專業知識會有差異。再以新冠肺炎為例，值得探索的問題是，臺灣的防疫成效好或不好？這是一個大議題，

可以從很多層面進行探索。例如，從圖1-1的資訊、動員、組織間合作等三個變項進行分析；從中央政府、地方政府、非營利組織、社區等四個層面進行分析；直接舉實際災難案例進行分析。合理的論述是，不同時間點，以相同的案例進行研究，可能獲得不同的成效。例如，臺灣發現第一個新冠肺炎病例的時間點在2020年1月20日，一位女臺商直接搭機從武漢到臺灣，並於1月21日確診。[36] 該女臺商後來可能痊癒、可能傳染給醫護人員或一般民眾；特別當中國疫情愈來愈嚴重，臺灣社會開始彌漫在新冠肺炎疫情的恐懼中，很多人認為臺灣和中國僅一水之隔，防疫工作可能很困難。

特別是，當時中國疫情也很快從武漢擴展到其他省市，因此對於臺灣疫情控制，很多人（包括國內外民眾）並不看好臺灣能有效控制疫情。不過，隨著歐洲的義大利、西班牙、日本、美國確診數大增，但臺灣確診數與死亡數卻持續走低。例如，截至2020年6月底止，臺灣的累計確診數在500人以下，死亡人數是個位數（10人以下）。因此，國內與國際間對於臺灣防疫成效讚譽有加，紛紛希望了解臺灣如何辦到。但期間發生諸多案例，引發媒體大幅報導，也讓許多人感覺疫情充滿危機或變數。例如，2020年4月上旬有酒店女公關染疫確診、[37] 4月下旬敦睦磐石艦海軍官兵集體感染，[38] 以及6月下旬一位在臺灣南部就學的日本國籍女學生，返回日本後確診。[39] 雖然這三起案例的後續檢驗，多未進一步發現疫情擴散；卻也讓民眾存在社區感染的疑慮。

值得關注的是，雖然媒體大幅報導前兩個案例，政府相關單位針對個案接觸對象，也做了接觸染疫個案的檢測；不過，後來似乎沒有發現（或媒體沒有進一步報導）持續感染的個案。比較大的議題是，染疫資訊公開與不公開的議題，理論上個資不應也不宜公開，但從這兩個案例卻發現，這些染疫者的個資，似乎已呼之欲出；包括染疫官兵的「足跡」，媒體也

---

[36] https://www.bbc.com/zhongwen/trad/chinese-news-51202545，瀏覽日期：2020/7/4。

[37] https://www.cna.com.tw/news/firstnews/202004110127.aspx，瀏覽日期：2022/1/7。

[38] https://www.bbc.com/zhongwen/trad/chinese-news-52348431，瀏覽日期：2022/1/7。

[39] https://www.storm.mg/article/2795046，瀏覽日期：2022/1/7。

都有清楚報導；好處是讓全國民眾都有警覺，避免出門至可能染疫的處所，缺點在於個資沒有適當保護。也就是說，在個案發生前，很多人認為臺灣整體防疫成效也許真的良好，卻可能因為個案的存在或發生，讓民眾對防疫成效存在負面印象；也讓中央疫情指揮官難以完全否認社區感染存在的可能。例如，因為前述第三個案例，讓某研究員認為臺灣社區應該存在許多無症狀感染者。[40]

或者，對於臺灣防疫成效可能因不同個案的發生，讓民眾的認知（或印象）有所起伏。合理的論述是，每一個個案都可以從體制面（含政策）進行分析或研究，都是重要的個案，也都可以深入探究。包括疫情指揮中心的說明與因應政策，防疫體系的分工與整合，防疫政策的形成、規劃、執行，以及應用本書的研究架構進行分析，包括防疫資訊的使用、防疫資源動員與管制、組織間合作等。例如，染疫個案的足跡資訊如何公告，得以兼顧隱私與防疫（公共衛生）；有限的口罩（資源）如何分配、管制與運用；中央政府、地方政府、非營利組織與社區如何充分合作進行防疫。而如果從個案分析，多可以發現可能存在許多漏洞或盲點，包括疫情資訊之公開與隱私保護；防疫資源是否合理分配，以及組織間是否充分合作（沒有政治考量），都有許多討論空間。

關於臺灣防疫成效良好，至少有五種說法，第一，因為臺灣過去有過SARS（Severe Acute Respiratory Syndrome，重症急性呼吸道症候群）的防疫寶貴經驗，存在高度警覺性；第二，臺灣防疫政策嚴密徹底；第三，臺灣民眾的防疫警覺性高；第四，臺灣係強制接種卡介苗國家；第五，臺灣犧牲較多民眾的自由（這部分在本書第三章第二節第柒部分有深入論述）。不過，也有負面的說法，第一，臺灣檢測率低；第二，防疫資訊仍不夠公開；第三，可能有疫情隱匿的疑慮。關於前述正面或負面說法，有些是可以檢測，但有些可能難以、無法檢測，或需進一步檢測。以前述正面第四點為例說明，科學家懷疑，這可能是導致低感染率與低死亡率的重要原因。不只舉出接種卡介苗國家的確呈現確診與致死率低的現象，同時

---

[40] https://udn.com/news/story/6656/4684457，瀏覽日期：2020/7/7。

舉出我磐石艦和其他國家海軍艦隊相較，感染規模相對低很多；不過是否的確和接種卡介苗有關，仍待科學家進一步驗證。[41]

　　再就前述報導呈現的統計數字，臺灣和其他有強制施打卡介苗的國家（假設卡介苗是防疫因素之一），感染率與致死率仍相對低很多。所以就正面進行分析，卡介苗是因素之一，非唯一因素。然而，下文會說明的，2021年5月中旬臺灣突然從個位數確診個案，爆增至200或300例，讓前述卡介苗的因素退色。以色列總理那坦亞胡（Netanyahu）在2020年4月18日時公開宣布，以色列新冠肺炎控制良好，可以成為世界防疫的典範國家；不意新冠肺炎二次爆發，確診案例在7月時已突破4月的紀錄，使得總統的聲望，從73%掉到46%。[42] 以色列可說是新冠肺炎疫情起伏不定的典型個案，而這也是第二章有關績效衡量存在的時間因素。或者，很多國家進行防疫成效評比，經常以確診數與死亡數（比率）作為防疫成效的衡量指標，但從以色列的疫情起伏，亦可感受到防疫成效存在不確定性。

　　無獨有偶，原本被視為國際防疫模範生的臺灣，2021年5月上旬在桃園諾富特飯店，爆發華航機師染疫，並傳染至防疫旅館之群聚感染事件。[43] 不意在5月中下旬，雙北（即臺北市與新北市）確診案例突然爆增；甚至連臺北市萬華（阿公店）也爆發群聚與社區感染。[44] 確診人數從2位數到3位數，5月13日的13例，5月14日的29例，到5月15日突增為180例（臺北市與新北市政府宣布提升為三級警戒），[45] 5月16日有208例（校正回歸78例，校正回歸是指以採檢日起算之個案數的計算方式；因之前採檢案過多，無法立即顯示個案數），[46] 5月17日有333例（校正回歸202例）。蔡總統則於5月13日召開國安高層會議，並說明向國外訂購的疫苗

[41] https://www.twreporter.org/a/covid-19-bcg-vaccine，瀏覽日期：2020/7/4。

[42] https://edition.cnn.com/2020/07/08/middleeast/israel-coronavirus-second-wave-netanyahu-intl/index.html，瀏覽日期：2020/7/7。

[43] https://www.cna.com.tw/news/firstnews/202105015008.aspx，瀏覽日期：2020/7/7。

[44] https://www.cna.com.tw/news/firstnews/202105125016.aspx，瀏覽日期：2022/1/7。

[45] https://www.health.ntpc.gov.tw/basic/?mode=detail&node=8564，瀏覽日期：2021/6/7。

[46] https://heho.com.tw/archives/174589，瀏覽日期：2021/6/7。

將於6月分批交貨，國產疫苗則於7月底開始供應。[47]這似乎顯示，國安系統早一步查覺到「社區感染」擴大的趨勢。

不過，這可能也是地方政府（特別是雙北）積極篩檢，才出現的資訊透明現象。但也因為許多個案「感染源不明」，讓民眾存在社區感染的疑慮。[48]基此，中央政府、地方政府、非營利組織、營利組織都必須展開一連串（積極）的防疫（變革）政策與策略，儘快讓新冠肺炎疫情緩和。而這過程媒體報導較多的，會是政府（含中央與地方政府）的防疫管制政策。例如全面禁止餐廳內用、部分或全部（萬華阿公店）商家停業或接受篩檢管制、採取部分或全面消毒作業、市場加強體溫量測、落實實名制管制。其目標主要是防疫，或儘快讓疫情獲得控制。發展以防疫為主軸的（計畫性變革）政策無可厚非，但可能因此帶來許多非計畫（社區或社會影響）也不能忽略。包括對經濟弱勢的補貼，以及對社區、商家、區域汙名化的影響，也都宜有配套政策（變革）的作為。而這有賴救災（防疫）體系的協調與整合政策（作為），比較可能達到多元的政策目標。

再如，過去曾同時發生多種災難的現象，導致不同災難間可能相互影響；而這亦可歸類為組織環境（組織系統）存在的動態現象。例如，複合型災難（combined disasters）這名詞，主要從2011年的東日本大地震而來，但不會是唯一的複合型災難。未來仍可能發生複合型災難，例如，2020年3月間美國新冠肺炎開始大流行，5月疫情仍未緩解；期間發生全美抗議警察鎖喉，以及國會暴動。再依作者對大休士頓地區（含哈理斯郡，Harris County）的記錄與觀察（主要透過休士頓政府官網公告的資訊，由於作者於2020年2月、3月、5月兩次進出桃園與休士頓機場，因此會特別關心），2020年6月中旬前，每日新冠肺炎確診數大約多在300人左右。大約6月17日開始，每日確診人數就突破1,000人；可能的原因包括參加聚會、仍有民眾不願意戴口罩，以及解封速度過快。再加上2020年5月25日非洲裔美國人George Floyd在明尼蘇達州，遭警察鎖喉致死，導致全美發

---

47 https://www.cna.com.tw/news/firstnews/202105130333.aspx，瀏覽日期：2021/6/7。

48 https://udn.com/news/story/6656/5478491，瀏覽日期：2021/5/23。

生抗議的黑人的命也是命（Black Lives Matter, BLM）集會活動（包括德州）。

　　很多人也難以料到新冠肺炎防疫期間，全美多州竟會出現BLM聚眾活動。也因民眾參與抗議活動踴躍，導致多起群聚感染新冠肺炎的個案。BLM社會運動，群眾的主要改革警務與縮減警察經費，因為全美多起聚眾抗議活動，間接與直接造成疫情加重，因此可歸類為複合型災難。部分城市也回應了群眾的訴求，縮減警察人力與經費；唯根據媒體報導，治安亦開始亮起紅燈。因此，楊永年（2020e）指出對於群眾訴求，難以解決長期以來非洲裔美國人貧窮與失業、種族歧視、合法擁槍的問題（這是美國長期的制度問題，在疫情爆發期間，亦突顯問題的嚴重與難解）；卻可能造成治安惡化，因此德州州長Abbott於2020年8月下旬提案反對撤除警察經費。[49]再者，休士頓地區的居民也憂心，颱風季的來臨，如果再加上油價崩跌（oil crash），以及9月開學季來臨，可能造成學校集體感染風險，這些都存在著複合型災難的風險。

　　或可能因為前述複合型災難，為大休士頓區帶來重大傷害。因此，面對複合型災難，除了各級政府要有因應對策，提升社區韌性亦為重要策略[50]（韌性一詞在本書第三章有介紹）。或可以說，因為新冠肺炎，讓複合型災難變成世界各國常態性發生的問題。而從美國因應新冠肺炎防疫，以及其他危機形成的政策經驗顯示，政策形成是必須謹慎，不能只講求效率（例如快速解封，就造成疫情快速擴散）、經濟（無可諱言，之所以快速開封，主要也是因為經濟需求）、社會（群眾要求大幅削減警政經費）等單一因素，導致相關政策配套不足，使得要解決的問題沒有解決，反而衍生新的問題。重點在於，許多領導者（或首長）可能知道問題的癥結

---

[49] https://www.worldjournal.com/7104933/article-%e5%b7%9e%e9%95%b7%e6%8f%90%e6%a1%88-%e5%8f%8d%e5%b0%8d%e6%92%a4%e9%99%a4%e8%ad%a6%e5%af%9f%e7%b6%93%e8%b2%bb/?ref=%E4%BC%91%E5%A3%AB%E9%A0%93%E9%81%94%E6%8B%89%E6%96%AF_%E6%96%B0%E8%81%9E%E7%B8%BD%E8%A6%BD，瀏覽日期：2020/8/20。
[50] https://www.houstonchronicle.com/life/article/hurricane-season-pandemic-disaster-expert-houston-15272515.php，瀏覽日期：2010/5/18。

點，或應堅守哪些政策關鍵指標；可能有時迫於政治現實，不得不屈從環境或社會的壓力。但從所付出的代價卻也顯示，政策形成、規劃與執行，必須謹慎小心；同時突顯救災（防疫）體系的重要。

第二章

相關理論與領域

　　本書主要以組織理論為主軸，進行質化分析與論述，引用二手（含媒體與檔案資料）、深度訪談資料，以及親身體驗。雖然量化研究（含統計資料）有助深化本書質化內容論述，但因作者長期聚焦質化研究，這部分形成本書的限制。有關質化部分，特別是社區防災研究內容，採用行動研究（action research）以及參與觀察法（participant observation）。行動研究法除本章下文外，本書第四章第三節第四部分也有相關論述，參與觀察法於下文介紹。唯本書第三章第二節提供兩個圖示，嘗試提供量化數據作為「救災資源動員非人力資源」的證據或依據，並進一步作質化分析；以強化救災成效之衡量或未來防救災之整備。而且，由於本書聚焦公共議題，因此輔以公共行政領域與其他相關理論（含公共政策、非營利組織、行政倫理、人力資源管理等）進行分析與論述；其中變革部分則以「組織發展」為主軸切入分析，並嘗試融入「社會發展」並和社會影響進行連結。

　　本書為能和實際問題連結，因此會同時介紹許多案例，以強化理論的應用性。例如，本書第三章第二節介紹洛城大暴動與南加州大學的故事，可以從質化的角度理解社會影響以及未來的社會發展關係。由於救災（防疫）工作涉及多元理論與領域，以2015年9月臺南市登革熱肆虐為例，共約造成100多人染病死亡。當時因有臺南市議員批評市長防疫不力，並以「3位成大國際生染登革熱」為標題，訴請市長提因應對策。雖然市議員的目的是要求市長提因應的防疫政策，不意卻因標題出現成大，導致成大必須緊急進行應變。作者當時擔任主任祕書，因此受校長指示召開跨處室的應變會議。會議中有同仁建議，因為鄰近社區有感染案例，又有很多蚊子，所以應在校門口內，提醒學生勿前往「育樂街」用餐。唯作者當時擔心此舉可能引發社區抗議或誤解，因此改採與社區共同防疫的思維；並在短時間召開社區會議，邀請附近里長參加會議，且由校長主持（社區）會議。

　　會議中宣示和社區共同防疫（政策），也可視為廣義的（協助）社會（或社區）變革政策，所以和本書第四章救災體系變革有關。該政策獲校長（領導者）全力支持並承諾給予社區必要協助，因此獲得社區（里

長）諸多好評。至於大學和社區共同合作防疫，主要的原因在於大學必須擔負社會責任，或大學和臨近社區是生命共同體。這背後和大學社會責任（University Social Responsibility, USR）有關，所以也是社會影響的展現，可納入救災成效衡量的內涵。例如社區（里長）的滿意度即可視為社會影響或救災成效的一部分，因此與本書第三章救災成效衡量有關。由於當時作者在實務操作上，主要也是運用資訊、動員、組織間合作的模式進行思考，並作策略設計；例如首次會議即建立社群媒體line的防疫群組（截至2021年2月1日，該群組仍在運作中），同時和具滅蚊專長的生命科學系合作，同時走入社區宣導防疫。亦可應用自助、互助、公助的理論概念，進行或啓動救災體系變革（楊永年，2020：224-225）。

而從前述案例顯示，社區自助能力的提升，有賴政府（大學）的投入或協助，並可進一步促進社區民眾間互動，以及大學與社區間的合作。因為成功大學擁有防疫的專業與資源，可以協助社區提升自我防疫能力；後來作者也以學生校外居住防疫理由，前往成大附近鄰里進行防疫協助與宣導。當時並受邀前往長勝里進行宣導，並由里長親率里民代表參與說明會，顯示該里對登革熱防疫的重視。宣導會議的舉辦除了提升里民防疫能力；也因里長與代表共同參加會議，透過共識建立，應具有凝聚力（或互助）提升的效果；而這也是行動研究方法在社區防疫的應用。「社區感染」和「社區防救災」在自助、共助、公助的邏輯上有重複之處，但在實際運作上會有些微不同。

關於「社區防疫」與一般防災，在實際運作不同的作法是，社區防疫必須考量或避免群聚（接觸），但一般防災則無此顧慮。由於防疫或公共衛生領域，最害怕的狀況之一是「社區感染」（其他如境外移入、變種病毒、確診個案等都是令人擔憂的狀況），因為這隱含群聚感染，或病毒已擴散或失控。至於社區防疫與一般防災兩者重複或相似之處在於，不論防災或防疫，個人都必須有充足或基本的防備（衛）知識與能力，知道如何避災、減災與救災。接著，社區人與人之間應相互合作與支援；而若災害（疫情）規模愈來愈大，非社區資源或能力所能因應，就應有政府的介入或協助。例如，作者印象深刻的是，2020年3月22日，從美國休士頓返抵

國門與社區，就有迥異以往的防疫措施。包括必須戴口罩，不得搭乘公共
運輸。

　　作者回到社區時巧遇社區鄰居，因攜大件行李，引發熟識鄰居關心與
提醒遵守「居家隔離，不准外出」的防疫規定。這讓作者意識到社區有高
度防疫的警覺性，以及感受到必須遵守防疫規定存在的社區壓力。前文論
述其實符合救災體系的相關理論與領域及其應用，內容於楊永年（2020）
所著之《救災體系》專書第二章（救災體系基礎概念）第三節（研究架
構），以及第八章（社區）均有論述。本章主要聚焦救災成效，以及對救
災體系變革相關理論進行介紹，再分別於第三章與第四章作深入論述。
比較重要的是，本書研究發現內容部分採用一手資料，部分採用二手資
料。一手資料部分採用行動研究法（Action Research）以及參與觀察法
（Participant Observation），二手資料部分則包括媒體報導（主要是新聞
媒體報導，社群媒體與維基百科僅作研究參考，本書並未引用）。

　　行動研究法係作者於2020年11月20日舉辦論壇開始採用的方法，也係
執行國科會自主防災社區採用的方法（相關內容並請參閱本書第四章第三
節第肆部分）；相關的成效（或社會影響）內容並將分別於本章與第三、
四兩章說明。這也讓作者想起2002年所進行「木屐寮社區防救災組織」的
委託研究，即是行動研究，只是當時執行研究案並未特別引註這個研究方
法（楊永年，2002）。當時透過社區編組、分工、整合與建立工作團隊、
防救災組訓、建立與外團體之網絡關係等，提升木屐寮居民防救災緊急應
變的能力。經過申請人五個月安排培訓課程，以及進行兩次的防救災演
練，木屐寮社區防救災組織於2002年11月底成立。該社區防救災團隊，以
里長爲隊長，並分爲資訊組（爲加深民眾的理解改以「報馬組」稱之）、
搶救組、後勤組、疏散組、安置組等5組。

　　至於參與觀察法，係2021年撰寫國科會〈永續防災社區之研究〉所
採用的研究方法。參與觀察法比較和文化人類學領域有關，屬質化研究範
圍。例如de Munck and Sobo（1998）認爲參與觀察是文化人類學者進行
田野調查主要的方法。Kawulich（2005）同時指出參與觀察法是蒐集資料
的方法，不應只是觀察、參與，還得要有詢問（interrogate）；因此，參

與觀察法存在動態性，策略的提出、發想與執行，經常是參與人員互動產生的結果。Erlandson, Harris, Skipper and Allen（1993）認爲透過觀察法，可以讓研究者在現存的情境中使用五感，得出「寫作的相片」（written photograph）。或者，透過本研究的具體操作方式，作者一方面扮演參與者的角度，一方面扮演觀察者的角色。其優點是較易獲得眞實與直接資料，研究結果有較大的應用性；但因參與者與觀察者兩種角色扮演，可能導致角色衝突；或可能隨著參與角色的吃重，失去觀察的客觀性。[1]

　　參與觀察法含有參與和觀察兩個要素，參與必須置身其中，並參加重要的活動（本書部分內容，特別是木屐寮社區防災相關研究，即是參與觀察外加行動研究所獲得的第一手資料）。Marshall and Rossman（1989: 79）定義「觀察」爲「在社會設定選擇研究中，針對事件、行爲、人造事實等作系統的陳述」。由於本書部分內容並非在研究之前就設定採用什麼方法，例如2019年下半年前往日本關西學院大學，以及2020年2、3、5月進出美國德州休士頓，有許多防救災（前往日本東北宮城縣與岩手縣參訪與訪談）與防疫的親身觀察經驗，但不能歸類爲觀察法，因爲並未在研究前就已設計研究標的。重點在於，救災成效的衡量必須有多元思考。

第一節　救災成效

　　救災成效就是救災體系的成效，或以組織（行爲與）理論的用語，是組織績效；中文成效或績效和英文effectiveness語意是相同的，因此本書將成效和績效視爲同義詞。救災成效等於救災績效，廣義而言可以涵蓋防救、救災（災害應變）、減災（安置）在內，因此韌性、效率、滿意度（包括救災人員與災民）、品質、成本（雖然救災或生命無價，但若能以最低成本獲最大的救災成果，更值得肯定）、安置、重建（復原）等。就像組織績效存在不同的理論或模式（Cameron and Whetten, 1983），也有

---

[1]　https://terms.naer.edu.tw/detail/1309184/，瀏覽日期：2021/12/24。

如組織理論存在多元性。例如理性目標模式（rational goal model）是關注或在意（救災）目標達成的程度，操作化的定義可以是解救受困災民的人數。而若能考量社會影響（social impact），永續的概念就能進來；而社會影響的思維可以貫穿本書所有章節，有機會改變在地社會文化與（或）生活習性。

因為社會影響涉及體制或制度變遷，而這得從社會影響的內涵進行了解。有人認為社會影響評估（social impact assessment）和環境影響評估（environmental impact assessment）有異曲同工之妙。Vanclay（1999）指出，社會影響評估是評估與管理專案、計畫、方案或政策對人的影響。依這個定義，如果受影響的人愈多、愈深遠且時間愈長，代表社會影響愈大；那麼就會和制度變遷有關。也因此，Vanclay（1999）進一步認為，社會影響評估可包括審美觀影響、考古（或傳承）影響、社會影響、文化影響、人口統計影響、發展影響、經濟與財政影響、制度影響、政治影響（含人權、治理與民主化）、貧窮評估、心理影響、資源議題（資源的獲取與擁有）、旅遊影響，以及其他對社會的影響。依這樣的看法，顯然社會影響包羅萬象。

相對於社會影響的名詞是社會責任，政府原本就負有社會責任，但因為直接民主（選舉與選票）、代議政治（利益團體尋租）、官僚供給（體制）、分權政府造成的政府失靈（Weimer and Vining, 1989），以及政治導致的結構選擇（Moe, 1989），都讓社會責任的政府供給造成疑問或問題。因此有時會要由營利組織或非營利組織補政治供給的不足，例如2021年7月臺灣新冠肺炎疫情嚴峻，急需供給疫苗；後由鴻海、台積電、慈濟等聯合購買1,500萬劑BNT疫苗，緩解了國人對新冠肺炎疫情的焦慮。[2] 這固然代表政府失靈的結果，卻也是企業與非營利組織展現社會責任的成果。依聯合國工作發展組織對企業社會責任（Corporate Social Responsibility, CSR）的定義，指的是公司營運過程應持續與利害關係人

2　https://news.cnyes.com/news/id/4684209，瀏覽日期：2022/1/9。

互動，並整合社會、環境議題。[3]

　　換言之，企業（公司）除了營利也被課以社會（永續）責任。而依教育部的官網，近年來也談大學的社會責任，目的也希望讓大學師生走出校園，進入社會（社區）舉辦論壇、座談、策展，結合或整合資源，強化產學合作，進行區域鏈結以滿足社會需求，並進一步促進社會發展。[4]基此，救災體系自然也會被期待發揮社會影響（責任），所以社會影響成為救災成效的重要指標或衡量標準。檢視作者過去執行的專案計畫包括中石化安順廠汙染案（楊永年，2012），以及木屐寮防災社區（楊永年，2021c）。特別是木屐寮防災社區專案計畫執行過程發現，確實發揮社會影響，相關內容分別在本書第二、三、四章呈現。不過，Vanclay, Esteves, Aucamp and Franks（2015）指出，社會影響評估是管理過程不是產品（product）；意思是說，是在管理過程中產生社會影響，但當然也會造成結果（成效）的不同。

　　由於救災過程亦不能忽略救災人員以及災民的內心感受（需求）或滿意度（這部分可連結前文社會影響或社會責任），這是人群關係理論的關切點；或依Morgan（1986: 40-44）的說法，必須重視與滿足人與組織的需求。本節主要探討的是，組織績效理論或領域在救災成效的衡量與應用。主要分兩大部分論述，首先是組織績效的內涵，其次是組織績效與救災成效的連結。有關組織績效的概念與思考架構如圖2-1所示，圖2-1也可以和組織變革共用，因為圖2-1係楊永年（2006）組織發展章的研究架構圖，涵蓋整個組織行為領域。從圖2-1所示，影響組織績效的因素很多，包括組織環境、領導、組織結構、組織文化，以及個人層次的態度、價值觀、激勵因子等，都可能影響組織績效。而這樣的思維邏輯也等於提供衡量組織績效的方向，可以從個人、團體、組織、環境等不同層次發展衡量指標。

---

[3]　https://www.unido.org/our-focus/advancing-economic-competitiveness/competitive-trade-capacities-and-corporate-responsibility/corporate-social-responsibility-market-integration/what-csr，瀏覽日期：2022/1/8。

[4]　https://www.ey.gov.tw/Page/448DE008087A1971/c1cd8b0e-c129-4fa8-a887-7ee3d68c5e93，瀏覽日期：2022/1/9。

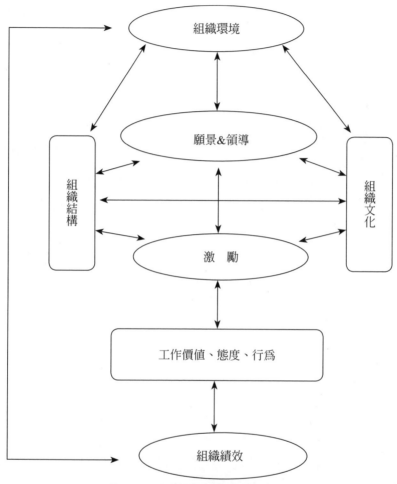

圖2-1　組織變革變項關係圖

資料來源：楊永年（2006：398）。

　　楊永年（2006：444）針對組織績效的定義，「**最簡單或通俗意義是，組織整體的表現或生產力，因此有人會將組織績效視為所有組織成員個人工作表現的累積**」。不過前述定義可能過於簡單，對於工作品質及員工與民眾滿意度並未納入，可能不夠周延。而這背後和Morgan（1986）以多元意象（metaphor）解釋組織的概念相同，也就是說不同

的組織績效衡量指標，有著不同的理論基礎，應有全面考量。Quinn and Rohrbaugh（1981）整理出四類不同理論取向的指標，包括理性目標模型（rational goal models）、開放系統模型（open systems models）、決策過程模型（decision process models），以及人群關係模型（human relations models）等。比較大的問題是，組織績效雖係組織發展的終極目標，但其定義經常缺乏共識。

　　Cameron and Whetten（1983）進一步指出，最佳的組織績效衡量指標是不存在的，甚至不同指標間可能存在衝突；而這有如Okun（1978）所提出公平與效率難以兼顧的概念，強調公平就可能損及效率，反之亦然。Zammuto（1984）因此提出相對性（relativistic，績效的良莠有時是相對或比較的結果）、權力（power，主要和資源依賴有關，有權者其對資源分配的影響力較大）、社會公平（social justice，強化平等性或公平性），以及演化（evolutionary，主要是過程選擇的概念，對於環境變遷存在的調適或適應性）等四個層面。只是，不同層面可能存在互斥現象，例如權力和公平有時存在衝突，特別當救災資源存在有限性，在面臨兩位受困災民，但只能選擇一人救助的前提下，就難以公平對待兩位災民。

　　因為組織績效存在模糊性（ambiguity）與複雜性（complexity），所以定義組織績效（或救災成效）有其難處。部分原因和組織環境的不確定性有關，或從本書圖2-1可了解影響組織績效的原因相當多元。因此，學術上組織績效定義不容易建立共識，重要的原因在於指標選取的背後存在喜好與價值（preferences and values），以即時間（time，即短期或長期）軸或演化的差異有關（Zammuto, 1984）。基此，Zammuto嘗試點出組織績效的內涵，和人類對於組織表現之結果喜好的判斷有關，而這判斷經常是直接或間接從影響組織運作的支援者（constituencies）而來。因此，組織績效標準或指標存在的不確定或不穩定性，其根源即在於價值與時間兩大因素。

　　Cameron and Whetten（1983）同時指出定義組織績效的四個困境或關鍵問題，第一，組織中的個人很難確認他們自己的喜好是什麼；第二，喜好會隨著時間改變，而且有時改變很巨大；第三，很多衝突的喜好是同時

存在的；第四，對於所表達之策略區塊（strategic constituencies）喜好，[5]
而其所表達的不同喜好，相互間經常沒有關係或呈現負相關。只是，我們
仍得嘗試建立組織績效的構造或內涵（construct），以引領組織績效指標
的建立。因爲不論從理論性（theoretical）、經驗性（empirical）或實用
性（practical）思考，組織績效的定義或存在都是必要。

　　前述2020年7月發生的漢光演習事故，等於是國軍「負面」績效的表
現。爲能在最短時間給出肇事因素，因此歸因於「海象」；[6]意在傳達這
不是組織內部問題，而係不確定的環境（氣象）因素所造成。這背後亦存
在成效衡量標準價值偏好，而這即在突顯如何在短時間呈現對海軍（組織
體系）最有利的理由（或解釋）；這亦有如2021年7月中國河南鄭州暴發
洪水，官方以「千年一遇」解釋。[7]這些都在試圖扭轉社會大眾，對於事
故發生存在的負面印象或疑慮。因爲這起事故的發生，社會大眾的第一個
印象就是存在人爲疏失；而這疏失包括組織運作與人爲疏失，例如裝備、
訓練、裝備的不足。或者，衡量國軍演習成效的指標，可能因衡量（評估
或調查）者的差異而有不同。也就是說，針對同一事件（或事故），不同
的組織或不同的人，都可能選擇不同的衡量標準或指標。

　　或這衡量標準的背後，存在價值（選擇）的意義或內涵，例如歸咎
天災等同對人爲因素（人禍）的忽略；或這樣的說法似乎有意無意在規避
政治與行政責任，那麼就可能造成許多負面的社會影響。因此採用單一指
標或模型可能存在偏頗，或宜嘗試不同的模式或理論進行衡量或詮釋，這
同樣也在避免績效衡量過於主觀。由於犯罪是（人爲）災害（災難）的一
種，設置警察的目的即在於處理犯罪預防與偵查之工作，因此衡量警察組
織績效，也適用相同的邏輯；或者，消防與警政兩者經常被劃歸爲「公共
安全」類。例如，2020年7月中旬時，行政院長撤換臺南與高雄市警察局

---

[5]　依https://www.worldsupporter.org/en/chapter/40410-summary-organization-theory-concepts-and-cases-robbins-barnwell的解釋，策略區塊（strategic constituencies）所指的是外部環境重要支援者，瀏覽日期：2020/7/5。

[6]　https://news.cts.com.tw/cts/politics/202007/202007042005965.html，瀏覽日期：2022/1/9。

[7]　https://www.thenewslens.com/article/154128，瀏覽日期：2022/1/9。

長職位，理由是酒店發生治安事件。若以Zammuto（1984）的理論，選取「治安事件發生」作為衡量指標，價值與時間（時機）應該是這決策的關鍵原因。只是公共事務指標選取的過程，仍必須接受公共監督。

由於治安事件的發生存在複雜的政治、社會、經濟因素，因此由警察局負責沒有道理；同樣的，災難（含火災）的發生，責怪或歸咎單一部門亦不適當（如果有預防不力的證據則另當別論）。如果治安事件發生後，警察沒有積極處理或處理不當，那當然必須追究警察（局長）的責任。在沒有釐清治安事件原因與警察（局長）該負什麼責任，即撤換警察局長實屬不宜。因為，若這樣的邏輯或績效衡量指標可以成立，虐童案頻傳，社會局長應下臺；火災發生，消防局長應下臺；發生水災，水利局長應下臺。而且，使用這樣的衡量指標，還可能產生以下三個後遺症（社會影響），第一，無法治標更無法治本，因治安事件發生非獨有警察責任；第二，公平正義的弱化，因為有人會解讀人事遷調不公；第三，員警工作承諾下降，因為這背後是政治而非治安考量的決策（楊永年，2020g）。

問題是，前述的社會影響難以課責。因為後續的發展故事是，高雄市群眾鬥毆事件仍不斷發生，臺南市則於2020年10月28日發生長榮大學一位馬來西亞女僑生，在校園附近遭歹徒勒頸身亡。更嚴重的問題是，同年9月底，該犯案歹徒就已在同一地點犯案，有另一名女學生被害，唯沒有成功；雖該女學生同時向校方與警方報案，警方也作了調查，但因沒有進一步的預防（作為），也未積極追查嫌犯，以致歹徒再度犯案成功。雖然承辦員警未盡到應有的後續調查與預防工作，必須負部分責任；長榮大學也有其預防或保護學生不力之責，至於市政府、警政署，甚至內政部也都有行政與政治責任（楊永年，2020m），這部分在本書第四章第三節亦有詳細分析。至於後續的發展是，上任不久的臺南與高雄警察局長，再度遭到撤換；治安事件發生應是重要因素，但可能有其他因素（成效指標）存在。

而如前述，七個月內臺南市與高雄市警察局長兩度撤換，第二次撤換似乎比較合理，因為高雄街頭鬥毆未止，臺南市則二度發生類似重大治安事件。重要的邏輯是，災難（犯罪）的發生不是救災組織（單位）的責

任，災難發生後的救災不力，才是他們的責任。只是前述發生在警察類似的問題或案例，亦出現在救災（消防）部門中，2012年一位資深的消防人員告訴作者，2009年莫拉克仍在搶救期間，卻有某監察委員立案調查，並大聲責備，發生這麼大的災難，消防局（長）不用負責任嗎？這問題亦隱含，該監察委員已主觀認定，大型災難的發生，消防局必須負責。顯然很多人（包括部分監委）並不知道，莫拉克風災造成土石崩塌背後的原因，和過度山林開發、氣候變遷、強降雨、國土規劃等因素有關。而這些議題都和消防局轄管業務無關，顯然存在類似認知偏差者不在少數，同樣有變革的必要。

　　Schneider（1983）認為是人不是組織在作決策，因此從互動主義（interactionist）的角度解釋組織績效，並提出吸引－篩選－耗損（attraction-selection-attrition）模式；或者，衡量組織績效必須從吸引、篩選與耗損等去找尋相關指標。因為每個組織有其特性，會吸引特性類似的人才，組織也會篩選特性類似的人才，因此組織長期運作後，同質性會愈來愈高；形成所謂人與情境的自然互動，然後進一步形成整合，因此組織（文化）也愈來愈難進行改變。互動主義可說起源於人格心理學次領域，也和社會心理學類似。而通常組織成員的滿意度和耗損（或離職率）成反比。因此Schneider認為研究組織績效，必須關注組織成員的吸引、篩選、互動模式、離職過程；至於組織結構、溝通、領導，則是組織績效的結果。

　　從Schneider的觀點，人的行為或績效是個人和環境互動產生的結果，不完全是個人的主動意志。因此，衡量組織績效必須綜合個人與組織的因素，這也類似Chatman（1989）所提個人與組織契合（person-organizational fit）的說法；也就是個人與組織的契合度愈高，組織績效會愈佳；其內涵同時考量個人與組織價值系統的契合度。不過，個人的工作承諾與專業能力也不能忽略；可以說，救災領域有許多不同的專業，救災組織中的個人，是否具備救災專業領域能力，以及該組織是否提供良好的支援系統或組織結構，會是決定救災成效的重要因素。基此解釋921大地震發生時的南投縣消防局，因為1999年3月18日才從警察局獨立，9月21日

立即面對921大地震，救災初期即可能因專業能力尚待提升，以致救災成效可能不很理想。

因為從消防局長到局本部的幕僚人員，可能多還在職務調整或適應階段；或歷經半年的（升格）經驗，可能諸多面向的能力仍待提升；當然，這背後也可能和南投縣消防局變革過程有關。不過作者也觀察到，歷經921大地震的南投縣消防局，救災專業能力明顯提升；或者，實際救災經驗應是最好的教育訓練。由於作者於2002年7月進入南投縣竹山鎮木屐寮社區，協助成立防救災組織。曾邀請南投縣消防局人員協助木屐寮社區民眾（志工），進行防救災教育訓練，同時感受到消防救災人員工作承諾與專業能力明顯提升。因此，災難發生後的救災過程，經常成為提升救災人員專業能力與工作承諾的關鍵因素；而這剛好符合前述Schneider（1983）對於個人與情境互動的組織績效解釋。

而在評估組織績效的同時，也等同於在進行政策評估，因為組織的主要任務也在政策執行。Gardner and Brindis（2017: viii）指出，政策評估的目的在提供政策利害關係人學習與政策設計和變革的決策參考；因此，這和組織績效評估的目的相仿。他們同時指出政策制定經常被視為個人、團體、組織介入，以及系統範圍的變革（Gardner and Brindis, 2017: 3）。而這也等於帶入組織發展或變革的理論，進入政策評估（組織績效或救災成效）領域。他們並進一步提出六個政策評估的階段，第一階段是問題釐清（Problem Recognition）；第二階段是議題設計（Agenda setting）；第三階段是政策形成（policy formulation）；第四階段是政策採用（policy adopting），第五階段是政策執行（policy implementation）；第六階段是政策評估（policy evaluation）。

2020年7月上旬，日本九州發生災難性梅雨（或稱強降雨）；位熊本縣的球磨川潰堤，造成逾50人死亡的慘劇。重災區主要在熊本縣球磨川地區，例如人吉市，測得的淹水高為4.3公尺（為歷史最高），比五十五年前淹水高2.1公尺，足足多出兩倍。[8]僅日本九州的熊本縣就撤離了27萬人

---

[8] https://www.asahi.com/articles/ASN775606N76ULBJ015.html，瀏覽日期：2020/7/9。

（熊本縣總人口數約170萬）；若計算鄰近縣的總撤離人數，則逾130萬；總共動用自衛隊、警察、消防人員等，共40,000名救災人員。[9] 從這段報導，似乎顯示日本救災主要仍以政府（官方）爲主；也許民間救援隊也發揮一些功能，唯可能救災能量有限，難以突顯成效。特別是暴雨與洪水侵襲過程，連帶造成停電與通訊中斷的障礙，增添救災資訊流通的問題。而居民大規模撤離所需的避難所、民生物資、交通運輸，都可能出現問題；唯洪水侵襲時間不長，前述問題未被突顯。

　　基本上，自衛隊介入救災，主要也是因爲熊本縣提出請求；唯動員速度似乎相當快速。[10] 可能因爲日本政府同時動員自衛隊、警察、海上保安廳、消防等四個組織，平常合作演習或救災的機會可能不多，救災過程難免出現協調整合的問題；可能的問題在於資訊共享與資源動員與分配等問題。至於日本救災體系對於熊本水災成效好或不好，若從媒體報導資訊分析，比較充足的資訊在「輸入」部分，包括自衛隊、警察、消防與海上保安廳的派遣，可以說投入龐大救災資源；包括成功搶救或撤離民眾。因此，就動員資源與民眾撤離衡量，日本救災體系發揮了救援功能；至於發揮了多大的功能，有待進一步探索。而其內涵不能只包括統計數字，例如出動了多少救災人次，救了多少災民，發放了多少物資外，還有一些質化的內涵。

　　再深入論述，所謂質化的內涵包括事前的預防、災民的滿意度（是否給予足夠的指引或協助）、救災人員的滿意度，以及避難所的安置等，都有討論的空間。倒是大規模撤離值得更多的關注，特別對於弱勢族群，包括行動不便者或老人（安養機構）；經常會是遭遺忘或忽略的族群。例如前述日本熊本淹水，就有養老院14名老人身亡；救助過程中，並有養老院職員原本手抓2名老人，後因不堪負荷，道歉後鬆手的案例。[11] 倒是這次熊本縣27萬災民撤離過程，並無特別之相關報導，可能沒有出現重大

9　https://global.udn.com/global_vision/story/8662/4683658，瀏覽日期：2020/7/8。

10　https://www.epochtimes.com/b5/20/7/4/n12232227.htm，瀏覽日期：2020/7/9。

11　https://udn.com/news/story/6809/4684570，瀏覽日期：2020/7/9。

問題；但也可能存在許多問題，只是媒體沒有報導或發現。倒是內閣府防
災網頁專區，對於每次重大災害，都會有詳細的災情報告；對於各縣市的
災情，都會隨時更新相關資訊。[12] 比較可惜的是，防災網頁專區並無相關
的檢討報告，比較難以判斷是否從各種災難中，獲得救災體系什麼變革啟
發。

　　換言之，如果日本內閣府可以更進一步，針對不同的災難進行救災成
效的深入檢討，日本救災體系運作會快速純熟、精進。作者進一步推論，
這次救災成效，或可從救災通訊、救災資源分配，以及組織間合作進行衡
量。在救災通訊部分，因為洪水來臨經常同時發生電力中斷；特別是如何
取得災民的災情資訊，往往是決定救災成效的重要因素。這又涉及三個因
素，第一，災情是否能有效從災民傳至救災人員；第二，救災人員接收到
災情資訊，採取什麼樣的行動（或因應方法）；第三，這行動能否有效解
決災難問題，或降低災難帶來的傷害。而如果從媒體報導看來，洪水（暴
雨）可能來的又急又快，超乎民眾（災民）預期。這可能同時表示，除了
預防（預警）工作沒有做（好），也可能隱含災情資訊可能很晚才傳遞給
（地方）政府；而這些都和救災成效良莠有關。

　　也就是說，日本政府（救災人員）回應或救助災民的時間非常短；通
常很多救災成效評估（特別是媒體報導），多會以救災當下的幾秒鐘或幾
分鐘，進行救災成效的評量。不過，只針對幾秒鐘或幾分鐘的救災行為或
成效進行評量，可能不盡準確。關於救災資源是否到位，是否適當動員，
以及發揮應有之功能，都需要更多資訊才能判斷。其內涵包括，檢視救災
過程資源動員的情形，是否災前已有足夠之（資源）準備；而這又可以從
救災人員或災民（民眾）兩種角度分析，或救災人員與災民可能存在認知
落差。再者，救災資源是否充足是一個議題，而資源是否充分與有效運
用，又是另個議題。日本自衛隊固然在縣長提出要求後，（人力資源）可
以迅速出動進行救災，但是否符合災民需求，需進一步研究；而這部分可
檢視自衛隊平時有否相關的防救災教育訓練。

---

[12] http://www.bousai.go.jp/updates/r2_07ooame/pdf/r20703_ooame_16.pdf，瀏覽日期：2020/7/14。

救災當時亦應有充足之救災工具（含運輸工具與器械），以協助災民撤離（疏散）、搶救與安置。而這又得思考救災人員對於救災工具使用之熟練度，因此又和防救災教育訓練有關。再者，除了自衛隊外，警察、消防、非營利組織或社區民力等資源，是否有適當或有效之（人力與工具）動員，都是可以評量的項目。當災害規模大到某種程度，通常必須仰賴組織間合作，除了可以提供更豐富的資源，也比較能有效率處理災難相關的問題。但因為不同組織間存在不同組織結構或分工方式，加以組織文化上的差異，不一定能密切合作進行救災。若以前述日本熊本洪水為例，進行搶救的自衛隊、警察、消防等組織，各自存在特有的資訊系統與介面，可能存在資訊分享與資源共享的問題。特別是，不同組織有其績效評量重點，可能影響組織間合作共同救災的意願。

理論上，以日本的政治體制，內閣府資源最豐、權力最大，所以最有能力進行救災過程的協調整合；問題在於，內閣府可能認為已經派遣自衛隊協助救災，責任已了。加上如果災情龐大，跨越多個縣的轄區，更增添內閣府參與或整合的難度；或者，在內閣府的認知裡，他們是「協助」或「支援」地方政府救災。或者，內閣府認為地方政府應負救災主要的責任；可能的原因在於地域與災情資訊流通（含感受）因素，讓遠在東京的內閣府感覺不到救災的迫切性。吳明上（2013）指出，1995年1月17日上午5時46分發生的阪神大地震，當時的村山內閣，並未關注與掌握災情。村山首相於6時30分指示進行資訊蒐集，於7時聽取簡報。9時20分官房長官十五嵐當主持人首相的會議，要求國土廳長官前往現地視察，但遭其回絕，唯當時首相亦無進一步指示。

一直到下午1時5分，村山首長才召開緊急對策會議，當天下午6時30分也才成立全部閣員參加的對策閣僚會議。而主要的問題在於自衛隊出動的遲緩，導致災民抱怨。在此情形下，縣政府（知事）必須扮演的協調整合角色或責任就非常大。由於日本縣長人選，雖有地域關係，但也多和內閣府（中央政府）有深厚淵源。例如，1995年阪神大地震時的兵庫縣知事貝原俊民，係東京大學法律系畢業，可能和內閣府形成緊密的網絡關係。相對於臺灣921大地震，當時中央政府（行政院）的情形，似乎也好不到

哪裡去，主要因為電力與通訊中斷，所以中央政府也出現「無作為」的情形；問題在於中央政府沒有災區的災情訊息。但不同的是，921大地震位於災區的駐軍，立即出動並協助救災（部分原因係因為民眾強烈要求）。

而從921大地震當時媒體報導顯示，位於重災區的南投縣，當時的彭百顯縣長，推動許多積極的救災政策，例如透過收音機廣播向全國爭取救災資源。而同樣災情嚴重的狀況，也出現在2005年美國南部的卡崔娜颶風災害，但結果是聯邦緊急應變總署（Federal Emergency Management Agency, FEMA）遭受很多延遲救災的無情批判；因為延遲了3天才有國民兵抵達災區救災（潘美玲，2006：72）。當時美國總統小布希從德州飛往大衛營渡假，飛越紐奧良災區，卻未對當時的災情有相關的評論與指示；隱含的意義是，這是州與地方政府必須面對的問題，聯邦政府非屬第一線的組織，動員自然比較緩慢。顯然，不論美國、日本或臺灣，均存在中央政府和地方政府「組織間合作」救災的問題。另一個可能因素是，針對過去大型災難，較少針對中央政府（聯邦與內閣府）進行救災體系的成效評估；而這和政治與社會制度有很大的關連性，因此即便有評估（報告）也可能避重就輕。

特別是對於有權勢者（總統或其他權位高者）通常不會被追究，或即便被追究也可能輕輕放下。例如由白宮主導並由國土安全部撰寫的卡崔娜颶風的檢討報告〈The Federal Response To Hurricane Katrina Lessons Learned〉，報告內容中，國土安全部（含FEMA）承認有違失，但可能因係下屬機關，並沒有針對總統的角色進行檢討或論述。但不論是檢討或調查報告，都是在進行「成效」評估；或在找尋卡崔娜風災災情慘重，究竟原因在哪裡？而要回答這問題，首先就得先找出災情問題或證據（有些透過文字，有些則可能照片或影像比較能描述事實），再找尋相關的原因。由眾議院特別委員會（select committee）主導的卡崔娜調查報告，也在回答前述問題。

只是，該報告沒有針對總統違失進行調查或檢討；但總共520頁的調查報告，確也完整點出卡崔娜風災的問題（U.S. House of Representatives, 2006）。不過，眾議院特別委員會發現，雖然美國氣象局在颶風登陸的56

小時前，就已跟墨西哥灣幾個州提供警告訊息。但當時路易斯安納州長與紐奧良市長，一直到卡崔娜颶風登陸前19小時，才發布強制撤離的命令；如果從前述訊息似乎顯示州長與市長對颶風訊息的警覺性不足。此外，美國所謂強制撤離或自願撤離的定義並不是非常清楚；或即便是強制撤離令也沒有罰則，只是說撤離可以有不同的強度，例如可分自願撤離、建議撤離、強制撤離、緊急強制撤離等，重點是聯邦官員當時有將氣象預測颶風資訊充分告知州長與市長（U.S. House of Representatives, 2006: 108）。

可能的推論是，路易斯安納州長與紐奧良市長，都沒有料到颶風會這麼強；或即便收到聯邦官員的颶風預警資訊，可能因為過去沒有相關經驗，也缺乏整備或應變能力；或也可以說，他們沒有料到會潰堤，並造成這麼大的洪水（災害）。但眾議院特別委員會確信，如果州長與市長能提早發布與執行強制撤離令，是可以避免很多傷亡案例的發生；並進一步認為這是不完整的撤離政策（U.S. House of Representatives, 2006: 111-114）。當時的路易斯安納州長Blanco，曾是路州第一位女性州長，但因卡崔娜風災影響，只當了一任州長就未再續任，卸任後並遭到許多救災不力的批評（但她認為這些批評並不公平）。[13] 不過，對Blanco而言，未連任州長也不見得是壞事，因為災後重建過程繁雜艱鉅，可能出現不同的問題。

例如，當時紐奧良的市長Nagin，後來繼續擔任市長到2010年，不過在2014年因在市長任內犯貪瀆案件（主要係重建專案計畫經費的問題，因收受商人百萬賄款），遭判刑十年，[14] 並於2020年獲釋（可能和新冠肺炎疫情有關）。[15] 發生貪瀆案件顯示救災（重建）成效不彰，這固然和Nagin本人的個性或價值觀有關，但也和組織（運作）設計有關，這部分

---

[13] https://www.nytimes.com/2019/08/18/obituaries/kathleen-blanco-dies.html，瀏覽日期：2020/7/15。

[14] https://nypost.com/2014/07/09/mayor-during-katrina-gets-10-years-for-corruption/，瀏覽日期：2020/7/15。

[15] https://www.wwltv.com/article/news/crime/ray-nagin-released/289-edf949b6-29d3-41f2-84bd-88223c482700，瀏覽日期：2020/7/15。

的理論解釋在前文已有論述。換言之，貪瀆案件的發生，主要因為龐大的重建經費與專案計畫，加以防貪機制不健全，才導致貪瀆問題的發生。而這也在提醒我們，面對災後重建投入龐大的經費（預算），必須同時啟動廉政體系或建立廉政機制，預防貪瀆案件的發生。

　　至於布希總統在卡崔娜災難期間從德州飛越災區前往華盛頓，其雙眼凝視災區的照片廣為流傳，雖未立即遭受媒體嚴厲批評，卻造成形象嚴重傷害；讓其自詡為最有同情心總統的說法，遭到質疑。[16] 而如果類似的情形發生在臺灣，總統職權行使可能也會受到嚴重挑戰。顯然，卡崔娜風災突顯聯邦政府、州政府、地方政府都存在問題；但三級政府之間卻又相互指責對方的不是（潘美玲，2006：42）。美國國家氣象局（National Weather Service）在2005年8月28日（卡崔娜登陸前一天）就提出嚴重警告，請臨近墨西哥灣各州，必須提高警覺。而當時布希總統正在德州農場渡假，還是由幕僚向布希總統提出建言後，布希總統才在第29天時（布希總統於8月3日休假，而當時是8月31日，災情已相當嚴重）搭空軍一號返回華盛頓。更糟的是，布希總統並未接受幕僚建議前往災區訪問；因此有人認為布希總統面對災難的態度很有問題，影響美國人民對布希總統施政不滿意度升高。[17]

第二節　救災體系變革

　　救災體系變革如同研究架構解釋的內涵，必須從救災（歷史）資訊開始（楊永年，2020：45-47）。如果從民眾的語言說明，回憶或討論災難記憶是變革的開始。以2001年7月30日發生的桃芝颱風為例，因為嚴重的土石流，造成200餘位民眾死亡與失蹤的慘劇；也導致民眾（災民）難以回復的傷痛。但作者到過去災區現場發現，已看不到桃芝風災破壞的痕

---

[16] https://abcnews.go.com/Politics/story?id=3352067，瀏覽日期：2020/7/15。

[17] https://www.usnews.com/news/the-report/articles/2015/08/28/hurricane-katrina-was-the-beginning-of-the-end-for-george-w-bush，瀏覽日期：2020/7/15。

跡。可能因為隨著時間的流逝，以及災後復原工作的徹底；也希望除去破壞或創傷的場景，以致於（災區）部分人們也漸漸開始遺忘這段痛苦的災害「歷史」；或者，因為沒能留下桃芝創傷的實體紀錄，可能讓很多人淡忘這起災難。因此，作者在2021年7月27日舉辦「桃芝颱風教育園區論壇」的目的，即在激發防災意識（舉辦該論壇之前，已辦過木屐寮生態與觀光高峰論壇、雙水論壇、木屐寮社區防災論壇，這部分將於第四章詳細說明）。而之所以我們要找回這些痛苦的（桃芝）記憶，主要的目的有三。

首先，讓痛苦的記憶轉化為防災教育，因為臺灣多山陡峭溪流湍急，每遇豪雨（或強降雨）就可能致災。桃芝痛苦的記憶正是最好的教材，值得進一步去探索造成創傷的原因。再深入論述，究竟是因為「與溪流爭地」（可能事前不知道居住在致災敏感地）、不當開發、或沒有收到預警資訊，才導致災難的發生。如果能夠深入整理，前述故事都可以作為（個人、家庭、社區與學校）防災教育的教材，以避免下次災難的發生，而這也是世界各國（含臺灣）籌設「災難博物館」的原因。但更重要的是第二個目的，就是在提醒大家災難仍會發生，因為強降雨、土石流、洪水經常發生。光2021年7月，國際社會至少已發生3起嚴重水災或土石流災難，包括7月3日發生於日本靜岡縣伊豆半島熱海市的土石流，造成18人死亡；7月15日西歐洪水，造成逾200人死亡；7月21日，中國鄭州水災逾百人死亡。

第三，應做好萬全整備，當全民（或社區）有了防災意識，就知道要做好萬全整備，以因應災難的來臨。在這部分政府（含中央政府的水利署、消防署、水保局、林務局，以及和在地連結較深的河川局、消防局、水保分局、林管處）做了很多努力，包括工程建設、防災專員（水保局）、自主防災社區推動（水利署、水保局、消防署），也有許多成果。但仍有努力空間，包括如何落實在社區日常生活中，以及如何在社區進行資源整合。也等於說，這努力的空間即在於如何讓全民都有防災意識，並能做好萬全整備。透過災難的回憶或記憶的討論，具有防災意識強化與防災教育發展；而這也是救災體系變革的開始。

　　作者進行東山龍眼乾產業研究過程，曾於2021年9月29日拜會東原國小校長，得知出版《盹龜寮的幸福味道》（郭靜芳，2018）。資助者當時係全球筆電第二品牌的華碩執行長，這本繪本描述的即是其兒時關於龍眼乾的家庭生活。重點在於，這繪本提供諸多龍眼乾的訊息（包括採收與烘焙龍眼的辛苦，美味的麻油龍眼乾炒蛋，以及退火的龍眼花茶），其實也是其他龍眼乾農的生活故事。而作者研究過程和龍眼乾農討論，原本他們記憶中東山並未發生過什麼災難。不過，繪本內容卻提到五十年前（自2018年起算）經常發生土石流（唯當時還沒有「土石流」名詞的出現）。因土石流災害造成親人不測。而作者再透過google查證，1964年1月18日發生白河大地震，根據當時的紀錄片，提到東山的災情也很嚴重。原本推測，白河大地震可能和這場土石流災害有關，後來前往訪談，結果發現土石流發生的年分大約在1978年，可能和白河大地震不直接相關。但會否因白河大地震造成地形地貌改變，而間接致災，則待進一步查證。不過，因為研究發現過程和受訪者互動與討論，提升了參與討論者的防災意識。

　　災難回憶或記憶的討論，經常也在進行防救災的評量；了解當時發生災害的情形，災民的行為以及災民在意什麼等。有了防救災評量（或研究）的結果（資訊），就應該可以據以進行救災體系（組織）變革，因此本節希望探索組織變革或組織發展，而本書視組織變革與組織發展為同義詞，因為依Burke（1982: 3）的說法組織發展隱含著變革，因此組織發展和組織變革是同義詞。主要應用組織變革相關理論，解釋與變革救災體系。由於救災體系的核心概念是組織，也就是說，每次災難發生，都可能出現問題，所以都會要求救災體系進行組織改造或變革。而這同時會展現在救災政策的改變，或由救災政策的轉變，帶動組織變革與創新；但結果不一定會呈現救災成效的提升。救災體系變革亦可配合救災成效閱讀，因為評估救災成效後，通常要回饋成為組織變革的重要訊息。本節主要從組織變革的理論或角度切入，但以救災政策為思考點進行論述。

　　理想上，救災成效評量的目的在策進未來或產生組織學習的效果，或在避免發生重複的問題。但在實務運作上，評量結果有可能被當成追究責任（或政治鬥爭）的資訊（或工具）。以2021年1月時，桃園某醫院發生

新冠肺炎院內感染，因此有封院的說法產生。這樣的說法隨即被類比2003年發生的SARS和平醫院封院的決策，有人認為封院的決策不夠人道，有人則認為封院遏止了疫情的擴散。這兩種說法可能都有道理，或存在不同價值（偏好）思維，但隨後遭解釋並往決策（政治）責任追究的方向發展（也就是當時是誰做封院的決策）。[18] 在此情形下，成效評量即往權力與政治（或非理性）的方向發展，對於如何提升防疫成效或避免錯誤，可能沒有助益。

　　關於組織變革，主要指的是計畫性變革（planned change）（Cummings and Worley, 2001: 22-23），這部分亦可參考圖2-1組織變革變項關係圖進行規劃或思考，該圖呈現整個組織變革領域相關變項。組織變革的目的在提升組織績效（救災成效），這在圖2-1的最下方，但為達組織績效提升的目的，和組織環境、領導（願景）、組織結構、組織文化、激勵、工作價值（含態度與行為）有關。基本上，每一個變項都可以是一個龐大領域，或就組織行為領域而言，每個都是獨立的專章，甚至每個變項都可以找到專書對應。組織分析可分為四個層次，包括個人、團體、組織與環境；因此，要改變（救災體系相關）組織可以分別或整合四個層次進行。

　　依楊永年（2006：397）定義組織發展，是「**運用行為科學的理論與技術，進行長期性與持續性的規劃。其內涵在針對環境需求，發展領導、組織文化、組織結構、激勵、工作價值態度與行為等策略，目的在提升組織績效**」。Beckhard（2006; 1969: 9）強調組織發展有五個重點，第一，計畫性的（planned）；第二，組織層次的（organization-wide）；第三，從上而下管理的（managed from the top）；第四，可以提升組織績效與健康（increase organization effectiveness and health）；第五，使用行為科學的知識，透過組織過程進行計畫性介入（planned interventions in the organization's processes by using behavioral science knowledge）。而

---

[18] https://udn.com/news/story/6656/5203341?from=udn_ch2_menu_v2_main_index，瀏覽日期：2021/1/26。

Rothwell, Sullivan and Stavros（2016）指出組織發展是長期性的、資深領導的支持、組織發展的效應主要透過教育、組織發展重視參與和授能。

　　Anderson and Anderson（2010: 34-39）提供三種層次的變革，包括發展性變革（developmental change）、轉變性變革（transitional change），以及轉化性變革（transformational change）。發展性變革係根基於現有的技術、方法與表現標準，但不在意目前或未來的需求。轉變性變革不只作改善，同時進行完全不同的取代或變革。轉化性變革，則更進一步讓文化、行為、心智模式作成功改變，同時持續這項變革。而不論是哪種變革，不能忽略變革策略或組織介入的模式。而依Rao and Ramnarayan（2011: 3-4）定義組織發展是改善組織的策略，這策略是使用不同套的應用行為科學（applied behavioral sciences）；組織發展在體現計畫性與縝密性的組織介入，並以改善現狀為目的。

　　Rao and Ramnarayan進一步認為組織發展具跨領域特性，源於行為與社會科學領域，這些領域包括心理學（psychology）、文化人類學（anthropology）、政治學（political science）、社會心理學（social psychology）、社會學（sociology）、組織行為（organizational behavior）、系統理論（system theory）、管理科學（management science）等。而圖2-1是可以涵蓋這些領域，例如激勵部分和心理學、權力與政治和政治學、組織文化和文化人類學、領導和社會心理學、組織環境和社會學，系統理論和整個圖2-1思維類似，組織結構則和管理科學密切相關。而以圖2-1解釋美國總統面對新冠肺炎疫情，亦可得出一些合理的觀察或推論。

　　因為領導者（川普）的態度，讓防疫部門（組織結構與分工）難以發揮積極的防疫功能（美國疾管署或稱CDC受到無形的政治壓抑），除了造成組織文化（集體認同）不宜認真防疫；或者，認真防疫可能無法或難以獲得激勵（或獎勵），即直接或間接影響第一線防疫人員的工作態度與行為，導致整個防疫體系鬆散；或造成新冠肺炎快速蔓延。尤其總統係跨部會（或組織間合作）整合的關鍵人物，卻因為美國總統川普對新冠疫情輕忽，導致美國新冠肺炎疫情，成為世界疫情最嚴重的國家之一，甚

至2020年10月2日凌晨，川普自己宣布確診新冠肺炎；而類似的問題，在1918年西班牙流感大流行，造成逾67萬人喪生，當時的美國總統威爾森也是以輕忽的態度面對，後來威爾森總統也確診。[19] 也就是說，領導者對疫情不重視，可能導致整個防疫體系鬆散。

由於川普總統不重視防疫專家的意見，具二百零八年歷史的期刊《新英格蘭醫學期刊》（*New England Journal of Medicine*），在2020年10月7日所發表的社論中，公開譴責川普總統處理新冠疫情失當。該期刊在過去二百多年歷史中，從未公開支持或譴責任何一位總統候選人；此次卻由34名編輯委員共同聯署，聲明川普的行政團隊將危機變成悲劇；並指出川普拒絕採納專業意見，而且不尊重科學（專長），以致造成難以收拾的悲劇。[20] 內容主要強調，口罩、社交距離、隔離都是有用的防疫方法，政治卻決定不使用這方法，並暗示這些方法沒用，將美國防疫帶入極端的危險情境中。和紐西蘭、新加坡、南韓、中國等國家相較，美國防疫成果遠遠落後這些國家。[21]

前文論述同樣呼應領導者（川普）對於防疫結構分工的輕忽，可能導致防疫體系的解體。最後美國總統大選結果出爐，川普未當選（連任），但仍獲得7,400萬張選票，囊括46.8%的選票。[22] 雖然川普落選的因素很多，但從媒體報導以及諸多科學家連署阻止川普連任來看，防疫可能是落選的重要因素。只是，仍有很多美國選民認同川普「不重視防疫」的作法；在此情形下，拜登總統要全面推動防疫體系變革，可能也不容易；或者，認同川普的選民可能存在抗拒變革的態度。唯疫苗的問市與接種，似乎為防疫體系（成效）帶來希望。或者，透過科技（疫苗）的介入，或可帶動防疫體系的進一步變革，有助防疫成效的提升。

---

[19] https://udn.com/news/story/121707/4907798?from=udn_ch2_menu_v2_main_index，瀏覽日期：2020/10/3。

[20] https://www.nytimes.com/2020/10/07/health/new-england-journal-trump.html，瀏覽日期：2020/10/9。

[21] https://udn.com/news/story/6813/4921815?from=udn-catelistnews_ch2，瀏覽日期：2020/10/9。

[22] https://topic.udn.com/event/2020uspresident，瀏覽日期：2021/2/8。

　　冠狀病毒之父賴明詔（2020）從全球防疫的角度，具體指出史無前例的新冠病毒疫苗研發速度，爲世界防疫工作帶來希望。只是單靠疫苗，所能達到的防疫成效有其限制，除了必須讓6至7成的人接種疫苗產生抗體，才能讓社區擋住病毒。而且賴明詔指出，疫苗的保存、運輸、分配管理外，還有政治、政策、生活習慣等問題，有待改造或都存在許多挑戰。意思是說，疫苗的發明固然有助防疫（救災）成效提升，但如何配合防疫體系的改造，必須同時關注；否則難達預期的防疫成效，如果再加上病毒變異，其變化或不確定性更高。[23] 例如，爲因應第二波疫情，德國全國防疫封鎖延至3月7日，造成商界錯愕。[24] 而這符合本書防疫體系（變革）的主軸思維，可以同時應用圖1-1與圖2-1的理論架構，進行防疫體系的問題診斷，以及擬訂防疫體系變革的行動計畫。

　　基此，拜登總統上任一天後，立即簽署一系列的防疫行政命令（或可視爲防疫政策或行動計畫），希望在短時間能強化並提升防疫成效；包括加快接種疫苗和進行病毒檢測，以及緊急立法加快防疫必需品的生產。[25] 至於是否能達預期的防疫成效，有待進一步印證；唯這仰賴（變革）行動計畫的擬訂，只是行動計畫通常要透過研究不斷修正，才能提升成效；而必須仰賴科學證據作爲行動計畫擬訂的基礎，而這又和研究發展有關。Lewin（1946）的名言是，「沒有研究就沒有行動，沒有行動就沒有研究」（No action without research and no research without action），點出了組織發展動態性或行動性的核心概念。前述行政命令的簽署，廣義而言也屬行動計畫的內涵，拜登總統希望透過「行政命令」的政策（行動），提升防疫成效。

　　但再深入論述，研究或行動都不是目的，提升成效才是目的；因此，我們該關注的是拜登總統簽署行政命令後，是否真能提升防疫成效。例如，拜登總統的第一項行政命令即是「全美聯邦機構強制配戴口罩」。[26]

---

[23] https://money.udn.com/money/story/5658/5198515，瀏覽日期：2021/2/12。
[24] https://www.cna.com.tw/news/firstnews/202102110142.aspx，瀏覽日期：2021/2/12。
[25] https://www.bbc.com/zhongwen/trad/world-55761551，瀏覽日期：2021/2/8。
[26] https://heho.com.tw/archives/159064，瀏覽日期：2021/2/8。

理論上，強制配戴口罩應具有防疫效果，但實務上究竟防疫效果如何？或如何知道強制戴口罩能產生多大的防疫成效？要回答這兩個問題，是可以進行實驗或研究設計，例如進行實驗組與對照組的研究，唯仍可能存在研究限制；特別是新冠肺炎可能致命，可能存在研究倫理問題。而且，任何人的活動範圍不會侷限聯邦機構，防疫措施通常有多元政策或策略設計。因此，即便證實有防疫成效，也不易歸因於是聯邦機構強制配戴口罩的結果。

　　此外，戴什麼樣（材質）的口罩，以及在用餐時或飲水時如何（暫時）脫口罩，也都可能影響防疫成效。換言之，或許只能說，強制配戴口罩具有防疫成效，但成效高低仍待諸多因素配合。而這背後同時需要有良好的績效評估研究作依據，行動才會更有成效；也可以說，研究的目的在發現政策或策略行動出現的問題，並作為後續或未來行動修正的參考。關於計畫或策略（政策）規劃，是研究與行動之間重要的中介變項（intervening variables）。也因此，研究或計畫的內容應盡可能呈現事實（或證據），避免價值的影響；但因為事實與價值之間有時難免存在模糊地帶，或在解讀研究過程中，難免涉及主觀（認知）的差異。唯如果內心存在這樣的認知，就比較能尊重不同價值（可能因為情境或立場的差異）對事實解讀的不同。

　　而這又連結到成效良莠的認定（解讀），同樣存在價值差異。至於具體探索救災體系變革的三個問題是，要改變什麼？怎麼改變？以及這個改變是否能提升救災成效？這三個問題可以從圖1-1獲得啟發，也就是可以透過資訊、動員、組織間合作、中央政府、地方政府、非營利組織、社區、救災成效衡量方式的改變等，以達救災成效提升的目的。不過，在思考要改變什麼之前，得先進行「組織診斷」，診斷問題在哪裡，有了具體的問題之後，才能決定要改變什麼，以及如何改變。依圖2-1所示，可以從組織環境與所有變項診斷；也可以從圖1-1資訊、動員、組織間合作作為診斷工具（理論），檢視過去發生的案例，從而整理出救災體系政策或變革策略。例如，可回答資訊、動員、組織間合作，做什樣的變革，可以提升救災體系成效。

　　不過，在形成救災體系變革（策略）之前，通常會有救災政策的形成與（或）規劃；或者，救災體系變革通常比較會是在政策執行的層面。重點在於，這樣的思維自然帶入政策形成、規劃、執行、評估等公共政策領域的內涵與重點。因為大型災難之後，或為提升救災成效，多有一些防救災政策的形成、擬訂（規劃）或轉變，這些政策在形成、規劃與執行過程，都和組織（救災體系）變革有關。例如，921大地震後成立特搜隊（擬訂並通過災害防救法）、莫拉克風災後制定強制撤離政策、921大地震與莫拉克風災後成立的重建委員會、莫拉克風災後成立行政院災害防救辦公室、莫拉克風災後救災列國軍的重要工作任務、東日本大地震後核電與核安政策改變，以及以強化消防救災專業為訴求的警消分立等。

　　圖2-1所指的是單一組織的變革因素，若以救災體系為主軸，則須同時考量與整合救災體系所有組織進行思考。不過，這單一組織可以是以總統（府）、行政院（長）為主軸的組織（體系）、內政部（長）為主軸的組織（體系），以及其他部會（首長）或縣市政府為主軸的組織（體系）。但以臺灣的（雙首長）體制，行政院是最高的行政機關（組織）。因此，以行政院為主軸的組織變革，會是最徹底或最完整的組織變革。不過，若所有問題都在行政院處理，可能也難以或無法承擔龐大的議題；應該說，行政院為主軸的組織體系，主要在形成關鍵政策，至於政策規劃與執行，則宜由部會或地方政府主導。只是，以中央政府（行政院）為主軸的變革，透過變革過程與產生的結果，可能牽動地方政府、非營利組織與社區的改變或變化。

　　例如拜登總統簽署的聯邦政府強制口罩令，可能影響地方政府、營利組織與非營利組織，而產生擴散效應。或者，聯邦（中央）政府政策造成的社會影響可能很大，而且可能正面與負面的社會影響兼具；所以通常會需設計政策配套，以降低不公平或其他可能發生的問題。重點在於，救災體系變革過程如果也能思考相關政策利害關係人（組織）的反應，甚至讓他們有參與機會，救災體系變革可能會較完整；而這涉及組織間資訊與資源的整合。而因組織體系範圍龐大，可能存在協調整合的問題；特別是涉及敏感的政治與權力，可能衍生相互衝突，就必須從民主制度層面找

答案。Rosenbloom（2007）提出從民主憲政（democratic-constitutional）的觀點，進行行政改革的檢視。原因在於，傳統行政改革多以提升行政效率，或透過計分卡（scoreboard）的方式進行績效衡量，因而忽略民主憲政的價值，其內涵包括個人權利（individual rights）、憲法上的廉潔（constitutional integrity）、透明（transparency）與法律規章（rule of law）。

　　或者，前述都是救災體系變革必須考量的因素。前述思維，提供政府與非營利組織，在進行救災體系變革過程中，不能也不應僅追求效率的提升；而應考量更高層次的民主憲政公共價值。簡言之，我們希望變革後的救災體系，更能維護與保護民眾生命財產安全，或至少在認知上，能提升多元的救災成效；而這成效必須考量Rosenbloom（2007）民主憲政的價值。而這也是部分美國民眾認為，（強制）戴口罩違反憲法基本人權自由的觀點或價值信仰；所以堅持不戴口罩，同時認為政府對個人的規範或強制力愈小愈好。也因此雷根前總統（共和黨籍）任內大力推動委外、民營化。而這也是拜登（總統）在推動防疫體系變革，可能存在的困境。

　　為了突破困境，背後免不了應有關鍵資訊（包括科學研究證據）的分享、解說，以及教育訓練的執行（含救災人員、災民與一般民眾）。而這又牽涉相關資源的動員以及組織間合作；圖1-1亦提供救災體系變革（策略）的研究架構，其內涵是變革資訊分享，動員相關資源並啟動變革，透過組織間合作進行變革，可以提升救災成效。Schein（1998）則指出組織變革的三種模式，第一是購買專業（purchase of expertise），或是由變革代理人（專家或客戶）執行變革計畫。第二是醫師病人模式（doctor-patient model），等於是請組織變革專家（客戶）提供變革意見，再由病人（組織代表）進行組織變革。第三是過程諮商（process consultation），顧客（組織代表）和專家（或稱顧問）共同參與變革診斷與問題解決，也等於兩者建立合作關係。

　　由於救災體系涵蓋政府、非營利組織與社區，如果是政府組織，第一種模式的可行性較低；不過如果購買的對象是另個政府組織則另當別論。或者，如果是政府組織，可能以第二種或第三種模式的可行性較高；因為

這涉及法定公權力的議題，或組織變革專家可以透過借調或具有正式政府
組織的職位（如政務官），就可以採用第一種模式。通常專家參與救災體
系中的政府組織變革，以第二種或第三種模式的程序較爲簡單，或爭議可
能較小。例如，設於行政院下的中央災害防救會報，以及行政院災害防救
諮詢委員會，都有學者專家代表的設置。甚至首長也可以透過非正式的學
術研討會、特定議題的臨時會議，以及私下面對面的議題討論，獲取救災
體系組織變革意見。

　　至於救災體系的非營性組織或社區，雖較政府組織有比較大的運作彈
性；但通常多透過董事會或社區委員會議的認可，爭議性會較小，或組織
變革的可行性也比較高。Wienclaw（2019）認爲外部顧問（專家）作爲
變革代理人（change agent）組織變革會比較成功，唯如前述作者認爲這
可能比較針對非政府機關或營利組織而言，因爲政府組織會涉及公務員法
定職權問題。而當政府首長特別重視外部專家（委員）的意見並執行之，
就比較不存在法定的職權問題且有利政府組織變革。

第三節　新興領域

　　因爲《救災體系》專書寫作的啓發，獲得探討救災體系成爲新興領
域的想法。所謂新興領域包括領域內涵具有共識，例如政治學、行政學、
組織行爲有共同的主題；甚至發展爲獨立學院、系所或次領域。領城形成
的目的除了期待傳統的效能改善外，也在提升本章第一節所提之「社會影
響」。而這也可視爲，防救災的創新（變革）思維，例如在美國聯邦與地
方政府、日本內閣府與地方政府，多設有專責災害應變的單位。臺灣似乎
也在往這個方向發展，例如災害防救辦公室的設立，即是因應防救災進行
資源與資訊統合的幕僚單位；（政府）組織如此，學術單位當然也可嘗試
往整合的「新興領域」發展。這想法的形成固然和未來領域發展有關，但
這畢竟是初探，因此本節之論述不見得成熟，或可能存在作者主觀意識。
而爲降低作者主觀成分，因此盡可能引用相關理論進行論述補強。

　　救災體系所發展的資訊、動員、組織間合作模式是新興領域發展的理論架構之一，但絕非唯一的理論模式；例如Jackman, Beruvides and Nestler（2017）所提的減災、整備、應變、復原四階段論，也是常用的分析架構。如果採用作者的資訊、動員、組織間合作進行分析，在資訊部分可以納入資訊科技（包括軟硬體與資訊管理）、溝通、傳播、資訊認知等不同領域。動員則因為和資源分配有關，可以和人力資源管理、物流管理、裝備管理、軍事（動員）、財務管理等連結。組織間合作則可以和治理、府際關係，甚至跨國部分可以納入國際政治領域，涉及法規部分，則可以和法律領域結合。而這部分已在楊永年（2020）專書有深入介紹，但當納入社會影響（作為依變項），就有增加負熵的機會。

　　由於新興領域的發想，有如（政策）議題的形成，未來是否形成領域（政策）存在諸多因素。這有如Kingdon（1984）政策窗戶的概念，已有很多學者在不同領域進行災難相關研究，已有豐富的領域素材。要整合成為獨立（救災體系或災難管理）領域存在可能性，本節即針對這個可能性進行「新興領域」的探索。張四明（2016：V～IX）試圖從跨領域的觀點，主編《極端氣候下台灣災害治理》專書，參與撰文作者涵蓋公共行政、都市計畫、工程（土木）管理、建築管理等不同領域。至於新興領域（救災體系）演變可參考組織發展領域，著眼組織發展實作者（OD practitioner）、組織發展實作（OD practice），以及組織發展理論（OD theory）等。救災體系（成效與變革）領域也可透過實作者、實作（實務），與理論作為重要參考內容。組織發展係行為科學應用，雖然和人力資源、策略管理、領導、工作設計等領域有關，但從組織發展的定義與核心價值，還是可以釐清組織發展和前述其他領域仍有區隔（Worley and Feyerherm, 2003）。

　　了解組織發展領域的內涵，也在思考、檢討與深化組織發展內涵；同樣的，這和救災體系的領域發展邏輯也是相仿，可以找到救災體系的定位，並期待對防救災實務管理、發展與運作有幫助。Gallos（2006: xv）指出，組織發展領域大約在1950年代開始發展，有必要作領域的彙整與檢討。臺灣救災體系的發展，若從災害防救法通過計算，大約是在2000年左

右；而依Jackman, Beruvides and Nestler（2017: 7-14）的看法，美國成立防救災專責機關大約在1970年代；因此透過救災體系領域發展的討論，有助這領域的未來發展。如前述（研究目的），本書在深化救災體系，針對救災成效與變革兩議題，找尋相關文獻進行論述；有助救災體系專題或議題的發展，或若能作足夠的跨領域連結，就有合理性可以成為新興領域。

　　這亦有如公共行政（行政學）和政治學兩領域的發展，Wilson（1887）提出政治與行政二元論百年之後，公共行政已漸成為有別於政治學的重要領域，亦如中國過去二十多年公共行政領域，包括系所或學院，如雨後春筍般大量成立，但有時亦難以和政治學完全切割。由於作者的碩士與博士領域均為公共行政，並對組織行為與理論研究較有興趣；因此本節試圖從公共行政形成「救災體系」新興領域，作更深入之比較研究與探索，但仍以組織研究為核心基礎。公共行政亦屬跨領域學門，但基本上仍在社會科學領域中發展，或形成公共行政領域。讓救災體系成為有別於公共行政領域的新興領域；或者，明確定位救災體系係由組織理論（行為）與（或）公共行政為根源的領域；並進一步發展為獨立領域，可以是新興領域的變革思維。在此前提下，亦可進一步賦予救災成效與變革新的詮釋意義。以公共行政領域發展，類比救災體系作為新興領域發展，存在創新（或變革）的意涵；但未來（百年後）是否可以成為獨立領域，值得作後續探索或討論。不同於公共行政領域的是，救災體系有很多自然科學領域內涵；這也讓救災體系領域範圍更為擴大。

　　從作者觀察或過去許多證據顯示，救災體系將成為或已成為新興領域，主要的理由有三。第一，大型災難發生造成龐大人數的民眾死傷，由於死傷人數龐大，會讓很多民眾感同身受；自然對災難相關的議題有著高度的關心。第二，民眾高度關心災難的發生，以及發生後的發展，因此除了民眾會主動關心，媒體也會經常大幅報導；有時媒體對於大型災難，關注的時間會長達幾個月，甚至會花半年至一年的時間。第三，因為大型災難創造行動需求，有行動需求就會存在（系統）知識的需求。這又回到，作者以「救災」為主軸的書名與思維，例如，領域名稱通常文字不會太多或太長，卻是具有豐富理論的系統知識；而這當然還得視未來或後續研

究能否繼續累積或發展。或除了研究，教學與社會應用是否也都能持續發展，也是影響救災體系成為新興領域的重要因素，而這也是本節的重點。

　　但納入社會影響，因涉及體制或永續的變革，會讓救災體系這新興領域更有價值；因為災難不會因大地震或災害結束而停止，有時傷痕或痛苦會持續多年。以921大地震為例，媒體先期報導主要聚焦在搶救的部分；由於受災地區太大、太廣，所以災害的新聞題材很多。依作者的記憶，地震搶救部分最少持續一個月左右；如果加上安置（臨時避難所）或組合屋（中繼屋）問題，則持續至少半年（有不願搬遷的組合屋居民甚至持續三至十年）；而如果加上永久屋興建（含土地取得），則至少三至五年或以上。而救災議題和環境汙染議題也有共同點，而汙染的時間可能更久。例如以中石化安順廠汙染案為例，中石化安順廠1944年就有汞汙染的存在，1960年代則有五氯酚汙染（主要汙染物包括五氯酚鈉與戴奧辛）。

　　主要汙染係透過中石化安順廠海水貯水池，許多在地居民經營的漁塭和貯水池相連；因此造成臺南市安南區鄰近的鹿耳、顯宮、四草等三里居民身體健康的傷害與汙染。但卻一直到2003年中石化汙染場遭揭發，2005年才有行政院核定的五年13億補償方案（楊永年，2012；游顥，2008）。中石化安順廠汙染案研究例，讓作者深刻感受到，汙染研究等於災難研究，亦發現受害社區存在汙名化現象（Yang, 2012）。應該說，汙染是確定或具體的，只是受害者與受害程度並不容易確定；後來以戴奧辛濃度確認受害程度（以血液濃度64皮克區分），唯重度受害者（64皮克或以上）症狀不一定明顯，或輕度受害之分。更悽慘的汙染案例是1984月12月3日印度發生的博帕爾災難（Bhopal disaster），起因於45噸的有毒氣體外洩，名稱是異氰酸甲酯（Methyl isocyanate）；在當時是史上最嚴重的化學毒氣外洩的案例，造成汙染的公司係政府補助設立的美國公司Union Carbide Corporation。[27]

　　前述案例死亡人數大約在3,800至16,000人之間，當時有60萬人曝露在有毒氣體中，三十年後受汙染城市的傷害仍在持續中；很多未死亡的居

---

[27] https://www.britannica.com/event/Bhopal-disaster，瀏覽日期：2020/6/27。

民因毒氣造成失明或其他殘障。[28] 但從相關報導顯示，該問題相當難解；或可能因爲問題過於複雜，所以汙染或傷害仍在持續中，讓印度政府難以著力。而這也可以用救災體系的概念，檢視印度政府是否重視前述汙染問題的解決。而這又回到本書中英文標題的內涵，如果單從標題分析，本書英文Disaster Management System標題可能難傳遞中文標題救災體系的內涵，或中文與英文標題可能存在語意的落差。這好像英文文字使用，有時會以動名詞取代名詞，以強調其動態性。例如Weick（1979）就以思考化（thinking）、組織化（organizing）、理論化（theorizing）等動名詞，來解釋組織存在的動態性。因此，以「救災」爲名，更能突顯救災體系存在的動態性。

　　或許英文應急管理（emergency management）比較接近救災體系的語意，也比較有動態的意義（唯emergency是名詞不是動名詞）；兩者在語意內涵上，都存在「救災」的概念，唯仍存在差異。例如，以emergency（應急或緊急，例如急診室的英文就是這名詞）解釋民眾對於組合屋或永久屋的需求，雖然不能說不合理，但其和災民受災當下（生命受威脅）的感受，可能有所不同。或者，emergency比較不能涵蓋組合屋或永久屋議題，這可能不像民眾就醫對急診具有立即需求；當然，如果缺住居所的災民眾多，且缺乏臨時庇護或住居所，就具有緊急性。而因民眾對組合屋與永久屋的需求係災難產生的結果，所以涵蓋於「救災」的範疇是妥當的。因此，救災體系似乎正往新興領域的方向邁進。爲解釋這議題的合理性，本節原以研究、教學、實務運作進行論述。後將標題改爲災難問題、領域發展、教育訓練，以強化之間的邏輯或連結性。因爲領域發展會先從災難問題開始，而有了領域之後，就有教育訓練的需求，詳細論述如下：

---

[28] https://www.theatlantic.com/photo/2014/12/bhopal-the-worlds-worst-industrial-disaster-30-years-later/100864/，瀏覽日期：2020/6/27。

壹、災難問題

　　救災體系（或災難管理）發展成為新興領域屬於變革過程的一環，而這改變或變革和災難（問題）的發生有關；或者，變革通常要從問題的發生或發掘開始。例如，救災體系新興領域的討論必須先從災難問題談起，具體例證是，大型災難之後會有很多期刊論文、專書、短文等出版；也會有許多的相關論壇、研討會、演講等活動。目的無非在提高世人對大型災難的警覺性，也在探索因應政策（策略）或解決方案。很多人會好奇，為什麼有了問題的發生與發現，就需要針對相關問題進行研究、分析、解釋與論述，而這部分屬於下個（研究發展）議題的內容。再回到災難問題，2021年對全球而言是多災多難的一年，許多地區紛紛發生百年以上的歷史災難。

　　2021年12月初時，美國西部正愁沒如往年般下雪（將導致缺水），夏威夷卻發暴雪警報。[29] 也差不多在同時間，美國西北部蒙大拿州（Montana）發生千年一遇的熱浪，導致小鎮乾旱並陷入野火。[30] 2021年11月中下旬，加拿大卑詩省發生五百年一遇的洪水，造成1人死亡3人失蹤，以及18,000多人撤離的災情（同年6月才發生近攝氏50度的高溫）。[31] 2021年9月艾達颶風為紐約與紐澤西帶來歷史性暴雨造成嚴重水患，導致至少13人死亡。[32] 河南鄭州則遭千年一遇的暴雨（水災），[33] 造成至少300人死亡的案例。[34] 西歐於7月下旬發生世紀洪災（德國、比利時災情慘重），導致逾200人死亡，逾千棟房屋倒塌。[35] 日本熱海市（Atami City）伊豆山區，則在7月上旬發生土石流，造成21人死亡8人失聯的案

---

[29] https://udn.com/news/story/6813/5939077，瀏覽日期：2021/12/9。

[30] https://udn.com/news/story/6813/5939066，瀏覽日期：2021/12/9。

[31] https://news.pts.org.tw/article/554875，瀏覽日期：2021/11/27。

[32] https://www.theguardian.com/commentisfree/2021/sep/09/hurricane-ida-new-york-climate-crisis，瀏覽日期：2021/11/27。

[33] https://udn.com/news/story/122333/5617025，瀏覽日期：2021/11/27。

[34] https://www.bbc.com/zhongwen/trad/chinese-news-58058935，瀏覽日期：2021/11/27。

[35] https://news.pts.org.tw/article/536782，瀏覽日期：2021/11/27。

例。[36]

　　很多人會認爲這是氣候變遷的徵兆，唯若過於強調天災或難以抗拒的「氣候變遷」因素，可能造成對人爲災難（人禍）的忽略。例如，針對日本伊豆山區土石流，日本關西學院大學副校長長峯純一教授，受邀於2021年7月20日舉行的「日本伊豆半島土石流個案研討」。他指出這場土石流是不當開發（人爲因素）造成的災難，但這可能不是個案；因爲山林或雨林過度砍伐的問題，已獲參加聯合國2021年氣候變遷會議（Conference of the Parties, COP26，26指第26屆的意思）逾百國的認同，要在2030年停止森林砍伐。[37] 應該說，氣候變遷是人類必須面對的大問題，而當COP26峰會達成部分議題共識，仍有許多議題缺乏共識。災難持續發生，亦成爲人類必須正視的問題。那麼救災體系或災難管理，就成爲重要或值得持續研究的問題。

　　Jackman, Beruvides and Nestler（2017: 1-4）指出，作者在其8歲居住日本廣島時，某日遭遇颱風侵襲，適逢其父母外出，他獨自在家經歷停電、大風、大雨時感受到的恐懼，引出緊急應變管理的重要。他同時指出，一百年前緊急應變管理領域並不存在。但20世紀現代化與數位化時代，出現諸多領域，緊急應變管理領域是其中之一，該領域成形對我們日常生活安全的保護有其積極性與重要性，間接反映出災難對人造成的成長、學習與改變的情形。依該書的論述，緊急應變管理（或本書所稱之救災體系）已可視爲新興領域。至於這新興領域之所以稱救災體系（當然可用其他名稱或名詞），這部分在楊永年（2020：25-39）已有相關論述。

　　整體而言，爲因應不同類型災害的發生，臺灣各地方政府（包括直轄市與縣市政府），除了已設置專責救災（救火與緊急救護）的消防局，同時亦設置臨時任務編組的災害防救辦公室。至於中央政府成立屬救災專責的內政部消防署，後來也成立行政院災害防救辦公室（屬正式編組的幕僚單位）；顯示災害防救往專責化的方向發展（而消防單位主要以火災防

---

[36] https://www.cna.com.tw/news/aopl/202107250060.aspx，瀏覽日期：2021/12/9。

[37] https://news.ltn.com.tw/news/world/breakingnews/3723252，瀏覽日期：2021/11/27。

救爲主軸）。美國的州、郡、市政府與日本的都、道、府、縣與市政府，也多設有防災、應急管理或危機管理部門。臺灣縣市政府目前尚未設置專責防災或危機管理部門，但新北市所屬區公所下，將原本的民政（役政）課，改爲民政（役政）防災課，確認災害防救的專業分工單位。至於如何讓既有或新成立的防救災部門發揮應有功能，本書組織變革提供很好的知識領域或基礎。

而Phillips（2003）從應急管理教育的觀點，強調對話的重要，因此對新興領域的名稱提出質疑，這些領域（名稱）包括應急管理（emergency management）、災害管理（hazards management）、災難管理（disaster management）、風險管理（risk management）、危機管理（cirsis management）等，其認爲都有不足之處，但卻並未提出其所偏好的名詞，僅認爲前述名詞具相似性、重複性或相關性。作者偏好採用救災體系（disaster management system）一詞，除了可從組織理論（或組織行爲理論）切入與應用，有助專業領域定位。更重要的是，救災體系意義、內涵或涵蓋性，存在專業領域的雛型。而救災體系這名詞，必須融合中文與英文的意義，才能有更深層的認識。

作者將救災體系翻譯爲Disaster Management System，英文並沒有「救」的意義；原因在於，作者最早的研究，係以搶救體系（rescuing system）爲名，若以英文rescuing system爲名，可能窄化了救災體系的意涵。當然，救災體系亦有不足之處，畢竟領域上偏重組織管理層面，在工程與技術面上，就可能有所不足。不過，這部分可視爲救災組織體系的專業分工，所以是可以涵蓋工程與技術內容。以任何災難個案爲例，居住在災區範圍的民眾，通常無法避免災難；也就是災難會直接影響居民的生命財產安全。政府固然期待民眾對「撤離令」的順從，但政府是否有足夠能量（或專業分工）協助民眾撤離，以及災民是否認同撤離令，都可能存在問題。通常老人與行動不便者，需優先撤離，且通常要有協助配套。

救災成效有時和政府規模無關，往往因是否存在危機意識，或存在圖1-1的要素才是關鍵。救災（高層）人員具有政治性，因爲涉及災民（選民）對政府救災滿意度的認知。加以救災工作成效有時不易衡量；或也

可能民眾對政府救災存在高期待，使得救災體系存在複雜性、跨域性與多元性。前述內容與現象，在本書不同章節已有相關論述。重點在於，公共行政領域的特點，亦存在於救災體系中。例如，2001年美國紐約9/11的恐怖攻擊，讓美國（聯邦政府）驚覺國土安全領域的重要，因此於2002年整合聯邦政府22個單位，[38] 成立國土安全部（Department of Homeland Security），除FEMA是其中機關外，其他還有移民局（U.S. Immigration and Customs Enforcement）、密勤局（U.S. Secret Service）、交通安全局（Transportation Security Administration）、海巡署（U.S. Coast Guard）、網路安全局（Cybersecurity and Infrasturcture Security Agency）等，共有23個一級單位整合其中，成為相當龐大的部會級組織。[39]

至於美國消防署（U.S. Fire Administration）則設於FEMA之下的一級單位；簡言之，因為實際問題（反恐）的需要，所以成立國土安全部；卻也因此FEMA必須擔負部分反恐任務，難免弱化了FEMA的防救災任務（楊永年，2020：147-150）。或者，國土安全部成立的目的很清楚，就是要能因應或預防類似9/11恐怖攻擊事件的發生。而恐怖主義之所以受到高度關注，主要原因在於導致或形成的災難（規模）影響極大；或者，災難規模愈大，受到的關注度可能愈高，所可能動員的資源愈豐富。或者，大家關注的可能不是「恐怖主義」，而是恐怖主義所造成的災難。基此可以推論，美國國土安全部的成立，就是在因應國土安全（災難）。唯國土安全容易讓人聯想到「恐怖主義」，但恐怖主義是國土安全的狹義定義。或國土安全部的實際內涵，遠大於恐怖主義的定義。

美國國土安全部（U.S. Department of Homeland Security, 2010: iii）強調國土安全的重要性，將其視為國土安全企業（enterprise），同時存在聯邦、州、地方、部落、邊境、非政府組織、私部門產業、個人、家庭、社區共同安全的責任與利益。或者，國土安全有時可視為國家安全，其實務

[38] https://www.dhs.gov/who-joined-dhs，瀏覽日期：2020/6/10。
[39] https://www.dhs.gov/sites/default/files/publications/19_1205_dhs-organizational-chart.pdf，瀏覽日期：2020/8/21。

運作的層次應該最高，有時固然和災害防救有關，但兩者不完全相同或密切相關。特別在國際政治與情報領域，國家安全就有其特殊性或獨特性。以臺灣為例說明，國家安全局隸屬於國家安全會議（簡稱國安會），而國安會則直隸總統府；但救災體系基本上係在行政院下運作。合理的論述是，美國和臺灣的環境或系絡因素不同，導致組織結構設計的差異。再依U.S. Department of Homeland Security（2010: ix-x）的說法，國土安全的三大基本要素是安全（security）、韌性（resilience）、邊境管理（customs and exchange），同時指出國土安全部的五大任務：

第一，避免恐怖主義與強化安全。第二，邊境安全管理。第三，移民法的執法與行政管理。第四，確保資訊與通訊安全。第五，確保災害因應的韌性。也許因為美國存在特殊情境，必須面對較其他國家嚴峻的恐怖主義，所以才成立國土安全部，同時將救災（特別是天然災害）納入國土安全部的五大任務之一。災難的種類繁多，不會只有邊境問題與恐怖主義問題。或者，國土安全部的成立，主要著眼於「恐怖主義」的預防與處理，不是對災難的因應與處理。但因恐怖主義可能導致災難，所以兩者存在交集。唯如楊永年（2020：145-150）所述，國土安全與救災的核心任務存在差異，兩者可能存在整合的困難。不過，國土安全部成立至2020年止，擁有十八年歷史，FEMA已有一定的整合程度。只是，類似9/11的恐怖攻擊事件是重大災難，但與天然災難屬性仍有差異。

除了恐怖攻擊屬於人為災難，且背後較天然災難可能有更多的（國際）政治考量。因此如何定義與定位國土安全，甚至如何發展整合型課程與學術領域，可能還有長路要走。針對國土安全如何形成學術領域，Kiltz（2011）就提出了三大挑戰：第一，涵蓋緊急應變管理核心功能與能力之標準化課綱的開發與執行；第二，成為新興學術領域的演化；第三，跨領域教學與學習的採用。這同時點出了國土安全深化發展存在的困境，也是救災體系存在的挑戰。Kiltz文中所提到的災難個案，雖提供9/11恐怖攻擊、2005年7月7日倫敦爆炸，造成52人死亡與700多人受傷恐怖攻擊案例，[40] 以及以巴基斯坦為基礎的蓋達恐怖攻擊計畫（Pakistan-based

---

[40] https://www.britannica.com/event/London-bombings-of-2005，瀏覽日期：2020/6/11。

al-Qa'ida's plan）。不過，多數仍以氣候變遷、地震、海嘯、颶風、漏油
（oil spill）等天然與人為（非恐怖攻擊）災難居多。

　　Kiltz（2011）引用與整理的大學課綱、研究所課綱內涵，主要是以
防救災或災難為主軸。若以前述恐怖主義為主軸，會和外交部、國防部、
國安會或國際政治有較大的關連性。或者，若將恐怖攻擊視為人為災難的
一環，救災體系即可涵蓋恐怖攻擊。雖然恐怖攻擊具高度重要性，但發生
的頻率遠低於其他天然與人為災難，且災難屬性或核心任務存在差異，因
此，若從實作的角度分析，以救災體系涵蓋國土安全可能更為適當。畢竟
比較多人關切的是，如何發展救災的通則，不是發展國土（國家）安全的
通則。不過，這不代表國土安全不重要，例如，9/11恐怖攻擊罹難人數約
3,000人，美國新冠肺炎的死亡人數在2020年6月10日已超過10萬；[41] 9月
23日逾20萬人死亡。[42]

　　雖然從國家安全或國家利益角度，納入救災體系有其實作上的便利
性，以及實務運作的效率性。不過，以國土安全涵蓋救災體系或所有災
難，似乎有討論空間。以美國國土安全部為例，其核心任務仍難涵蓋所有
災難相關的部會，例如海難與空難就和國土安全部的專長領域關連性較
低。或者，從目前救災體系課程與領域，進行國土安全領域的發展，也是
可行的方向；不過主軸在救災不在國家安全。基此，若以本書之研究架
構，即資訊、動員、組織間合作，進行國土安全事件的研究也很適當。例
如，就資訊層面分析，首先得確認是否屬於國土安全事件，以及（可能）
造成的災難或損害。由於國土安全事件（災難）訊息存在（國際）政治
的敏感性，雖必須分享，但資訊如何分享，以及透過什麼樣的管道（平
臺），都得審慎考量。

　　目的之一是為避免造成恐慌，但提升處理成效才是最重要。另個原
因是國情的差異，因為美國以世界警察自居，也因其特殊的國情，導致恐
怖攻擊事件的發生；但臺灣就比較沒有這個問題，因此臺灣成立國土安全

---

[41] https://www.worldometers.info/coronavirus/country/us/，瀏覽日期：2020/6/10。

[42] https://www.cna.com.tw/news/firstnews/202009230003.aspx，瀏覽日期：2020/10/3。

部的迫切性就沒有那麼高。至於接下來要動員相關資源，進行防救災是另
個重要議題；特別是如何有效動員相關資源（包括人力與非人力資源），
投入國土安全災難（防）救工作，平時就得要有相關機制的建立。再來是
組織間合作，不同的國土安全事件，涉及的組織（機關、組織或國家）可
能不同；以9/11恐怖攻擊為例，因為具有跨國性，所以發展跨國合作關係
也很重要；也就是聯合或結合友邦，以蒐集潛在恐攻國可能採取行動的資
訊，並設計恐攻預防措施。

　　　也由於美國對國土安全議題的重視，目前也有國土安全與應急管理
期刊，該期刊並收錄在SSCI（社會科學期刊清單），因此國土安全似乎
亦希望形成獨立領域。而救災體系存在的歷史比國土安全更久，也有國際
英文專屬期刊《災難》（*Disasters*），官網顯示該期刊在1960年代創立。
因此，如果國土安全可以形成領域，救災體系更有理由形成專屬領域。或
因災難頻繁發生，災害防救議題受到關注，領域的內涵也愈來愈廣。也因
為救災領域的重要，讓防救災有更多跨領域的發展；或救災體系形成領域
也是水到渠成的事。應該說，災害防救有其專業性，早期發展或傳統的概
念，將其歸類為消防安全，並進一步成為學術領域。因此，中央警察大學
（前身為中央警官學校）於1970年成立消防警察學系；後來更名為消防學
系並成立防災研究所。[43]

　　　在此情形下，以資訊、動員、組織間合作，成為比Rosenbloom和
Bolman and Deal解釋或分析救災體系更完整的研究架構。主要理由有
三，第一，具跨領域性，例如資訊一詞可以涵蓋資訊工程（硬體和人
工智慧）、資訊系統（軟體）、資訊管理（management information
system）、（新聞與媒體）傳播、溝通（社會心理學）、認知（心理
學）；也等於說，資訊的概念已跨到工程或自然科學與人文社會領域。第
二，具動態性：由於災難具不確定性，雖有部分可以預測，例如颱風路
徑、雨量、風速等；但對於造成什麼程度的災害，也可能存在不確定性。
因此，以動員一詞對應災害不確定性相當貼切。因為災害一旦發生，資源

---

[43] https://fc.cpu.edu.tw/files/11-1084-1174.php，瀏覽日期：2020/5/26。

的動員必須有動態性、立即性、有效性。

　　如楊永年（2020：85）所述，動員是軍事用語，具有由上而下動員的意味，而且不論英文或中文語意皆然。不過，如果平時沒有適當整備或教育訓練，動員的成效可能會打折扣。雖然Rosenbloom與Bolman and Deal對於效率也很重視，但主要放在管理取向或結構型模中；因此若使用這兩個名詞，不易突顯救災的急迫性。也因資源動員涵蓋人力、非人力與金錢三大部分，均為立即救災之所需，所以直接貼近救災的內涵，因此易懂易應用。而其背後直接相關的領域包括人力資源管理（human resource management）、物流（logistics）管理與財務管理（financial management）等學術領域。第三，具組織與系統管理性：組織間合作的內涵，顯現組織與系統管理的內涵；可以涵蓋Bolman and Deal整本書理論與概念，當然也適用Rosenbloom的管理取向。

　　而因組織間合作，可能涉及正式或法律規章，同時存在權力與政治的議題。所以可以和組織理論（organizational theory）、組織行為（organizational behavior）、管理學（management）與政府間關係（intergovernmental relationships）等領域接軌。由於組織間合作在組織行為領域，通常歸類在組織環境（organizational enviornment），這又與系統理論密切相關。特別當災害規模愈來愈大時，愈需更多組織（合作）介入救災；因此使用Rosenbloom的管理取向，或Bolman and Deal的型模，固然可以進行分析，但組織間合作一詞則可以用來分析救災體系，可以是立即且具系統性的理論（分析）工具。或者，以作者資訊、動員、組織間合作的型模，可以重新將Bolman and Deal（1991）、Rosenbloom（1993）、McEntire（2007）之分析架構進行整理，以涵蓋不同的理論架構。

　　McEntire（2007）認為可以國際關係詮釋災難管理這領域，主要的理由有五：第一，災難管理在全球事務（global affairs）中不斷在成長。第二，國際關係與災難之間的連結主要在國際組織（international organizations）。第三，安全研究（research on security）成為國際關係與災難存在關連的重要指標。第四，有些災難性事件所影響的是世界上的所

有國家。第五，破壞性事件需從全球化的角度分析，這也代表國際關係與災難密切相關。換言之，很多領域都可以單獨用來詮釋救災體系或災難管理，McEntire以國際關係解釋災難，係重要例證。唯就本書而言，國際關係則可歸類在圖1-1研究架構的「組織間合作」變項中；基此，可以說國際組織或非政府組織（Non-Governmental Organization, NGO），對救災體系就具有重大意義。

至於安全研究議題和資訊流通密切相關（或可稱情報系統，因為information可翻譯成情報或具情報意義），自可納入作者「資訊」變項的內容。資源動員也有密切關係，因為國際社會（和單一國家相較）擁有的資源更為豐沛。或單一國家面對大型災難，有必要從國際關係的角度，才能提高韌性；而防救災資源的使用，就成為韌性的重要內涵，或者，很多個別領域都認為救災體系研究具有重要性。而這同時引出救災體系成為跨領域之獨立領域的重要性，這亦符合救災體系採用資訊、動員與組織間合作模型的旨意。不過，亦可從反面思考，資訊、動員、組織間合作，亦可透過其他理論進行整合思考。例如在Bolman and Deal（1991）的型模架構下，進行資訊、動員、組織間合作的論述，同時加上社會影響評估，以建構完整的救災體系。

貳、領域發展

領域發展或可從社會發展（social development）或（與）組織發展找靈感，或可以是兩者的融合。關於社會發展的定義，加拿大新布倫瑞克省（New Brunswick）官網載明的是，改善社會中的每個個體的福祉或幸福感，以讓人們能全力發揮潛能。[44] 而另一個社會發展的解釋（來自德國技術合作公司官網，該公司隸屬於德國政府），其內涵是祥和社會根基於基本的社會政策價值，包括機會平等、共同團結、參與。長期的社會政策投

---

[44] https://www2.gnb.ca/content/gnb/en/departments/esic/overview/content/what_is_social_development.html，瀏覽日期：2022/1/9。

資支持永續發展與經濟成長，教育、健康與社會保障系統提供獨立居住的機會與資源；而教育與健康則是基本人權。[45]這定義或內涵，充實的救災體系的內涵，同時連結領域發展與下部分的「教育訓練」，重點在於社會發展思考救災體系可以連結社會影響，進一步讓救災體系成為有機體。

　　而這也自然帶入聯合國永續發展17項目標（Social Development Goals, SDGs），具體目標包括終結貧窮、零飢餓、健康與福祉、優質教育、性別平等、淨水及衛生、可負擔的潔淨能源、合適的工作與經濟成長、工業創新與基礎建設、降低不公平、永續城鄉、負責任的消費與生產、氣候行動、保護海洋生態、保育陸地生態、和平正義與健全制度、建立夥伴關係。[46]而SDGs訊息亦出現在前述德國技術合作公司官網首頁，這隱含SDGs可以是救災體系（含中央政府、地方政府、非營利組織、社區）的發展目標。關於組織發展（或稱組織變革，因組織變革在組織發展領域有較多之研究）可視為組織行為領域的一部分（楊永年，2006：395-397），但組織發展有其實用性，因此早已自成獨立領域。

　　領域的形成有其複雜因素，例如下文所提公共行政領域形成過程，存在許多論辯。而最終還是形成公共行政領域，同時有助公共行政問題解決，以及公共行政專業領域發展，因此值得進行救災體系新興領域探索。為了解決（大型）災難帶來的諸多問題，必須思考如何解決或因應災難帶來的問題。但問題解決，可能導致其他或另外的問題。例如，1995年3月1日我國消防署正式掛牌成立，[47]後續縣市政府消防局陸續從警察局獨立，希望藉此提升消防機關防救災的專業能力。但後續的災難事件，則浮現警察與消防合作（救災）問題（楊永年，2020：86-87）。另一方面，921大地震催生「災害防救法」，2009年莫拉克風災後，於行政院下設災害防救辦公室。

　　美國於1979年成立FEMA，[48]但共和黨與民主黨對FEMA核心任務解

---

[45] https://www.giz.de/en/ourservices/social_development.html，瀏覽日期：2022/1/9。

[46] https://futurecity.cw.com.tw/article/1867，瀏覽日期：2022/1/10。

[47] https://www.nfa.gov.tw/cht/index.php?code=list&ids=17&page=2，瀏覽日期：2021/12/9。

[48] https://www.fema.gov/about/history，瀏覽日期：2021/12/9。

讀不同，適逢2001年9月11日美國發生恐怖攻擊事件；前美國總統小布希成立國土安全部並將FEMA納入，直接或間接導致FEMA功能的影響，使得2005年卡崔娜風災，因救災不力受到很多批評。重點在於，爲了解決重大災難帶來的問題，可能衍生其他問題，因此需要不斷的進行災難研究。因爲大型災難影響深遠，存在很多值得探索的防救災（含減災）議題，因此諸多學術領域背景學者投入災難研究。從行政、政治、國際關係、心理、社會心理、社會、社工、教育、資訊、傳播、地球科學、氣象、土木、建築、機械、地理資訊系統等介入或進行救災（體系）研究者，相當常見。

　　既然有這麼龐大的救災研究（人員）能量，成立領域學門作爲跨領域合作平臺有其重要性。由於每個領域都有其核心的價值或內涵，因而發展出特有的系統知識與資訊。至於能否整合或需否整合，這是另個值得關切的議題。或若救災體系發展爲成熟領域，自然就會討論領域的內容與歸屬。而當災難發生頻率愈來愈高，跨領域合作（整合）的需求也就愈來愈大，目的在發現問題與解決問題，或提高救災成效；因此存在新興領域的發展需求。應該說，大型災難的發生是領域研究、學習、發展與變革的重要機會與能量來源。因爲救災強調動態與實作，而救災相關組織（體系）在長期運作下，自動會累積系統經驗、知識或運作模式。而如何讓累積的經驗永續存在，因此回到研究，透過研究可以進一步發展或創新；主要內涵是如何能發揮更大的功能或救災成效。

　　基此，成效的衡量成爲組織（或救災體系）發展或變革的重要基礎；所以救災體系成爲新興領域發展過程重要的平臺，直接或間接有助救災成效的提升。至於救災體系目前將成或已成新興領域，可能存在認知差異（這部分下文有相關論述）；而認知差距可從救災體系領域（含研究與教學）指標的建構與衡量其成熟度，可降低認知的落差。所謂新興領域的概念，這表示救災體系會同時在學術（理論）與實務受到關注並投入資源與能量。由於救災體系涵蓋多重領域，如何定義與定位或不同的論述方法，因此存在討論空間。學術研究上有部分共識，也有部分成果。學術包括研究與教學，研究包括問題的發掘與解決、理論（或通則）的探索、專案

（議題）的發展、研究中心的形成、教具的研發、期刊、專書、論文等。教學則包括課程（課綱）的研擬、整合課程的形成、院系所的成立、救災現場模擬、實習等。重點在於，救災體系面對的是（大型）災難所出現的問題，因此這得從災難的內涵進行探索，再進一步回饋至救災體系。

關於「災難」領域的形成，Phillips（2003）提出了九個（研究）議題（問題），作者同時針對這九個議題，試圖提供解答；換言之，九個議題引自Phillips，但內容由作者論述或解釋。第一，是領域的命名（naming the field），主要是中文名詞有「救」的動詞，英文則沒有這層意義存在。倒是可以從救災體系的內涵，組織理論或組織行為、資訊系統（自然包括地理資訊系統的資訊科技領域）、後勤或物流管理、組織間（或政府間）管理延伸或定義（發展）救災體系的相關課程。第二，是救災體系領域的定義（defining the field），比較有脈絡可尋（楊永年，2020：27），也就是從救災切入並納入防災的概念。第三，是領域的關鍵概念（concepts），依本書的內容，所指的是資訊、動員、組織間合作（不過這部分比較是作者主觀的認定，或亦可從公共行政、公共管理或前述SDGs的內涵進行領域探索，畢竟災難研究存在跨領域特性）。

第四，是應急管理的演變（evolution of emergency management），應急管理會觸及組織與體制面的議題，而隨著（大型）災難發生頻率增加，組織與體制面的討論就會愈多。第五，是理論（theory），這部分主要是通則的找尋與發展，而領域的發展也在協助理論的建構。第六，是方法（methods），也就是用什麼方法，可以獲取調查或研究的內容，本書主要採用質化訪談與個案研究方法進行探索。第七，是實作（practice），主要是和實務機關（或組織）的交流與學習，這部分內容散見於本書各章節；當然也可以包括學生實習，或學生針對個案進行研究，以及戶外參訪（或稱田野調查）與教學課程的設計。第八，是學生學習成果評量（student outcomes assessment），這部分可以從（國際）學生完成的論文或專題研究，同時可從資訊、動員、組織間合作，進行學習指標的建構；也可以針對基本政府組織結構測驗學生的熟悉程度。

第九，是教師的角色（faculty roles），教師的角色可以從教學、研

究、社會服務等進行定義與思考；應該說，本書的內容係作者綜合過去二十餘年來教學、研究、社會服務的成果。由於作者係公共行政（組織行為與理論）領域背景，難免讓《救災體系》專書內涵比較傾向公共行政的詮釋。唯資訊與動員兩名詞的運用，則讓救災體系突破公共行政領域的界線（不過仍存在關連性，例如資訊系統與後勤（或物流）管理，在公共行政領域也很重要）。或者，從公共行政成為獨立領域，以及從公共行政領域內涵進行領域發展的論述，可以進一步對救災體系領域有所啟發。例如，公共行政是否或可否從政治領域獨立或切割，而從專業化（specialization）的角度，公共行政獨立於政治學有其合理性與必要性（Caiden, 1982: 1），這議題從Wilson（1887）就開啟了許多政治與行政二元分立的討論。

　　Wilson提出行政科學（the science of administration）的名詞與概念，並認為是當世紀實用性（practical）的重要領域產物。從那時開始，也才逐漸開始有行政科學領域系統性的整理；也許因為公共行政具跨領域的特性，導致領域定位的模糊。而當政府愈來愈龐大與複雜，愈會突顯行政科學領域的重要。也因此，美國公共行政領域呈現多元發展，有公共行政專業在政治領域發展；有公共行政設於商學領域下；也有公共行政成為獨立系、所、學院單位。而救災體系研究與教學在各學術領域，也有許多研究與發展。緊急醫療在醫療體系的發展，亦漸漸受到重視。例如SARS與新冠肺炎傳染病的發生，經常又急又快，亟需緊急醫療因應或面對。

　　SARS期間和平醫院封院，至於新冠肺炎期間的衛福部立桃園醫院雖未封院，引發許多政策上的攻擊與討論。甚至相關討論偏離了防疫主軸，往權力與政治的方向進行討論（楊永年，2021），甚至有醫師認為應透過專責化醫院的設置，處理法定傳染病，而這部分在本書第一章第一節與第三章第一節均有相關討論。依這樣的邏輯，救災體系從公共行政或其他相關領域，獨立成為專業領域亦非不可。例如，成功大學於110學年度第1學期開設的「防災科技管理概論」，由水利系、建築系、都市計畫系、土木系、政治系、國家地震中心地球科學與大地工程組、測量系、老人學研究所等專業老師參與課程教學。救災係實用性領域，因此存在跨領域問題。

例如和政治學相關，因為救災過程可能衍生政治爭議，或和政治制度有關。

　　而為探索救災體系這新興領域，作者嘗試從公共行政領域進行論述，主要的原因在於作者公共行政領域背景。也因為救災體系在公共行政領域，經常有期刊論文與專書出版（丘昌泰，2000；2001；2017；許耿銘，2020；王俊元，2019；張鎧如，2017）。而丘昌泰（2000）應是公共行政領域撰寫災難管理的先驅，或開啟了救災體系成為專業或新興領域。特別是在921大地震後隔年，就彙整國內外相關資料，出版《災難管理學》專書。至於王俊元（2019）與張鎧如（2017），比較聚焦在網絡管理，這部分和作者的組織間合作類似。因此，適合嘗試針對救災體系成為新興領域的討論。由於公共行政和經濟學、政治學、社會學、心理學等社會科學領域相較，屬於較新的學術領域。而因為公共行政領域探索救災體系相關議題愈來愈多，而且不只公共行政領域，其他諸如心理學、社會學、政治學、水利工程、地球科學等也有很多對災難議題相關的研究論文。因此，興起作者思考救災體系是否可成為新興領域的探索。

　　本節先從公共行政領域探索救災體系的發展，並從公共行政領域的發展，探討救災體系成為新興領域的可行性。作者撰寫救災體系與本書之初，主要從組織行為切入，所以救災體系可定位或定義為組織行為的應用。但因探討救災體系相關議題，感受到救災體系與公共行政亦有很深的連結（因為閱讀公共行政相關文獻而有深一層體悟），因此希望回頭從這兩個名詞（或暫稱為領域），探索救災體系成為領域的可能性。就作者的認知，組織行為是課程而非領域名稱，行政學（或稱公共行政）既是領域也是課程名稱；救災體系目前亦是課程名稱，尚不足（或不成熟）用領域稱呼，但救災體系背後領域可能是存在的，唯領域名稱尚待建立。因此下文分別從組織行為與行政學領域進行歷史或發展追溯，以嘗試找尋其對救災體系領域存在的啟發性，以及建構成為領域的可行性。

　　關於組織行為（organizational behavior, OB），Szilagyi and Wallace（1990: 4）認為OB是field（可譯為場域或範圍）不是dicipline（可譯為領域或科學）。同時解釋discipline的意涵是，具有研究與分析理論基礎的科

學（science）。基此定義組織行為主要以研究或關切行為、態度或員工在組織場域的表現為主，以及組織與團體對員工知覺、感覺與行動的影響；環境對組織、人力資源與目標的影響，以及員工對組織與組織績效的影響。Szilagyi and Wallace（1990: 5-6）進一步追溯組織行為係從工業心理學（industrial psychology）與人群關係（human relation）而來，主要受行為科學（含心理學、文化人類學與社會學）影響，次受社會科學（含政治系、經濟學、歷史學）影響。

此外，Vicchio（1991: 4）和前文Szilagyi and Wallace一樣，也是以field定位組織行為；但Rosenbloom（1993: 3）則直指公共行政是領域（discipline），而其理論基礎是憲法（法律）、政治學、管理學，並從這三個取向（approach）解釋公共行政（或稱行政學）。因此，救災體系比較像組織行為，適合以field（場域）定位。例如，楊永年（2020：25-26）對救災體系的定義，聚焦在組織與組織績效，以及其他因素對其運作造成的影響。唯對救災體系領域的探索，更能深入了解背後的理論基礎或根源，有助未來救災體系領域的建構；至於領域的名稱可能不會是救災體系（唯本書多處仍以救災體系或災難管理領域稱之，或未來可能出現其他名稱）。因此，透過對公共行政領域發展的探索，或許有助救災體系領域的形成、啟發或發展，因為這樣的（領域）討論有助救災體系深度發展。

公共行政領域發展和政治學領域密切相關，被喻為行政學之父的Wilson（1887）認為，行政學成為領域比政治學大約晚了二千二百年，並認為行政學是民主政治的產物；或因民主政治的推動，才有行政學領域的形成與發展。依這樣的邏輯，因為氣候變遷或災難發生頻繁，可能直接或間接助長救災體系的成型。關於政治學的發展，Purdy（2018）認為政治學者對於政治學起源並無共識，不過政治學在社會科學領域屬形成或起步較晚的領域。很多政治學者會溯源至蘇格拉底（Socrates）、柏拉圖（Plato）。不過，被視為政治學之父的亞里斯多德（Aristotle），提出經驗論（empiricism），要求經驗與證據支撐理論，而有政治學領域的雛型。馬基維利（Niccolo Machiavelli）因其在1953年所著的《君主論》（*The Prince*）讓他贏得當代政治哲學之父的美名。至於美國首位政治學

教授則屬1857年在哥倫比亞大學（Columbia University）哥倫比亞學院任教的Francis Lieber。

在當時政治學和歷史密切相關，一直到1903年政治學和歷史正式分離，成爲獨立的政治學。1925年芝加哥大學Charles Merriam教授出版《*New Paspects of Politics*》，讓政治學領域更爲成熟。前述的說法和Wilson（1887）認爲政治學領域至少二千年歷史有些落差，但可以確認的是，政治學起源較行政學早。或者，政治學成爲正式或成熟的學術領域的時間比行政學長。White（1926: ii）認爲公共行政是現代政府的核心問題（the heart of the problem of public administration）。而依Rosenbloom（1993）對於行政學的涵蓋面包括行政（管理）、立法（政治）、司法（法律）等三權，下文將有詳細說明。Wilson（1887）的另個名言是：「運作憲法比制定新憲法要來的困難。」（It is getting harder to run a constitution than to frame one.）。

很多行政官員經常以「依法行政」掛在嘴邊，而憲法是最重要的根本大法；而這同時帶入Rosenbloom（2007）從民主憲政（democratic-constititutional）的觀點來分析行政運作。政府（公共行政）係由三權或五權分立所組成，卻很容易被誤認行政爲主軸或忽略其他兩權或四權。再者，分立或制衡也許可以避免專制、獨裁或濫權；卻也可能造成對立或政府運作的癱瘓。由於民眾對於政府要求愈來愈多，而這也出現在救災體系領域上，從整備（預防）、救災或搶救到復原。民眾對救災體系功能的需求，也愈來愈強烈；爲因應民眾對防救災多元的需求，從單一窗口至專業（或臨時）部門的成立，都是可能的政策選項。或因爲龐大災難對國家社會帶來嚴重的生命財產威脅或損失，都直接或間接刺激救災體系的成長或發展。

但因民眾對政府有許多負面的印象，包括多管閒事（officiousness）、繁文縟節（red tape）、嚴密管制（regimentation）、貪腐（corruption）等，也使得非政府或非營利組織被信任的程度較政府爲高（Caiden, 1982: 11-14）；或許也因此「非營利」組織漸成獨立領域。類似問題同樣出現在救災體系，但若能讓資訊公開，再加上提升民眾的信任

度，或可降低政府負面問題的存在。Cainden（1982: 14-16）指出公共行政領域有七個特點，第一，任何人無法避免；第二，期待順從；第三，存在優先；第四，政府規模大小存在例外；第五，高層管理人員具政治性；第六，工作表現很難衡量；第七，對公共行政存在高期待。這七個特點同樣適用在救災體系，特別對於受災難影響的災區災民，會有前述七點的感受。而最重要的一點是，救災體系和生命財產直接相關，單就這點，就有充足的理由發展成爲學術領域。不過，要能解決災難相關問題，必須從學術領域進行教育訓練相關（課程）設計，而這是下文重點。

參、教育訓練

組織發展（或組織變革）領域和團體發展研究有關（French and Bell, 1999: 32-54）；Lewin（1951）認爲團體發展研究包括團體動態（group dynamics）、變革過程（change process）與人際互動關係（interpersonal relationships）。後來團體動態盛行訓練團體（T-Group，即Training Group，又稱sesitivity training敏感訓練），或稱以經驗爲基礎的學習方式（experience-based learning）。[49] Highhouse（2002）指出團體動態領域發展和訓練團體在領導教育（leadership education）的興起屬同義詞，所以也和管理發展（management development）有關。那麼或也可以說，組織變革（含救災體系變革、領域變革）固然和個人（領導者）有關，但亦離不開團體動態或訓練團體有關（廣義而言會是人際互動或對話）；唯實務運作不一定會特別標示前述專有名詞。

面對災難發生所呈現的問題，透過研究或領域發展，目的在尋求問題解決方案，而教育訓練則是發展解決方案的重要手段。至於教育訓練的定義可以包括課程、演練、論壇、研討會、座談會、社區參訪等，最終要展現問題解決的成效。由於1999年臺灣921大地震，災害防救法誕生，同時奠定救災體系發展的重要基礎；隨後於2001年吳鳳科技大學成立消防學

---

[49] https://www.ntl.org/human-interaction/what-is-a-t-group/，瀏覽日期：2021/12/10。

系、[50] 2002年銘傳大學成立都市規劃與防災學系、[51] 成功大學水利系設有「自然災害及管理國際碩士學位學程」。[52] 這表示防救災領域愈來愈受到重視，同時往跨領域方向發展。換言之，早期消防救災不論是學術或實務領域，均在警察組織體系之下。1990年後，消防漸從警察組織中脫離，因此在內政部下成立消防署和警政署屬平行機關，縣市政府則設消防局，位階與警察局相同。接下來，因為2009年莫拉克風災之故，行政院成立災害防救辦公室，這在臺灣是創舉。

　　相對於比較成熟的相關領域或學科，例如行政學（public administration）、公共政策（public policy）、管理學、組織行為學。救災體系算是新興領域（學科），因此領域內容仍有討論或發展空間。也因完成《救災體系》專書撰寫後，進一步發現救災體系可以成為學術（含教學）領域。主要理由有二：第一，作者除了進行救災體系研究，同時在成功大學政治系政治經濟碩士班開設救災體系課程（3學分），其他在成功大學開設的相關課程包括防災科技管理概論（大學部通識課程，2學分，包括工程、建築、都市計畫、社會科學之跨領域教授群）、公共衛生危機與災難應變（醫學系大一寒假密集課程，2學分，包括醫學、公共衛生、社會科學之教授群）。

　　第二，除前述國內防救災相關系所，還有作者曾接觸的奧克拉荷馬州立大學設有火災與應急管理行政（Fire & Emergency Management Administration）碩士與博士學程，[53] 另外至少有30個以上的災難管理碩士學位學程。[54] 第三，就作者的接觸，防救災相關研究中心包括成功大學設有防災中心、防火中心；日本關西學院大學災害復興制度研究所；[55] 美國聖休士頓大學的災難與緊急應變管理研究中心（Center for the Study of

---

[50] http://fs.wfu.edu.tw/all.htm，瀏覽日期：2020/5/26。

[51] http://web.updm.mcu.edu.tw/zh-hant/node/2，瀏覽日期：2020/5/26。

[52] http://www.inhmm.ncku.edu.tw/，瀏覽日期：2020/5/26。

[53] https://ceat.okstate.edu/det/femp/index.html，瀏覽日期：2020/5/26。

[54] https://www.collegechoice.net/rankings/best-online-masters-in-emergency-management-degrees/，瀏覽日期：2020/5/26。

[55] http://www.fukkou.net/index.html，瀏覽日期：2020/5/26。

Disasters and Emergency Management），[56] 以及日本東北大學災害科學國際研究所。[57] 而提供前述訊息的原因，主要在整理作者所觀察到現有課程內涵（主要在現象的描述），至於如何進一步發展，則仍有賴後續進行研究。

　　綜合前述，防救災領域在課程、學程、研究中心、政府機關與非營利組織（非營利組織部分請參考本書非營利組織專章）均頻繁出現；除代表有其市場需求，而且具有跨領域特性；因此，突顯救災體系領域發展具有必要性與重要性。在公共行政領域具代表性的教科書，Rosenbloom（1993）以法律取向（legal approach）、政治取向（political approach）、管理取向（managerial approach）等進行對公共行政領域的分析，並以此代表司法、立法（國會）、行政三權分立。或者，公共行政所討論、關切或研究的內容，主要是政府機關的組成與運作模式。唯本書關切的不只是政府，還包括非營利組織與社區，因此救災體系的涵蓋面相當大。

　　由於救災體系的核心概念是組織，Bolman and Deal（1991）主要以結構型模、人力資源型模、政治型模、表徵型模進行組織分析。Bolman and Deal（1991）的組織分析對救災體系領域有兩層啓發，第一，救災體系的運作應以組織為核心，組織則涵蓋政府組織（含中央與地方政府）、非營利組織，至於社區雖很重要，但因為資源貧乏，是否可以稱為組織，有討論空間。第二，救災體系可以不同型模進行分析，因為不同型模可以探索組織運作的關鍵內涵。不過，救災體系不應只有組織分析，還可以有社會影響或社會發展重要元素與跨領域分析。

---

[56] https://www.shsu.edu/centers/cdem/，瀏覽日期：2020/5/26。
[57] https://irides.tohoku.ac.jp/index.html，瀏覽日期：2020/5/26。

第三章

救災成效衡量

　　救災成效衡量是救災體系發展或變革的基礎，而且提升救災成效是
救災體系運作的目的。爲衡量救災成效，可以分從個人、團體、組織、體
系等四個層面進行衡量（楊永年，2006）；而這四個層次又可分別納入
資訊、動員、組織間合作進行思考。個人與團體可分別納入資訊與動員，
組織與體系則和組織間合作密切相關。因爲資訊存在個人認知的議題，動
員的決策核心經常也在團體層次；不過，資訊與動員也和組織層次有關。
而這四個層次可以分從效率與滿意度（需求）進行衡量。效率可以從量化
（工作表現）的角度衡量，例如花了多少成本、時間，救了多少人；這自
然納入Morgan（1986: 19-33）所形容的組織像機器，因此又可以從組織
分工縝密程度，目標達成程度衡量組織績效。滿意度可以衡量相關當事人
（含個人、團體、組織、體系）需求滿意的程度，而這有如將組織視爲有
機體（organism），細胞或組織必須獲得充足養分或資源（含負熵）才得
以生存（Morgan, 1986: 39-71）。

　　楊永年（2020：48-49）亦指出，Gopalakrishnan and Okada（2007）
提出知曉／接收性（awareness／access）、自主性（autonomy）、可提供
性（affordability）、課責性（accountability）、調適性（adaptability）、
效率性（efficiency）、公平性（equity）、永續發展性（sustainability）等
八個項目，可納入資訊、動員、組織間合作進行組織績效的衡量。前述
八項大致的分類（歸納）包括知曉與接收性主要和資訊的內涵有關；效率
性、公平性、自主性與可提供性和動員有關；課責、調適與永續發展，則
和組織間合作有關。因此，資訊、動員、組織間合作可視爲救災成效衡量
的重要策略、方法或手段；自然亦可以用來發展救災成效衡量的指標。雖
然救災成效在楊永年（2020）《救災體系》專書各章有零星論述，但爲能
作系統整理，因此進行救災成效專章的寫作。

　　如圖1-1所示，救災成效是依變項，《救災體系》書中的第三、四、
五章已分別就自變項作詳細論述（楊永年，2020）。本章則針對救災成效
衡量之理論與實務運作進行深入探討，所謂救災成效，包括救災效率與效
能，關於救災效率所指的是災害發生後，救災人員抵達現場進行救助耗費
的時間、救災資源運用、災害（經濟）損失的情形、救災人員救災技巧的

純熟度、救災品質，以及災民的滿意度（包括救災過程與安置的滿意度）等。至於救災成效衡量的核心問題有三，第一，衡量什麼？第二，如何衡量？第三，誰來衡量？第一個「衡量什麼？」的問題可以資訊、動員、組織間合作設定衡量指標，並結合第二章提到的社會影響進行衡量，以連結社會文化與生活習慣的內涵。而社會影響和前述（本書第二章第三節第二部分）所討論的SDGs或「聯合國永續發展17項目標」有關。因此，亦可分別納入與結合本章各節討論的內容，促成救災體系成效指標的發展或設定。

　　再者，韌性（resilience）亦可納入資訊、動員、組織間合作三大指標進行指標的設計。面對災難，Paton（2017）將韌性解釋為共存或共生（co-exist）、因應（coping）、調適（adapting）。The National Academies（2012: 1）指出美國僅2011年天災災害的經濟損失，就超過550億美元（折合臺幣約165兆，以1比30匯率計），因此強調韌性的重要。同時進一步定義韌性，主要內涵係指處理災難或逆轉災難負面影響的能力，而這能力包括整備（prepare）、規劃（plan）、融入或吸收（absorb）、復原（recover）、調適（adapt）等。這表示韌性可以從不同層面或領域進行測量或思考，而且韌性已成防救災領域重要關鍵詞之一。或可以說，當某個社區、城市、國家韌性愈強，代表因應防救災的能力愈強。重點在於，本書提供的案例，均可透過前述資訊、動員、組織間合作，外加社會影響以及韌性的內涵作進一步分析。

　　例如，一位在臺灣長大，後來在美國德州旅居多年的友人就指出，如果風雨達某種程度，就可以不待上級宣布停止上班，自行不到公司上班。他進一步舉例說明，大約2010年時他在一家美國公司上班，有次風雨稍大，他像往常一樣前往上班（也許是在臺灣養成的習慣），其上司竟語帶責備的口氣詢問，你為什麼要來上班？意思是希望他在這種狀況下，不應該或不用上班。[1] 從這樣的敘述對比臺灣的情形，美國停班的彈性或制度的韌性在某些部分似乎比臺灣高，因為這等於災害風險讓個人或個別組織

1　非正式訪談，於2020年4月4日早上11點，透過line軟體進行訪談。

因應，政府不需擔負災害應變的責任；停班與否可由個人視狀況決定，不一定要等政府或公司宣布停班，而且前述美國德州的案例也沒有太大的爭議。不過臺灣停班課則須符合「天然災害停止上班及上課作業辦法」的規定，也就是說風力或雨量達一定的標準，方可作成停班停課的決議。

　　主要因為停班停課決策影響層面廣，不只影響企業運作成本，也影響家長生活作息。面對輿論與相關利害關係人的壓力，地方政府（首長）必須嚴謹的進行決策。但就算政府再怎麼小心進行停班課決策，也曾發生停班課決策反覆的情形；前一天晚上宣布「照常」上班上課，但隔天早上改宣布停班停課的窘境。[2]這現象可能存在兩種解釋，第一，在臺灣發生天然災害，是否作成停班停課的決定，仰賴政府決策，或停班課的責任必須由政府承擔；而責任的背後有時是權力的展現，這類似Waldo（1965）行政國家（Adminitrative State）的概念。[3]第二，以目前臺灣的體制（或社會文化），民眾不習慣或認為擁有自行決定（或放棄）停班課的權力，或也可能民眾不願承擔自行決策的風險或成本，因此希望政府介入停班課決策。

　　當然，由政府決定停班停課，也並非一無是處。因為政府擁有豐沛的資源，例如政府可以和氣象局連線，或政府官員解讀氣象資訊的能力比民眾還強，動員防救災資源的能量，政府也是遠大於民眾。因此，由政府決定停班課，是可以在短時間形成防救災的集體行為或行動，有時反而更能發揮防救災的成效，也可避免企業或個人為經濟因素，出現影響生命安全的決策與行為。根據Dun（1994: 263-364）的六段式論證，應包括資訊（data）、主張（claim）、立論理由（warrant）、立論依據（backing）、反證理由（rebuttle）、可信度（qualifier）。基此，前述有關美國友人風災上班的個案分析可能過於簡單。而這部分在丘昌泰（2013：250-258）的專書，亦針對六段式論證舉例並作詳細的個案分析與說明。

2　https://news.ltn.com.tw/news/politics/breakingnews/2148320，瀏覽日期：2022/1/11。

3　https://ballotpedia.org/Administrative_state，瀏覽日期：2022/1/11。

　　具體分析，前述美國友人個案的「氣象」資訊描述或主張的理由是不足的，或者並未出（呈）現政策問題，至於政策主張（立場）也是不明，因此政策的理由與依據相當薄弱，所以也不能論斷美國（德州）因應災害的韌性高於臺灣。而臺灣在因應停班停課所需氣象（政策）資訊定義是清楚的，例如依「天然災害停止上班及上課作業辦法」第4條第1款規定，「依據氣象預報，颱風暴風半徑於4小時內可能經過之地區，其平均風力可達7級以上或陣風可達10級以上時」得發布停止上班及上課。[4] 因此，政策主張也是清楚的，也就是達這個標準，政府必須宣布停班停課，否則政府就違反規定。只是，這個立論理由是否充足，可能有討論空間，包括是否有實證研究顯示，以支持這樣的立論。例如，政府有無蒐集7級以上風力的個案，統計有多少比率造成什麼規模的災害，目前似乎沒有相關資訊，所以政策依據就可能顯得薄弱。而實際的狀況是，可能風力未達6級，卻已造成嚴重災害（這是反證的概念）。

　　而若從組織行為領域分析前述美國友人遭遇颱風的個案，除了員工與上司是否具代表性外（所指的是能否代表美國德州公司的員工與上司）；兩人平常互動的情形亦不能忽略。例如，該員工平時和其上司互動或互信是否良好，以及當時颱風或雨量是否已達危險或不宜上班的程度。因此，可能也不能據此認為美國德州停班政策的韌性高於臺灣。或者，前段分析應有更充足的個案資訊，包括災害資訊、員工、上司、公司體制背景、人文社會因素等，才能深入分析並作合理的結論。再詳細論述，臺灣地方政府（特別是直轄市與縣市政府）面對颱風來臨的停班課決策，帶來的後續效應與批評，造成地方政府首長困擾。

　　例如，地方首長除了必須花心思進行是否停班停課的決策，也要擔心不當停班課可能造成的問題，包括停班課後卻無災情，可能造成的工商業勞動損失；或是不停班課，卻造成災害或災難風險。在此前提下，地方政府可能因此耽誤了災害應變或整備工作。反倒是地方政府也開始嘗試蒐集更詳細的氣象資訊，並採取部分區域停班課的方式決策，這算是組織變革

---

[4]　https://law.moj.gov.tw/LawClass/LawAll.aspx?PCode=S0110022，瀏覽日期：2022/1/11。

與學習的結果。另一方面，對於減災韌性，中央政府與地方政府紛紛在推動自主防災社區，這部分在本書第四章第三節第三部分，啓動地方政府變革有相關論述。而這無疑也是政策變革帶動組織（含中央與地方相關組織與社區相關組織）變革的例證，而這亦符合前述Paton（2017）所提韌性（共生、因應、調適）能力的提升。

由於臺灣目前有些民眾對於停班課的關注度，比對是否造成災害還高，這可能和停班課議題被社群媒體放大解釋或說明有關。針對2020年8月25日南臺灣大雨，造成許多災情，楊永年（2020i）即指出，「討論放假不如聚焦治水」；而這也是促進政府與民間組織對治水衍生的防救災議題有更多的關心，於是就可能有治水政策與組織變革的推動。因為針對臺南與高雄突然間的大雨，導致多處淹水，因此有網友已在討論應該放防災假；問題是放假與否對治水沒有實質助益，重點是針對災害作適當的處置。前述這場大雨，亦可藉此針對南臺灣治水成效進行衡量或檢討（檢查）。但衡量的結果，至少有以下五種可能，第一，的確發現過去治水存在盲點，所以造成水患；第二，過去治水發揮一定的功能，否則水災更爲嚴重；第三，有部分盲點（問題）存在，但也有部分成效；第四，雨量已超過原本的工程設計，所以造成水患；第五，治水工程沒有問題，問題出在社區民眾警覺性弱，或沒有社區自主防救災團隊的設計。

但作者也注意到，2020年8月31日的新聞出現「陳其邁向水利署長爭取17億治水預算」的新聞標題。[5] 不過，實際上可能因水利署主動關心高雄水患並同意政策協助高雄治水的決定。這固然是重大的治水「政策決定」，唯這樣的政策決定所帶動的治水政策與組織變革，究竟有多少成效，值得進一步關心或進行衡量。其內涵包括中央（水利署）與地方（高雄市）政府，甚至非營利組織，在治水過程中，做了什麼、怎麼做、達成什麼成效等；都可以進一步衡量。但由於缺乏相關資訊或報導，難以進行成效評估，或這議題是可以持續進行追蹤研究。理想的作法應該包括政策配套制定或啓動變革計畫，並涵蓋非工程與人文社會的作法（包括與社區

5　https://news.ltn.com.tw/news/politics/breakingnews/3277325，瀏覽日期：2021/12/12。

自主防災的連結），以及公共參與，對於治水工程政策（變革）的成效，才會有更多的提升。

　　換言之，前述水患顯現目前治水（工程）有其盲點，應讓社會大眾擁有相關資訊；或社會（媒體）應聚焦在治水討論上，對於（未來水患）問題的預防或解決才有幫助。或者，政府或非營利組織可以嘗試把議題討論聚焦在治水，而非在是否放假的議題上討論。而這亦可以回應，治水數十年並已投入萬億經費，卻仍淹水的問題，也因而產生噴不完的政治口水。[6] 可能的問題在於，治水資訊或政策未完全公開、沒有充分討論，以及可能沒有和易淹水區居民有充分溝通。而這又回到，完整深入的調查報告，才能獲得具體證據，唯需要較長時間；但因長時間調查易導致民眾遺忘，以致失去體系變革機會。2021年有兩件重大事故公開的調查報告，值得參考並進一步研究。第一是2021年10月14日發生的高雄城中城火災調查報告，[7] 第二是2021年4月2日發生的臺鐵太魯閣號事故的調查報告。[8]

　　有（行政）調查報告，是（好的）變革的開始，這表示針對實際事故（災難）個案作了初步深入的原因調查；也可以說針對這兩起個案有深度的「成效」衡量。有了衡量的資訊，才能據以進行組織（或救災體系）變革。但後續還有兩個問題，第一，調查報告是否完整？第二，是否持續進行變革？第一個問題也是本章要探索的議題；第二個問題則是下一章的重點。不過，這兩個問題都和資訊公開有關。The National Academies（2012: vii）指出，韌性強化是每位民眾、營利組織成員、非營利組織成員、政府官員的責任。唯民眾缺乏資源（含知識），連韌性的定義或內涵認識皆嚴重不足。這又回到政府（含中央或聯邦、州或省、縣市鄉鎮）等，如何形成強化防救災韌性政策的議題。

　　關於成效衡量的第二個問題「如何衡量？」，通常分爲量化與質化兩種。量化與質化可以分別深入論述，亦可交錯使用。本書雖提供部分量

6　https://udn.com/news/story/7339/4816017，瀏覽日期：2020/5/26。

7　https://www.kcg.gov.tw/News.aspx?n=614811DF2B1C3A65，瀏覽日期：2022/1/6。

8　https://drive.google.com/drive/folders/1eMNI3HqYKRQz5odV2wn0XA7WHXOhhxDb，瀏覽日期：2022/1/6。

化資料，但主要仍以質化方式爲主軸；而量化資料的缺乏也是本書內容的「研究限制」，或許未來可以有相關的量化研究調查，並結合本書質化資料進行論述。應該說，不論量化或質化，都在探討具體的防救災現象。量化通常指的是統計方法的運用（含問卷調查），問卷調查可分爲抽樣調查或母體調查，爲執行便利考量，有電話、網路、郵件（又可分爲紙本與email版本）等方式；質化指的是田野調查、深度訪談、焦點座談等。

　　問卷調查的優點，是可以透過抽樣或小數目的樣本（前提是要隨機），推論母體的現象或意見。而問卷調查的缺點則在於，設計與執行過程，可能存在信度（reliability，主要指測試與重測具穩定度）與效度（validity，主要指是否有效或問對問題之意）的問題；問卷調查受訪者有時因爲非面對面，導致填答意願較低，而這也直接或間接影響到問卷的眞實性。當然，也有部分研究採用問卷設計，但同時以面談施測的方式，如此即可改善前述問題；但這成本較高，因爲這涉及人力（訪員）的教育訓練，因爲訪員的素質也可能影響調查結果；至於受訪者的背景也不能忽略，包括年齡、語言、族群或相關背景，最好在問卷調查前都有相關了解。通常質化樣本較少，所以被批評比較不具代表性，但也因爲透過面訪或實際參與觀察，因此深入度較足夠，而這也是問卷調查所無法或難以達到的。如果受訪者具代表性，而深入度又足夠的話，質化是不錯的選擇。本書內容包括作者執行國科會或其他部會的委託研究案，也多以質化研究爲主，也就是根據受訪者的回應或說法，再結合二手資料或理論進行分析與推論，呈現本書的研究發現。

　　關於成效衡量的第三個問題「誰來衡量？」，可以從課責（accountability）的角度思考，也就是由課責對象（含機關）進行衡量。例如，行政機關的施政要爲民眾負責，民眾自然可以衡量行政機關施政的良莠；但民眾因缺乏組織或能力，難以發揮衡量的功能，因此可由監察與立法機關進行衡量（嚴格說來，監察與立法機關也要爲民眾負責），或委託有能力的學術單位進行衡量。但這又可能發生代理人問題，或得用代理理論（agency theory）進行詮釋，而這自然又帶出委託人與代理人之間存在資訊不對稱的問題（information asymmetry）。因此，Eisenhardt

（1989）提出結構化方式，解決代理人與委託人之間存在的問題；這些問題包括代理人與委託人存在目標衝突、道德風險（moral hazard）、逆向選擇（adverse selection）。

而為解決代理理論的問題，Ferris and Graddy（1986）提出兩階段論，就是先釐清為什麼要委外，以及委外給誰（哪種類型的組織，包括政府組織、營利組織、非營利組織）。但不論哪個階段都還是要回到衡量或評估效率、成本與公平性問題。行政組織可以自行或委外衡量，或相關政策利害關係人（尤其是組織）也可以自行或委外進行衡量。例如，美國有國會，國會下又設有GAO（類似我國的審計部），可以監督或衡量（評量）聯邦政府的表現。而媒體透過新聞報導，通常也有傳達災民感受的功能，所以也是衡量的方式之一；有些媒體或研究單位則透過電話訪問或問卷（抽樣）的方式，並以統計方法，據以描繪大區域（或母體）的意見或感受（含滿意度）。Cameron and Whetten（1983）認為組織績效衡量應以多重模型（multiple models）進行，不論是量化或質化，都應有多重模式或理論作為基礎；而這有如我們不宜用單一理論或模型解釋組織。

基此，以作者提出的資訊、動員、組織間合作，等於用三個（多重）取向或模型來解釋與衡量組織績效，有其合理性。Robertson, Callinan, and Bartram（2002）提醒，不能忽略心理層面因素；基此，不論誰是衡量者（評估者）或是被衡量者（被評估者），都受心理因素影響。而這心理因素可包括價值觀與態度（滿意度或滿足感），甚至會呈現在行為上。由於救災資源通常掌握在組織，因此救災成效也等同於組織績效（organizational effectiveness）。依楊永年（2006: 444-445）的解釋「**組織經由策略形成與運作過程，所展現的整體工作表現、工作品質與滿足感**」。其內涵可以從Thompson（1967）的輸入（input）、過程（throughput）、輸出（output），或Scott（1992: 353）的結果（outcomes）、過程（process）、結構（structure）等進行分析。

不論什麼理論架構，都可以用以下資訊、動員（資源）、組織間合作架構進行論述或發展衡量指標（indicators）；重點在於，救災成效的衡量等同於組織績效的衡量。不過，Rosenbloom（2017）提醒效率固然重

要，但不能只偏重效率，必須關注效率背後存在的價值（values）、公共價值（public values）、代表性（representativeness）或政治價值（political values）等指標。而價值（或稱價值觀）屬於個人層次，楊永年（1999：5-6）針對價值的定義是「**價值觀是個人的信仰，也是個人內心深信不疑且不容易改變的信念，它不像行爲是顯而易見，而是隱藏於個人內心深處的信念。簡單的說，價值觀就是個人內心深處對好惡的表達**」。

Rokeach（1973: 6）則提出終極價值（terminal values）與工具價值（instrumental values），所謂終極價值的意義是，人存在的終極喜好目的，例如追求自由、享樂、自尊等；工具價值則指達成終極價值的模式或方法，例如努力、誠實、自制等。同樣的，防救災也存在工具價值與終極價值的差異。例如採用什麼樣的撤離方法（工具價值），包括車、船、直升機、自願撤離、勸導撤離、強制撤離等；或者撤離政策本身即是工具或方法，不是目的。這和期待達到什麼樣的結果（終極價值）有所不同。結果內涵包括民眾生命安全、財產損失、民眾滿意度，或俗稱的公共利益或公共價值。而公共價值一詞意義有其複雜性，楊永年（2003b）認爲簡單合理的定義是，具公民資格者的信仰或信念。

再詳細論述，前述在定義公共一詞時，就已勾勒出公共價值的意涵範圍。Frederickson（1997; 1991）爲建構完整的「公共」理論，透過前述利益團體、消費者、民代、顧客、公民等五個面向定義公共，這背後即是公共價值的意義，只是不同面向之間對公共利益的詮釋可能存在差異或衝突。因此，防救災政策面對不同類別的利害關係人，可能存在不同感受，甚至可能存在衝突，因爲不同的角色或職位，可能有不同利益的考量。另一方面，Kaplan and Norton（1992）從會計管理背景的角度提出平衡計分卡（the balanced scorecard），希望透過績效衡量以提升組織績效。由於平衡計分卡理論簡單易懂，在商業上有許多的應用；甚至也有政府與非營利組織採用平衡計分卡作爲績效衡量的參考。

平衡計分卡主要從某電子電路公司（Electronic Circuits Inc., ECI）的績效評估而來，或者，平衡計分卡的由來原本就是以實體的公司作應用、調查與發展，所以實用性自然較高。平衡計分卡主要內容針對

財務（financial）、顧客（customer）、企業內部（internal business）、創新與學習（innovation and learning）等四個取向（perspectives）進行評估。針對這四個取向，並提出四個問題：第一，對於股東我們怎麼看？（how do we look to shareholders?）；第二，顧客怎麼看待我們？（how do customers see us?）；第三，我們必須超越什麼？（what must we excel at?）；第四，我們能否持續改善與創造價值？（can we continue to improve and create value?）。

就財務的觀點而言，如果企業沒有利潤就無法生存或永續；從顧客的角度，如果顧客對產品的品質與（或）流程不滿意，將影響公司獲利；就企業內部而言，如果品質管理不良，會影響產品品質，進一步影響顧客購買的意願；至於持續學習與創新，才能讓企業持續充滿活力，企業也才能永續經營。問題是，Kaplan and Norton的衡量模式，是否適用救災體系，這問題可以分兩個層面回答，第一，如果救災體系的組織屬於企業或公司，適用上應無問題，但可能存在個別組織的差異，或應針對企業組織參與的特定項目作調整；第二，如果是政府組織或非營利組織可能得要作適度調整。以台積電參與高雄氣爆救災，協助受災戶進行房屋整修爲例，經費雖屬台積電，但係由台積電所屬的慈善組織參與，不屬企業組織，卻對台積電企業形象有幫助。

台積電或慈善組織有關高雄氣爆協助災民支出的經費，對組織內部當然也是重要資訊，畢竟經費是有限或寶貴的資源；而通常企業願意支持或參與救災協助，經費通常不是考量因素，因此會盡可能投入足夠經費。不過重點還是顧客（特別是接受協助的災民）是否滿意台積電所提供的協助，包括工作項目的品質，以及工作人員的服務態度，都是重要的評估項目。而這訊息可以進一步提供公司或組織內部，作爲未來品質或內部管理的重要參考。由於這是台積電的創新作爲，同時可以作爲未來組織學習與永續學習的重要資訊。只是，製作救災評估報告需要額外的成本或投入，也許台積電有相關作爲，只是沒有公開相關資訊。因此，就前述分析，企業投入救災，是可以適用平衡計分卡的理論。

而如果台積電公開其投入救災（復原）的經費，因係根據其主觀認定

並同意協助的項目支出，理論上應無社會公平的問題存在（例如對不同受災戶支出的經費可能因災損程度不同而有差異）。然而，若係政府組織的經費，就可能存在社會公平的爭議、質疑或問題。或許，這也是政府救災經費支出有時不願完全公開的原因，尤其是政府支出項目有時會遭政治解讀，就容易讓救災問題失焦。例如臺南大地震的臺南市政府、高雄氣爆的高雄市政府、花蓮大地震的花蓮縣政府、921大地震的南投縣政府，都曾發生過經費支出項目（社會公平）的政治爭議（李家綸，2017）。甚至，作者也聽過某非營利組織因公布經費支出資訊，導致出現諸多不同的（反對）聲音，造成內部對財務公開的卻步。

當然，就公共監督的角度，不論政府或非營利組織，財務資訊原本就應完全公開，或不能因為存在政治（或社會）爭議而不公開。但不論政府或非營利組織都有其自主性，要公開什麼樣的財務資訊，以及如何公開這些資訊，都有討論與思考的空間（因此公開透明仍應是重要原則）。原因之一也在於顧客的定義，在政府或非營利組織救災過程中，存在許多與營利組織不同的考量。對營利組織而言，是否買這項產品，取決於顧客的自主權。對災民而言，誰來提供這項服務，有時無法自主選擇（不過對於永久屋是否選擇入住或回到山林，災民仍可選擇，所以仍有例外）；特別對於政府而言，顧客的定義不只是災民，還有民意機關（議會或立法院）、上級機關（含審計機關），所以政府救災預算或善款（民間捐款）運用的資訊，存在多元性或（社會公平的）敏感性。

而這也是Rosenbloom（2007）對於平衡計分卡在政府組織的應用，提出應有民主憲政（democratic-constitutional）價值考量的重點。然而，如果從研究發展的角度，也就是說政府或非營利組織，針對不同顧客對其救災的內容提供相關意見，提供組織內部進行品質與品質管理提升的參考，並進一步成為創新與組織學習的參考，平衡計分卡仍有其實務應用的價值。只是，平衡計分卡應用所作的評估報告一旦完成，即便只作內部參考，可能難以阻擋相關資訊被公開的命運（但公開透明應是政府與非營利組織的核心價值）；或可能遭不同（政治）意見的解讀。倒是平衡計分卡的理論是可以整合在本書資訊、動員、組織間合作的理論框架中，只是在

解釋與應用上，須有所調整。

　　例如，救災體系的財務的確重要，因爲救災與重建都需要經費支持；或者，即便是善款也應以撙節或能發揮最大功能的角度進行運用。至於財務資訊也能作公開透明的準備，重點在於所支出的預算項目是否對救災成效有助益，必須思考。至於是否有救災成效的助益，（多元）顧客滿意的主觀意見不可少，救災項目的品質與品質管理成效亦須納入；因爲這涉及資源動員與運用的議題，因此與資源、救災成效兩個變項有關。而組織間合作的因素，讓顧客的定義納入相關組織的內涵，也等於讓組織內部的定義，以體系的概念作取代。至於組織間合作是否具救災成效提升的效果，是可以持續提供救災體系作創新與組織學習的參考。

第一節　救災資訊

　　本節主要探討的是，如何透過救災相關資訊的衡量，了解或預測救災成效；透過對救災成效的衡量，了解成效與資訊的連結或因果關係；救災資訊能否發揮更大更正面的社會影響。至於了解什麼與如何了解，須先從資訊的意義或內涵進行探索。也因媒體、網路、社群媒體、跨媒體敘事蓬勃發展，讓資訊的應用與衡量有更多元的發展；但同時發現出現許多資訊發展的問題。例如2020年爆發的新冠肺炎，導致全球大流行，原因之一是病毒資訊未被即時（或適當）通報，因此，美國官方不斷譴責中國武漢。[9] 甚至世界衛生組織也被質疑，可能偏袒中國，因爲沒有將新冠肺炎病毒與疫情，據實並立即向世界各國通報，顯然疫情或病毒資訊，是多麼重要。而這又可呼應本書第一章第三節所提「熵」的概念，防疫資訊不夠透明，有如封閉系統，這會讓熵不斷增加，導致組織的衰敗。

　　再依2021年1月上旬媒體報導，署立桃園醫院醫師，因照顧新冠肺炎

---

[9]　https://udn.com/news/story/120944/5177382?from=udn_ch2cate6638sub120944_pulldownmenu_v2，瀏覽日期：2021/1/16。

病人感染病毒，同居護理師女友亦確診。比較嚴重的問題是，該醫師未注意自己出現（輕微新冠肺炎）症狀，仍外出逛街購物。這起個案出現兩個重要的議題，第一是疫情資訊公開（或公布）時機；第二是醫師照顧新冠肺炎病患的標準作業流程的議題。在疫情公開時機部分，媒體報導此新冠肺炎的前一、兩天，作者就獲知居住桃園的朋友，在line群組已廣為流傳。也許該個案疫情未立即揭露，可能是為了避免造成民眾無謂恐慌；但也可能因為沒有立即公布，導致病毒快速（社區或群聚）感染。基此，有衛生署前署長表示，如果他是院長，會立即開除該染病醫師，引發許多爭論。[10] 而這涉及第二個議題，就是照顧或醫治新冠肺炎的醫師，在治療過程與離開病房，是否存在病毒傳染的漏洞。

　　從前述個案，可以再深入探索，防疫資訊不公開或未立即公開的原因。或者，針對前述個案出現的資訊不公開問題，突顯防疫體系可能存在「資訊不透明」的政策誘因。同時因為資訊不透明，降低防疫資源動員的準確性與效率性；也因資訊不透明，使得防疫組織間合作動作緩化。當然，資訊透明與否，有時是比較的結果，例如和某個國家的醫院相比，署立桃園醫院的防疫透明度比較高；而這可能和臺灣新聞（媒體）自由度相對較高也有關係。再以署立桃園醫院防疫個案分析，所謂病毒傳染漏洞或風險是存在的，透過前述個案研究或調查，有助漏洞或風險問題的發生。因此，前述爭論的主要方法（或事後處置），並非聚焦在如何避免新冠疫情擴散（結果）。

　　再者，是否開除該染疫醫師不是關鍵點（但對其他醫師或有警示作用），而是在於這樣的問題會否重複發生。再從學術研究的觀點分析，必須詳細查證這起個案的緣由，究竟這次個案的感染與傳播流程為何，以及如何避免錯誤（新冠肺炎病毒傳染）或問題重複發生，這樣比較有實質意義（楊永年，2021）。或者深入衡量防疫過程存在的資訊、動員、組織間合作問題，及其與防疫成效存在的因果關係，進一步形成或發動（組織）變革。這背後所謂的組織的定義，不只是署立桃園醫院，或可涵蓋桃園市

---

[10] https://health.udn.com/health/story/120950/5170022，瀏覽日期：2021/1/16。

政府衛生局、衛生福利部等。唯前述研究或變革都必須從資訊（疫情）的意義或根源的內涵，進行探索或了解。

壹、資訊的意義

楊永年（2020：56）定義災害資訊爲「**廣義而言係指和災情相關的所有訊息，其內涵包括災害發生的人、事、時、地、物。文字、語言、（衛星）圖片、聲音（廣播、錄音）、影片（經由社群或媒體傳遞）均包括在內**」。這定義固然可涵蓋所有災害相關資訊或不同種類災害的資訊，但可能難以區隔資訊與資料的差異。Floridi（2010: 20-22）定義資訊有三個重要內涵，包括資料（data）、資料是熟知的（well-informed，資料被正確的放置在一起），以及這熟知的資料是有意義的（meaningful）。雖然民眾通常不會深入探索資訊的意義，但前述三個重要內涵也等於將資訊分成三個層次，具有學術（分類）的意義，或根據這三層意涵，可以深入資訊的衡量與應用。

換言之，資訊比資料擁有更豐富的內涵，例如在災害現場拍到的照片，如果這張照片沒有放置在對的場景，以及沒有相關解釋或賦予意義都不能稱爲資訊。或者，唯有這張照片和現實或符號（symbols）有連結，而且存在可以解釋的意義，才能稱爲資訊。因此，我們可以說資料如果不具友善性（視覺化是友善性的一種，特別是智慧手機普遍性高；對圖片接受度高），或讓閱聽者無法意會或了解，就不能稱爲資訊。Schuster（2017: 13）進一步詮釋資訊是由資料所組成，而熟知的背後有一套程序或法則。因此，未被利害關係人理解或熟知的災情，只能歸類爲資料不是資訊。而如果依這樣的定義，本書部分資訊的使用，可能僅達資料，而未達資訊的內涵；甚至依此定義，檢視政府公開資訊，應該只能說是資料，不一定是資訊。這樣的解釋，可以提供我們檢視災害資訊的有效性；因爲若只是資料，對救災成效的提升就沒有幫助。

Floridi（2010: 1-5）同時指出資訊存在多元與多重意義，從數理、工程、社會科學，乃至於倫理學，都可以定義資訊的內涵。如同資訊社

會（information society）一詞，也存在多重或綜合的意義；他可以包括資訊科技、通訊、溝通，乃至於政治社會與文化，都存在不同的意義。甚至資訊存在生命週期（life cycle）現象，從創造（create generate）、蒐集（collect）、紀錄儲存（record store）、作業（process）、分配傳輸（distribute transmit）、消費使用（consume use）、循環使用消除（recycle erase），形成循環的意義，這讓資訊的意義、解釋或內涵更爲多元。換言之，所謂創新可以是「資訊創新」，其內涵是重新詮釋（使用）原始資料，或重新賦予原始資料不同的意義，都是資訊重要的意義或內涵。

　　正確、有用的災害資訊，若能注意跨領域解讀的盲點，比較不會遭到扭曲。Floridi（2010: 19-27）進一步從資料（data）的角度解讀資訊的意義；從對資料的了解、類比（analogue）與數位（digital）資料解讀、二位元（binary）資料、環境（environmental）資料，以及語意內容的資訊（information as sematic content）。而資料的種類，又可分爲原始（primary）資料、二手（secondary）資料、後設資料（metadata，描述資料的資料）、操作（operational）資料、衍生（derivative）資料。前述解釋與分類，讓資訊的意義更豐富、更多元；當然也就可以進一步檢視災情資訊的多元內涵。而了解這些多元內涵，有助降低資訊不對稱或數位落差的問題（通常數位落差所指的是城市與鄉村存在資訊軟硬體的落差）；或可提升救災（或災情）資訊傳遞的眞實性與正確性。

　　Schuster（2017: vii）從宇宙大爆炸（big bang）到大數據（big data）來解釋資料，同時納入宇宙學（cosmology）、量子力學（quantum physics）、生物學（biology）、神經科學（neuroscience）、電腦科學（computer science）、人工智慧（artificial intelligence）、網際網路（internet）、資訊社會（information society）與哲學（philosophy）等領域，這讓資訊的解釋更爲廣泛。我們對於前述領域有許多已知，但也有許多未知；也可能未知比已知的要多的多。或者，這些未知的資訊對於已知的資訊會產生什麼影響，存在諸多不確定性。由於資訊（或知識）獲取的限制，因此和Simon（1957）所提出所有決策都是次佳（suboptimizing），或只能達滿意（satisficing）的結果；也和March（1978）提出的有限理性（bounded rationality）相仿。

Floridi（2010: 19-27）從生物學的角度詮釋資訊，指出細胞（cell）、神經元（neuron）、體細胞（soma）、基因（gene）、去氧核糖核酸（DNA）、核糖核酸（RNA）、細胞核（nucleus）、器官（organism）等，均係相關範疇。也就是說，以生物學的觀點分析，資訊進入生物體可能產生巨大變化。另外，血型（由基因決定）有基因型（genotype）與表現型（phenotype）之分；例如血型A型者，可能存在AO與AA不同的基因型（楊永年，2006：104-105）。加上Davis（1984）所提的荷爾蒙或安多芬（endorphins），魏珠恩（1996）所稱的腦內嗎啡，讓資訊或訊息產生的動態性更強（楊永年，2006: 102-103）。如果再考量Kenyon（1985）所提因素，前述類安多芬的化學物質可由針灸或運動產生，（生物或人體）資訊的複雜性更高。

而如前述複雜解釋，資訊經過生物體反映後，可能產生新的變化，這變化有時不容易預測（不過有些資訊或行為是可預測的，例如人們對病毒存在驚恐或警覺性）。或者，當基因和環境（gene and environments）互動，可能產生或製造新的資訊。但因為基因序列或密碼（code）存在許多已知與未知因素，加以環境存在多元或複雜因素，使得基因與環境互動存在不確定性。或者，即便相同基因的同卵生雙胞胎，對資訊（環境）蒐集與反映，也可能有差異（楊永年，2006：109-111）。如果以新冠狀病毒（corona virus）為例，人們從最初接收的訊息，到經過一週、數週、一個月、數個月後，再產生的資訊，可能產生巨大的變化。而如果加上病毒入侵生物體（人體），其所產生的資訊複雜度可能更高。因為前述多元因素，即便都是新冠肺炎資訊，但可能因為不同的時間點，導致資訊認知或意義差異。

也可以說，病毒屬生物資訊的一種，名稱可能因為不同國家、族群、文化因素，導致不同的解讀。而類似的問題同樣出現在口罩意義的解讀上，除了存在醫療認知差異問題外；美國非洲裔認為戴口罩，擔心被誤認

爲有犯罪意圖，擔心進一步深化種族歧視。[11] 再以新冠肺炎爲例說明，到底新冠肺炎是什麼病毒？如何傳染、如何預防，以及會造成什麼影響等？一連串的問題有其專業性，但也有必要以簡單的語言文字，讓民眾了解。在這部分，美國疾病管制署（Center for Disease Control and Prevention, CDC）的網頁，就有很清楚的資訊與指引。[12] 其新冠肺炎的網頁分三大部分，第一是基本的新冠肺炎知識；第二是全球確診案例說明；第三是分別提供特定族群的重要訊息（如社區、學校、企業、醫療部門、公衛部門、旅遊與實驗室等）；可以說美國疾病管制署整理的資訊相當簡單、清晰且系統化，很值得參考。[13]

貳、資訊衡量指標

有了資訊的定義，接下來就是要發展資訊衡量指標，根據前述定義，以及過去的研究經驗與知識，作者整理出衡量資訊的重要或關鍵的12項指標。這12項指標包括資訊的可得性（availability）、可接收性（accessibility）、可理解性（understandable）、效率性（efficiency）、即時性（instant）、準確性（accurate）、友善性（friendliness）、相關或可靠性（reliability）、可信任性（trustworthy）、系統性（systematic）、通則性或普遍性（generalizability）、實用性或可用性（practicality or usefulness）。可得性是可以獲取的意思，例如，我希望獲取什麼災害相關資訊，就可以得到。可接收性則係有管道或無障礙可以獲取的意思。可得性與可接收性有重疊的意義，不同處在於可接收性通常會比可得性容易獲取資訊。可理解性是指資訊容易被了解。

---

[11]　https://www.worldjournal.com/6879285/article-%E4%B8%8D%E9%A1%98%E6%88%B4%E5%8F%A3%E7%BD%A9-%E9%9D%9E%E6%B4%B2%E8%A3%94%E6%9C%89%E9%9B%A3%E8%A8%80%E4%B9%8B%E9%9A%B1%EF%BC%9F/?ref=%E7%BE%8E%E5%9C%8B，瀏覽日期：2020/4/8。

[12]　https://www.cdc.gov.tw/Disease/SubIndex/N6XvFa1YP9CXYdB0kNSA9A，瀏覽日期：2020/2/28。

[13]　https://www.cdc.gov/coronavirus/2019-ncov/index.html，瀏覽日期：2020/2/28。

　　效率性可有兩層意義，第一是因為這資訊，可以讓救災運作順暢或快速；第二是該資訊快速傳遞。不過，快速和即時又有區別，即時是立即的意思，語意上比快速更快。準確性和有效性（validity）有關，也就是所提供的災害資訊是否能夠精準有效。友善性和可理解性有關，不過友善性的可理解性要更快速些，也有親民或容易理解的意思。相關性或可靠性所指的是，資訊重複使用或傳遞不會被誤解，這類似研究方法上重複測試的結果不會有差異，或若有差異會很微小的意思。可信任性是值得信任的意思，也是指資訊接收端是否願信賴資訊提供端所提供的資訊。系統性和整體性有關，也就是經由該資訊的提供，資訊接收者可以輕易了解整體或系統運作的相關性。

　　通則性或普遍性的內涵主要是沒有地域、時間的差別，例如不因偏遠、人煙稀少或情境不同，就存在資訊獲取的落差。實用性或可用性主要的意思是，對資訊接收者而言，該資訊可以立即派上用場；可以立即發揮救人，或預防災害的效果。前述12項指標的由來，主要係作者分析不同災難個案，以及《救災體系》專書撰寫後所得的心得與靈感；這12項指標，包括資訊提供端（特別是政府、非營利組織、社區），以及資訊接收端（一般民眾或災民），有助災情資訊提供者與接受者，進行防救災成效的（資訊面）衡量。而資源提供的衡量，也適用這12項指標。這12項指標對於救災體系運作有其關鍵性與重要性，但亦不能忽略背後的民主政治與行政組織架構的思考。

　　因此，這又回到或可以透過前述有關公共價值進行12項指標的檢視與論述。例如，對於災害潛勢區資訊公開的議題，潛勢區民眾、民代、官僚人員之間，因為存在房地產價值因素，可能有利益衝突，而有資訊揭露的問題產生（楊永年，2020：76-82）。官僚人員為預防災害的發生，希望潛勢區資訊能夠公開，或讓相關資訊存在可得性與可接受性；但潛勢區民眾可能透過民代，阻擋潛勢區關鍵或敏感資訊的公開。而這或許可以從小林滅村的案例得到印證，因為當時高雄縣政府官員，會希望小林居民能順利避災，否則不會提供小林村長「撤離」的訊息。但可能因為災民的警覺性低（因為過去沒有相關案例），而且也可能擔心資訊過於公開，影響

土地價格，因而缺乏對撤離資訊的敏感度。而今執行強制撤離政策，主要也在解決或改革過去存在的資訊不公開（包括不可得、無法接收、無法理解）的問題。

前述12項指標中，準確性應係最關鍵或核心的指標，包括預警資訊（針對災難發生的可能性），以及所提供的災難資訊是否準確。以新冠病毒為例，檢視臺灣衛生福利部疾病管制署（簡稱臺灣疾管署）首頁，點入新冠病毒的網頁專區，主軸出現的文字是「嚴重特殊傳染性肺炎」（即新冠肺炎）。如圖3-1所示，係我國疾管署首頁有相關新冠肺炎介紹，項目包括疾病簡介、COVID-19疫苗、管制措施、最新消息及疫情訊息、短期商務入境申請縮短居家檢疫、重要指引及教材、嚴重特殊傳染性肺炎及紓困振興特別條例專區、重要表單、醫療照護機構感染管制相關指引、宣導素材、地方政府居家檢疫及居家隔離關懷服務中心、臺灣社交距離APP及採檢地圖、數位學習課程、Q&A、研究出版、防疫物資等。資訊內容固然豐富，但感覺上比較像「政令宣導」。

圖3-2則是美國疾管署首頁的訊息，一開始進入首頁會出現「是否提供回饋意見」，顯示非常重視網頁使用者。首頁共分四大標題：第一，左上最醒目的文字是新冠肺炎與加強劑（COVID-19 & Boosters），並說明16歲以上均可注射補強劑。第二，右上是重要訊息（Highlights）包括Omicron Variant最新變種的新冠變異株（介紹）、兒童疫苗（Vaccines for Children）、旅遊與新冠肺炎（Travel & COVID-19）、自我測試（Self-Testing）。第三，左下是新冠肺炎疫苗（COVID-19 Vaccines），包括兒童（For children）、加強劑（Boosters shots）、獲得疫苗卡（Get your vaccine cards）、當完全接種（When fully vaccinated）、可能的副作用（Possible side-effects）。第四，右下是接種（Get Vaccinated），包括尋找就近免費接種站（Find a free COVID-19 vaccine near you）。整體而言，似乎比較從使用者觀點的角度提供訊息。

圖3-1　我國疾病管制署嚴重特殊傳染性肺炎首頁[14]

---

[14] https://www.cdc.gov.tw/Disease/SubIndex/N6XvFa1YP9CXYdB0kNSA9A，瀏覽日期：2021/12/12。

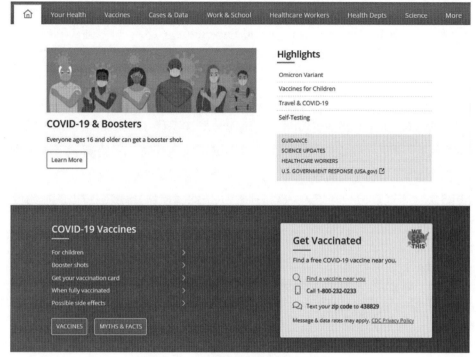

圖3-2　美國疾病管制署首頁[15]

參、網頁資訊

　　由於網頁可以24小時瀏覽，其可得性或便利性相當高。設若災情網頁（專區）能提供符合前述12項指標的資訊，應可發揮救災成效提升的效果。特別是資訊時代，愈來愈多民眾仰賴或搜尋「正確與即時」資訊，但因諸多因素（如人力資源、分工與誘因），我國政府官網資訊品質經常落後民間，也落後部分先進國家（如美國與日本）。例如，災難發生期間，非常需要政府官網設置資訊專區，提供正確與即時的災害相關資訊，但目前仍無相關機制的設計，仍仰賴民間或媒體提供相關資訊（楊永

15　https://www.cdc.gov/coronavirus/2019-ncov/index.html，瀏覽日期：2021/2/10。

年，2020：81）。甚至透過臺灣衛福部新冠肺炎網頁專區，[16] 以及美國疾管署（Center for Desease Control and Prevention, CDC）新冠肺炎的網頁專區，[17] 就可以對比出臺灣的網頁專區仍有許多進步空間，這部分下文會有相關分析。

　　而媒體有經營壓力，新聞的即時性經常很高，但正確性則不穩定；例如傳統媒體為追求獨家新聞，或為與社群媒體競爭，在訊息查證上就可能有疏忽。因此，如果政府官網，能提供正確與即時的災害資訊，應可提升救災（資訊提供）成效；或至少可以提升災民或災民家屬的滿意度。就美國疾管署網頁分析，當進入首頁時，即出現新冠病毒顯微鏡下的病毒圖示，再點入後即進入新冠病毒專區。[18] 同時跳出額外小視窗，詢問瀏覽者是否願意提供網頁專區資訊（安排）回饋；這項作法具有雙向溝通作用，有助網頁專區資訊「友善化」。或可以說，臺灣疾管署網頁專區比較是政府導向，即由政府決定提供什麼資訊；美國疾管署則會考量民眾或網頁使用者的需求。例如，美國疾管署網頁專區出現三個重要議題連結：第一，如何保護自己（how to protect yourself）；第二，你生病了怎麼辦（what to do if you are sick）；第三，症狀（symptoms）。這三個議題，都是民眾最為關切，也是最需要的資訊。美國CDC網頁專區之資訊以最簡單的文字，同時配合圖示，提供瀏覽者簡易清楚的標準作業流程；並提供五種語言文字的版本，俾便不同國家（文化）者閱讀。表象上，美國疾管署關心每位民眾的健康，實質上也在避免病毒進一步傳染。因此美國疾管署新冠病毒網頁，兼具準確性、友善性、可獲得、可接收、可理解、實用性、系統性、普遍性、可靠性、可信任性。嚴格說來，臺灣與美國疾管署官網同時存在新冠肺炎準確的資訊與不確定的資訊。準確的資訊是，新冠肺炎是人傳人、勤洗手、戴口罩、注意自己是否有症狀、目前沒有疫苗。然而，這些準確資訊的背後，仍存在許多不確定的訊息。雖然新冠肺炎是人

16　https://covid19.mohw.gov.tw/ch/sp-timeline0-205.html，瀏覽日期：2021/2/10。

17　https://www.cdc.gov/coronavirus/2019-ncov/index.html，瀏覽日期：2021/2/10。

18　https://www.cdc.gov/coronavirus/2019-nCoV/index.html，瀏覽日期：2020/6/16。

傳人,但有些人卻找不到如何被感染;可能的原因是,經由空氣或接觸到殘留在帶原者遺留的病毒,如手把、廁所、電梯。勤洗手固然可以預防感染,但怎麼洗才能避免病毒殘留,有其必須注意之細節。

至於戴口罩也是美國經過兩個月爆發大量民眾感染後,才深刻了解口罩的效用,但並未全面強制實施戴口罩;一直到拜登當選總統,聯邦政府才積極要求所屬機關人員配戴口罩。雖然我疾病管制署官網也有豐富的新冠肺炎相關資訊,但和美國疾病管制署官網相較,似仍有進步空間。針對新冠肺炎臺灣防疫成效成為世界矚目的焦點與典範,關鍵原因是臺灣有過SARS的慘痛經驗、超前部署,以及每日直播召開記者會(資訊透明度高)。[19] 由於歐洲、美國與諸多國家,多沒有SARS的經驗,不知病毒和防疫的嚴重性。甚至歐美存在「沒生病不需戴口罩」的迷思,加以政府官員與民間以流感類比新冠肺炎,使得疫情快速擴張;美國與義大利病毒的確診人數不久後即超越中國(這背後當然也和制度或民主體制有關)。

在超前部署方面,我國疾病管制署在2020年1月12日至15日派兩位傳染病醫療專家,前往中國武漢進行實地勘查;同時了解到疫情傳播速度驚人,因此提供重要資訊與建議,並形成超前部署的公衛政策。至於直播召開記者會,即是資訊透明的重要方法;除了避免猜疑,具有警示民眾與集體動員防疫的效果。換言之,資訊的準確性固然重要,至於準確到什麼程度,可能存在不確定性。再者,資訊準確性的內涵和相關或可靠、有效密切相關;而這又牽涉救災人員能否接收到準確的災害(災民)資訊、災民能否傳達準確資訊給救災人員、記者(媒體)能否接收到準確災害資訊、記者(媒體)能否傳達(報導)準確的災害(資訊)、民眾(災民)能否獲取相關的救災資訊。政府運用什麼管道傳達(災情)資訊,以及透過什麼平臺進行(災情)資訊交流。

資訊準確性固然和專業性有關,但也可能和認知因素有關,例如民眾有時會抱怨氣象局預報資訊不準確,以致龐大災情。但氣象局經常不

---

[19] https://udn.com/news/story/120940/4451461?from=udn_ch2cate6638sub120940_pulldownmenu_v2,瀏覽日期:2020/2/28。

認為他們提供的資訊不準確，問題在於氣象專業與非氣象專業存在認知落差，以致影響災情資訊準確性的認知。關於氣象局提供的氣象資訊，主要包括溫度、雨量、颱風路徑、風力、風向的訊息。至於會否造成土石流、洪水、潰堤、斷橋、斷路、淹水等，則不是氣象局的專業領域。因此楊永年（2019g）提出，應讓民眾能「讀懂」氣象資訊。不過，要讓民眾讀懂氣象資訊，氣象局僅能提供氣象資訊。至於民眾（或災民）關切的災難部分，氣象局無法涵蓋；所以這屬於前述資訊相關性的指標意義。具體而言，這必須有跨領域的專業人員參與資訊提供，例如淹水或潰堤和水利署有關；土石流則和水土保持局專業有關。

因此，這又回到政府防救災體系結構圖（楊永年，2020：36，38），以及災害應變中心（整合）功能的發揮（含動員與組織間合作議題）。不論任何指標，簡單的概念是，因為災情資訊的提供，可以避免生命財產的傷害或損失。而資訊既可作為自變項，又可作為依變項。例如，防救災人員必須擁有關鍵災情資訊，才能有效預防與進行救災，這資訊即是自變項。至於防救災人員依關鍵資訊執行的結果，包括搶救是否成功或失敗的資訊，可視為依變項。舉例而言，某地區的雨量多寡是重要資訊，雨量多寡對某些人來說，可能不具特別意義，但對另一群人而言，可能存在警示作用，原因在於這群人過去有過雨量與致災經驗的連結。而這又牽涉到另個議題是，這雨量會否造成什麼災害或結果，需另種資訊呈現。至於雨量造成實際上災害的結果又是另個重要資訊；特別是，如果雨量附帶生命財產損失，則不屬氣象資訊。

也因此，災情資訊可以同時是自變項與依變項，例如土石流造成生命財產損失這則訊息，土石流是自變項，生命財產損失是依變項。如果再加上雨量解釋，雨量是自變項，土石流是依變項；或土石流是中介變項，生命財產損失是依變項。不過，最關鍵的問題仍在於前述（災情）資訊的12項指標。這12項指標可作為衡量資訊內涵的救災成效，下文即根據這12項指標進行論述。關於資訊可得性，主要的意義是對於災情資訊有需求者，是否可獲取相關資訊。而這又涉及兩個層次的問題，第一，有否相關資訊；第二，有否提供相關資訊。依本書論述的不同案例，有些災情資訊是

沒有的；例如2014年的高雄氣爆，氣爆發生之初，並沒有相關資訊，或該資訊不可得。

　　有些災情資訊是存在的，但未提供給需要的政策利害關係人。例如，美國許多重要城市官網，提供多國語言版本，但臺灣中央政府與地方政府官網，有些雖有英文網頁的設置，但比較少政府官網提供多國語言版本。也可能提供了資訊，但災民或民眾沒有接收到、沒有查看、不了解、未感受到威脅、有感受到威脅但未採取（撤離或防衛）行動、有採取行動但失敗、有採取行動且成功。所以資訊友善性、可理解性、可接收性與實用性等就顯得重要。而從過去災難經驗，有很多災難發生前、中、後，並沒有（提供）相關資訊。例如，地震後可能發生海嘯，但從2004年南亞大海嘯、2011年東日本大地震造成的大海嘯，以及印尼發生多次海嘯個案來看，很多地區存在資訊不可得的問題，原因在於儀器設備年久失修；或有提供資訊，卻因缺乏防災意識，因此仍造成重大災難。

肆、預警資訊

　　預警資訊主要在災難發生前，提醒位於災區的民眾提高警覺，以避免生命財產的損失。然而，2021年7月中旬發生的西歐洪水災難，天下雜誌的報導指稱，早在洪水發生3天前，德國氣象機構就已通知媒體與政府相關部門，並請提高警覺。但該預警資訊被部分地方政府與民眾輕忽，導致疏散的延遲釀成重大傷亡。[20] 以德國氣象科技預測天氣的精準度，以及氣象資訊流通機制與警報系統，應有相當高的品質。但為什麼還是發生這麼嚴重的災害？可能的原因包括氣象資訊解讀，以及防災意識不足。許多災民可能沒有受災經驗，沒有感受到預警資訊的重要性，才會造成對預警資訊的輕忽。

　　因此，是否有預警資訊，以及該預警資訊是否符合前述資訊衡量的12項指標，亦是影響救災成效的關鍵因素。例如，2020年9月13日，有兩家

---

[20] https://www.gvm.com.tw/article/81037，瀏覽日期：2021/8/3。

共6人在位於南投縣仁愛鄉的河床露營，不意因武界壩突然放水，導致4人遭滅頂的案例。由於在河床紮營並不合法，而且在河床旁設有告示牌，內容為「上游水壩隨時會排放水，敬請勿入溪中確保生命安全」，並由仁愛警察分局與大觀發電廠共同署名。[21] 顯然，從這次個案顯示，該告示牌並未發揮預警功能，或至少在友善性、準確性、可理解性上有精進之必要。特別是這次救災，南投縣消防局動員近百名警消、橡皮艇、空拍機與直升機等，進行聯合救災與搜尋失蹤遊客，可以說耗費龐大的救災成本。[22]

那麼，從第四章變革的角度，全國的告示牌應作檢視並變革，目的在提升防救災成效與發揮預警的功能（包括會不會注意或去閱讀，以及閱讀之後會不會遵守告示牌的規定，都可能存在問題）。而從前述說明，警消動員的立即性似乎是肯定的，而如果該事件不發生，就不需動員或耗費龐大的救災成本。因此，除告示牌外，亦應持續探討水閘門為何無預警打開（雖係故障，但原因仍不明），這部分屬於組織內部管理（流程）的問題。由於武界壩係台電公司所管理，但卻未用在發電，所以武界壩存在的必要性（包括是否拆壩），就有討論空間。換言之，針對這起個案，可以分從台電公司（組織）層次，以及救災體系層次進行變革。台電公司所轄的範圍可能較小，救災體系的範圍則屬全國或全面性的變革或介入。

告示牌變革從台電公司的角度切入，和從救災體系的角度有所不同。從台電公司的角度分析，告示牌變革的目的，在針對轄區域範圍內，所設告示牌防救災功能的發揮。只是告示牌的設計有其專業性，而且和（台電公司）研究發展的功能有關。唯這部分也可能不是台電公司專業或有誘因的發展領域，因為這和視覺設計與防災科技應用比較有關，但和能源或電力開發的關連性較小；或者這並非台電公司的核心價值。所以，這可能要從救災體系進行變革思考，透過告示牌的研究、開發與設計，並結合政策內容的設計。基此，告示牌研究設計思索的問題是，如何設計告示牌，以

21　https://udn.com/news/story/121660/4858107?from=udn-catelistnews_ch，瀏覽日期：2020/9/15。

22　https://www.chinatimes.com/newspapers/20200915000398-260102?chdtv，瀏覽日期：2020/9/15。

提供更有效（具防救災功能）的預警資訊。

　　針對告示牌變革（或設計），其內容包括文字的使用是否淺顯易懂（簡潔有力）、是否使用圖片，以及是否使用動態告示牌，例如告示牌和人工智慧結合。甚至亦可考慮提供手機簡訊系統，讓經過或停留河床的遊客，都會接收到預警的手機簡訊，以避免遊客沒有注意告示牌的預警資訊。但若從救災體系操作（執行）面的角度分析，因為行政院災害防救辦公室屬幕僚單位；消防署（或消防體系）的核心任務在救災不在防災。因此，全國性的告示牌變革或可交由消防署執行，但可能因核心價值的差異，使得其所設計的告示牌在防救災功能發揮上受限。因此，這可能又回到專責單位（防災署）應否成立的議題，這議題在前內政部李鴻源部長時有相關討論，但後來還是無疾而終。

　　作者2020年1月前往曾為重災區的日本宮城縣的氣仙沼市進行訪談，得知2011年日本大海嘯來臨前，地方政府立即提供警示訊息。例如作者在2020年1月19日訪談日本民宿業者，他回應說碰巧海嘯當天（也就是2011年3月11日下午3時左右）他開車前往氣仙沼市區購物；大地震之後，他聽到擴音器廣播，提醒民眾注意海嘯來臨，並請大家提高警覺，但廣播約10分鐘後中斷，他判斷可能是停電，因此就再沒有聽到擴音器的廣播。不過從這位民宿業者的回應，廣播訊息的確發揮防災效果，否則不會九年之後，仍有清楚印象。根據2020年的統計，氣仙沼市人口數是61,678人，[23]這和臺南市歸仁區2020年人口數68,175相仿。[24]

　　該民宿業者再深入說明，但因當時塞車，他在車上無法移動，過了幾分鐘後，他決定棄車逃往高處，因而未遭海嘯滅頂而倖免於難；因此可以推論，預警資訊發揮了防災作用，或解救了那位民宿業者的生命。前述故事顯示，海嘯發生之前，日本宮城縣氣仙沼市確有海嘯預警資訊，而且這預警資訊透過「擴音器」放送，部分民眾也接收到海嘯預警訊息。所以至

---

[23]　https://www.kesennuma.miyagi.jp/sec/s021/010/020/H28-9/20161014163117.html，瀏覽日期：2020/9/17。

[24]　https://web.tainan.gov.tw/Gueiren/News_population.aspx?n=9100&sms=14165，瀏覽日期：2020/9/17。

少符合可得性、可接收性、可理解性、效率性、即時性、準確性、可靠性等七個指標。而且因擴音器的使用緊貼民眾日常生活，所以亦具資訊友善性（特別是傳播工具的友善性）。不過，仍有眾多日本民眾因海嘯罹難，部分可能未採取任何行動；部分可能採取行動的時間延遲；部分可能採取錯誤的行動。

有關效率性與準確性，效率代表快速，同時也和即時性有關。特別是有些災害來臨與造成傷（損）害或逃生（疏散）的時間相當短。也因此，政府、非營利組織、社區、個人（災民或一般民眾）等，都希望在最短的時間獲得關鍵災情資訊（特別是和他們生命財產密切相關的資訊）。根據前述日本民宿業者的故事，顯示氣仙沼市海嘯資訊的提供有其效率性、準確性與即時性，卻因電力中斷而停止訊息發送；因此，作為災情資訊提供者的政府或相關組織，必須思考多元的訊息提供管道與平臺，避免訊息提供因電力中斷導致訊息中斷（不可得、不可接收）。否則，即便災情資訊符合效率性與準確性，仍難以確保民眾（災民）撤離成功或生命財產的損害。

再如楊永年（2020：62-65）指出，小林村滅村前，高雄縣政府已提供撤離資訊，唯遭村長拒絕。這代表災情資訊未獲小林村民認同（或可信任性），因此資訊具有效率性、準確性、即時性，卻因災情資訊不被信任，導致滅村或村民遭活埋的悲劇。雖然災情資訊提供的效率性不斷在提升，例如楊永年（2020：75-76）所提的災防告警細胞資訊（手機簡訊）、縣市政府透過line提供訊息、災害防救中心透過line發送的防災資訊等，都能讓防災資訊快速傳遞。特別是line軟體應用具普遍性（因為很多民眾使用），所以可接收災情資訊的民眾相當多。專業科技（技術）不斷在更新或突破，不過這比較是「效率」的提升，在效能或防救災資訊的相關性與準確性，仍有改善空間。

再者，通則性更重要的意義在於，必須考量（氣象）資訊造成特定區域災難的機率。例如，累積雨量多寡以及地震強度，可能有區域的差別，也可能造成不同的災損；災防告警細胞資訊（手機簡訊）所提供的文字有意義或功能上的侷限性，難以作系統性描述或連結（楊永年，2020a；

2019j）；甚至用擴音器傳達訊息，也可能存在類似系統性與功能性（含實用性）不足的問題。系統性主要引用系統理論或（組織）環境的概念，手機簡訊如何能提升系統災情資訊，會是未來手機簡訊傳輸的重要挑戰。至於災情資訊文字與成效的相關性，又可以從專業或非專業的平臺進行檢視，所謂專業平臺，係指能提供專業資訊的個人、團體與組織。例如退休的氣象專家，獨自提供氣象資訊；或者，受過相關專業訓練的個人，所組成的社群團體，以及政府或民間組織等，都有能力提供友善、即時、準確、系統、實用的災情資訊。

　　理論上，愈豐富的資訊平臺，可以提供愈多元的災情資訊，因此資訊的可得性與可接收性也會較高。在此前提下，可能同時有助對資訊的信任性、友善性、可理解性的提升。依此邏輯，跨媒體敘事（transmedia storytelling），有助資訊面救災體系成效的提升（對於跨媒體敘事，下文將有詳細說明）。但實務上，也可能出現Preston（2015）所提跨媒體恐怖主義（transmedia terrorism）的負面問題，因為災情資訊未經查證，即廣為流傳，或因資訊遭不當解讀，反而導致災情資訊的扭曲或出現「準確性」問題，呈現災情資訊可理解、可獲得、可接收，但資訊卻是不準確，反而可能造成災情成效的下降。不過，即便資訊具有準確性，卻不可得、無法接收或不可理解，救災成效同樣無法提升。

　　由於中國武漢發生的新冠肺炎病毒疫情一直到2020年1月下旬時才對外公開，並在短時間內採取封城政策。最早執行封城的是武漢市，但到底什麼是封城，其管制的內涵是什麼，一開始可能因為誤解或不了解，在政策執行過程，都難免造成許多紛亂（且封城一詞難免造成民眾慌張與驚恐）。合理的政策作為系統政策規劃，或俗稱的政策配套，包括無人機對隔離者的管理或監控，民生物資物流（與AI結合）的暢通，以及旅遊限制或警戒，以及確保「疫區」醫療資源的充足等，都是艱鉅的任務。再者，封城可能因為政治、社會、經濟、文化上的差異，導致政策成效的差異（楊永年、馮達旋，2020）。例如，義大利爆發新冠肺炎疫情初期，也採取封城策略（lock-down），即造成社會紛亂，以及監獄暴動的

問題。[25] 後來義大利的疫情未見減緩，因此義大利改以鎖國政策，希望能壓制新冠肺炎。

由於疫情快速蔓延，不久後捷克也發布鎖國政策，從2020年3月16日起，全面禁止入出境。因此，當疫情突然升高，封城或鎖國成爲重要的政策工具，所以可以解釋，隨著疫情愈來愈嚴重，會有更多國家參與「鎖國」行列。[26] 或可推論的是，中國武漢的情形是因爲新冠肺炎疫情已相當嚴重，不得不公開疫情周知，同時展開防範措施。而之後的許多國家，可能疏於防備，或不認爲新冠肺炎可能入侵，所以一旦疫情突然爆發，於是導致不知所措。如美國總統川普原本對疫情相當樂觀，後因疫情不斷升溫、股市大跌、民眾瘋搶民生物資，使得川普總統不得不宣布國家緊急狀態（National Emergency）（楊永年，2020b）。這現象顯示（傳染性病毒）資訊的重要，唯有公開透明，才能啓動預防機制。至於確診病例是否公開，則似有不同思維，主要的考量在於，除了存在個資因素，還可能造成社區與社會恐慌，以及歧視等因素，成爲部分資訊不公開的理由或案例。

再如，2020年4月臺灣疫情指揮中心公告發生家庭主婦確診新冠肺炎案例，但隔天傳出，該確診案例係酒店公關，已婚並有小孩，該訊息傳出後，政府很快作成全國酒店停業的政策。然而，該酒店公關的姓名、照片、工作的酒店都被公開，直接與間接造成確診個案情緒不穩。而在中央疫情指揮中心的說明中，同時談到該個案存在難言之隱。[27] 這背後突顯疫情調查、疫情公開與個人隱私諸多衝突，理想上疫情調查的資訊應該愈詳細、愈清楚，愈能做好防疫工作，也才能擬訂精準的防疫政策。同樣的，因爲確診個案資料的公開，才讓民眾提高警覺，政府與民間才能避開感染

25　https://www.storm.mg/article/2389193，瀏覽日期：2020/3/14。

26　https://www.msn.com/zh-tw/news/world/%E6%95%88%E6%B3%95%E7%BE%A9%E5%A4%A7%E5%88%A9%EF%BC%81%E6%8D%B7%E5%85%8B%E5%AE%A3%E5%B8%83%E9%8E%96%E5%9C%8B-3-16%E8%B5%B7%E5%85%A8%E9%9D%A2%E7%A6%81%E6%AD%A2%E5%87%BA%E5%85%A5%E5%A2%83/ar-BB119blT?li=BBqj0iS，瀏覽日期：2020/3/14。

27　https://www.chinatimes.com/realtimenews/20200411003053-260405?chdtv，瀏覽日期：2020/4/12。

風險。所以中央疫情指揮中心每日召開記者會的原因，主要是希望透過資訊公開，除了具有穩定人心的效果，同時存在防疫的功能。

因此，疫情調查如果能夠鉅細靡遺，愈可以做好防疫工作。但若個案資訊涉及個資部分如果公開，可能有侵害隱私權之虞，造成個案日後可能被標籤化，導致工作或生活受到嚴重影響（歧視）；甚至可能影響疫調的深入度，因為確診當事人可能因為隱私而不願配合疫情調查。因此，資訊（疫情）公開固然是防救災重要的原則，但疫情調查與個人隱私應該兼顧，背後要思考的是，如何讓去個資化的個案完整公開，才會有助防疫。

伍、社群媒體資訊

智慧手機發明後，已成為人們日常生活中重要的元素，很多人每日會花時間在手機發送與接收訊息。因此災難發生時，自然亦成為重要的溝通平臺或工具。社群媒體成為很多人接收災難相關資訊的重要來源。Branicki and Agyei（2015）指出，大規模撤離雖然經常會使用社群媒體（social media），卻可能同時帶來傷害。原因是，社群媒體和傳統媒體不同之處在於，有時社群媒體傳播速度快，卻未經查證，因此有時其可靠度較低，或可能形成所謂假訊息、網路攻訐等。不過，比較合理的說法是，社群媒體同時存在威脅與機會，例如社群媒體可以較傳統媒體有更高的傳播速度。關鍵點在於如何在緊急時刻，能傳播正確的訊息，因此雙向（面對面、電話）、回饋（feedback），或透過多元方式查證，可以提升訊息的正確性或可信度。

換言之，社群媒體傳播過程，如果能有編修功能，有助訊息可信度的提升。不過，社群媒體因為傳播速度極快，發現錯誤時已來不及編修。特別在大規模撤離過程，存在許多溝通、協調與政府控制問題。重點在於，如何確保過程安全，或能否因社群媒體提供的訊息，降低撤離者內心的焦慮或不安，是必須關注的議題。2020年9月中旬，美國西岸爆發森林野火，連煙塵都飄到美東的紐約與華盛頓特區；特別是俄勒岡州（Oregon）尤其嚴重。而俄勒岡州的警消除了忙著救火，還得抽出時間回應灌爆的

民眾詢問電話。問題在於社群媒體瘋傳，野火係反法西斯主義運動者
（Antifa）所為，但警消並沒有這樣的資訊與證據，所以警消公開央求民
眾，不要再撥電話詢問，因為這不是事實。

　　不過，川普總統持續在推特（Twitter）進行推文，他在推特稱Antifa
為暴徒，並譴責Antifa在破壞競選活動。這隱含川普總統透過社群媒體，
在為Antifa的存在背書；使得俄勒岡警察與消防的處境更為艱難，因為必
須分心跟民眾解釋（楊永年，2020j）。換言之，依社群媒體的特性，造
成人心焦慮經常比安撫人心的頻率或機率要來得高，所以才會有Preston
（2015）提出跨媒體恐怖主義的說法。而為了解跨媒體恐怖主義的意涵，
必須從跨媒體（Transmedia）和敘事（storytelling）兩名詞了解（通常兩
個名詞多一起使用）；其原始意義是單一故事，透過不同媒體（平臺）進
行敘事（說故事）。而跨媒體敘事盛行，原因在於傳統媒體和社群媒體界
線愈來愈模糊，很容易可以帶動趨勢或風潮。或可以說，因為多重媒體
（multimedia）的出現，導致跨媒體敘事興起。

　　有關跨媒體的特性應可包括數位性（born-digital）、互動性
（interactive）、多媒體性（multimedia）、故事性（a novel）、情節性
（episodic）等。[28] 因此可以深入人心或讓人著迷，讓跨媒體概念迅速流
行。Wylene（2019）指出媒體敘事的概念早在18世紀就已經存在，但跨
媒體敘事是Henry Jekins於2003年所提出。主要因為網際網路的發明，加
上參與式的文化，讓跨平臺（platform）敘事受到歡迎。跨媒體敘事也漸
漸在大學教育應用且有很好的發展，例如我教育部積極推動「議題導向跨
領域敘事力培育計畫」，應該也是受到跨媒體敘事概念的影響。不同的
是，教育部以「跨領域」取代「跨媒體」，其跨平臺的理念是相通的。甚
至在娛樂或網路遊戲，以及商業市場銷售（marketing）上，都有很廣的
應用。[29]

---

[28]　https://www.teachthought.com/the-future-of-learning/the-definition-of-transmedia/，瀏覽日期：
　　　2020/5/21。
[29]　http://www.knowledgeatwharton.com.cn/zh-hant/article/3176/，瀏覽日期：2020/5/20。

　　因跨媒體敘事強調參與，讓智慧財產保護存在困難，因為故事的解釋或來源不易清楚區隔。基此，跨媒體敘事應用在防救災（例如在撤離過程即時訊息提供），也就是透過傳統與社群媒體的整合，有時可以提升撤離成效。不過 Preston（2015）則用跨媒體恐怖主義來論述撤離的脆弱性，或者撤離過程可能遭到跨媒體的（全面）攻擊。而如前述，參與防救災撤離的跨媒體敘事，因為參與者眾，很難找出「主謀者」或「煽動者」，所謂跨媒體恐怖主義似乎可以虛擬集體暴力（或霸凌）解釋。也因此，當跨媒體敘事存在政治目的，惡作劇、激進主義與恐怖主義於是出現。或許，這可以合理解釋有關前駐大阪代表處蘇啓誠處長自殺身亡前，在網路出現（虛擬）的公審或霸凌現象，進而出現在真實的世界中。

　　關於前文美國西岸野火，川普總統透過社群媒體（直接在推特推文），在沒有充足證據下，間接承認 Antifa 的存在。至於 Antifa 是反（聯邦）政府的團體，[30] 也因此川普總統早就視 Antifa 為眼中釘，同時試圖在推特稱其為恐怖組織。[31] 在此情形下，讓前述俄勒岡州政府（警察）的闢謠工作更為艱辛。顯然社群媒體的出現，容易出現「假訊息」，並讓很多接觸訊息者相信其真實性。可以說，社群媒體的出現，讓許多國家都面臨「不實言論」廣為流通的問題。至於如何因應，Preston（2015）進一步認為傳統媒體說教式的（撤離）指令，反而比跨媒體敘事更有韌性（resilience）；原因之一是，耳語、謠言或未經證實的語言或文字，可能很快被傳播。這些快速傳播且未經證實的訊息，很快形成刻板印象，反而造成負面效果。

　　不過，像川普（或有些國家）直接和社群媒體結合，同時反映在其政治利益上，這比較屬於行政倫理的議題，可能不太容易解決。以前文為例，俄勒岡警察也不太可能公開譴責總統言論失當。再以美國紐約 9/11 恐怖攻擊為例，主謀者可以很容易透過大眾（或地方）傳媒，散播錯誤訊息

---

[30]　https://www.bbc.co.uk/programmes/articles/X56rQkDgd0qqB7R68t6t7C/seven-things-you-need-to-know-about-antifa，瀏覽日期：2020/9/12。

[31]　https://edition.cnn.com/2020/05/31/politics/trump-antifa-protests/index.html，瀏覽日期：2020/9/12。

或誤導調查方向。因此也有人認為官方（網頁）提供的資訊更有韌性，理由在於準確性高（否則要負刑事或行政責任），不會像社群媒體，在不斷詮釋（說故事）後，反而讓原始正確性高的資訊遭扭曲。針對發生於1986年4月26日的車諾比核電事故所作的報告，事故發生時，係由戈巴契夫（Mikhail Gorbachev）擔任總書記，同樣存在核安或輻安資訊公開與傳遞的問題。

　　唯當時還沒有社群媒體，所以未發生網路恐怖主義的現象，但謠言或不正確的訊息應該還是存在。Perrineau（2017: 11-14）指出，車諾比核電廠從4號機反應爐失控，以致於造成嚴重生態汙染。一連串的事故處理過程，有來自蘇聯（USSR）全國60萬至80萬的民兵與國軍擔任清理者（liquidators），進行核輻射減害的工作。4月27日時，普里彼特（Pripyat）幾成廢城，當地約49,000名住民，只能攜帶簡單的必需品，在2至3天內撤離。雖沒有社群媒體，就連傳統媒體也不發達，甚至關鍵（危險）的輻射資訊都相當有限。因此，部分核安資訊評量以及其和防救災成效的關連性就不易確認。而當時為避免核輻射汙染擴大，汙染區的房子被破壞，所有寵物被殺，所遺留的物品則全部銷毀。至於距離核電廠20公里遠的車諾比（Chernobyl）居民，則在同年5月5日才被要求撤離。

　　依前述Perrineau的說法，截至1995年為止，共有逾25萬名民眾被安置，顯然這次核電事故造成的後遺症相當嚴重，輻射電甚至影響到鄰國，導致鄰國的恐慌。直接或間接造成當時蘇聯的壓力，只是蘇聯針對核電事故處理過程，都保持沉默而且拒絕美國的協助。蘇聯的目的在希望外界感覺，核電事故已處理妥當。不過，因為蘇聯仍存在資訊公開的壓力；因此在1986年5月14日，戈巴契夫總書記透過電視承認這起事故，但仍難消除鄰國的疑慮。這同時顯示，當年蘇聯在核電事故處理過程的資訊不夠透明；因為缺乏資訊，可能前述12項指標都是負面的；倒是大規模撤離，可能是正面的，唯這部分仍需進一步研究。至於該追究誰的責任，訊息顯示的是從工程技術，以致於各層級（管理）人員的能力都有問題。應該說，因為核電廠技術與管理失靈，連帶影響到政治層次，成為蘇聯解體的因素之一。

前述車諾比核電事故和2011年的福島核電廠事故有相似之處，也就是兩國在核安資訊處理過程，都存在問題。不過，蘇聯最大的問題是資訊不透明，日本則是資訊過多，但不被信任。因此日本最終也是付出政治代價，當時首相菅直人及其所屬民主黨，在後來的全國性選舉大敗，並由自民黨重新取回政權。而從前文論述，似乎也可以回顧2011年福島核電事故，對臺灣核能電廠產生巨大衝擊。特別是，因為民進黨前主席林義雄先生公開絕食抗議，形成龐大的輿論壓力，使得當時國民黨（執政黨）的總統，不得不宣布核四廠完工後封存。這除了是臺灣能源政策的大轉變，同時也讓核能議題政治化。或可以說，核能議題或其所釋放出的訊息，經常存在重大的政治意義或成敏感的政治議題。在此前提下，政府對於核能訊息的揭露，通常都會非常謹慎。

關於災害資訊傳遞，臺灣也曾發生失誤。以2019年7月9日在臺南發生的手機預警資訊（即前述災防告警細胞資訊，又稱細胞廣播服務，Cell Broadcast Servie, CBS；也稱公共警示系統，Public Warning System, PWS，災防業務主管機關可即時將災防告警訊息，經由4G系統轉送至用戶手機，俾使民眾即時掌握應變時機）[32] 問題為例。疾管署原針對臺南市開山里發登革熱警示，輸入過程誤將原本規劃的386公尺範圍設定，輸入為386公里，以致訊息發至全國，造成無謂困擾或驚嚇。[33] 這同樣隱含資訊時代下的防災資訊，需作多元核對設計，以避免出現瑕疵。而針對前述問題，楊永年（2019j）提供三個興革方向，第一，訊息內容要能精簡與重複確認，且能發揮預警與補正機會；第二，訊息管理或確認應多元，例如訊息對象主要是在臺南開山里活動的居民，不妨讓開山里里長、臺南市北區區公所，或臺南市政府參與訊息發送設計；第三，訊息平臺應有系統連結或設計，例如手機簡訊增加網頁連結內容或功能，以及可以從災害應變中心或救災體系的角度進行思考或設計。

手機預警資訊（簡訊）愈短愈佳，但這除了成本考量，還必須在最

---

[32] https://www.ncc.gov.tw/chinese/gradation.aspx?site_content_sn=3725，瀏覽日期：2020/8/24。
[33] https://www.cna.com.tw/news/firstnews/201907095005.aspx，瀏覽日期：2020/4/23。

短時間讓接收簡訊者能清楚了解所接收到的簡訊。但如何能清楚表達，且不會遭誤解，這並不容易。基此，數學的邏輯也許可以作為設計或規劃參考。Floridi（2010: 37-41）從數學的觀點解釋資訊，因為這是用簡單的數字或符號進行運算（表達），因此溝通過程會比較清楚，不容易誤解。特別在緊急災難發生的時刻，通常沒有太多時間決策，必須立即有具體或清楚的行動。而且這些行動必須是低風險，且容易辨識，才不會造成災民誤解。因此，從輸入（input）、編碼（coding）、傳遞（transmission）、儲存（storage）、溝通管道（channels of communication）、解碼（decoding），都是資訊傳送或接收的關鍵點。

目前手機預警簡訊主要仍以文字為主，至於未來能否加入或改為數字或符號表達，雖不能排除這可能性。只不過，所謂清楚簡單的「符號」，必須在整備或平時，就應有溝通與共識，並必須避免關鍵資訊流失的情形。如此，比較不容易在緊急時刻，溝通過程出現溝通或認知落差的問題。或者，另一種可能是，手機簡訊結合空間資訊；而其內涵可以包括逃生路線，以及逃生路線的各種相關資訊，例如是否塞車、是否有加油站、飲食或其他相關資訊。甚至進一步結合人工智慧，提供災民或潛在災民建議或最佳的逃生方式，如此，比較是完整的預警資訊內容提供。

陸、空間資訊

空間資訊（spacial information）又稱地理空間資訊，主要指地球表面的某個特定地點的相關資訊。[34] 也有人認為完整的空間資訊內涵，應包括全球定位系統（global positioning system, GPS）定位，結合遙測（remote sensing, RS）取得現況，再加上地理資訊系統（geographic information system, GIS），三者結合成為現今應用最廣的空間處理技術。[35] 空間資訊在防救災與日常生活已有許多應用，不過仍有許多開發或發展空間。而這

---

[34] https://www.safe.com/what-is/spatial-data/，瀏覽日期：2020/8/24。

[35] https://scitechvista.nat.gov.tw/c/sW7S.htm，瀏覽日期：2020/8/24。

又可以回到前述12項資訊衡量指標的檢測與思考，例如，空間資訊的可得性與可接收性可能沒有問題，但卻不容易理解，或準確性與實用性仍然不足。或許這也是近年來人工智慧持續蓬勃發展的原因，也因此成功大學成立第十學院，名稱爲「敏求智慧運算學院」，以符合現階段發展趨勢。[36]

應該說，空間資訊對於防救災成效，可以有明顯提升作用，但空間資訊畢竟是工具或方法，而不是目的，需有媒介或資訊平臺，才能讓空間資訊發揮應有的防救災功能。資訊平臺可以發揮資源動員與組織間合作的功能，因此資訊平臺的重要性不言可喻。理論上，資訊平臺不一定愈多愈好，重點還是在於能否發揮防救災功能，例如傳遞假訊息的資訊平臺，就可能發揮防救災反效果。因此，資訊平臺應該是重質不重量，且應重視功能的發揮。彙整前述資訊的地理資訊系統，也可以是防救災（資訊）平臺。而災害來臨時，中央、縣市、鄉鎮市區公所成立的三級災害應變中心，經常扮演災害防救重要角色，從災情資訊搜尋、分享、傳遞，均扮演關鍵角色。如果災害應變中心能設置與充分應用地理資訊系統，救災體系能發揮的功能更強。

再進一步論述，如果能將資訊視覺化，讓資訊接收者擁有更貼近實境的圖像，這即是地理資訊（geographic information, GI）希望達到的目的（Bishop and Grubesic, 2016）；而所謂地理資訊系統則有濃厚資料庫的意味。再依Bishop and Grubesic（2016: 1）的定義，GI包括事實（facts）、資料和地表事件與活動的證據，其內涵包括每日的天氣，以及社群媒體平臺。而這些空間活動又和全球定位系統，與其他相關搜尋引擎或軟體有關。如果這樣的地理資訊系統友善、親民，也許有助防救災預警資訊的提供，這背後也得有政府的協助或資源投入建置。當然，社區居民積極主動爭取、開發與建置地理資訊系統，也可以是執行的方法或動力之一。或即便只是簡易版的社區地理資訊系統，都可能發揮部分防救災功能。

Auerbach（2019）定義地理資訊系統主要在擷獲（capture）、管理（manage）、操控（manipulate）地理資料。地理資訊系統整合硬體、

---

[36]　http://computing.ncku.edu.tw/，瀏覽日期：2020/8/24。

軟體與檢視（collated）過的資料，以分析自然環境的情境、趨勢與事件。它可以使用地圖以及追蹤世界自然資源（natural resource）、地震（seismological）、火山（volcanic）、氣象（meteorological）與氣候（climatological）的狀況，而且是分析區域與全球系統很好的工具。因此，地理資訊系統可以是救災體系重要的資訊平臺。地理資訊系統在臺灣，政府機關已有相關應用，例如地政機關需要詳細的土地資訊彙整系統，因此有地政資訊系統。[37] 內政部營建署城鄉分署，也設有國土規劃地理資訊系統。[38] 雖然這資訊系統可以和防救災體系有關，但目前該資訊系統的設計內容，似乎和防救災議題關連性不高。但這也表示，未來仍有很大的改善空間。

　　DeMers（2017: 1-5）分從資料庫（database）、軟體（software）、系統（system）定義地理資訊系統。資料庫代表龐大的資料，這些資料可以存儲、修補、建立、組織，而且具有安全、準確、即時、有用等功能。軟體的進一步意義是指擁有輸入、儲存、編輯（editing）、修補（retrieval）、操控（manipulation）、分析（analysis）與輸出（output）地理資料。至於系統定義，則從輸入、運作與輸出的系統概念，考量資料庫（提供者與使用者）、硬體、軟體、販售者（vendors）、人（使用者、顧客、訓練者等）、機構（institutions）之間存在依賴關係。前述的定義等於將所有利害關係人，都納入地理資訊系統作更動態的操作性描繪，或更符合實際上的作法。或者，依前文論述，或可選擇某一個案，進行地理資訊系統的開發或建置；針對特定（災害）地點，作歷史資料彙整，當有助空間資訊在防救災進一步的應用。

　　例如，有鑑於2009年莫拉克風災後，政府與民間都驚覺，國土遭受嚴重破壞。因此著手進行國土計畫法之擬訂。並於2015年1月6日公布實施，「國土計畫法」第1條，就清楚指出「為因應氣候變遷，確保國土安全，保育自然環境與人文資產，促進資源與產業合理配置，強化國土整合

37　https://www.land.nat.gov.tw/information.asp，瀏覽日期：2020/5/11。
38　http://nsp.tcd.gov.tw/ngis/，瀏覽日期：2020/5/11。

管理機制，並復育環境敏感與國土破壞地區，追求國家永續發展，特制定本法」。但因土地開發涉及龐大利益，因此修法過程也產生許多爭議。[39] 原因之一是，我們沒有公開透明的國土規劃資訊系統，以配合國土計畫法的政策執行或實施。問題在於，法律只是通則性的規範，或係政策形成與部分規劃；而在配套不足的情形下，就可能出現毀農與炒地的疑慮。或要讓國土計畫法發揮應有功能，也許可以整合目前既有的地理資訊系統。並整合不同的專案，以提供更詳細的資訊，例如災害潛勢區或土地敏感區的關鍵訊息，將有助防救災與保育功能的發揮。

　　Koontz（2003）則具體指出，美國聯邦政府一直試圖減少地理空間資料的重複蒐集。於是，聯邦主計總處（Office of Management and Budget）在1990年成立了聯邦地理資料委員會（Federal Geographic Data Committee），來推動與整合國家地理資料的使用、分享與傳送。1994年時更以行政命令成立國家空間資料基礎建設專案（National Spatial Data Infrastructure (NSDI) program），主要希望國家地理資訊系統能有單一窗口（One-Stop）功能。因為提供地理空間資料的機關很多元，需求或使用者（機關）也很多元；單一窗口或入口設計的目標有三，第一是發展網際網路的入口（portal）或單一窗口設定；第二，發展資料標準（data standards）；第三，鼓勵聯邦、州、地方相關機關，有更多的協調整合。

　　不過，Koontz認為地理空間資訊的整合方案推動，仍存在協調整合的挑戰性與高難度。至於臺灣似乎也存在整合的問題，而且臺灣還沒有前述美國的整合委員會或機制，因此類似地理空間資料整合的問題也可能存在難度。地理空間資訊可以在防救災領域扮演重要角色，主要希望能在災前或災中，擁有災害現場充足的空間資訊，以利救災工作進行。The National Academies（2007）就強調地理空間資訊圖像化的重要；或許也因為如此，成功大學測量與空間資訊學系一位教授，在2016年2月臺南大地震發生不久後，前往維冠大樓現場；並以三度空間攝影機，錄製現場空

---

[39] https://tw.appledaily.com/politics/20200327/RATT3BJLGFCCKXDYP2VB7L2SRU/，瀏覽日期：2020/5/11。

間資訊；該影片甚至成為現場救災指揮單位的重要資訊，因此國軍與相關救災單位，紛紛向這位教授索取3D影片，以利救災現場的整合。

再以2020年臺北市錢櫃KTV大火為例，根據媒體報導，可能的致災原因有五，包括充電插座（起火點）、施工中營業、自動警報與灑水系統不當關閉、施工前未提消防計畫、疏散資訊不足等。因此，楊永年（2020c）提出推動公共（營利）場所空間資訊化的想法，其內涵包括建築、包廂、疏散重線等空間，透過資訊化、視覺化、地圖化，同時結合人工智慧納入安檢（臨檢）項目，並以友善方式提供動態資訊，給相關單位與消費者。可避免人為監管的疏失或盲點，也有助防救災工作；對於臺北市政府的監督或管理相對也較為容易。尤其目前國內3D遊戲影像與虛擬實境資訊軟硬體技術成熟，對於該技術研發並非難事，重點是，該空間資訊技術可發揮相當大的防救災效益。

應該說，空間資訊所指的通常是「室外」的地理資訊。然而，可能因為室內存在寶貴物品（如法國巴黎聖母院大火案）、易燃（易爆）物（如桃園敬鵬大火案）、大型集會場所、商業（購物）大樓、大型娛樂場所（如前述錢櫃KTV大火案），或其他重要擺飾或物品之建築等。使得室內空間資訊的整理或蒐集也相當重要，除了能保護人（逃生）的安全、救災人員的安全，也能保護或搶救珍貴物品。當然，建置這些室內的空間資訊，除了影片拍攝外，還有剪接、解說等項目，會產生額外的（消防安全）成本；而這就像消防設備的設置，本來就應由業者或所屬機關組織吸收這項費用；必要時可以修法增列室內空間資訊項目之要求。只是，立法院的立法委員是否願意修法，以及是否存在利益團體的壓力，都是應考量的問題。

或許因為空間資訊應用愈來愈成熟，新冠肺炎發生期間，就有許多空間資訊，可以顯示不同國家、地區的疫情，可以從圖示清楚了解疫情分布，以及疫情嚴重度。就作者2015年參與成功大學校務推動期間，適逢臺南市爆發登革熱，導致100多人死亡；成大某位老師透過確診資料蒐集，並結合空間資訊，得出登革熱感染趨勢圖，對當時臺南市登革熱防疫助益甚大。因此，空間資訊的發展並應用於防救災，可說是跨領域研究成果，

並讓空間資訊融入防救災日常生活中，而這也是The National Academies（2007）所強調的韌性內涵。或許也因美國對韌性政策的重視，休士頓市長室即設有韌性長（chief resilience officer），專責韌性政策的形成與整合。[40] 只是，美國與臺灣國情不同，臺灣的市長室，可能無法如美國休士頓市長室，有這麼彈性的人事任命權限。

柒、資訊的應用與影響

而由於組織領導者掌握龐大資源，因此領導者提供什麼訊息，攸關龐大資源的投入，因為從領導者透露的訊息，往往可以推論領導者的防救災態度或承諾。或可以說，有了領導者提供的關鍵資訊，形成既定政策，才可能動員相關資源，並促成更多的組織間合作。而這也可以說明，媒體對於領導者的一言一行，多會有詳盡的報導，原因在於，領導者的語言或行為，攸關龐大資源能否投入。至於領導者可以廣義定義，包括總統、首相、指揮官、單位主管，以及專業幕僚。以美國川普總統因應新冠肺炎為例，他在發布國家緊急狀態之前（2020年3月13日），所提供的公開訊息是：新冠肺炎不是什麼嚴重的病毒，它像流感病毒（flu）一樣，很快就會過去（因此也有一種說法是，川普總統在疫情初期的輕忽，是導致後來美國疫情大爆發的重要因素）。

因此，與其說領導者對防疫工作產生重大影響，不如說領導者所提供的資訊導致防疫（救災）成效重大影響。例如，因為川普公開宣布緊急狀態訊息，讓整個聯邦防疫體系資源難以動員或整合，影響防疫成效。可能的問題在於，從宣布國家緊急狀態（釋出訊息）開始，表示總統有更大的權力，以及更多的資源，投入新冠肺炎防疫工作，同時造成聯邦、州與地方政府防疫自主性下降，而也因為這樣的訊息，讓以疾管署為主的聯邦政府防疫體系，開始積極設計許多重要的防疫措施。再詳細論述，川普總統宣布緊急狀態後，除有助聯邦政府跨部會資源整合與投入；也有助聯

---

[40]　https://www.houstontx.gov/mayor/chief-resilience-officer.html，瀏覽日期：2020/4/22。

邦政府與州政府資源的整合與投入。例如後續紐約州、加州、德州等，也紛紛宣布進入緊急狀態〔可以跟聯邦政策爭取更多資源，包括國民兵（National Guard）的投入〕。這等於也是釋出訊息（與政策），讓聯邦與州政府能在短時間內集結與投入更龐大的防疫資源。

　　美國總統川普在新冠肺炎防疫期間，曾表示WHO偏袒中國，而且沒有即早阻止新冠肺炎在全球大流行，並稱美國將「暫時停止提供資助」。[41] 如果這現象存在，表示國際組織存在權力與政治的思維。或者，國際組織遭政治操控，但作者認為這可能是普遍存在的現象。例如，臺灣參與國際組織受限，或甚至參與國際組織，經常不能使用臺灣這個名字，而必須以中華臺北為名，才能參與國際組織。而也因為國際組織遭政治影響，其所提供的（防疫）資訊、動員的資源，以及其所形成的組織間合作模式，都可能受到影響。根據前述論文可以推論，如果國際防疫只仰賴WHO，可能難以發揮應有的國際防疫功能。特別是，對臺灣而言，除了積極參與WHO活動外，也可能要開發多元管道，參與並建立國際防疫網絡。

　　李源德（2020）從新冠肺炎想到SARS抗疫經驗，指出防疫初期，因為傳染途徑、致命原因不明，加以通報速度太慢，導致當時防疫失控，這些都和防疫資訊有關。因此和楊永年（2020）的看法相似，即新冠肺炎資訊的準確性、友善性與系統性，會是新冠肺炎防疫的關鍵。準確性和科學證據與防疫專業有關，友善性則與專業資訊解讀與傳播有關，系統性則是資訊系統設計與應用的議題。所以其內涵包括網頁專區設計、資訊內容、資訊應用、資訊連結等密切關連。2003年爆發的SARS以及2019年的新冠肺炎，同樣存在資訊不透明，或防疫資訊未被充分運用，而導致嚴重後果。例如，臺灣第一位因SARS殉職的醫師林重威，就因缺乏防疫資訊，導致在未穿隔離衣與做好相關防護工作，後遭病人感染而犧牲生命。[42] 至於新冠肺炎，雖然2019年12月甚至11月就有感染案例，但遲至2020年1月

---

[41]　https://www.storm.mg/article/2496193，瀏覽日期：2020/4/8。
[42]　https://health.udn.com/health/story/120961/4320324?list=thumb，瀏覽日期：2020/2/6。

下旬才公開相關資訊。唯疫情公告時，感染範圍已擴大，甚至難以收拾，導致後來確診案例與死亡案例快速增加。這同樣是缺乏防疫（預警）資訊，造成疫情擴散與嚴重後果。

然而資訊應用已有正面的案例，2011年東日本大地震造成的福島核電事故，造成臺灣對核安的恐慌。在這部分，我國原子能委員會對於核安資訊的開發不遺餘力，並提出核子事故停、看、聽的標語。[43]是指停留在室內、看最新訊息、聽政府指示。由於停、看、聽三個字（資訊）淺顯易懂，針對這三個字的解釋也非常簡單清楚，民眾很容易了解並接受。若從資訊衡量指標分析，至少符合準確性、友善性、可靠性、系統性、通則性與實用性等。有了這樣的標語，不論是否發生核子事故，都可以降低民眾內心的不安或恐慌。接下來的問題是，如何使這些標語，讓鄰近核能電廠的社區居民都能了解，並進一步運用，以及如何在核子事故時，原子能委員會、縣市政府、鄉鎮市區公所，都能立即提供這三句或三字的標語，有助核子事故的處置。

2017年發生於美國的哈維颶風（Hurricane Harvey），造成全美第四大城休士頓重大災難；後來市長連任成功，或許和災難訊息應用有關。8月25日當天短時間降下50英吋（約127公分）大雨，這是2016年4月休士頓水災（2016 Tax Day flood）雨量的3倍，足以讓尼加拉瓜瀑布水流15天（City of Houston, 2019）。市長在2017年9月26日播出的專訪中，將哈維和卡崔娜風災比較說明，如果卡崔娜需要投入巨額治水預算，便突顯休士頓治水預算的不足，[44]因為市長不斷強調住房（Housing）重建，以及老人和低收入戶（住房）安置的重要。[45]而前述說明顯示，休士頓市長不斷釋出休士頓需要更多重建預算的訊息，唯災後重建工作千頭萬緒，這是龐

---

[43]　https://www.aec.gov.tw/share/file/emergency/0XyHGXyOOGSFs19QcLS8sw__.pdf，瀏覽日期：2020/12/18。

[44]　https://www.worldvision.org/disaster-relief-news-stories/hurricane-harvey-facts，瀏覽日期2019/4/5。

[45]　https://www.texastribune.org/2017/09/26/houston-mayor-hits-highs-and-lows-hurricane-harvey-recovery-video/，瀏覽日期2020/3/12。

大與複雜的重建工程，非短時間可以完成。尤其是休士頓的Turner市長歷經重大災難，仍持續擔任市長，顯示其政策作為受市民肯定。

　　另一方面，哈維風災兩年多後，哈里斯郡（Harris County）的地方檢察官，針對Arkema化工廠管理高層（案發當時的副總裁），以刑事重罪（謀殺罪）起訴。因為公司高層對有機過氧化物（Organic Peroxides）管理輕忽，造成毒性汙染物流出，導致兩位該郡副警長傷亡。該案以刑事謀殺罪起訴，在美國司法界相當罕見，因為過去類似汙染案例，多以（巨額）罰款處理。[46] 這起案例或許對於德州休士頓鄰近地區眾多化工廠有所警惕，但發揮多少效應仍待進一步研究或觀察，畢竟德州石化與化工產業，幾乎就是德州的經濟命脈。這可能必須參考組織變革或介入的設計，才比較可能有更大的改變。

捌、資訊倫理

　　所謂資訊倫理主要是指資訊內容之運用或公開方式，是否合乎公共利益、維護個人隱私等道德規範的準則。例如，救災體系面對重大災難，關鍵資訊究竟公開或不公開，就存在許多倫理爭議。例如，2020年3月底至4月初時，屬美國海軍的羅斯福號航空母艦（USS Theodore Roosevelt），全艦5,000多名官兵中逾100名感染新冠肺炎。艦長克勞齊上校（Captain Brett Crozier）為避免艦上疫情快速擴散，並擔心透過行政程序反映疫情，可能造成延誤或官兵健康惡化，疑將求救信洩露給舊金山紀事報（San Francisco Chronicle）。媒體報導不久後，加速全艦官兵檢測與隔離，生命與健康獲得保障。雖艦長因「難獲信任」、「忠誠」、「影響戰力」等問題，遭美國國防部代理部長解職，但艦長離開軍艦時，受到艦隊官兵熱烈歡送。[47]

---

[46] https://www.houstonchronicle.com/news/houston-texas/houston/article/Arkema-and-its-executives-to-go-on-trial-for-15060936.php?fbclid=IwAR2GWBCuILvYUsK5VTLIHuzv4YHs6JsQG7CJWa2o9FtlXm-yR-uJZ2tSlm4，瀏覽日期2020/3/12。

[47] https://www.washingtonpost.com/politics/2020/04/05/this-is-what-was-so-unusual-about-us-navy-making-captain-brett-crozier-step-down/，瀏覽日期：2020/4/6。

　　關於前述防疫資訊公開與否的確存在倫理爭議，艦長可能知道求救信外洩的結果，可能對其軍旅生涯會有傷害，因為這等於越過軍隊的層級節制，直接訴諸社會（public）。但也因為這樣的舉動，讓艦上5,000名官兵的生命或健康獲得保障。依Cooper（1990: 6）的說法，行政倫理的核心在倫理（ethics），而且應從動態過程（Active Process）思考。西方倫理的概念偏向中文道德的意義，其和孔子倫理的概念不同，卻經常被誤用，特別是政治選舉過程因涉龐大政治利益，導致候選人不顧政治倫理（楊永年，2019i）。

　　Cooper（1991: x）指出，從公民的角色來看公務人員，他不認為公務人員必須完全放棄個人利益（self-interest）來成全公共利益，只是公務人員在考慮個人利益時，必須思考公共或他人的利益。依這樣的詮釋，艦長的決策似乎存在倫理與利他主義（Altruism）的內涵（Etzioni, 1988），因為訴諸媒體的決策，其個人軍旅生涯可能造成風險，因為這隱含艦長的上司不在意艦隊官兵的健康。艦長的決策不只要對他的長官負責，同時要為艦隊的官兵負責，也要為社會大眾負責，因此，反而可以解釋為這決策是對美國忠誠的表現，同時獲得社會更大的信任。而這即是課責（accountability）的重要概念，而公共利益（public interest）即是重要的準則，而這也符合Koliba, Mills and Zia（2011）提出多層次治理網絡的課責內涵。

　　或者，從緊急應變（救災）決策（行政）倫理的思維，生命價值的位階原本就是最高。不過，如果考量國家安全或海軍軍艦戰力，可能讓這個決策更為複雜。也許國安或戰力的因素是存在的，只是以媒體報導的訊息內容，並無直接證據顯示存在因果關係。或從另個角度解釋，艦隊官兵健康或生命遭受威脅，反而才是戰力的減損。可能因為艦長的決策讓其上司難堪，所以得用比較能說服社會大眾的理由，說明艦長的行為是錯的，遂以國家安全、戰力、忠誠等名詞解讀。而前述故事不因艦長解除職務而結束，後來因美國海軍代理部長莫德利（Thomas Modly）批評艦長天真（naïve）、愚蠢（stupid），甚至用背叛（betrayal）來形容。這些批評的內容隨後被媒體公開，不久後莫德利改口向艦長、家屬以及羅斯福號艦隊

所有官兵道歉，並聲稱並非故意這麼說。主要的原因是，媒體或輿論反而站在艦長那邊，甚至莫德利遭民主黨國會議員要求下臺。[48]

前述事件的發展，已不只停留在海軍（官僚體系）的層次，而是已上升到政治層次，包括川普總統與國會議員都要面對。雖然上升至政治層次，同樣必須有（政治）倫理的思維；其背後包括權力（資源）如何適當的使用或是否濫用（楊永年，2019i），而這使用必須接受公共利益或（與）民意的考驗。不過，問題也在於，公共利益的定義模糊（Frederickson, 1991），究竟是利益團體、官僚體系、民選政治人物哪方的利益，可能存在競合關係，所以仍存在政治操作的空間。後來莫德利可能因為難以承受前述負面語言帶來的（政治）壓力，最後只能選擇辭職。但川普總統對於艦長向媒體公開信件的作法不予認同，並表示莫德利不需辭職；可能的原因在於以總統的角色，仍必須維護官僚體系命令一致（chain of command）的價值。[49] 如果川普總統認同艦長的行為，可能隱含各層級的領導者可以有更大的自主裁量，而不需遵從或遵守官僚體系層級節制或指揮系統的規範。

第二節　救災動員

壹、動員的意義

如前文（救災）資訊衡量所述，（救災）動員（mobilization）的衡量也應像救災資訊衡量般，進行多元指標之發展。目的在滿足不同災難的不同需求，或針對這些不同需求進行救災動員衡量指標的發展。由於動員經常和資源連結，或救災資源的投入，會影響救災成效。只是救災資源動

---

[48] https://www.politico.com/news/2020/04/06/kaine-blasts-navy-leaders-completely-inappropriate-comments-on-fired-captain-168482，瀏覽日期：2020/4/7。

[49] https://edition.cnn.com/2020/04/07/politics/modly-resign-crozier-esper-trump/index.html，瀏覽日期：2020/4/8。

員和救災成效之間的因果關係或連結，必須作更細緻的研究、規劃或設計。而衡量（救災）動員之前，仍得先就動員作定義。關於動員因為不論中文或英文最早都是軍事用語，例如動員的內涵和國防部「全民防衛動員（準備法）」、緊急命令、緊急動員等名詞有關。[50] 救災體系使用動員一詞，主要也是著眼於其對災難應變的效率性或機動性。

Taylor（2019）指出，軍事動員是指軍隊作戰整備的流程；作戰主要在殺敵，這和救災的核心價值（在救人）有所不同。不過從醫療角度（包括軍事醫療或救災醫療），都在救人（命），不論是面對作戰或救災，醫療人員的角色，都是在搶救人命與降低傷患的痛苦。至於能否救命或降低病人痛苦，除了得考量戰爭武器與彈藥種類使用（例如原子彈和一般槍彈就有不同），也和戰士受傷的程度與種類有關；當然也和醫療人員的技術，以及醫療資源投入與流程是否足以應付戰場所需相關。例如，Keeling and Wall（2015: xxi-xxii）介紹護理師在不同災難（包括戰爭）個案，都扮演重要或不可或缺的角色。而其角色包括疏散（evacuation）、檢傷分類（triage）、身體與心理照護（physical and psychological care）、篩選檢查（screening measures）、個案找尋（case findings）、接種疫苗（vaccinations）、監控（monitoring）、疾病監視與預防（disease surveillance and prevention）。

這代表護理師在整個醫療流程，都可能影響醫療（救災）成效，有可能護理師在流程中的不小心，導致生命的消失。當然這不是將所有責任都加諸在護理師身上，而是應在醫療體系運作機制上，有配套設計，以避免錯誤。也就是說動員（成效）必須考量流程是否符合品質要求，而這也是醫療資源成效衡量的內涵，而這又和災難管理有關。Sylves（2019: 10）認為災難管理是專業領域，而其概念根源於民防（civil defense），目的在保護或保衛民眾免於軍事或非軍事的攻擊。在此前提下，美國聯邦政府派遣國民兵介入或協助緊急災難，是合理的作為。不過在「黑人的命也

---

[50] http://aodm.mnd.gov.tw/front/front.aspx?menu=6a60580380a&mCate=6a60580380a，瀏覽日期：2019/12/7。

是命」（BLM）的社會運動中，有些州對於聯邦派來的國民兵就極爲反感，並有州長批評聯邦派遣的國民兵有如帶來暴力的占領部隊。[51]

可能的原因在於，美國聯邦政府派遣國民兵到各州處理群眾抗議，可能讓抗議群眾認爲聯邦政府在鎮壓或打壓民主。特別是當群眾尚無失控或暴動行爲時，加上抗議群眾除了非裔美國人，也有白人和其他有色人種（不只非洲裔民眾）參與其中。不過根據一項調查指出，參與BLM社會運動的人群固然有白人、西語裔、亞裔、非洲裔等不同族群人士參加，但白人參與行動的比率最低；其中，白人爲30%、西語裔51%、亞裔49%、非洲裔41%。[52] 可能的原因在於，白人是既得利益者，不過，如果和1992年洛城大暴動相比，白人參與行動的比率已提高很多。不過BLM社會運動和1992年洛城大暴動不同的是，後者的群眾已經失控（暴徒包括非裔美國人與墨西哥裔），充斥燒、殺、搶、掠等暴力行爲。

可以說，洛城大暴動當時幾成無政府狀態，另個原因是，當時的洛杉磯市長Tom Bradley和警察局長Daryl Gates因存在歧見，導致兩人有十三個月沒講話，[53] 間接與直接造成警察平亂失靈。因此當時的老布希總統得以引用1807年國會通過的叛亂法（Insurrection Act），派遣國民兵進入洛城平亂。[54] 雖然因爲國民兵介入，讓洛杉磯暴動很快平靜下來，但整個洛杉磯市已付出龐大代價。由於當時作者正在南加州大學（University of Southern California，簡稱南加大）公共行政學院就讀博士班的第二年，所以印象特別深刻。由於洛城大暴動地點之一距南加大總校區僅一條街（因此當時南加大被視爲位居非洲裔美國人貧民區），[55] 而南加大距1965年的

---

[51]　https://www.worldjournal.com/7071717/article-%E3%80%8C%E5%AE%9B%E5%A6%82%E5%8D%A0%E9%A0%98%E9%83%A8%E9%9A%8A%E3%80%8D-%E8%81%AF%E9%82%A6%E6%8E%A2%E5%93%A1%E4%BB%8A%E8%B5%B7%E6%92%A4%E5%87%BA%E6%B3%A2%E7%89%B9%E8%98%AD/，瀏覽日期：2020/8/26。

[52]　https://udn.com/news/story/6813/4821498，瀏覽日期：2020/8/30。

[53]　https://www.nytimes.com/1992/05/04/us/riots-los-angeles-mayor-los-angeles-mayor-criticizes-chief-for-slow-action-riot.html，瀏覽日期：2020/8/28。

[54]　https://www.nbcnews.com/news/us-news/insurrection-act-was-last-used-1992-los-angeles-riots-invoking-n1224356，瀏覽日期：2020/8/26。

[55]　https://la.curbed.com/maps/1992-los-angeles-riots-rodney-king-map，瀏覽日期：2020/8/26。

瓦城大暴動（Watts Riots，也是和洛城大暴動類似的暴動事件，唯五十五年後的瓦城，傷疤仍在）[56] 的瓦城也不過8英哩，1995年時作者曾回到母校順道參訪鄰近社區，發現附近遭暴徒燒毀的民房廢墟仍在。

南加大在1950年代時曾考慮將總校區遷往橘縣（Orange County），約距目前洛杉磯總校區38英哩處，後來並未遷校。1992年洛城大暴動時值5月分新生註冊期間，導致新生與家長對於是否選擇南加大產生猶豫；註冊截止日還因此順延兩週，所幸南加大的行政人員表示，情況沒想像的糟糕。[57] 但可能因為南加大鄰近社區第二次暴動（第一次是前述1965年瓦城暴動），因此產生危機意識，必須加強和社區的連結。雖然南加大在1992年洛城大暴動的區域範圍，但有些人會好奇，何以南加大校園周遭燒殺搶掠的傷痕累累，而校園內卻只有零星的窗戶受損？可能的原因有四，第一，南加大在暴動前早已啟動社區協助計畫；第二，社區民眾對南加大沒有仇視（仇恨）；第三，南加大後來選擇未遷校的原因是，不想讓這社區感覺被放棄；第四，當時關閉校園，並要求師生留在校園，甚至要求居住校園附近的400多名學生搬至校園內。[58]

因此南加大對於協助鄰近社區改造，不遺餘力。不只協助暴動社區清理（善後），老師與學生也進入社區提供青少年課輔，並提供與資助社區青年獎學金，就讀南加大。[59] 暴動結束兩週後，南加大除了宣示「緊急狀況」（State of Emergency，等同於發生大地震災難），同時鼓勵教職員購買鄰近社區的房地產，並建立全國最強的校園安全團隊，加強校園巡邏，以確保校園安全，成為全美大學的典範安全校園。[60] 長期下來不只改造了社區，同時改善大學與社區的關係，學校排名亦從全美排名大約30名左

[56] https://abc7.com/rodney-king-lapd-la-riots-riot/6365543/，瀏覽日期：2020/8/26。

[57] https://www.latimes.com/archives/la-xpm-1992-05-06-me-1293-story.html，瀏覽日期：2020/8/26。

[58] https://www.reddit.com/r/AskLosAngeles/comments/67hcns/why_was_usc_spared_in_the_la_riots/，瀏覽日期：2020/8/26。

[59] https://dailytrojan.com/2012/04/25/usc-forever-changed-by-la-riots/，瀏覽日期：2020/8/26。

[60] https://www.nytimes.com/1992/05/17/us/after-the-riots-unscarred-usc-tries-to-silence-fear-of-riots.html，瀏覽日期：2020/8/26。

右，提升至20名左右。[61] 這代表，社區災後重建需要變革，因為大學（南加大）的介入，社區獲得改造；而社區改造（變革）成功，同時回饋南加大，對其學術聲望或校譽大大提升。

對南加大而言，這符合大學社會責任（University Social Responsibility, USR）的精神，也對當地社區（社會）產生正面的社會影響。而這也可以聯合國永續發展17個目標進行檢視，因為南加大透過政府（可能含聯邦、州、地方政府不同的補助款），加上與社會資源（包括非營利組織與營利組織）的整合，以專案計畫方式協助社區發展，產生正面的社會影響。在南加大協助下，這影響可能包括降低社區貧窮、消除飢餓、健康與福祉、優質教育（投入社區教育並提供獎學生）、合適的工作及經濟成長、永續城鄉、和平正義及健全制度、多元夥伴關係等，等於涵蓋了17項永續發展目標的8項。

關於1992年洛城大暴動滿25週年後（即2017年），南加大傳播學院教授Muller即明確表示，南加大周邊與鄰近社區已大幅改造，鄰近社區在南加大協助下變得更為協調整合；同時還有多個社區協助方案正在進行中。[62] 由於南加大以非營利組織（大學）的角色，投入資源並進行社區改造，讓大學與受害社區重生，這和本書第四章救災體系變革有關。而這也和楊永年（2020：223-233）所提南投縣竹山鎮木屐寮的重建故事有關，因為作者的研究團隊介入社區，協助成立社區防救災組織，同樣是大學協助社區重建的成功案例。過程中，作者與社區意見領導密切合作，共同邀請社區民眾積極參與相關活動。而這也等於是透過公助促成社區自助與互助的案例，透過活動（或課程）的舉辦，讓社區民眾增能，在活動與課程的舉辦過程中，亦同時有促進社區民眾互助與互動的效果。

不同的是，作者的研究團隊離開木屐寮後，就沒有大學的學術資源連結，主要靠社區主動和政府相關機關進行網絡連結，包括經濟部水利署第

---

61 https://www.usnews.com/best-colleges/university-of-southern-california-1328，瀏覽日期：2020/8/26。

62 http://www.uscannenbergmedia.com/2017/04/25/reflecting-on-the-la-riots-25-years-later/，瀏覽日期：2020/8/26。

四河川局、竹山鎮公所、南投縣政府（環保局、消防局、觀光處）等進行合作與連結。或許因為缺乏長期合作的單位，木屐寮社區防救災組織參與人員一直在減少，2020年7月，作者重新投入木屐寮社區相關研究，讓木屐寮社區意見領袖，再度展現社區改造的活力。但南加大的學術資源，長期投入鄰近社區，屬於不同的社區變革介入模式。

貳、動員過程

　　動員過程主要關心的是動員什麼，以及如何動員兩個議題。面對大型災難，日本會出動自衛隊（Self Defense Forces）進行救助（救災）。臺灣的大型災難同樣有國軍介入，或者，軍隊介入大規模災難協助似乎成為世界各國之常態。楊永年（2020：85）定義動員是「**救災相關資源如何立即與有效投入，發揮應有的防救災功能**」。這樣的定義比較簡單，只占前述資訊衡量12項指標的六分之一，此外，救災資源投入還有質與量的問題。倒是楊永年（2020：86-109）又將動員（資訊）分為人力、非人力與經費等三類。人力又可分政府與民間的救援人力，非人力則分民生物資、器械、中繼屋與組合屋等；經費則分政府預算與民間捐款。這些分類有助釐清不同災難，可能存在不同資源的需求。換言之，救災資源是否有助救災成效提升，不在資源種類多寡，而在於是否契合災難的需求。

　　而這背後不能忽略社會資本（social capital）的重要性，這也是串連人力、非人力、經費與組織間合作的重要因素。Agranoff and McGuire（2001）指出，社會資本是組織間資訊流通，用以發展團體軟體（groupware，亦即將團體視為軟體）的重要元素。Fountain（1998）指出，社會資本是讓組織中的團體有能力共事，目的在獲得相互生產的提升，有了社會資本，個別組織的資源才可能共享。就像硬體資本之於人力資本，可以透過工具與訓練強化個人的生產力，而這也可以用社會資本來解釋社會組織的特點。其特點的內涵包括網絡（networks）、規範（norms）與信任（trust），而這可以促進協調與合作的相互利益。且同樣可以用來解釋與連結本章人力、非人力與經費使用的關連性，甚至可以

進一步連結資訊、動員、與組織間合作，以促進救災成效。

　　救災動員和災難管理有關，因為資源動員和組織管理有關，那麼資源管理者就扮演重要角色。Sylves（2019: 11）定義災難管理者（emergency manager）為處理日常災難管理項目、方案與活動者，相關職位包括民防業務管理者（Civil Defense Manager）、民政整備官員（Civil Emergency Preparedness Official）、企業永續規劃者（Business Continuity Planner）、災難管理或災難服務主任（Disaster Management or Disaster Service Director）、緊急應變服務主任（Emergency Services Director）、災害管理者（Hazard Manager）、風險管理者（Risk Manager）、警察局長（Police Chief）、消防局長（Fire Chief）。基此，臺灣有關警察、消防、主計、人事等，甚至和災難種類有關的部會、局處、企業主管永續或防救災人員，都屬於救災體系可以動員的範疇。

　　基於前文論述，動員亦可存在兩層意義，第一是為進行救災所作的資源動員，第二是疏散或撤離（evacuation）。疏散是救災動員的手段（有時需運用龐大資源），目的或目標在保障災民的生命安全，因此可以設計獨立專案。原因在於疏散足以獨立作為單一重大議題進行研究或執行；這部分本書諸多章節也有相關議題討論。Preston and Kolokitha（2015）指出撤離涉及自然與社會跨領域問題；而為因應大規模城市民眾撤離，可以透過網路進行，但需要時間規劃。因為不論戰爭或天然災難，都可能涉及疏散，其目的都是逃生。例如，2008年在古斯塔夫颶風（Hurricane Gustav）影響下，就有190萬災民疏散；2011年發生的日本福島核電廠事故，也有20萬人撤離。因此，如何設計或因應大規模撤離，就成為現今重要的課題之一。

　　Congressional Research Service（2011）的報告指出，如果政策執行妥當，疏散或撤離可以是解救生命的策略。疏散的決策必須考量複雜的因素，包括考量會否作出潛在高成本、具災害性與非必要性的撤離，以及能否避免因為延遲撤離命令造成生命的損失。撤離過程所考量的具體問題是，哪些人應被撤離、撤離過程與時間（時機）是否安全、撤離或安置的地點是否安全，以及哪些項目（例如交通工具），是否應有政府積極的介

入協助。因此，為確保撤離政策或策略安全無虞，災前、災中、災後，都應有詳細的整備計畫，以提升撤離的成效，而成效主要是生命保障與避難所生活品質之確保。以及，為有效撤離對於民眾（災民）也宜作適當分類，例如老、弱、貧、病、外國人的撤離需求就有所不同。而這背後，聯邦、州、地方政府、非營利組織的資源整合，亦不可或缺。

King and Jones（2015）嘗試以不同的模式進行災害風險意識的模擬研究，結果發現對於災害資訊擴散效應上，傳統媒體優於社群媒體。但進一步的發現是，首先透過傳統媒體，再透過人際網絡關係，進行災害資訊傳遞的效果最佳，最能提升居民的危機意識。依其解釋，災害資訊是可以有風險意識提升或擴散效應的存在。傳統媒體不斷報導雖可提升民眾災害的風險認知，但透過人際（網絡）間進行災害資訊傳遞（也就是資訊傳遞者間存在親朋或好友關係），會讓災害資訊接收者感覺有溫度或有意義，才會進一步認知或認識到災害存在。這樣的論述，不僅和前節資訊的內涵密切相關，也和疏散或撤離資源動員密切關連。

根據一項由河北新報社與日本東北大學國際災害科學研究所，針對2019年颱風19號進行的調查研究顯示。當問及颱風來臨時是否疏散至避難所，位於宮城縣北邊的大崎市鹿島台，有96%的受訪者回答確定或肯定的答案；但位於宮城縣南邊的丸森町，則僅有40.4%回答確定的答案。當研究者詢問，有關颱風19號會否因洪水與土石流造成生命財產的損害，丸森町民眾回應者中，有23%回答「會」；鹿島台則有68%回答「會」。[63] 雖然丸森町與鹿島台均屬日本宮城縣，但因為民眾對災害風險意識的差異，包括疏散至避難所的意願，以及進行防救災的整備（防救災動員能力）都有不同，導致災損程度的不同。例如，依作者在日本客座期間的觀察，丸森町係日本受颱風19號影響最大的災區之一；但是什麼因素導致南北兩鎮疏散（資源動員）的差異，則待進一步研究。

再以2020年1月爆發的新冠肺炎為例，為能有效防疫，必須準備或供應足夠的醫護人力、口罩、急救（防護）衣、手術衣等。這背後除了醫

---

[63] https://www.kahoku.co.jp/tohokunews/201911/20191113_13026.html，瀏覽日期：2020/5/9。

療人員，還包括公衛，以及執行居家檢疫與居家隔離的人員。但如何提升防疫成效，防疫（醫護）人員的工作承諾（job commitment），也不能忽略。例如，有員警在第一線機場執勤並進行防疫，卻發現許多從中國（疫區）入境旅客不願配合，因而寫信給行政院長。[64] 也有身處武漢疫區的醫護人員，因諸多因素（包括醫療資源不足、醫療負擔過重）而缺乏信心，希望逃離醫療防疫現場。[65] 這些都和第一線防疫人員工作承諾有關；其所涉及資源（人力、非人力、經費）如何有效運用，和資訊與組織間合作都有關連。重要的概念在於，如果第一線防疫人員感受到授能或賦能（empowerment），也就是讓他們感覺很有能力與能量，防疫的能量或功能才可大幅提升。

一位曾在臺灣省政府消防處任職的朋友，就曾提到如果當初沒有精省，八掌溪事件不會發生。這可以是一個研究問題或假設，必須要進一步研究才能有足夠的證據下這個結論。不過，這樣的說法或許有其合理性（更合理的說法是，這是因素之一非唯一，但下文先針對精省論述），第一，八掌溪事件發生的時間，剛好是精省之後的第一年。省政府原係龐大的政府組織，有其防救災整合功能，而精省過程大約在一年內完成，難免影響許多行政效能。第二，因為災害應變中心的發展，而最早的名稱「綜合防救中心」（下節有相關論述），係由省府提出。另一個可能原因在於，省府的組織定位主要在「政策規劃」與「政策執行」，省府經常協助縣市政府執行相關政策，這和中央政府強調政策形成的角色不同。而從前文論述，似乎也可以很清楚認識到，災害應變中心貴在政策執行；或者說，緊急應變本來就應有很強的政策執行力。

從前文論述，可推論精省可能不只影響政府（含中央政府、直轄市政府、縣市政府、鄉鎮市區公所）組織（分工與整合方式）運作，也可能對臺灣社會產生重大（負面）影響。例如財政收支劃分或分配額度，因為變

64　https://udn.com/news/story/120940/4307730?from=udn_ch2cate6638sub120940_pulldownmenu，瀏覽日期：2020/1/27。

65　https://news.ltn.com.tw/news/world/breakingnews/3049702，瀏覽日期：2020/1/27。

成六都，所以產生改變。原本省府可以統合或整合非直轄市政府資源，以解決跨地方政府問題的模式，其實作了激烈的更動。原本省府累積的經驗或問題解決模式，改由中央政府或地方政府自行解決；加上人事更迭或變動，省府的影響力或問題解決能力消失。或許有正面影響，但作者直覺認為負面大於正面。所謂正面或負面影響，主要根據永續的思維，包括行政效能（effectiveness）是否提升，或也可以檢視，有關聯合國永續發展17項目標的問題解決，政府整體執行能力是否提升，進行後續研究或檢視。

　　Wall, LaMaina and MacAllister（2015）指出2012年10月發生的珊迪颶風侵襲時，紐約市停電3天，位紐約市的紐約大學醫學中心（NYU Langone Medical Center）成功的疏散（撤離）300位病人，Bellevue Hospital則成功撤離700位病人。但在此之前並無任何的疏散演練，卻在護理師與醫療人員、醫院幕僚、警察、消防人員，以及部門員工共同合作下，完成了疏散工作；同時這兩家醫院應變得宜，備用發電機順利運轉，電梯也未遭洪水入侵。這兩起醫院成功的應變案例，表面上似乎仰賴不同角色專業人員合作，但實際上可能與護理師在過程中扮演重要角色有關。不過，也可能和醫院的組織文化有關；也可能和專業醫療人員（特別是護理師）、工作承諾、養成教育與平時的在職教育有關。讓他們在災難（害）來臨時，能夠沉著冷靜進行危機處理或因應。但另個關鍵因素是卡崔娜風災的教訓，美國聯合委員會（Joint Commission）規定醫院發電機必須要能維持96小時發電功能，讓醫院有充足的備用能源（資源）。

　　而當美國新冠肺炎疫情愈來愈嚴重之際，美國總統川普發布國家緊急命令（National Emergency）並投入500億美元進行防疫。此舉可同時讓總統、州長，以及FEMA，有更大的權力，動用與調度相關防疫資源。而其所援引的是國家緊急法（the National Emergencies Act）與社會安全法（the Social Security Act）。川普總統並將與G7（七大工業國集團）領袖會談，討論危機處理。[66] 至於為什麼挑選這個時機發布緊急命令，可能的原因有二，第一確診病例不斷增加，可能已爆發社區感染；第二，道瓊指

---

[66]　https://udn.com/news/story/120944/4413482，瀏覽日期：2020/3/14。

數（Dow Jons Index）震盪激烈，曾有單日下降2,000點的紀錄，影響美國經濟至鉅。特別是，作者正於美國德州休士頓進行研究，深刻感受賣場搶購民生用品的民眾恐慌心理。或因美國疫情日趨嚴重，導致川普總統不得不發布緊急命令，以安民心。由於美國係總統制國家，特別在緊急狀態下，法律授予總統相當大的行政權力，以調度人力、預算與相關資源。

再以臺灣新冠肺炎疫情處理為例，發生之初，造成民眾搶購口罩，導致嚴重缺貨的情形，使得口罩成為防疫的稀有資源。為讓口罩（資源）有效分配或運用，並責成經濟部協調，成立口罩生產的國家隊，全力投入口罩生產；並以強制分配購買的方式（每人限購2片，後來又改為14天9片），讓有需求的民眾都能購買。但任何管制（或資源分配）政策，仍宜有相關配套，讓有實際需求的民眾或專業人員，能有充足的口罩。因此有官民推動禮讓的作法，獲得許多好評。倒是，戴口罩是否能有效防疫，也有不同的說法或資訊，在此情形下，不免造成防疫資訊公開的困擾。口罩管制政策執行，如果能同時透過資訊宣導，以及跨組織的合作，或可減少問題的發生。

換言之，2020年新冠肺炎全球疫情相當嚴重，口罩成為重要的民生必需品，甚至在臺灣成為重要的社交禮節。政府亦形成重要政策，包括搭乘公共運輸、上課、上班等，都必須戴上口罩。不過歐洲與美國在疫情尚未大幅爆發前，民眾普遍不認為口罩有防疫功能，甚至很多人（包括歐美醫師）認為生病者才需要戴口罩，健康人不需要戴口罩，不戴口罩成為歐美民眾的共識（或非正式規範）。因此，在歐美的公共場所戴口罩者成為少數，導致成為後來疫情大爆發的原因。待疫情不斷惡化後，歐美政府才開始檢討，口罩可能具有防疫效果。例如，在美國確診人數逾30萬人時（2020年4月初），德州達拉斯的友人談及其到美國超市購物，發現已有9成顧客戴上口罩。

不過，歷史資料分析，西班牙在1918年發生嚴重流感，疫情的狀況與嚴重度和2020年的新冠肺炎類似。西班牙一位105歲的人瑞亦出面呼籲，勿重蹈當年的錯誤。因為當時資料顯示，鼓勵民眾戴口罩、勤洗手

並保持社交距離。[67] Withington（2010: 74-87）亦指出歷史上有很多傳染病，包括雅典、羅馬（Rome）、東羅馬（Justinian）等年代，不明原因的頭痛發燒突然死亡案例，甚至黑死病造成7,500萬人死亡。而在1700年時，黑死病傳到英國，造成150萬人死亡。如果再加上麻疹、天花、斑疹傷寒、霍亂、嗜睡、流感、瘧疾、愛滋病等，可以說傳染病在歷史上是經常出現的。而且也不只發生在歐洲，1334年傳染病襲擊中國時，造成500萬人死亡；因此，傳染病的發生經常不會是單一國家的現象。

　　由於成功大學圖書館希望推廣《救災體系》專書（楊永年，2020），同時配合世界閱讀日，因而安排作者在2021年3月9日拍攝短片，以3分鐘時間將專書作重點介紹。[68] 並將《救災體系》專書陳列在成功大學總圖書館一樓公開展示。由於影片拍攝地點在成大圖書館，作者意外發現，圖書館正在展出黑死病（又稱鼠疫）相關著作（主要因在新冠肺炎期間，因而設置防疫書籍展覽專區。作者因而發現曾獲1957年諾貝爾文學獎卡繆（Albert Camus）的《鼠疫》，深入刻畫人們面臨（面對）瘟疫死亡的恐懼。[69] 特別是，人們可能呈現逃避（享樂）或積極幫助別人兩種極端選擇（顏湘如譯，2012）；同時感受到傳染病（災難）在歷史上重複發生。

　　本節的重點在於如何動員（資源）可以提升救災成效，以及如何衡量。通常職位愈高、權力愈大的領導者，因所擁有資源愈多，動員的成效應該最佳；不過，領導者是資源有效動員（或能提升救災成效）的因素之一非唯一。而如本書第四章所述，動員所指的是救災資源的投入，屬於動態的概念。而防救災資源投入的先決要件是準確的防救災資訊，或者說，防救災資源投入是否公平且有效率，必須根基於準確的防救災訊息。資源分配的兩個基本原則（指標）是公平與效率（Okun, 1978），然而不能忽略兩者的相關性或互斥性，提升效率可能影響公平性（變得不公平）；

[67] https://time.com/5810695/spanish-flu-pandemic-coronavirus-ads/，瀏覽日期：2020/4/9。
[68] https://www.youtube.com/embed/Ob7H1Rh9jhY，瀏覽日期：2022/1/18。
[69] https://www.britannica.com/biography/Albert-Camus，瀏覽日期：2021/3/12。

為了提升公平性，也可能影響效率（或降低效率）。當然，也可能存在同時提升效率與公平的平衡點，而這是柏拉圖最優（Pareto efficiency）的概念，[70] 意思是仍可找到同時提升公平與效率的平衡點。

　　本節的關鍵問題在於，如何評量所動員相關資源，具提升防救災成效的結果。接下來的問題是，要評量什麼，以及如何評量？所動員資源的質與量應兼顧，還有其所投入的資源、運作的過程，以及結果（成果），都必須作詳細的評量。為有效動員，首先必須盤點與定義救災資源的內涵，依楊永年（2020：85）的定義，包括人力、非人力與預算（金錢）三大部分。人力動員部分，可分為專業與非專業人力部分；專業人員部分又可分為消防人員與非消防人員（緊急醫療人員、工程技術人員與其他專業人員）；非專業人力包括警察、國軍、義消與未具專業防救災背景的志工等。面對緊急災難（專業）救災人力不足，有時專業人員可以帶動或帶領非專業人員有效的投入救災；甚至缺乏專業背景的社區民眾，也可以或必須扮演救災的角色。

參、人力資源動員

　　基此，衡量資源動員的指標關於人力的部分可包括，可得性、工作承諾、專業性、效率性（包括出勤的效率與救援災民效率）、教育訓練的質與量、可動員性（或可投入性）、韌性（或潛力）與數量。梁景聰（2001）針對921大地震的研究發現，南投縣政府消防局中寮鄉（總人口數近20,000人）的中寮分隊，僅4名正式的消防員，卻與義消共同合作，救出36位民眾；部分原因在於，當時道路交通與通訊電力均中斷，難以對外求援。而且因為救災緊急，要能在極短時間內發揮救災功能，需要諸多因素配合。例如，災難救援成效和災難的種類與規模有關，而當人力（嚴重）不足時，非專業人力就必須投入；唯這和韌性有關，只是災難的特性亦不能忽略，因為有些災難現場非專業人員難以發揮功能。但有些情形

---

[70]　https://www.britannica.com/topic/Pareto-optimality，瀏覽日期：2020/6/16。

是，專業人力帶動非專業人力進行救災，這也可以是衡量的標的。

　　例如，國軍的專業在作戰不在救災，但在緊急災難應變人力不足時，經常會找國軍投入救災。因此，在救災人力動員過程，不能只考慮數量，也應考慮救災（專業）品質的議題，這代表投入救災的人力，是否有足夠的教育訓練，以及充足的防救災實務經驗。只是，防救災教育訓練與實務經驗的培養與累積，是平時就得整備的事項；但因機關屬性（含核心任務）差異，仍可能影響動員人力素質，以及防救災的成效。消防人力固然是防救災的主軸，但這陳述存在兩個問題，第一，消防人員不可能具備所有災難的搶救能力，如楊永年（2020：161）所述，消防人員是否要負責捕蜂捉蛇工作，就有討論空間。第二，若災難規模過大，可能超過消防人力的負荷。

　　至於非消防人力投入救災，則需考量兩個問題，第一，非消防人力所參與的防救災工作項目與內容為何。第二，非消防人力的教育訓練。而這兩個問題密切相關，同時也和救災成效有關。救災過程則是消防人力必須面對的另一個問題，特別於災難現場，經常需要有縝密的分工與合作，因此現場指揮系統（incident command system, ICS）的運作就很重要。[71]這和前進指揮所的設置有很大的關連性，唯更進一步的是，如何在災難現場，以最有效率、最純熟的方式，發揮最大的救災成效。基此，團隊合作、救災系統性、組織能力、行動力，都應該是重要指標。而因救災人員的健康與安全也是重要指標，因為除了達成救人的目的，應盡可能降低救災人員的生命與健康風險。

　　由於災難現場有時變化很快，成為現場指揮系統能否彈性運作，同時和教育訓練與實戰經驗有關。2001年9/11恐怖攻擊，警察與消防龐大人力均投入在災難現場救災。其救災行動究竟是成功或失敗（成效好或不好），針對這個問題，作者搜尋9/11相關文獻，比較多在探討救災人員心理與生理健康的議題。關於恐怖攻擊議題，有許多國會聽證會的報告，但比較是針對邊境管制落實，以及如何透過外交手段，避免恐怖分子入境。

---

[71]　https://www.fema.gov/incident-command-system-resources，瀏覽日期：2020/6/17。

但對於9/11災難現場的防救災成效評估與檢討，則比較缺乏。合理的論述是，如果就多位警察與消防人員在救災現場犧牲生命，這部分應是失敗的；不過，就警察與消防人員所做的努力，例如減少身體傷害或生命損失，是可以歸類為具有成效，唯需進一步的實證資料。

而警消自身之所以無法保命，很大的因素是對災難（災害）現場資訊的不足；如果再加上雙子星大樓與粉塵因素導致通訊不良，現場警消無法立即和外圍夥伴求救，警消的生命就可能遭到危害。基此，或許我們就可以評量救災人員的配備，是否足以防護他們的生命與健康（包括傳染性或非傳染性疾病，以及生理與心理的健康），以及評量救災人員對於災難現場有否充足的資訊。通常的情形是，在救災過程中，救災人員可能不會過於在意災難現場對救災人員造成的傷害，因為救命是救災人員的核心任務。而這正可以解釋，救災人員歷經2001年9/11恐怖攻擊，且在2019年（即十八年後）的相關疾病致死的統計中，死亡人數仍在增加，而這不是救災人員所能預知的。[72]

死亡原因包括心血管疾病（cardiovascular disease）、自殺、災後創傷壓力症候群（posttraumatic stress disorder, PTSD）、癌症、呼吸道疾病（Stanley, Hom and Joiner, 2016）。顯然，9/11恐怖攻擊不只造成當時人員傷亡慘重，對於後續（負面）的社會影響相當龐大。包括救災人員與民眾都受到嚴重傷害，而且很多傷害（包括心理與健康）在二十年後仍在持續中（如前文所述）。甚至也影響了美國救災體系運作，例如美國聯邦政府成立國土安全部，組織重組過程整合了國安資源，卻弱化了FEMA的功能，導致卡崔娜風災救災體系功能受到影響，這部分請參考本書第四章第二節第二部分的論述。然而，如果能從這些疾病回頭檢視救災過程有否因應措施，可以避免疾病或問題重複發生。

基此，必須深入調查的是，救災當時是否沒有足夠的防護裝備，或在晉用與教育訓練過程，有否提供相關災難搶救案例或情境的資訊。當然，

---

[72] https://abcnews.go.com/US/241-nypd-officers-died-911-illnesses-10-times/story?id=65430201，瀏覽日期：2020/6/18。

有些救災人員存在某些人格特質，難以勝任長時間救援工作；也可能教育訓練不足；或也可能這些生理與心理疾病，並不在救災人力篩選與培育的範圍。但具體原因為何，仍得進一步研究。依50 MINUTES（2017: 17）提供9/11恐怖攻擊的死亡人數資料顯示，共2,753人死於世貿中心，包括343位消防員、23位紐約市警察局員警、37位港務警察、127位旅客、20位航空機組人員、10位恐怖主義者。189人在五角大廈罹難，包括70位公務員、55名軍人、6名空服員、5名恐怖主義者。44位在賓州的Shanksville郡墜機死亡，包括33位旅客、7位空服員與4位恐怖主義者。

　　前述統計數字僅提供災難現場不同類別人員死亡人數。但特別對於救災人員死亡的原因並無相關說明，因此不易推論或形成預防策略。再者，事件發生已逾十年，但仍持續有受害者發現病因來自於災難現場，突顯救災過程存在改善空間，唯不清楚相關救災機關是否針對這些關鍵因素，進行整理並予改善。Pritchard（2019）指出大約全紐約半數的消防員被動員至世貿中心進行救援工作，其他人員還包括警察、緊急救護人員等。Atkins（2011: 186）指出紐約市消防局有2,629名消防幹部、8,599位消防人員、3,000位緊急技術與護理員（emergency technicians and paramedics），以及2,000位公務員，9/11當天30分鐘內，紐約市消防局動員100輛消防車並抵達世貿中心，這表示消防人員的動員效率相當高，但消防人員共有343人在救援過程罹難。

　　根據2002年公開的9/11紀錄片顯示，當時救災人員使用的無線通訊，受粉塵影響，導致收訊不良，難免影響救災成效。[73] Atkins（2011: 323-324）發現警察局與消防局相互間的合作意願不高（這現象和臺灣警察與消防的關係類似），可能的原因在於，警察經常會被要求協助救災，但消防人員通常不會被要求協助維護治安。至於警察參與救援過程有23位警官身亡，加上參與救災非警察的核心工作，導致紐約市警察局員警士氣低落。而從Atkins對紐約市警局的論述，隱含紐約市警察局參與救援工作的意願並不高。可能的原因有三，第一，救災非警察的核心任務；第二，警

---

[73] https://www.youtube.com/watch?v=MJgoDYeP0Jk，瀏覽日期：2020/7/19。

察缺乏救災的應勤裝備；第三，警察缺乏救災的專業訓練。唯因恐怖攻擊情形或事件特殊，所以警察被要求或命令協助救災。作者並未查閱到警察與消防人員罹難的原因，無法就其罹難原因進行評論與分析。

　　但從警察與消防人員死亡人數相比，仍可以推論，消防人員擔負的救災責任可能較重、工作承諾較高；可能也比較願意冒險，導致消防人員罹難人數遠高於警察人員。或可以說，9/11災難現場可能動員的救援人力的數量是龐大的，若然，其整合可能是困難的，除了情境危急外，分工方式或整合模式可能因（不同）組織界面的差異而存在問題。再者，也有些救災人員可能救援工作承諾不高，也可能救災專業性不足，再加上意願不高，導致救災成效的低落，而這顯示救災人力質化部分有所不足。不過，也有可能在當時的災難現場，消防人員遠多於警察人員，導致消防人員超高的死亡數。另種可能的情形是，由於救援恐怖攻擊現場不常發生，因此可推論相關人員攜帶的裝備可能不夠齊全，所以導致前述疾病的發生。因此，非人力資源部分也很重要。

肆、非人力資源動員

　　在非人力資源動員部分，依楊永年（2020：94）的看法共分三大類，包括民生物資、器械工具以及居住所等。民生物資在平時通常是足夠的，災難來臨時不見得不夠，但受集體恐慌影響，可能導致供需失衡。特別是，當大規模災難發生時，如何衡量或確認民生物資是足夠的，值得探索。以口罩需求為例，因為新冠肺炎全球爆發，導致口罩需求殷切。如果政府不干預口罩市場，可能導致口罩價格不當高漲、廠商或民眾可能存在囤積行為。因此，臺灣政府以查緝、處分囤積行為，同時將口罩生產與分配收歸國有，並想辦法增加生產，應付民眾所需；並以兩週9片，以健保卡與實名制方式透過網路（雲端）購買，在住家附近超商取貨。所以，物資（含裝備）的充足性、效率性（即時效）、實用性、可用性、可得性、品質、友善性都是重要指標。

　　但因部分民眾（特別是年紀大者）不諳網路購買，習慣前往藥局排

隊購買，因此仍存在公平性的問題。而如前述由於政府介入並以強行分配口罩，可以提升口罩需求的公平性；民眾仍可能囤積口罩，但因爲口罩專賣，所以廠商與民眾囤積口罩的誘因不高。唯因口罩專賣，利潤被壓低，仍可能降低其流通的效率性；而因政府專賣過程，考量口罩買賣通路的效率問題，因此與藥局、超商合作，以提升交易的效率；唯因利潤低，對廠商而言誘因不高。民眾對這種專賣方式雖小有抱怨，但因能維持民眾口罩基本生活所需，所以雖不是最佳，但也屬Simon（1957）所提滿意（satisficing）的決策。而這也和公平性有關，也宜列入衡量指標。

　　臺灣地窄人稠通訊與物流發達，即便如楊永年（2020：73）所提1999年發生的921大地震，有關民生物資的流通，原本縣政府期待7天才能完成，後來3天就達到標準，讓民生物資充斥南投體育館。歷經二十年後的臺灣通訊與物流更爲成熟（當然這是理想的情形），因此，若再發生類似921大地震規模災害，民生物資的供應「量」的問題應該不大。有問題的可能是「質」（但品質仍可能高於二十年前），首先，災難發生時的飲食品質難以和平常相提併論，唯非營利組織擅長（且有效率）提供熱食，可滿足部分災民對熱食的需求。其次，如果因大地震造成房屋倒塌，災民無法在短時間回到住居所，民生物資（特別是熱食）供應，可能就有問題，畢竟非營利組織不一定能長期提供民生物資。

　　關於救災器械（含交通工具）如何動員，比較能發揮救災成效。合理的思考是，不同的災難需要不同的器械。依過去二十年災難發生的經驗，比較常發生的災難包括颱風、洪水、土石流、地震、（大型）火災、傳染病；對於比較少發生的（高雄）氣爆、（八仙）塵爆、火山爆發、動植物災難（例如豬瘟、秋行軍蟲）。得先從防救災器械盤點造冊開始，例如，清理地震倒塌後的建築，以及土石流或崩塌土石，經常會用到挖土機或堆土機，因其可以發揮清理或災後重建的功能。如梁景聰（2001）在其論文所述，列出約30種在921大地震搶救過程使用的器械；這些器械的使用背後都可能有些故事，可以知道什麼器械可以發揮關鍵效果。唯如圖3-3所顯示的意義，僅知當時消防人員使用什麼器械，但不清楚成效如何，而這或許可以再做後續研究。

　　如圖3-3所示，消防人員手電筒使用的頻率最高，約有81次；第二高是車上照明為57次；第三高是雙節梯為56次。顯然，照明設備是921大地震時（草屯）消防人員使用頻率最高的器械（這等於也在提醒救災人員必須定期或不定期檢視照明設備的功能）。合理的推測是，921大地震伴隨（全國）大停電，為爭取黃金72小時的搶救時間，倒塌後的密閉建築空間即便在白天，也可能需要照明，以看清被建築物壓著的災民，以及搜尋無照明的倒塌建築。雙節梯又稱拉梯，是消防人員常用的救災工具，適用於巷道消防車無法進入時之救災。[74] 可能的情境是，921大地震造成很多危樓或倒塌建築，為利救災人員攀爬使用。俗語說，「工欲善其事，必先利其器」，因此器械在災難現場的使用，對生命搶救具有關鍵效果。合理的說法是，每一種器械的使用，背後均有其重要的災難情境或故事。

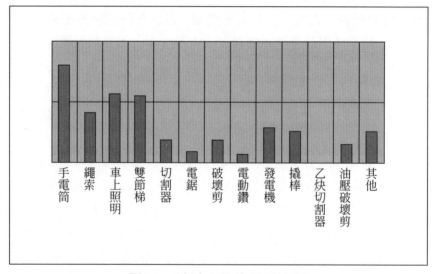

圖3-3　消防人員使用器械圖

資料來源：梁景聰（2001）。

---

74 https://blog.xuite.net/firepeng/twblog/138062083-%E9%9B%99%E7%AF%80%E6%A2%AF%E6%AD%A3%E3%80%81%E5%8F%8D%E9%9D%A2%E8%A7%A3%E7%AD%94~~，瀏覽日期：2020/7/19。

　　但熟悉這些器械背後使用的故事，或以此為基礎，有助下次災難因應的整備。應該說，對新進消防人員（或消防救災在學學生亦同）而言，前述器械原理的介紹與使用，應可以開設一門救災器械實務操作的課程。每個器械或工具都有其基本原理，例如照明設備背後有光學、材料、電力（電源或電池）等相關（學術與實務）領域。可以說，照明設備是救災重要的輔助工具，特別在夜間且沒有電力的情形下，更突顯照明設備的重要。照明設備幾十年來不斷在演變，部分原因可能和材料有關，部分原因則和功能發揮有關。而且每個器械或工具，在921大地震救災過程中也有其角色扮演（的故事性），這雖然不屬消防專業內容，卻和災害防救密切相關，因為藉由故事內容的述說，讓器械或工具與人（或災難）有更緊密的連結，使得防救災更有意義或價值。

　　至於非消防人員使用的器械包括，強力照明設備、大鎚、打洞機、吊車油壓剪、洗孔機、破碎機、鐵鎚、雙節梯、撐開器、繩車、鋤頭、枕木、手電筒、氣動電鋸、發電機、切斷器、鋸子、千斤頂、生命探測器、照明燈、鏈鋸、鏟土機、十字鎬、鏟子、推土機、徒手、鐵棒、圓鍬、電鑽、挖土機等。針對921大地震，南投縣非消防人員使用的器械種類比消防員高出一倍，甚至更為多元；甚至可以說比消防局裝備還要齊全，有時可發揮的功能強於消防局。如圖3-4所示，使用頻率最高的是挖土機共39次（每格2次），其次是電鑽15次。不過，這不一定代表消防局必須擁有這些設備，例如挖土機在民間（土木建築公司）是很普通的設備，消防局若有挖土機，用到的機率可能不高，因此以租用或契約徵用比較合適。

　　例如圖3-3顯示照明設備（含手電筒與車上照明）使用頻率最高，這僅代表照明設備的必要性。有可能當時的照明設備已足夠應付救災所需，但也有可能必須再精進，讓照明設備發揮更大的救災功能。而如果對比圖3-3與圖3-4，由於民間非消防人員使用的器械更為多元，或許可以推論，非消防人員在災難現場發揮的功能可能更大。可能的原因有二，第一，消防人員的專業領域主軸在救火，對於地震現場搶救固然也有涉獵，但這部分有更專業的（搜救）人力可以投入。第二，因為政府預算有限，特別對於使用頻率不高的器械，是否有購買必要，有討論空間。基此，政府固然

可以編列預算採購所有相關器械，但也可以盤點民間器械，在緊急災難時進行徵用、租用或借用。

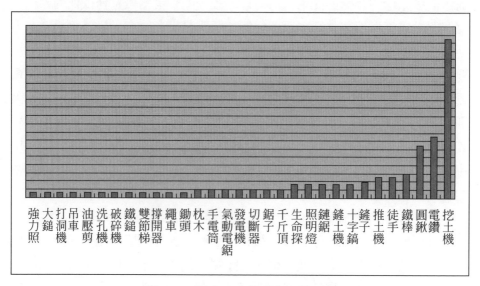

圖3-4　非消防人員使用器械圖

資料來源：梁景聰（2001）。

　　為能有效動員防救災器械，在器械盤點造冊的同時，亦須能針對能靈活使用者（人）進行造冊，比較能發揮應有功能。因此，在衡量救災成效過程中，可以針對持有的工具進行評估，包括消防人員使用工具或器械的熟練度，工具或器械使用的頻率與具體的防救災成果，但也可以檢視其是否造冊、租用、契約等，以及是否因為工具或器械的使用，獲得什麼防救災的具體成果。或者，是否因為運輸工具（如直升機）的使用，多少傷病患獲得解救，當然也必須衡量運輸工具使用的必要性。921大地震係重要與重大個案（應該說任何國內外重大災難個案均可作為衡量器械需求的基礎），可從中深入檢視器械與工具的使用成效，並據以作為未來是否採購、租用的重要參考基礎。

　　作者於2020年1月18日前往日本宮城縣進行田野調查，同行的日本學

者指出，位於仙台的紅十字醫院在311東日本大地震時，因急診重大傷病患爆量，導致醫院院長在有限醫療資源下，必須進行醫療搶救優先順序的決策。類似的問題也出現在2020年在美國爆發的新冠肺炎，造成醫療資源的排擠或不足。紐約在疫情最嚴重的4月分時，全州死亡人數直逼19,000人；光紐約市也有近6,000人死亡，不只醫療人力短缺，包括隔離（或負壓）病房不足，防護衣（隔離衣）、眼罩、醫療用口罩、呼吸器等，均嚴重不足；連太平間或處理屍體的容量也嚴重不足，甚至出動冷凍櫃車當臨時停屍間也是不足。主要是處理因新冠肺炎死亡的屍體，讓紐約州與紐約市政府感到棘手，數以千計的新冠病患屍體只能挖壕掩埋作簡易處理。[75]

　　2019年10月13日，東京都消防廳消防員，透過直升機進行救援過程，因為未按標準程序操作，導致原本被救的婦女跌落死亡的案例，消防廳還因此向社會大眾道歉。[76] 犯錯的消防員，並遭司法機關逮捕、起訴，[77] 但背後的體制問題，包括當天在場的工作團隊、教育訓練、人力派遣以及指揮系統等，都是可能的影響因素。換言之，固然犯錯的消防員應該接受懲處，但當時的救護工作團隊，以及直屬或更上級的長官，都有責任。只是，這問題是否受到日本政府關注，就不得而知。至於臺灣直升機也有其問題存在，楊永年（2020h）指出2020年漢光演習，國軍第二次出現官兵因演習身亡的案例，存在人為疏失（因素），因為直升機係人在操作，但國軍的解釋是機械老舊，似乎有意避開責任追究。

　　由於國軍發生空難也是（人為）災難的一種，因此空難之後有賴公正、客觀、深入的調查報告，找出人為疏失的因素，目的在加強教育訓

---

[75] https://inews.hket.com/article/2612163/%E3%80%90%E7%BE%8E%E5%9C%8B%E7%96%AB%E6%83%85%E3%80%91%E7%B4%90%E7%B4%84%E6%8C%96%E5%A3%95%E5%9F%8B%E5%B1%8D%20%E8%87%A8%E6%99%82%E6%AE%AE%E6%88%BF%E4%B8%8D%E5%A4%A0%E6%95%B8%E4%BB%A5%E5%8D%83%E6%AD%BB，瀏覽日期：2020/7/19。

[76] https://www.worldjournal.com/6560918/article-%E7%9B%B4%E5%8D%87%E6%A9%9F%E6%95%91%E6%8F%B4%E5%A4%B1%E8%AA%A4%E8%87%B4%E5%A5%B3%E5%AD%90%E5%A2%9C%E4%BA%A1-%E6%9D%B1%E4%BA%AC%E6%B6%88%E9%98%B2%E5%BB%B3%E9%81%93%E6%AD%89/，瀏覽日期：2020/1/23。

[77] https://blog.goo.ne.jp/jp280/e/5a6e32db0e13634c9256681c0ec87e54，瀏覽日期：2020/1/23。

練，避免類似問題重複發生，若和機械故障因素有關，有無可能透過教育訓練，在緊急時刻排除機械故障因素。至於2020年7月下旬監察院出爐的調查報告，認為在2020年1月2日發生的黑鷹失事案例存在人為疏失，因此針對空軍氣象聯隊第八基地天氣中心主任任亦偉、空軍戰術管制聯隊戰術管制中心管制長周士凱提出彈劾，主要認定兩人分別違反氣象手冊規定、戰管中心值勤規定，違失事證明確。[78] 監察院所公布的調查報告亦明確指出，該事件發生的原因另與正駕駛出勤時數過高，副駕駛飛行時數不足，以及模擬教育訓練不足有關。[79]

不過，飛行員是否有疏失，可能因飛官已殉職而未著墨。換言之，飛行員（包括正駕駛與副駕駛）可能存在人為（操作）疏失。透過飛行過程和國軍航管與氣象人員之互動進行調查，對於墜機案例的始末或問題了解會更清楚。而其重點或目的仍在於如何加強教育訓練，或進行個案研討，避免類似的錯誤再次發生。至於監察院調查（彈劾）後，國軍（特別是空軍）是否根據調查報告進行改善，或空軍另外製作詳細調查報告，目前並無相關資料。進一步的思維是，國軍（空軍）是否因這次的疏失，提出計畫性變革，以落實相關人員的教育訓練、調整組織結構（包括分工內容）與作業流程、解讀飛行員和軍事航管人員互動模式，避免類似問題重複發生，都是後續可改善的議題。

伍、避難所與永久屋

關於避難所、組合屋、永久屋等很多是非營利組織參與動員興建，至於這些項目之衡量，可以從不同面向進行。除了災民對居住所滿意度衡量外，針對居住品質主客觀因素，也可以發展衡量指標。居住者的品質感受，是主觀因素；第三者的品質衡量則可以是客觀因素。不過，也不能忽略成本效益與社會公平的衡量，因為這些都應屬於成效的範圍。部分相關

---

[78] https://www.upmedia.mg/news_info.php?SerialNo=92127，瀏覽日期：2020/8/9。

[79] https://www.cy.gov.tw/CyBsBox.aspx?CSN=1&n=133&sms=0，瀏覽日期：2020/8/9。

議題已於楊永年（2020：94-103）有相關論述，但為求更為深入，因此持續論述「成效」的意義。由於民主政治重視民眾的感受，所謂民眾主要指災民而言，唯民眾感受可能不斷在改變。應該說，不論是哪種屋，只要涉及政府或善款，都有其公共性，都得受公共監督（public scrutiny）。

　　災民處境值得同情，也應給予協助，因此提供避難所、組合屋（中繼屋的一種）或永久屋有其必要。通常永久屋不完全是災民或居住者出資興建，亦非個人貸款所得資金興建的建築，甚至有小部分或大部分是善款。在此前提下，這些住居所具有公共性，所以存在買賣或轉讓的（法律）規範。因此，對於這些居住所的衡量，不宜單以居住者滿意度作為衡量的依據。也就是說，居住屋的衡量應由不同利害關係人進行，居住條件與民眾滿意度可以同時是衡量指標。就避難所而言，由於係臨時性質，其所提供的居住條件通常比較簡單，也比較是集合式。因此常見災民席地而睡，而且設有公共衛浴設備，例如學校的體育館或大型會議室。通常也會考慮安全因素，除了治安考量，也要避免二次災難，例如是否會淹水以及造成災民生命安全威脅。

　　大巨蛋由於空間龐大，必要時多會作為臨時避難所，可暫時提供災民臨時住居所。而就作者觀察，日本與美國面對大型災難，有許多利用大巨蛋安置災民的案例。以2005年美國卡崔娜颶風為例，紐奧良市（New Orleans）賓士超級巨蛋（Mercedes-Benz Superdome）與休士頓的太空巨蛋（Aerodrome），分別作為避難所的個案。當時受創最嚴重的紐奧良市，約30,000災民進入位市中心的超級巨蛋避難；由於卡崔娜在週日登陸墨西哥灣，而且超級巨蛋員工也已被要求疏散（離開超級巨蛋）。所以在接到緊急命令開放大巨蛋，作為避難所時，員工因措手不及無法立即回到超級巨蛋開門與整備。而也因有避難需求的災民人數眾多，所以超級巨蛋尚未開啟時，災民排隊的人龍早已綿延數公里長。[80]

　　然而，災民順利進入超級巨蛋後，後續避難發展並不順利。災民入住

---

[80] https://ftw.usatoday.com/2015/08/refuge-of-last-resort-five-days-inside-the-superdome-for-hurricane-katrina，瀏覽日期：2020/7/19。

避難的第二天，卡崔娜颶風開始發威，超級巨蛋受到嚴重侵襲與破壞，除了停電（發電機無法發電）、屋頂被掀開、洪水破門（窗）而入、室內氣溫升高、冰箱食物腐壞，幾無生活品質可言。問題是政府官員與決策者又不知能往何處撤離，當時災民的憂慮與驚恐可想而知。這狀況持續到第四天，FEMA終於派出400輛大巴士抵達紐奧良大巨蛋，順利撤離在大巨蛋避難的災民，可以說災民的撤離計畫露出曙光，也讓眾多災民得以安心。當時紐奧良災民多數撤離至逾560公里遠的（德州）休士頓太空巨蛋避難，休士頓太空巨蛋因此協助安置逾25,000名災民。

　　由於這是休士頓太空巨蛋首次面臨的龐大災民避難（安置）緊急應變，存在許多挑戰或要解決的問題。這些問題包括有些災民需要醫藥、有些忘了攜帶眼鏡、有些沒有攜帶衣服、有些需要飲水、有些需要食物、有些則需要盥洗，這些對休士頓救災與協助人員不是太大的問題，但累積起來的工作量也相當驚人。而因當時（救災）工作人員全力投入，一一克服前述難題。對此，當時的哈里斯郡長（通常亦稱大休士頓區）就回憶說，那段安置卡崔娜災民的日子，是大巨蛋最有意義也最值得回憶的時刻。[81] 2020年7月中旬，臺北市政府允許大巨蛋興建，並發給建築執照。[82] 雖然大巨蛋提供諸多功能或用途，包括重大的國內或國際球賽場所、演唱會、大型集會（會議）外，而從前述美國卡崔娜颶風災過程，臺北大巨蛋在大型災難中，是可以扮演重要角色，同時讓我們獲得以下三點啟發：

　　第一，大巨蛋應可作為避難所：一旦發生大規模撤離，大巨蛋因建築容量大，可作為大規模災難的避難所。如果成為避難所，對於災民安置要有實際的助益，相關的設施也得先有彈性思考，包括是否自備發電機、周邊交通是否便利、衛浴設備是否足夠等，所以大巨蛋可以成為災害演練的重要平臺。第二，大巨蛋可能在災害中受創：依紐奧良超級巨蛋的經驗，

---

[81] https://www.houstonpublicmedia.org/articles/news/2015/08/17/120808/10-years-since-katrina-when-the-astrodome-was-a-mass-shelter/，瀏覽日期：2020/7/19。

[82] https://udn.com/news/story/7323/4709091，瀏覽日期：2020/7/19。

建築可能嚴重受損，發電機可能因諸多因素無法發電（如發電機浸水或缺燃料，但當時的情形是不缺燃料，卻擔心加油過程導致洪水破窗而入），所以又突顯下個問題的重要。第三，避難災民必須二度撤離：如果大巨蛋在災難時無法倖免遭受重創，必須有二度撤離的規劃，包括二次撤離的地點、交通工具，以及其他相關配套等，都不可免。目前臺北市政府已規劃諸多避難所，或許可以應付小型災難；但對於大型災難，大巨蛋也許必須派上用場。

　　商業旅館作為災難來臨時的避難所也有相關案例，例如2016年臺南大地震，就有部分災民緊急安置在旅館。至於防疫旅館的概念也是相同，2020年1月21日，臺灣出現第1例境外移入個案。臺灣政府開始啓動防疫體系，並規定於2020年3月19日起，要求從外國入境者，都需進行「居家檢疫」14日。[83] 也因為全球疫情不斷升溫，重創旅宿業，防疫旅館的設置提供旅宿業者經營生存的機會，同時解決無法安排居家檢疫旅客的需求。國人居住防疫旅館還可以獲得部分補貼，例如設籍於臺北市的居民入住防疫旅館，每日可以有500元的補助。[84] 防疫指揮中心並規定，「**返國民眾若同住者有65歲（含）以上長者、6歲（含）以下幼童、慢性疾病患者（如心血管疾病、糖尿病或肺部疾病等），或無個人專用房間（含衛浴設備）者，入境後應入住防疫旅館；經查資料申報不實者，最高可罰15萬元」。**[85] 顯見臺灣政府對入境管制的重視。

　　臺灣早期避難所的印象會是屬於防空洞之類的設施，有時會是地下的壕溝，有時會是地下室的空間，但通常不會太講究。近年來因為災難多了，對於臨時住居所的需求也比較大，因此早已開始規劃避難所。而如前述，避難所通常是大型建築空間，雖然可以容納龐大數量的災民，但2019年日本第19號颱風，以及2017年哈維風災，大休士頓是重災區，同時出

83　https://asiayo.com/event/home-isolation.html，瀏覽日期：2020/6/19。

84　https://www.gov.taipei/News_Content.aspx?n=EEC70A4186D4C828&sms=87415A8B9CE81B16&s=4D1A133CA1360666，瀏覽日期：2020/6/19。

85　https://www.cdc.gov.tw/Bulletin/Detail/jSUGY1mOzK1rHeBi4yzuKA?typeid=9，瀏覽日期：2020/6/19。

現避難所淹水（二次災難）的案例。[86] 美國大休士頓因應風災的情形則可以從前註之Youtube看到，許多災民在（大型會議室）所睡的床墊下，至少有10公分的積水。一群人（約400-500人）坐在階梯座椅上，似乎也顯得無奈。因此，如何避免避難所也成為災區或受災，或在規劃避難所的同時，也有備案避難所的準備，比較妥適。

作者於2020年2月前往美國休士頓所進行的哈維風災研究發現，他們所謂的臨時住居所（temporary housing），所指的是旅館、拖曳屋（有時是露營用途，travel-trailers）、移動式房屋，或透過短期租賃現有成屋的（協助）方式，讓災民有充分的時間整修自己的房子。主要因為美國德州的房子多為木造，比較禁不起泡水或淹水，容易倒塌（基本上，美國房屋通常都有保險）。為協助災民解決臨時住居所問題，由屬聯邦政府的FEMA和屬德州州政府的地政局（Texas General Land Office, GLO）共同合作，提供對災民的協助與服務。截至2017年底，仍有約15,000多戶災民仍住在臨時住居所；然而聯邦與州政府已投入110億美元（約合3,300億臺幣），主要用來協助災民重建家園或協助修繕。[87]

但因房屋修護經常無法於短時間完成，因此FEMA和GLO的短期租房協助方案展延至2019年8月25日；因為發布展延訊息時，仍有1,500戶災民使用該方案。[88] 美國德州最重要的地產公司（網頁），也提供災民臨時住居所的資訊平臺。不過，前提是要有房屋所有者願意出租給災民，以滿足災民短期租賃需求。這可能表示，災民必須自己支付租金，並由州或聯邦政府提供補助；唯因該網頁說明，於2017年底已停止服務。[89] 顯然美國政府處理或協助災民解決臨時住宅的方式和臺灣並不相同；但作者的疑問是，美國休士頓何以不由非營利組織搭蓋如臺灣的組合屋？經作者詢問一

86　https://www.youtube.com/watch?v=YgiiO78OzsE，瀏覽日期：2020/6/21。

87　https://www.houstonpublicmedia.org/articles/news/2017/12/12/256232/more-than-15000-texas-families-still-in-temporary-housing-after-harvey/，瀏覽日期：2020/6/21。

88　https://www.fema.gov/news-release/2018/11/30/hurricane-harvey-temporary-housing-program-extended-until-august-2019，瀏覽日期：2020/6/21。

89　https://www.har.com/temporaryhousing，瀏覽日期：2020/6/21。

位當地非營利組織幹部的回答是，「**美國建築法規的要求甚爲嚴謹，例如地下工程從設計與執行社區道路、埋設給水、排水、排汙、電力、電話等**」，其工程款項與經費不亞於永久屋，所以不適合組合屋。

　　因此，如果對比慈濟基金會和屏東永久屋，難以論斷是否非營利組織蓋的永久屋成效較佳，因爲這涉及價值標準的選擇；而且也得要視從那個面向切入衡量。例如，佛教慈濟基金會（2010：8-10）爲避免山林再遭破壞，因此率先跟當時的行政院長劉兆玄提出構想，後由行政院長召開跨部會協調會議，通過由政府提供土地並委請非營利組織興建永久屋，無償提供災民居住。而從前文論述可以隱約察覺，永久屋興建的背後，同時仰賴政府與非營利組織的合作。哈維風災後，休士頓市政府花了巨額經費重建，而這可以從休士頓市政府2020年2月準備的專案報告得到印證。該報告整理四大類的專案，每類專案的預算經費多在千萬至上億美元。[90] 顯然，休士頓「永久屋」重建模式和臺灣不同，休士頓房屋重建主要仰賴政府。

　　921大地震造成全臺灣逾10萬棟房屋全倒與半倒，但當時避難場所的規劃並不完整，甚至很多民眾擔心餘震影響，也不敢進入房屋內休息。依作者的觀察（包括親朋好友的體驗），有些民眾就在室外（含學校體育場）搭帳棚，有些則在自用小客車內度過許多夜晚。因此，比較理想的方式可能是，根據不同功能或風險規劃備用避難所，這同樣可以成爲衡量避難所成效或功能發揮的指標。目前臺灣各縣市也多規劃有避難所，而且主要係以體育館或大型會議室爲主，但相關設備是否足夠，包括空間、設備（衛浴、發電機）、民生物資外，容量經常也是重要因素。但目前所規劃的避難所，在不同災難來臨時，是否能發揮臨時住居所的功能，值得進一步查證。

　　有時因爲諸多因素，民眾必須居住避難所超過兩週，難免會出現不滿意或抱怨。只是，這不宜論斷避難所的功能不彰，而可思考往籌建組合屋或臨時住宅（中繼屋）方向發展。關於921大地震組合屋興建前，已針對

---

[90]　http://www.houstontx.gov/mayor/harvey-recovery-report-2020-q1.pdf，瀏覽日期：2020/3/12。

災民的條件進行篩選（例如無自有住宅），可能因為災民對於組合屋的需求強烈，組合屋蓋好後很快就住滿。依柯恒昌（2002）調查的結果，921大地震入住組合屋的災民對於居住環境或品質有諸多不滿意（滿意度調查固然可當參考，但畢竟這是「主觀」感受）。但這忽略了，組合屋在三個月內蓋好的超高效率，甚至日本學者認為臺灣組合屋興建較優，日本政府花了七個月蓋好，太沒效率（這係作者於2019年11月28日下午接受日本關西學院大學防災中心邀請演講，在場日本學者分享的看法）。而且，組合屋本來就屬臨時住居所，不能和永久屋的環境與條件衡量。

　　至於921大地震組合屋入住後，逾三年仍有許多受災戶未搬遷；政府亦無法強制搬遷，除了造成居住品質低落，也造成政策的困境或盲點。倒是臺中市霧峰區突破法令，由臨時屋改建永久屋，經費部分由慈濟基金會負責。[91] 這是典型「就地合法」的案例，重點在於，永久屋興建必須考量的因素較多，包括環境生態保育、（原住民）文化與文資保護。謝志誠、傅從喜、陳竹上、林萬億（2012）針對異地重建提出許多看法，認為政府在追求重建速度與國土保育的雙重壓力下，導致原住民參與決策與自主受限（可能直接或間接影響原民文化的保存）。同時指出，異地重建的各個階段：原居住地安全勘查、原居地安全性認定與遷居、遷村安置方式的諮商過程、永久屋的申請、興建與分配入住等，都存在許多難解的問題。

　　作者同意異地重建是複雜或難解的問題，也許拉長重建時間可以是選項之一，但相關政策利害關係人可能仍必須面對不同層面的問題。無論如何，莫拉克風災後的異地重建模式，不論好壞都存在集體決策的影子，這又回到最佳決策是不存在的概念。另個思考是，莫拉克重建十年後或二十年後，都可以再次進行「政策評估」，從中汲取寶貴的政策經驗。再從另一角度思考，如果異地重建的經驗來自政府，重建的複雜度可能更高。因為政府預算的限制或彈性比起非營利組織更為嚴格，例如有採購法的限制，可能讓異地重建曠日廢時。還好，目前看來並沒有出現「廉政」的問

91　https://www.chinatimes.com/newspapers/20170725000472-260107?chdtv，瀏覽日期：2020/6/18。

題，否則可能衍生更多更複雜的問題。而如前述，由於異地重建經費不來自災民個人，經費使用仍須有公共檢視，這也是肯定的。

　　因此，如果針對莫拉克風災後的異地重建政策，效率應是受肯定的；但效能（或滿意度）就可能存在不同看法。陳儀深（2011：348）即指出，杉林慈濟大愛園區，從2009年11月15日動土，至2010年2月農曆年前完工，同年2月11日就有多戶鄉親朋友入住，前後工程僅花88天。不過，在原住民文化保留上，可能存在不同的看法（陳儀深，2011：6-7）。也許有些重建區能持續原民文化，部分重建區的原民文化可能因諸多因素而有弱化，但這些都仍待進一步研究，包括原住民的文化活動、語言保存、生活習慣，以及其與山林的互動模式等，都可以進一步評估。例如從文化人類學的角度，信仰（beliefs）、表徵（symbols）、對土地祖靈的認同、典禮與慶典（ceromonies and celebrations）、儀式（rites and rituals）、故事（stories）、英雄人物（heros）、人造事實（artifacts）等都包括在內，重建原住民的建築固然不易，傳統文化內涵的重建可能更難，或必須花費更長的時間（楊永年，2006：329-337；Ott, 24-36）。

　　雖然異地重建過程亦涉及就業考量，這部分許多非營利組織也有一些努力，例如永齡杉林有機農業園區係鴻海集團考量原住民就業或維生所設，可能存在正面效益，唯這有待進一步研究，包括有機園區經營是否存在困境，以及災民是否因此得以重生。至於在生態保護上，可能因為諸多遷村或在非生態敏感區重建案例，使得國土保育存在正面效益。林宗弘（2012）比較中國512與臺灣921大地震的社會公平研究指出，屬威權體制的中國，比較容易導致災區社會不平等與災民的抗爭。而中國的廉政或貪汙問題是重要因素，可以說，貪汙會讓救災（含重建與安置）成效下降，或形成複合型災難（貪汙加大地震）。換言之，如果透過跨國比較，臺灣重建資源分配的公平性可能較優（特別是和中國比較）。

　　不過，依其所整理的理論，通常搶救階段的資源分配較公平，但在安置與重建階段**「資源分配開始傾向具有經濟社會優勢的階級」**，這符合林宗弘進一步發現，因此**「災後階級不平等有所惡化，而社會資本的韌性效**

應不如預期」。[92]可能的原因即在前述的解釋，即社經地位優者，可以接觸或獲取的資源較為豐富。吳嘉苓（2015）針對莫拉克風災後的臺東金峰鄉嘉蘭村進行研究，同時指出其重建模式係以災民（重建者或以設計者取代建築者）為主導，顛覆前面由政府或非營利組織主導的模式。要蓋什麼樣的房屋或要過什麼樣的生活，係由村民（災民）提出設計構想。從該文獻看來，似乎可以成為重建典範，因為這是讓災民重新詮釋自己（族群）的文化，或自我尋找重建的定位，同時融入石板屋、中繼屋、永久屋等不同概念。

可以說，這重建模式強調的是過程，讓災民（設計者）感受到授能；讓他們在重建過程，更深一層認識或體悟族群文化。至於重建的結果似乎也有其獨特的風格，但因重建過程由災民充分參與，也等於讓重建的房屋獲得（文化）重生。基此，可以發展出的衡量指標是，重建過程是否有災民（居住者）充分參與，並獲（文化）認同。

陸、經費動員

經費動員可分三大類，包括政府預算、民間捐款給政府、民間捐款給非營利組織。政府預算之使用主要以符合審計與主計法令為主，唯經常是層級節制進行把關與審核。再者，經費之使用除了主計人員審核，還得經過一般行政組織（程序）核准，且必須接受民意機關監督，以及審計人員的後事稽核。通常政府預算編列與使用有一定的規範，包括歲入、歲出之制定有一定的時程。雖然預算也有預備金的機制，可供緊急災難時使用，但亦有一定之規範（楊永年，1998a）。唯若災難規模過大，預備金通常不足以支應緊急之所需，因此亦得仰賴民間捐款。重點在於，政府預算核銷通常必須有單據（例如發票或收據），而且通常要有核銷項目，也有核銷上限（例如便當費不能超過某些金額）。因此前述杉林慈濟大愛村永久屋，在88天蓋好的超高效率，不太可能透過政府預算完成。因為政府預算

---

[92]　https://www.ios.sinica.edu.tw/fellow/thunghonglin，瀏覽日期：2020/6/20。

支出，通常要經過招標流程（規定）。

前述規定不見得不合理，但因過於重視核銷程序，經常就失去了效率性。特別在緊急災難發生時，因為政府預算使用效率低，難以發揮應有的成效。甚至，雖然層層把關，仍經常出現浪費公帑的案例。例如，透過綁訂規格的方式，要求行政機關執行預算；而要求者有時會是民意機關，有時是行政上級機關。過去出現許多防救災的貪瀆案例，包括前水利署副署長與廠商交往甚密，以及消防署長收受採購回扣（楊永年，2020：98，193-194），雖然我們有嚴格的採購法，卻仍發生貪瀆個案，這或許表示我國預算制度仍有改善空間。因為表象上，政府（主計）規範相當繁雜完整，卻因非正式規範（道德與文化），導致弊端的發生。因此，民間捐款提供了災難緊急應變資金效率需求的解方。

民間捐款政府，讓政府在因應災難危機，特別是資金的使用，比政府預算更有彈性。特別是有些款項無法由政府經費核銷，例如，以目前的規範，政府僅能支出100萬元的死亡慰問金；高雄氣爆的死亡慰問金則支出800萬元，原因是另外700萬元由民間（含廠商）捐款支出。後來也逼得臺南市政府支出400萬元死亡慰問金（原本認為200萬元已是上限），所幸有民間捐款支援，否則難有超出100萬的慰問金。但這卻點出「公平性」的問題，也因為臺南市維冠大樓災民提出為何高雄市可拿到800萬而臺南不行，讓臺南市政府不得不提高額度。不過，民間捐款入了公（國）庫，就有規範或監督的問題（楊永年，2020：105-106；李家綸，2017）。

因此，前臺南市市長賴清德在民間捐款至期待金額時，就公開呼籲民眾停止捐款，同時邀請社會賢達成立捐款監督委員會，以昭公信。但921大地震時任職南投縣的彭百顯縣長就沒有那麼幸運，因為受「適法性」的質疑，最後付出政治代價。2018年花蓮大地震的傅崐萁縣長，原本亦出現捐款使用爭議，後來緊急成立監督委員會，多少也化解一些疑慮。至於高雄氣爆民間捐款的使用也有一些傳聞，唯目前沒有進一步的相關證據。合理的論述是，民間捐款不論進入政府機關（公庫）或非營利組織，都應受公共監督。而這公共監督存在課責性（政治性）、管理性、適法性等三層意義；同時再加上充足性、效率性、公平性、透明性、廉潔性等五個指

標。政府機關預算使用，特別是主計與審計單位主要強調適法性；行政機關為求問題解決，因此重視效率性。

　　至於公平性或許也會受政府機關關注，但可能經常被追求效率性否定。原因在於，政治人物（含民選首長）有任期限制，自然對效率性的喜好高於公平性。由於臺灣屬民主體制，公共監督較威權體制健全，而林宗弘（2012）所指出的中國512大地震民間捐款，存在政府官員貪瀆問題，主要原因在於公共監督（或政治課責與政治制度）不健全，導致捐款與使用不透明，貪瀆或廉政問題因此發生。由於政府預算與程序的僵化，加上可能存在廉政問題，讓許多民眾（捐款）偏好（或信任）流入非營利組織。加以宗教或社會文化因素，讓臺灣非營利組織經常擁有龐大的民間捐款或善款。非營性組織對捐款的使用就沒有政府機關預算使用的限制，但嚴格說來，仍受公共監督規範。

　　例如，對於臺灣在東日本大地震提供的非營利組織的巨額捐款，曾遭媒體質疑使用不力，迫使非營利組織出面澄清並加速善款的使用，甚至因此影響非營利組織的形象。不過，非營利組織回應「善款使用」應有良好與詳細的規劃，這不無道理，而這又牽涉人力與專業是否充足，或是否曾針對這議題作妥善安排，都可以討論。再者，如前述民間給政府的捐款，不能只強調效率，還應重視品質與公平性。只是這中間如何拿捏，如何受公共監督（檢視），以及相關資訊如何不被媒體扭曲或誤導，都是重要的課題。而這也突顯龐大捐款不論流向政府或非營性組織，都不一定能提升救災成效，捐款多寡也不代表成效良莠與否。而這也促成部分非營性組織以積極的防救災行動，作為防救災成效最好的行銷訊息。

柒、大規模撤離

　　Branicki and Agyei（2015）指出，大規模撤離雖然經常會使用社群媒體，卻可能同時帶來傷害。原因在於，社群媒體和傳統媒體不同之處在於，有時社群媒體傳播速度快，卻未經查證，因此有時其可靠度較低，或可能形成所謂假訊息、網路攻訐等。不過，社群媒體同時存在威脅與機

會，例如社群媒體可以較傳統媒體有更高的傳播速度。關鍵點在於如何在緊急時刻，能傳播正確的訊息，因此雙向（面對面、電話）、回饋，或透過多元方式查證，可以提升訊息的正確性或可信度。換言之，社群媒體傳播過程，如果能有編修功能，有助訊息可信度的提升。特別在大規模撤離過程，存在許多溝通、協調與政府控制，問題是如何確保過程安全，或能否因社群媒體提供的訊息，降低撤離者內心的焦慮或不安，相當重要。

　　臺灣過去似乎較少大規模撤離的經驗，所謂大規模類似美國動輒百萬人撤離。不過臺灣小規模撤離則經常會有，而2009年莫拉克風災是撤離政策的轉折點。2009年前多以協助與勸導為主，2009年則實施強制性撤離。或許因為莫拉克風災的慘痛經驗，因此執行強制性撤離過程，似乎較少有爭議，也因國軍或警消在強制性撤離過程，多會提供交通工具。至於美國所謂強制性撤離，則只是程度的差異，對於民眾是否撤離並沒有強制力。因此，所謂撤離成效主要仍以民眾主觀的感受為主，而這主觀感受可能受社會文化影響頗深。例如，美國與臺灣民眾，對於強制撤離（mandatory evacuation）的意義就有不同；美國民眾如果拒絕撤離，救災人員通常不會使用強制力；臺灣救災人員雖不一定會使用強制力，但通常會力勸或以半推半就方式達成「任務」。

　　如本書第一章所提2021年日本熱海土石流案例，該撤離令主要由市長發布，但通常不具強制性。這點美日的作法似乎是接近的，背後的邏輯可能和民主政治的核心價值有關。因為撤離與否，涉及民眾的個人（自由）意願。問題在於，許多災區民眾不願撤離的原因在於，過去沒有類似經驗，所以拒絕撤離。主講人長峯純一教授推論，類似的問題會在日本不同地區重複發生。關於臺灣強制性撤離政策並無嚴重的抗拒發生，部分原因可能與2009年莫拉克風災的慘痛經驗有關，部分也可能和臺灣的政治制度或文化有關。例如，作者2020年2月在美國德州休士頓封城期間，觀察到民眾仍可前往購買日常用品，而且是否戴口罩也經常存在爭議，這些都和（民主）體制有關。不過，強制性撤離若有配套政策的設計，例如平時即有多元的防災教育，以及強化社區自主防災機制，或許可以降低強制撤離政策造成違反民眾意願的問題。

　　防疫政策背後制度思維和「強制撤離」，似有異曲同工之妙，或存在相同的（民主政體）政治制度。例如，「冠狀病毒之父」之稱的中研院賴明詔院士，2021年9月時從美國返臺，在防疫旅館（進行防疫隔離）就曾表達「與病毒共存」的說法，並希望臺灣能儘快恢復沒有防疫政策的正常生活。[93] 作者可以體會賴明詔院士歷經美國與臺灣不同的「民主體制」，所以才會有前述的公開（防疫）感想。而這也符合作者於2020年2月、3月、5月兩度進出臺灣與美國德州休士頓的經驗，特別是休士頓市也在2020年3月20日左右宣布封城，作者於3月22日離開休士頓返回臺灣；返臺後，居家隔離14天，並禁止外出。休士頓所謂封城，主要是要求民眾減少不必要的外出，倒是集會則採嚴格規定避免群聚，餐廳關閉並禁止內用，而前往超市購物是被允許的。

　　作者在美國休士頓的經驗是，雖也有防疫政策，會要求或鼓勵在公共場合戴口罩。但在「居家隔離」部分，美國（休士頓）就自由很多，幾乎可以自由外出活動（含購物或從事相關活動）。作者在臺灣的經驗是，防疫有很多「個人化」的防疫管制（監控）措施，不論居家或在防疫旅館，都不能離開家裡或防疫旅館一步。也許臺灣民眾喜歡、習慣或適合這樣的「強制管制」模式，只是這樣的模式（或制度），民眾必須付出自由的成本。然而美國的模式，則必須付出較大的染疫與死亡風險與成本。由於美國的體制（或制度）根植於「不自由，毋寧死」的政治價值或政治制度。[94] 依North（1990）制度論的概念，這是非正式規範或社會文化造成的結果。因此不論臺灣或美國的防疫成效，有些是集體或公共選擇的結果，很難說誰對誰錯。

　　關於大規模撤離，美國颶風的經驗值得參考，Doyle（2017: 10-11）指出，2005年9月下旬雷塔颶風（Hurricane Rita）來襲前，休士頓市長下達強制撤離令，原因在於颶風將從德州東南方登陸，並將直撲休士頓。結

---

[93]　https://health.udn.com/health/story/120951/5741674，瀏覽日期：2022/1/6。

[94]　https://drasticmeasures.medium.com/%E4%B8%8D%E8%87%AA%E7%94%B1-%E7%9C%9F%E4%BF%82%E6%AF%8B%E5%AF%A7%E6%AD%BB-980aeb88ce50，瀏覽日期：2022/1/6。

果逾300萬民眾從休士頓及周邊撤離，在當時是美國史上最大的大規模撤離命令，一位住大休士頓區的民眾於2020年8月時告訴作者，當天他從市區回家，原本1小時的車程，花了7小時才抵家門。而之所以有這次的強制撤離命令（Mandatory evacuation），可能的原因在於2005年8月25日卡崔娜颶風，造成路易斯安那州與紐奧良重創或死傷慘重有關，因此休士頓市市長希望透過強制撤離命令的宣布，讓民眾獲得更安全的保障。不過，因雷塔颶風下達的強制撤離令，卻造成高速公路大塞車，撤離的車陣綿延100英哩，有些拋錨車和油耗盡車，讓交通狀況更為惡劣。

　　有些駕駛為節省用油，在攝氏38度高溫下，選擇不開空調以節省油料，結果造成逾100人在撤離過程死亡的悲劇，而因颶風死亡的民眾則不到10位（Doyle, 2017: 10-11）。因此，2017年哈維颶風（Hurricane Harvey）來襲時，休士頓市市長為避免出現同樣錯誤，而且衡量哈維颶風的氣象資料後，並未下達強制撤離的命令。不過，休士頓在當時並非唯一未下達強制撤離命令的城市；而即便有城市下達自願撤離命令，但仍會協助民眾撤離。關於美國地方政府下達自願撤離命令，這表示民眾不一定要撤離，但依德州的法律，如果民眾最後決定撤離，而在需要救助時，就必須負擔相關費用，而且，當救災人員在撤離非自願撤離的民眾時，反而可能深陷危險（Doyle, 2017: 11-12）。有鑑於2005年卡崔娜風災撤離過程，有些屋主因寵物不能是撤離對象，而選擇留在家中，最後造成10萬寵物擱淺與70,000寵物死亡的慘劇。[95] 因此2017年哈維風災撤離與避難所安置政策，就允許災民攜帶寵物（Doyle, 2017: 38）。

　　根據前述大規模撤離政策，面對著不確定的氣象因素，以及難以預期或動態性的結果。不過，透過深入的研究，了解大規模撤離出現災害的案例，有可能回饋大規模政策配套之設計，甚至進一步探索有否精進氣象預測之能力。換言之，不論強制撤離或自願撤離，都可能存在許多盲點，除了情境因素的考量，政策配套也不可或缺。

---

[95] https://awionline.org/awi-quarterly/winter-2017/katrinas-lesson-learned-animals-no-longer-excluded-storm-evacuations，瀏覽日期：2022/9/2。

第三節　救災組織間合作

災難是公共議題，理論上應有很多組織具高意願與高誘因進行組織間合作，包括國際組織、政府組織、非營利組織等，都被期待應有高度的合作意願。楊永年（2020：111-136）以合作誘因、合作意願、合作能力、合作機制等四個層面分析。而合作的重要原因，也在避免救災不夠順暢，或救災成效無法加乘（包括資源無法善用）。為讓民眾生命財產安全獲得更大的保障，推動組織合作有其必要，其內涵應包括資訊共享、資源共享，以及獎勵（回饋）共享。本節的重點是，對於組織間合作，要衡量什麼？以及如何衡量？關於要衡量什麼，最簡單的解答是，針對投入、過程與產生進行衡量；至於如何衡量，同樣可以用量化或質化的方式衡量，唯本書主要以質化為主。不過，不論如何衡量都有其難處，例如也許某組織合作的參與度可能僅有1成，卻造成5成的貢獻度；但有時貢獻度存在高度依存性，難以清楚切割計算。

壹、組織間合作的定義

本節主要討論救災組織間合作的衡量，主要在衡量什麼樣的合作模式，可以提升救災成效。這句話隱含的意思是，合作不一定會提升救災成效；但不合作的結果，會讓救災成效提升的機率下降。理論上，組織間（特別是政府組織）對於災難的預防、搶救或復原，應該要能充分合作。但實務上，組織間經常不會或不願合作，因此突顯本章議題的重要性。那麼到底要合作什麼？以及如何合作？關於「合作什麼」，前兩節已有詳細說明，即資訊與資源的分享或相互提供（當然是針對災情的需要）。楊永年（2020：113-136）則從合作的誘因、合作的意願、合作的能力、合作機制的存在進行組織間合作的探索，其內涵當然也可以作為衡量組織間合作的救災成效。

至於本書不同之處在於，將從組織間合作的定義著手或切入，得以讓本節更能深入聚焦在組織合作的議題與內容。但首先還是得針對組

織間合作一詞進行定義，而定義的內容其實也直接或間接提供組織間合作的衡量內容。所謂組織間合作（inter-organizational cooperation）是指兩個或以上組織之間的合作，這定義涉及組織與合作兩個關鍵名詞。合作通常指兩人以上，為達共同目標所採行的行動或活動。組織通常是兩人以上，其內涵通常包括目標（goals）、結構（structure）、命令系統（command system）、層級節制（hierarchy）、分化（differentiation）、協調（coordination）、技術（technology）等（楊永年，2006；Morgan, 1986; 1998; Mintzberg, 1979; Thompson, 1967; Galbraith, 2014）。而通常可以不同取向（perspective）來研究組織，以了解其複雜性（Morgan, 1986; Bolman and Deal, 1991）。

唯若兩個組織以上，則亦可用系統、系統理論或治理的角度進行分析（Katz and Khan, 1966; Scott, 1992: 20）。McEntire（2007）從國際關係進行災難管理（救災體系）研究，等於將救災體系中的組織間合作帶入到另個層次。或許，未來救災體系可以增列國際關係乙章進行論述。比較重要的議題是，本書所列的重要災難案例，的確有國際（組織間）合作的需求，但因國際政治因素，導致國際合作受阻或存在問題，這部分作者認為東日本大地震所引發的福島核電事故，是可以從國際關係的角度進行詮釋。而臺灣在921大地震後，積極拓展或參與國際賑災，除了在盡國際社會責任，同時也在突破受限的臺灣國際關係。應該說，組織間合作是可以涵蓋中央政府、地方政府、非營利組織，以及國際關係（組織）等，進行不同層次的分析。

例如行政院各部會可能都有其國際連結，地方政府也有姐妹城市的網絡關係，很多非營利組織在許多國家（城市）設有辦公室；很多國際組織和臺灣有許多不同方式的連結。因此，在國際或國內發生災難時，可以發揮不同的國際救災資源動員的能量。用不同的方式詮釋組織間合作的定義，可涵蓋政府組織間、政府與民間組織間（民間組織包括營利組織、非營利組織、社區「協會」、宗教團體等），以及民間組織之間的合作。而依這樣的組織間合作內涵，可以從更高的治理層次進行思考，例如 Christensen, Lægreid and Rykkja（2019）從治理能力與合法性論述危機管

理，具體指出彈性（flexibility）與調適（adaptation）是兩個導致政府功能發揮最重要的因素。唯前述兩因素經常受制於政治、行政與情境因素影響。換言之，組織間合作有其複雜性與多元性，可透過不同理論詮釋與研究。

貳、組織間合作的治理思維

Christensen, Lægreid and Rykkja（2019）進一步指出治理能力和專業化（specialization）、協調（coordination）、層級節制與網絡（networks）有關。或從這幾個層面，可以衡量治理能力。問題在於，所謂合法性有時是選民認知的結果；或者，法律規定經過解釋可能形成不同的「非正式」規範，因此這背後又和信任（trust）與社會資本有關。亦即，所謂的合法性有時是選票考量或衡量的結果，難免使得合法性的衡量存在不確定。再回到治理（governance）或治理成效的內涵，可視為組織體系運作的集體表現，這樣的思維和系統理論有相似之處，也就是將組織體或整個系統視為組織，而組織（體）下有不同的組織（專業）分工。

以新冠肺炎為例，這樣的理論架構固然適合用來衡量國家防疫治理能力，卻很容易直接從確診的統計人數認定治理成效良窳，忽略對治理能力的進一步檢視。例如，美國CDC有關新冠肺炎的網頁專區，就優於臺灣衛福部（疾管署）的網頁設計，唯表象上，美國新冠肺炎的確診數（比率）卻遠高於臺灣。因此，治理能力和救災（防疫）成效是否存在什麼樣的因果關係，有許多探討或研究空間。只是，透過確診人數來說明、論述或預測治理能力的韌性（涵蓋專業化、協調、層級節制與網絡），也有其合理性。當然，前提是所有確診人數確實被篩選出來，甚至某個社區、社會或國家，可能先天上就不容易感染新冠肺炎，那麼治理能力就不必然和防疫（救災）成效存在因果關係。這代表理論與實務的套用或連結，存在許多彈性解釋空間。

例如，通常大家會認為先進國家，擁有較其他國家強的防疫或救災治理能力，依此推論英國、美國、日本、新加坡等國的新冠肺炎人數或比

率，應該遠低於臺灣才對。但從媒體報導所得到的統計數字，卻又剛好相反。美國有很長一段時間（至少幾個月），維持世界上確診人數最多的國家。這是否代表確診人數高的國家（如美國）的防疫治理能力較差？這問題可能無法以「是」或「否」來回答，例如美國有許多基礎建設優於臺灣，然而，為什麼美國疫情會如此嚴重，這可透過口罩政策的「韌性」解釋。從戴口罩的防疫作為分析，美國政府與社會似乎缺乏韌性，當許多醫學、醫師或公共衛生人員，都強烈建議戴口罩有助防疫，還是有許多美國人拒絕戴口罩，就像美國總統川普對於戴口罩也非常排斥，除了反映部分美國人的態度，同時也造成廣大（社會）影響或學習作用。

　　背後的理由不外乎，戴口罩與否是身體自主權之一，不願受到侵犯。這固然可以領導者擁有龐大的社會影響來解釋，也可說因制度因素使然造成的結果。再者，美國因為有世界第一流的高等教育機構，擁有超強的研發能力，所以很快研發出新冠肺炎疫苗，因此在美國大幅與快速接種疫苗後，單週或單日確診人數於是大幅下降，[96] 而這當然也是治理能力的一環。因此，治理能力的項目很多，是否能導致救災（防疫）成效的提升或下降，應有多元的檢視。Peters（2012）指出治理一詞之所以受到接受或歡迎，主要是打破層級或官僚的界線，同時提供傳統政府研究的創意思考。某種程度隱含對政府或政府傳統的定義與功能不滿意，以致於沒有政府的治理（governance without government）不斷被提起。民眾在意的是治理成效，或組織間合作成效，也就是功能能否發揮，其內涵同時包括政府與相關組織是否有能力、有誘因、有意願，而這些都是本章討論的重點。

　　即便民間社會對政府有很多撻伐，政府仍有責任、義務執行公共事務事項。換言之，政府失靈、治理失靈、組織間合作失靈均可能發生。依這樣的概念，組織間合作和治理存在高度重疊。或可以解釋為組織間合作係在治理架構下運行，但因組織間合作比較從組織或管理領域出發，所以兩者亦存在（領域、理論或解釋的）差異。Peters（2012）進一步提出互動治理（interactive governance）的概念，代表動態與眾多社會成員集體參

---

[96] https://udn.com/news/story/120944/5233218，瀏覽日期：2021/2/12。

與，並發揮應有功能。在此情形下，社會成員集體的成熟度對於治理成效影響很大，如前述美國社會對於戴口罩與否存在諸多爭議與討論，導致錯失防疫先機。在此情形下，透過（公民）組織（civic organizations）或非營利組織積極防疫，也許可緩解疫情；或者說，公民組織積極參與防疫，亦屬防疫治理能力提升的重要因素。

　　至於公民組織之間，及其與政府組織的合作或連結，則亦可以應用組織間合作理論。Ansell and Gash（2018）使用平臺來解釋與定義組織間合作，其方式包括開會（meeting）、研討會（conference）、夥伴關係（partnership）、網絡。而這也隱含組織間合作，可以透過前述方式進行連結，或發展相互間的關係，以達成共同目標；隨著組織間關係愈緊密，組織間亦可發展深化的結構關係。

參、合作平臺

　　合作平臺可解釋為促進組織間合作的機制或設計，而平臺的概念在第三章第一節已有論述。由於組織間合作和資訊亦緊密相連，所以平臺至少隱含溝通與合作兩層意義。而Emerson, Nabatchi and Balogh（2012）針對合作治理（collaborative governance）進行定義，其內涵是參與成員各自仍保有其主體性，主要透過跨域（含跨層級、跨公私與民間）結構與流程設計，讓公共政策決策與管理順利進行。至於合作治理的執行，則透過治理架構下的合作平臺（collaborative platform）。Nambisan（2009）進一步將合作平臺分為三類，包括探索平臺（exploration platforms）、實驗平臺（experimentation platforms）、執行平臺（execution platforms）。這樣的分類固然有利合作議題的形成與執行。不過，在實務運作上，這三類合作平臺可能由同一個會議或委員會進行決策。

　　以災害應變中心（或防疫指揮中心）運作為例，依鄭問堂（2005：89）的整理，我國災害應變中心之設置，起源於1965年的「臺灣省防救天然災害及善後處理辦法」，當時名稱為「綜合防救中心」；1994年行政院訂頒災害防救方案，改稱「災害防救中心」；2000年通過災害防救法，再

改為「災害應變中心」。不論什麼名稱，最重要的是災害應變中心要能發揮應有的成效或功能，而其首要關鍵，即是資訊的掌握與分享（分工），能夠快速蒐集與傳遞災情資訊。唯如前述，這不完全是災害應變中心的職能，這涉及第一線救災人員，以及民眾（災民）是否有蒐集災情資訊能力，是否以簡單快速的方式，傳遞相關災情資訊。至於資訊軟硬體的設計固然重要，可以加速災情資訊作迅速有效的傳遞，但這和前述災情蒐集能力是不同的議題，甚至這應在平時就有充足的準備，並於災害來臨時作實際測試。

　　921大地震時，臺北市政府對於災情慘重的中部縣市與鄉鎮，救災與重建協助著力甚深，有其必要性與重要性。2001年納莉風災，臺北市發生嚴重災情，短短3小時臺北市大約三分之二的地區一片汪洋。當時的馬英九市長向中央政府求援，行政院張俊雄院長允諾支援抽水機，並請未受災縣市提供救災支援與協助（鄭問堂，2005：188-189），而曾接受臺北市政府協助的中部縣市與鄉鎮，對臺北納莉風災的支援最為熱烈，例如國姓鄉就支援贈送4,000個粽子給臺北市松山區，其他如抽水機、礦泉水、民生物資、發電機與人力資源（鄭問堂，2005：214-216）。而這即是跨縣市政府（也可說是組織間）合作的重要例證，也可以用合作誘因、合作意願、合作能力與合作機制等變項，進行思考（Robertson, 1996）。

　　救災可能存在政治考量或缺乏合作誘因，因此Imperial（2005）所提組織間合作是策略之一而非唯一，剛好也在印證或因應救災政治考量的現象。而在合作與衝突（或不合作）之間，可以有第三種選擇。因網絡與合作管理（治理）存在困境，Agranoff and McGuire（2004）提出政府間談判（inter-governmental bargaining and negotiation）管理概念，主要的原因有三，第一，美國系統為非集權制或係開放場域；第二，談判涵蓋範圍不只在（財政）補助方案的執行，還包括或應擴及規範、契約、審計與其他（互動）交易；第三，擴大公共管理範疇之跨部門（包括跨轄區與跨功能組織）相互調整，以提升方案成效。因此，談判可視為公共管理合作治理的重要模式。

　　基此，Agranoff and McGuire以美國行政聯邦主義（administrative

federalism）精神，提出行政談判而非政治談判的概念。並認為行政談判的四大前提或基礎包括：第一，活動範圍與地點具重要性；第二，有限的傳統國家官僚（分權制衡與功能導向）；第三，不同層級政府同時行動；第四，持續互惠與互動的行政行動（reciprocal administrative action）。在這四大前提下，發展出五大創新議題：第一，確認談判活動與成效；第二，談判的標的；第三，談判差異化的趨勢；第四，政府間談判與水平活動的關連性；第五，談判對政府間方案效能的影響。重點在於，政府組織間係相互依存（interdependence），而非單獨或獨立存在，而這同時彰顯水平政策網絡聯合活動（joined activity）的重要。

Agranoff and McGuire（2004）認為，政府間談判有助政府組織間合作。美國（總統制國家）和日本（內閣制國家）災害發生時，多是由州（日本為縣）主要向聯邦或內閣府提出支援協助，再由聯邦或內閣府提供協助資源。楊永年（2020d）指出中央應主動協助地方政府，並應立法規範。因為在2020年5月下旬新冠疫情未緩解期間，印度與孟加拉邊境發生二十年來最大氣旋，影響1,400萬人；[97] 美國密西根州亦發生嚴重水災，形同發生複合型災難。而美國密西根州兩個水壩潰堤，緊急疏散10,000多居民，同時要求居民在撤離過程與停留避難所時，必須遵守「社交距離」，避免群聚感染發生。[98] 這些都必須有聯邦政府的主動協助，例如州政府立即宣布全州進入緊急狀態，州長（民主黨）同時致函聯邦政府，表達防救災資源不足，請求給予協助。屬共和黨的川普總統（聯邦政府）立即簽署聯邦緊急命令同意書，給予特別補助協助；聯邦緊急應變總署獲授權，在職權範圍內進行跨部會協調，提供相關資源協助。[99]

對於地方政府的救災支援需求，通常由美國的州長與日本的縣長向聯邦與內閣府提出，否則聯邦或內閣府不會主動協助（或支援）地方政府

---

[97] https://global.udn.com/global_vision/story/8662/4580120，瀏覽日期：2020/5/23。

[98] https://edition.cnn.com/2020/05/20/weather/michigan-dam-breaches/index.html，瀏覽日期：2020/5/23。

[99] https://www.whitehouse.gov/briefings-statements/president-donald-j-trump-approves-michigan-emergency-declaration/，瀏覽日期：2020/5/23。

救災。臺灣的地方政府沒有類似美國或日本向中央提出支援申請，唯過去重大災難發生時，中央政府基於職權，多會透過各種非正式規範協助地方政府，但卻也經常發生防救災衝突與權力政治問題。換言之，災害防救是跨層級（政府）與跨部會（局處）議題，政府各相關組織本來就應積極合作，但因諸多因素，使得組織間不見得會合作無間。美國與日本地方政府的申請機制，固然有其優點，例如可避免因黨派因素產生支援的差異；缺點是，美日兩國均曾發生救災支援延遲的問題（唯近來美國聯邦政府與日本內閣府漸往主動積極的方向發展）。另一方面，我國軍會主動進駐中央、縣市與鄉鎮市區公所三級災害應變中心，協助搶救並避免災情惡化，這又是美國與日本所沒有的機制。

肆、非營利組織的合作

　　楊永年（2020：247）定義非營利組織係為特定目的而存在，且不以營利為目的的組織。國內救災（救援）相關的非營利組織很多，唯作者比較熟悉的包括慈濟功德會、臺灣紅十字會，以及臺灣世界展望會等。而因這三個非營利組織，從事與支援國內救災（賑災）活動，甚至獨自或和其他（國際）非營利組織合作或連結，積極從事與進行國際賑災。而通常我們也稱具跨國性質的非營利組織，為非政府組織（Non-governmental Organizations, NGO）或國際非政府組織（International Non-governmental Organizations, INGO）。而所謂非營利性組織合作，包括不同非營利組織間的合作，以及非營利組織與政府組織、營利組織（公司、營利事業體或社會企業），以及社區發展協會等之間的合作。

　　應該說，非營利組織擁有龐大資源，動員能力不能小覷，可以說非營利組織參與救災經常扮演重要角色。臺灣在災害來臨時，除了非營利組織，許多企業（基金會）也積極參與救災。再如美國的卡鐘海軍（the Cajun Navy）亦係非營利組織，於2016年成立，並於2017年正式通過註冊。該組織的網址為https://www.cajunnavyrelief.com/，通常在洪水來臨時會立即投入救災，或提供小艇或船隻投入搜救與協助的任務。卡鐘海軍原

本只是居住南路易斯安納州的眾多民間船主的集合體，多為休閒或釣魚用的船艇。由於在2005年卡崔娜風災時，許多船主為能參與救災，自願加入水災搜尋與救助任務。因為成效良好，因此形成卡鐘海軍，並成立非營利組織，以強化其救災或救援的動員力。

Doyle（2017: 49）指出2017年哈維風災發生時，所屬卡鐘海軍的很多自願者，也希望能參與搜救工作。不過，部分政府機關因顧慮到這些自願者的安全，所以辭謝了他們的熱心。即便如此，卡鐘海軍在災難來臨時仍是不可忽視的救援力量。因此平時即可建立資訊分享平臺，或者，政府可以設計非營利組織（卡鐘海軍）參與救災的機制。至於卡鐘海軍的成立不令人意外，因為這和作者於2020年4月4日非正式訪談一位德州休士頓居民說法一致。他觀察到，哈維風災造成休士頓多處淹水，家中擁有休閒船隻的民眾，多會主動投入救災行列，而這現象本來就是德州許多居民日常生活文化的一部分。因此，若從鼓勵參與救災的角度，政府與卡鐘海軍之間仍宜有連結或合作管道。

對於臺灣災後興建的永久屋，有許多不同非營利組參與，展現不同的風貌或成效。特別是從投入、過程、產出進行衡量，可能各有千秋。特別是，永久屋因為必須住一輩子（或至少是十年或二十年）的房屋，評估的期間有時必須拉長，可能五年、十年、二十年、三十年的評估結果會有不同。例如，可能因為建築材料的差異，導致不同程度的損壞；也可能因為大環境或其他因素，促進永久屋住民（災民）文化的重生或減弱。而如前節所述，臺東金峰鄉嘉蘭村的重建模式有其特殊的成效。包括原住民對己身文化的重新詮釋與成長，以及透過原住民（居住者或災民）的參與設計，對於永久屋的認同也可能較高。這可能是理想的重建模式之一，不過災民有無意願或誘因可能也是問題之一。當然，政府或非營利組織是否提供選項，可能也是考量因素。

即便災民有意願、誘因、能力擔任嘉蘭村重建的「設計者」，可能的問題是在課責的議題。這概念和前述的公共監督有點類似，因為不論是政府或非營利組織的投入或產生，通常需有證據證明他們的貢獻（基此，營利組織也可能存在課責問題）。最簡單的方式是「留下證據」，也就是

在贈送的物品或建築物烙上政府或非營利組織的標章（logo）；或者，也有政府在非營利組織成員協助災民的過程中，留下相關的照片，以供選民（民代、主計與審計部門）或捐款者檢視或參考。以2020年新冠肺炎期間，世界很多國家對於口罩的需求強烈，由於臺灣有能力提供口罩，也有意願或誘因提供口罩，因此這些口罩上或外包裝上，通常會印上臺灣的國旗；或會有簡單的捐贈儀式，並留下照片以供檢視。

Kearns（1994）指出政府與非營利組織對於課責適用的標準不同，因為依Shafritz（1992: 4）的定義，對於政府的課責有兩個重點，第一是必須回應社會或組織內部更高的法定或組織職權（higher authority-legal or organizational）；第二是有責任保存所有的財產紀錄、文件與資訊。特別是，政府部門通常有諸多法規解釋，有時對於官僚人員行動者不一定有利。再者，所謂更高的法定或組織職權，可以解釋為承辦官僚的長官背後還有更高職權的長官（或組織），而且除了行政上的更高職權，還有民意（機關）的解釋。這背後固然可以「嚴謹」解釋政府部門的課責內涵，但也可以「僵化」解釋同一個現象。又因非營利組織的特性和政府組織不同，因此宜適用不同的課責標準。

Kearns（1994）進一步提出適用非營利組織課責衡量的四個面向：第一，遵從式課責（compliance accountability），所指的是遵守契約規定，屬於被動或反應式（reactive）的意涵；第二，協商式課責（negotiated accountability），因為非營利組織不是政府組織系統，有些契約或規定上的標準，存在協商空間，或至少不必面對民意機關的監督；第三，專業或自主裁量式課責（professional/discretionary accountability），屬於主動或超前式（proactive），所指的是來自社會層面（social forces，這與市場或國際競爭有關）以及專業層面（professional forces，這與專業網絡形成的規範有關）；第四，預期式或職位式課責（anticipatory/positioning accountability），是指非營利組織的董事會或行政高層，可以預先形成規範。

再以永久屋興建為例，如果永久屋的經費是政府經費，在層層監督、發包、民意監督等因素影響下，重建效率低落的可能性極高。如果是非營

利組織的經費（臺灣多由非營利組織主導，日本多由政府負責，美國哈維風災主要由受災戶自行負責，政府則居輔導與協助的角色），其經費使用的（公共監督）就不像政府組織嚴苛。而如前述，非營利組織所興建的永久屋，基本上也遵循政府永久屋興建政策的大方向。在此情形下，政府組織避開了若由政府執行可能產生的監督爭議，也讓非營利組織有極大的策略發展空間。可能也因此，莫拉克風災後的永久屋，存在諸多不同的興建模式，重點在於截至目前為止，並沒有「廉政」或偷工減料的問題或傳聞出現。

醫療院所也屬於非營利組織，特別是緊急醫療部分，經常會參與國內或國際緊急救災的工作。例如，成功大學急診部也經常參與國內與國際救援活動。雖然醫療院所有公立與私立之別，但都是屬於非營利組織。只是私立醫療院所通常會有較大的績效或經營壓力。例如，公立和私立醫療院所面對防疫工作的態度並不相同。李源德（2020）指出，SARS抗疫期間（李源德當時為臺大醫院院長），非屬公立醫院系統的私立醫院原本採取置身事外的態度，後經行政院副院長出面協調，私立醫院才願意參與防疫工作，減低公立醫院的負擔。可能的原因在於，私立醫院可能在營利或成本的考量下，對於公益性的防疫議題比較沒有興趣。不過，這體制的問題若能透過變革政策或策略的介入，有機會可以改善。也就是說，前述李源德透過行政院副院長出面協調，可以嘗試納入體制的內涵，例如將（防疫）協調會議常態化即是。

再以新冠肺炎於2019年12月在中國武漢爆發為例，因為當時疫情沒有公布或公開，導致全面爆發的危機。而從新冠肺炎染疫過程發現，2019年12月30日武漢一位男性醫師李文亮，因為看到病人檢測報告，顯示檢出SARS冠狀病毒陽性指標，而其工作的醫院收治了7位來自華南海鮮市場的病人。因此，李文亮在同學群組發布疫情訊息，不意2020年1月3日轄區派出所警告與批評李文亮，並簽訓誡書。1月8日李文亮醫師遭感染新冠肺炎，1月31日確診，並於2月6日病逝。[100] 這起個案突顯四個重要的議題

---

[100] https://www.commonhealth.com.tw/article/article.action?nid=80908，瀏覽日期：2020/8/31。

或問題，值得進行後續的成效分析並提出變革計畫。第一，防疫資訊很重要。雖然類似的個案在臺灣發生的可能性不高，但在中國可能重複發生。防疫資訊如何公開透明，不論中國或臺灣，都有變革的必要。

第二，醫師的跨域合作很重要。這是指醫師能和不同領域的專家合作，特別是公衛或政策的學術或實務專家，以降低資訊分享的風險。因為醫師在第一線為病患服務，經常會有第一手的防疫相關資訊，如何能夠順暢分享，可以立即調整防疫政策，而能解救更多的人。防疫資訊公開，固然會造成民眾恐慌，但不公開可能造成更嚴重的危害。或者，用什麼方式公開防疫資訊，以及公開什麼樣的防疫資訊，都有討論與變革空間。第三，醫療院所的防疫管理很重要。理想的情形是，第一線醫師有重要的防疫資訊，醫院應能同步獲取，並進一步確認；也就是讓醫院處理防疫資訊。當然，醫院可能在獲得防疫資訊後，選擇不公開，因此這又是另一個值得研究與變革的課題。

第四，醫院防疫管理應檢討。李文亮醫師的個案，等於也是其所屬醫院防疫（組織）管理的失靈（或成效不彰）。首先，李文亮發現類新冠肺炎病毒時，可能沒有引起院方的重視，或也可能李文亮沒在第一時間告訴院方。其次，院方可能早獲訊息，也知道要重視防疫管理，但仍沒有做好防疫措施，也可能院方沒有建立與（或）遵循既有的防疫作業流程。再次，可以本書圖2-1進行（組織）診斷，包括領導者（醫院院長的態度與行為）、組織文化（醫院組織的文化認同，例如員警可因言論問題，直接對醫師調查，這在臺灣很難相信）、組織結構（該醫院可能沒有負責防疫的單位，或若有分工，可能功能不彰）、組織環境（醫院附近居民存在嗜食生鮮野生動物的社會文化，或也可能和政治系統有關，包括言論管制也是重要議題）、激勵（員工對於防疫工作的投入可能不被鼓勵或不存在誘因）。

此外，關於假新聞（訊息）的認定是另一個嚴肅的問題，部分原因在於眾多與便利的社群媒體，訊息傳遞因此相當快速。加以本書第三章第一節所提之「跨媒體敘事」，讓訊息傳遞增添更大的複雜度。新冠肺炎防疫期間也可能存在許多「不實謠言」，導致許多恐慌，美國疾病管制署因此

透過官網，釐清與解釋不實的訊息，值得參考。[101] 美國疾管署其中一則釐清的問題是，新冠肺炎和特定族群無關；或者說，並非特定族群容易帶有或罹患新冠肺炎。這表示，美國社會中，存在對中國（亞裔）錯誤的病毒認知或歧視。所以有新加坡青年，在倫敦街頭遭圍毆，同時出現「你的病毒不要進入我的國家」的言論。[102] 而這也是為什麼，在2020年2月29日舊金山華人集結，進行「反歧視」遊行，原因也在於很多華人遭受諸多新冠肺炎病毒不實的謠言與攻擊。[103]

新冠肺炎防疫不只是跨醫療院所，也是跨國的議題，而這也經常少不了民間團體的合作。例如，針對美中防疫合作，白先慎（2020）指出，2003年SARS疫情爆發期間，美、中、臺有許多防疫上很友善的學術合作。而這些合作部分是由德州華人（學術）社群發起，項目包括防疫相關的醫療、行政與社群的合作。原本跨國學術合作不應受政治影響，但面對美中貿易大戰，以及新冠肺炎防疫期間，美中、國際與兩岸政治關係或情勢，為美、中、臺三方防疫（學術）合作增添許多不確定因素。而這些不確定因素，對於新冠肺炎防疫可能有害。例如美國川普總統於2020年3月下旬公開稱這是中國病毒（Chinese Virus），但卻導致美國亞裔（特別是華裔與臺裔）的抗議。[104]

因為「中國病毒」名詞的使用，導致對亞裔種族歧視的加深，這也讓亞裔（特別是華裔與臺裔）感受最深，也使得新冠肺炎成為敏感的族群政治議題。應該說，在美國人眼中，根本分不清在他眼前的是中、日、韓、越、臺人。因此，在美國的華（亞）裔社群團體也意識到問題的嚴重性，

---

[101] https://www.cdc.gov/coronavirus/2019-ncov/about/share-facts.html?CDC_AA_refVal=https%3A%2F%2Fwww.cdc.gov%2Fcoronavirus%2F2019-ncov%2Fabout%2Fshare-facts-stop-fear.html，瀏覽日期：2020/2/28。

[102] https://udn.com/news/story/6812/4386175，瀏覽日期：2020/3/14。

[103] https://www.worldjournal.com/6814829/article-%E8%8F%AF%E5%9F%A0%E3%80%8C%E5%8F%8D%E6%AD%A7%E8%A6%96%E3%80%8D%E9%81%8A%E8%A1%8C-%E4%B8%8A%E5%8D%83%E4%BA%BA%E5%8F%83%E5%8A%A0-2/，瀏覽日期：2020/3/14。

[104] https://www.bloomberg.com/news/articles/2020-03-25/trump-says-he-ll-stop-using-chinese-virus-easing-blame-game，瀏覽日期：2020/4/8。

所以（特別是）華人社團積極透過各種管道集會遊行，以及舉辦公開演講；並結合對華裔團體友善的以色列團體（這是作者於2020年3月在美國休士頓擔任訪問學者時的發現），希望引起美國社會的注意或形成輿論，並遏止與防範類似族群歧視問題（在亞裔）蔓延。

伍、中央政府

衡量領導者（領導者與首長們）的態度與行為，以及中央政府組織（含系統）運作，可了解或預測是否有助救災成效的提升。中央政府在不同國家有不同名稱，臺灣稱中央政府，美國以聯邦政府為名，日本則稱內閣府。臺灣比較是中央集權的設計，至於美國聯邦政府掌握國防與外交，依美國憲法明文規定屬聯邦政府的權限，否則屬州或地方政府權限。不論臺灣或美國，中央政府掌握的資源最龐大也最豐富，因此中央政府是否願意主動協助地方政府，往往決定救災（防疫）的成效至鉅；比較麻煩的是，中央（聯邦）在考量是否協助地方政府過程中，經常有權力與政治的考量，特別遇到總統大選加上黨派因素，使得中央與地方政府組織間合作充滿權力與政治。

當然總統是否存在權力與政治的考量，或缺乏主動積極救災的態度，這是兩個不同因素，但都可能影響救災成效。2005年卡崔娜風災時，當時的小布希總統搭專機前往大衛營，雖經過災區，卻未表示任何協助的意見。[105] 這隱含重大災難，應由州與地方政府負責，聯邦則位處第二線，等待州長提出求救或請求，但這卻忽略了美國聯邦政府掌握龐大的資源，卻不需擔負救災責任。也因此，川普總統宣布國家緊急狀態的時間被批評決策太慢（楊永年，2020b），但川普總統沒有這樣的認知。換言之，總統的救災（防疫）態度影響救災成效，例如2012年珊迪颶風（Hurricane Sandy）襲擊美東，雖值美國總統大選期間（距離投票時間僅剩一週），

---

[105] https://www.reuters.com/article/us-bush-dowd/bush-ex-strategist-says-loses-faith-in-president-idUSN0136691520070401，瀏覽日期：2020/4/17。

歐巴馬選擇投入防救災指揮，讓原本落後的民調迅速攀升，後來成為當選總統的重要因素（楊永年，2012a）。

　　反之，前述小布希的舉動（含態度與行為），讓美國民眾感覺總統對災區不關心（包括救災期間小布希乘坐的專機飛越紐奧良重災區，同時準備至大衛營渡假），所以會讓災區民眾感覺總統缺乏同理心。加上如第二章第一節所述，國民兵延遲3天才抵達災區，容易讓災民（民眾）產生小布希總統不重視救災，所以導致聯邦政府或FEMA救災資源未適當動員的聯想。不過，如果檢視美國9/11恐怖攻擊發生後，在搶救過程中，小布希在白宮橢圓辦公室的演講，親自前往9/11紐約市雙子星大樓災區現場，一手摟著現場救災指揮官的肩，另一隻手握擴音器說：「我聽到你們的聲音了。」（I can hear you.），他一席話感動與鼓舞現場與全國無數救災人員、民眾與被害者（含家屬）。[106]

　　後來小布希總統還積極成立國土安全部，整合聯邦所有資源進行反恐。前述小布希總統當時的態度與行為，當然有助資源的動員，以及促進聯邦政府所屬組織間的合作。從小布希的言詞與行為，可以感受他積極的救難與強化（成立）反恐（預防）組織的態度與行為。如本書圖2-1所示，領導者是影響救災成效的因素之一，不能忽略整個聯邦政府組織系統運作（含組織結構與組織文化），以及其與救災成效是否存在因果關係。為了解說救災體系中中央政府的運作邏輯，必須從政治系統（political system）切入。應該說中央政府運作屬於政治體制的一部分；或者說，救災體系背後運作的邏輯，和政治系統或體制密切相關。臺灣屬於雙首長制，美國屬聯邦制，日本則為內閣制，而這背後就存在民主政治分權與權力制衡原則。

　　關於分權的概念，美國是三權（行政、立法、司法）分立，而臺灣則為五權分立（行政、立法、司法、考試、監察）。背後的邏輯在於避免權力集中出現集權或濫權的問題，而這同時突顯制衡（checks and balances）的重要。美國屬總統制，行政權的設計主要以總統為主。臺灣

---

[106] https://www.youtube.com/watch?v=zi2SNFnfMjk，瀏覽日期：2020/8/31。

屬於雙首長制，行政院長雖係最高的行政首長，但總統的權力更大或資源更豐，因為總統可提名五院院長與大法官，也通常會決定部會首長的人選。臺灣總統雖然權力很大，卻不需到國會備詢，因此有人認為這樣的制度設計，讓總統有權無責而擁有相當大的權力。只是，不論總統（首相）是否集權，以及制度設計是否存在制衡，這和救災成效不一定存在正向或負向的因果關係。例如，設若總統擁有不受制衡的龐大權力，若其展現（重視救災體系的）積極態度，救災成效仍可能提升。

　　美國聯邦主義（federalism）在憲法定稿或通過之前，就有許多不同意見的討論。Moore（2020）指出，聯邦主義是政治集合體（political union），以及其所創建的憲政架構，所展現出州與國家治理機構之間的關連性。而聯邦主義問題，等同於憲政架構問題，這在美國開國過程撰寫的《聯邦主義論文集》中（The Federalist, 1788）有許多討論。內容對聯邦體制或憲政架構有正反兩面的討論（federalist vs. anti-federalist，主要討論聯邦政府成立後，可能被賦予過大的權力）。[107] 這憂慮是存在的，因為權力具有動態性，背後存在規範性或資源的動員性。在民主政治的框架下，民眾通常不願受到行動或自由的限制，難免讓政策或權力的包裝存在爭議性（特別是如果拉高到政黨意識型態差異，爭議可能更大）。因此，災難來臨過程中的緊急措施、政策或權力運用，須審慎為之。

　　美國政治體制和臺灣不同，但因都歸類為民主體制，可能存在類似的問題或爭議。《聯邦主義論文集》第39篇（No. 39），麥迪遜（James Madison）就指出，依美國憲法的精神，並非純屬聯邦，亦非完全國家至上的制度設計。Auerbach（2019a）則指出聯邦（federation）的意義是，小型的政治實體以聯合的方式形成國家，並由聯邦政府綜理國家共同事務，不過，州或地方政府在系統中則仍擁有某種程度的自主性。只是，這自主性可能難以界定，使得聯邦、州與地方政府間存在衝突。這衝突的背後，也在詮釋政府的角色。美國開國元勳與第四任總統麥迪遜，就曾表

---

[107] http://16784940-386409651682575649.preview.editmysite.com/uploads/1/6/7/8/16784940/federalist_vs._antifederalist_debate_bios.pdf，瀏覽日期：2020/5/24。

示如果人是天使，我們就不需要政府（If men were angels, no government would be necessary）。[108] 就因為人不是天使，所以必須創造政府進行規範，但為避免政府權力過大，所以必須以法律進行規範，至於規範的力道或強度，存在動態性且有討論空間。

　　針對新冠肺炎疫情嚴峻，2020年2月有地方首長建議，中央政府應進行一級開設，但中央政府一開始並未接受，但隨著疫情升溫，後來還是成立一級開設，只是指揮官仍由衛福部長擔任，引發許多討論。一級開設該名詞，在災害防救法中並沒有相關定義，但在2019年4月30日通過的中央災害應變中心作業要點，針對不同災害一級開設時機有相關說明。[109] 主要係由各主管部會決定開設時機，而通常一級開設屬於災害定義最嚴重的情形，本來就會有跨部會代表進駐災害應變中心的規定。至於災害防救法第7條的條文，行政院下設中央災害防救會報，行政院長為召集人，副院長為副召集人，這表示行政院必須擔負災害應變之責。因此，一級開設最理想的情形是由行政院長擔任指揮官；縣市則由縣市長擔任指揮官。

　　如此，比較能夠指揮中央政府跨部會或地方政府跨局處的整合，在資源調度（動員）或指揮上，也可能比較順暢。每次歷經重大災難，就會催生重大法案或修正案；美國也有類似現象，例如Jackman, Beruvides and Nestler（2017）針對美國重大災難，整理出法案的重大變革。或可以說，因為重大災難，導致政府政策改變，並轉成法律規定。例如卡崔娜風災擬訂的「後卡崔娜緊急管理改革法案」（Post-Katrina Emergency Management Reform Act）（Jackman, Beruvides and Nestler, 2017: 31-32）。該法案最重要的精神在於，提供FEMA在災前、災中與災後即時協助州政府與地方政府的準則。[110] 這些準則或規定，等於直接或間接要求

---

[108] https://www.weforum.org/agenda/2015/11/if-men-were-angels-no-government-would-be-necessary/，瀏覽日期：2020/5/24。

[109] http://www.rootlaw.com.tw/LawContent.aspx?LawID=A040040131037800-1080430，瀏覽日期：2020/3/9。

[110] https://www.fema.gov/news-release/2015/07/30/fema-outlines-decade-progress-after-hurricane-katrina，瀏覽日期：2020/4/17。

FEMA必須在適當時機積極介入救災，不得延遲。

　　因此，楊永年（2009e）對於臺灣中央政府因應緊急重大災難，提供另種組織設計思維，讓危機管理委員會取代重建委員會，成為常設或專責的災害防救組織。如此，可以延續九二一與莫拉克重建委員會之工作，也可以解決我國沒有專責防災或危機管理獨立機關的問題；也可以避免員工必須同時兼任兩份工作，或員工在重建會的工作表現，無法得到原機關認同的問題。只不過機關常設化後，仍可能存在跨部會或跨機關的整合問題。但因重建工作原本就有階段性，隨著工作任務的完成，人力資源的需求可能下降，唯因政府部門在人力甄補與離退設計上，本來就比私部門（組織）缺乏彈性。加上，政府機關在成立與撤銷機關，均須經過冗長的立法程序。都讓政府機關組織設計缺乏彈性。或若組織設計（立法）之初，就有彈性規範，也許防救災（含重建）的功能可以強化。

　　921大地震時總統曾發布緊急命令，目的在能緊急動員相關資源投入救災，由於當時災情龐大，的確也發揮應有之功能。至於莫拉克風災，雖然災情也相當龐大，但未發布緊急命令。2020年新冠肺炎期間，臺灣同樣沒有發布緊急命令，主要的理由是，疫情未達失控、經濟衰退已達一定程度、目前法令已足夠應付災情、可能違反比例原則、不當限制人民自由，[111] 以及造成社會（心理）恐慌等。[112] 相對於美國，總統川普於2020年3月宣布緊急狀態。可能的原因在於，川普總統已意識到疫情可能失控，而且道瓊指數單日曾大跌2,000多點，出現經濟衰退的跡象（楊永年，2020b）。不久之後，疫情嚴重的紐約州，也宣布緊急狀態，因為同樣存在疫情嚴重與經濟衰退（失業）問題。由於美國發布類似我國緊急命令的緊急狀態，部分國人認為臺灣也有這個需求，甚至也有從控制疫情或超前部署的角度，期待總統發布緊急命令。

　　關於政府間的合作，目前美國聯邦體制運作的現況，除了合作之外，可能還存在衝突、競爭或權力與政治的問題。美國對於新冠肺炎議題處

111　https://www.cw.com.tw/article/article.action?id=5099579，瀏覽日期：2020/4/1。
112　https://www.youtube.com/watch?v=wSJZNE-UmE0，瀏覽日期：2020/4/1。

理，聯邦與州之間存在許多矛盾，這固然和美國的體制有關，但也和總統
大選將屆有關。中國新冠肺炎爆發初期，美國欲派專家協助中國對抗新冠
肺炎病毒，兩度遭中國拒絕，可能因為國際政治詭譎多變，使得國際組織
間合作存在障礙。[113] 至於日本將新冠肺炎列為法定傳染病，內閣府宣布
確認病例必須強制治療，而相關醫療費用（不論國人或外國人）均由公費
支出。[114] 這樣的政策提高病人在院治療的誘因，同時提供醫療院所（屬
非營利組織）較大誘因，願意收治新冠肺炎罹病個案，甚至讓醫療院所感
覺收治新冠肺炎病例，是一項榮譽，而不是負擔，才能進一步提高防疫成
效。而這也等於是透過政策或機制的建立，促進組織間合作共同防疫。

　　新冠肺炎相關資訊，日本主要置於厚生勞動省（類似我國的衛生福
利部）；[115] 臺灣的防疫資訊，則置於疾病管制署的網頁。[116] 至於官網置
於部會層級是否對跨部會合作較為有利，則待進一步研究。臺灣民主政治
起步較美國為晚，但六都（或直轄市）成立後，也存在較以往為高的自主
性，使得中央與地方政府間或地方政府間不全然只有合作，而存在競合的
權力與政治關係。原因在於地方政府首長係民選產生，其背負的是（不同
政黨或不同政治價值）選民或選票的壓力。只是政府間是否合作，可能不
是臺灣民眾最在意的議題，而是其親身對首長施政的感受。例如，對於新
北市政府在新冠肺炎的超前部署，臺北市政府不願加入，但新北市和桃園
市則形成聯盟合作的關係。[117]

　　關於中央政府在防疫上的紓困政策，中央政府和地方政府也存在許
多政策執行的落差，難免導致成效低落，或者說政策形成、規劃與執行
原應一體成型，但有時因政策形成未考量政策執行的難處，導致不夠便
民。[118] 合理來說，防疫政策的背後是防疫體系，而依行政院在官網所公

---

[113] https://www.fountmedia.io/article/47484，瀏覽日期：2020/1/29。

[114] https://www3.nhk.or.jp/news/html/20200128/k10012261771000.html，瀏覽日期：2020/1/29。

[115] http://www.cas.go.jp/jp/influenza/novel_coronavirus.html，瀏覽日期：2020/1/29。

[116] https://www.cdc.gov.tw/Disease/SubIndex/N6XvFa1YP9CXYdB0kNSA9A，瀏覽日期：
2020/1/29。

[117] https://udn.com/news/story/120940/4494799，瀏覽日期：2020/4/17。

[118] https://www.rti.org.tw/news/view/id/2063701，瀏覽日期：2020/8/9。

告的「中央災害防救組織架構」圖，行政院負責防救災（含防疫）的成敗責任。雖然沒有規定不能授權部會進行指揮與運作，但由院長（或副院長）主持會議或擔任指揮官，其動員力會比部會首長強。因此，理論上重大災難應由行政院院長擔任指揮官，不是由衛福部部長擔任指揮官。這裡有兩個值得探索的問題，第一，何謂重大災難；第二，重大災難是否由部會首長擔任指揮官的議題。

　　關於第一個問題，死傷人數會是重要指標，但非唯一指標，例如若僅有一人或兩人傷亡，通常不會定義為重大災難，如果有10人（含以上）通常就會被視為重大災難。不過，有時也得視其他指標或社會（含媒體）關注度而定，例如如果社會關注度高，通常也會視為重大災難。再者，災害（可能）的規模也是參考指標，特別是（預期）造成嚴重生命財產損失，就可能被視為重大災難。例如強烈颱風來襲前，中央與地方政府都會進行所謂一級開設並召開災害應變中心會議。關於第二個問題，究竟應由誰擔任指揮官，災害防救法中並未敘明應由誰擔任指揮官。但災害防救法第3條訂有不同災害的「主管機關」，或其分類係依災難的特性與部會屬性作區隔，有其合理性。

　　倒是災害防救法第6條與第7條對於災害防救組織的描述，主要的權責機關都在行政院。例如，行政院下設災害防救會報，院長與副院長分別擔任召集人與副召集人。行政院亦設有災害防救委員會，主任委員由副院長擔任。因此，災害防救法雖未明示誰是指揮官，但依災害防救法的立法精神，中央政府的指揮官應該是行政院院長。例如，以往災害（即將）來臨時（至少在馬英九前總統與賴清德前行政院院長時），多由行政院院長坐鎮「災害應變中心」或擔任指揮官。至於部會首長擔任指揮官，因法未明定不可，但比較適當的職位應該是指揮官下的「執行長」。或者，可以讓衛福部部長擔任副指揮官，襄助行政院進行跨部會整合防疫的工作。

　　主要原因在於，由行政院院長主導或擔任指揮官，除了各部會首長重視度較高，可動員的資源也會較豐，再者，院長比較能作跨部會的協調整合，也可以避免出現跨部會的爭議。例如，衛福部和其他部會屬平行機關，衛福部難以號令其他部會配合，而行政院下設有災害防救辦公室，係

行政院進行災害防救統合的幕僚單位，主要協助行政院進行相關的協調聯繫與整合事宜。但在新冠肺炎防疫期間，由於由衛福部部長擔任指揮官，行政院災害防救辦公室似乎就沒有著力點。而這現象，從非洲豬瘟與秋行軍蟲災害處理開始，行政院災害防救辦公室就沒有角色扮演。換言之，雖然靜態的組織結構沒有更動，但因行政院院長的領導風格，讓動態的組織結構運作產生更動。

這似乎不是個案，而是與個別行政院院長的領導風格有關，再如2020年9月底，有立委質詢行政院院長為何沒有召開食安會報，導致接受質詢的行政院院長語塞。[119] 作者進一步搜尋中央廉政會報與中央防疫指揮中心的情形應該也是類似，例如首長召開或主持會議的頻率變少。這可以從中央廉政會報與行政院災害防救會報公開網頁得到進一步的會議訊息，包括會議討論的內容與主要的決策內容。因此，黃國樑、陳洛薇、周佑政（2020）即指出，行政院本部的幕僚單位快被虛級化。因為在此組織結構運作邏輯下政策的運作方式是，相關問題或議題係由院長、祕書長、政務委員，直接找部會甚至屬三級機關的局與署，導致政策形成或規劃過程幕僚作業的不足。問題在於，這樣的運作方式，是否影響救災成效？

理論上應該是有的，因為除了前文幕僚作業不足外，也可能因為跨部會整合不足，影響政策（或防救災）成效。例如，雖然美國疫情在2020年10月下旬仍屬嚴峻，但根據美國國家衛生研究院（National Institute of Health, NIH）院長佛奇（Fauci）的說法，川普總統已有數月沒有親自主持或參加新冠病毒抗疫小組會議。而這個會議在2020年3、4月疫情爆發初期，主要由副總統潘斯（Mike Pence）主導的抗疫小組進行會議，而且幾乎每天開會。後來簡化為每星期一次的視訊會議，雖然白宮回應副總統會讓川普知道會議的內容與感受。然而，副總統不是總統，未擁有總統完全（或完整）的權限，難以主導防疫政策，所以可能直接或間接影響防疫成效。[120]

---

[119] https://udn.com/news/story/6656/4897656，瀏覽日期：2020/10/16。
[120] https://www.worldjournal.com/wj/story/121148/4960417，瀏覽日期：2020/10/26。

　　理由在於，川普總統係最高行政首長，掌握龐大行政資訊，可以動員聯邦政府跨部會資源。因此，若沒有立即、完整、專業的防疫資訊，就會影響防疫決策（政策）、防疫資源投入與成效。而依前述報導，佛奇應屬防疫權威專家，至於潘斯副總統或川普總統的貼身顧問阿特拉斯（Atlas）均非防疫專業人員，在傳達防疫資訊過程，難免因防疫資訊敏感度或體會度不足，導致川普總統防疫資訊不完整。或者，也可能因為專業防疫資訊未在抗疫小組作充分討論，所以就可能對防疫決策難以產生關鍵影響。這樣的運作模式和臺灣防疫進行比較，由於主要決策者係我國衛生福利部部長，外加臺灣防疫頂尖專家（例如臺灣大學的張上淳醫師）均被網羅在專家諮詢的群組。這專家群組成員包括「20多位專長領域涵蓋傳染病學、感染科、胸腔科、小兒科與公共衛生的顧問團」。[121]

　　從顧問團成員可以看出，我國新冠肺炎防疫體系非常重視防疫（科學）相關專業領域專家的意見，或許這可以解釋，為何和其他先進國家防疫成效相較，我國防疫表現良好的重要原因。而這似乎也可以解釋，何以美國疫情嚴重，甚至2020年10月疫情仍相當嚴峻的原因之一是，川普總統不重視防疫專家意見（賴明詔，2020）。然而，臺灣防疫成效相對固然良好，但在非防疫議題的教育、兩岸、交通與其他非新冠肺炎直接相關的病毒議題，就經常出現協調整合的問題。例如，交通事業的疫情紓困，原本應由行政院（長）進行協調整合，卻可能因為缺乏溝通協調機制（行政院級的會報），所以交通部部長只好越過行政院院長直接向蔡總統表達訴求。[122] 然而，並非所有部會首長都能直接向總統提出請求，因此可以推論在（非疫情有關的）跨部會（政策）整合，可能存在盲點。

　　換言之，中央（聯邦）政府不重視防疫會議（會報），不見得直接顯現在防疫成效；或組織結構運作模式與成效之間的因果關係不見得顯而易見。但從前述美國與臺灣新冠肺炎防疫，中央（聯邦）政府的官僚組織運作，確可以推論中央層級的防疫會報，會影響防疫成效。或者，這可以

---

[121] https://technews.tw/2020/05/16/they-lead-taiwan-to-prevent-covid-19/，瀏覽日期：2020/10/26。
[122] https://money.udn.com/money/story/7307/4429570，瀏覽日期：2020/10/26。

解釋行政首長（態度）對防疫重視與否，可能影響資源動員以及組織間合作（協調整合）。所以衡量領導者的態度，可以預測體系運作的模式與成效，而這又和下一章的救災（組織）體系變革有關。由於汙染也可視為災難，因此也可進行救災體系與環保體系的比較，可以衡量與了解兩者之間的成效差異，或這可成為另種成效或績效衡量方式。

　　楊永年（2020：25-39）針對救災體系已有詳細之定義與說明，主要的內涵是，救災體系包括中央政府、地方政府、非營利組織、社區等。雖未將營利組織納入救災體系範疇，但實際上營利組織在防救災組織運作經常有角色扮演。至於環保體系，依災害防救法第3條「各種災害之預防、應變及復原重建，以下列機關為中央災害防救業務主管機關……」，而第5項的規定是「毒性化學物質災害、懸浮微粒物質災害：行政院環保署」。這意思是化學災害與空汙，屬於災害防救法的議題，所以應該可以啟動救災體系，也才能進行跨部會（組織）、跨層級（含中央與地方政府）協調整合與動員，有助環保問題的解決或成效的提升。

　　具體而言，由於廢棄物清理法存在的問題相當嚴重，包括在國有土地或私人土地，掩埋或儲存廢棄物，造成汙染或土地的破壞。廢棄物非屬毒性化學物質，對人也可能不會造成立即危害，但其對土地汙染，造成難以回復的傷害，卻也是事實。例如，2020年8月10日陳椒華立委，針對廢棄物清理法舉辦公聽會，因為「全臺事業廢棄物之亂，五年增869件非法棄置，僅8%完成清除」，同時提出修法之呼籲。[123] 作者同意這樣的作法，但進一步認為，可以將廢棄物清理法的廢棄物，涵蓋於災害防救法第3條第5項內。如此就可以納入並啟動救災（環保）體系，有利解決事業廢棄物處理存在之問題與困境。因為救災體系屬行政院院長負責，也等於直接或間接要求行政院院長出面協調。

　　行政院院長可以依災害防救法，擔任（或授權）災害應變中心指揮官，召開災害防救會報，並進行跨部會與專業領域之整合與協調。應該說環保體系政策執行的成效良莠，和政策源頭或形成有關。所以作者認為，

如果能以救災體系運作模式，有助廢棄物源頭政策問題之解決。如果依2019年的環境保護統計年報來解釋，問題更為清楚，依該年報之表7-9所示，違反廢棄物清理法的案件與人數（含比率）都是最高，以2018年為例，所有類別的案件總計236案，有621人違反法令。而廢棄物清理法案例共計160案（占總數的68%），共490人違反法令（占總數的79%）。顯然廢清法案例是環境犯罪的大宗，而依這統計資料的訊息，至少代表以下三層意義。

第一，檢警環（即地檢署檢察官、環保警察、環保局）共同合作，努力偵辦的成果，而這還包括環保團體或民眾努力提供（檢舉）訊息。這種結盟抵抗環境犯罪模式早在2004年大臺南地區就已出現，後來也應用在食品安全問題上（楊永年，2014）。也因廢棄物到處流竄，造成嚴重汙染問題，加上環境意識抬頭，形成檢警環必須努力查緝的壓力，亦即檢警環積極回應民意結盟或合作，努力偵辦廢棄物亂竄的案件。而檢警環為了查緝這類犯罪，努力克服各種困境，包括人力與經費不足的諸多問題，所以有卓著的查緝成績。然而，廢棄物處理源頭問題未解，也直接或間接導致這類犯罪仍層出不窮，甚至舊汙染場址尚未復原，就出現新的汙染場址。有某環保團體成員於2020年8月7日跟作者說，廢棄物無處去，導致後續清理曠日廢時，有些汙染場址要花十年至二十年才能清理完畢，這是更令人頭痛的問題，而這和下個問題有關。

第二，去化問題未解。所謂去化主要是指廢棄物的清理、回收、再利用的意思。也就是說，去化的管道不足，加上合法處理的成本過高，所以業者才會鋌而走險。而這包括合法經營（含政府與民間）的焚化爐或處理廠容量有限，而在廢棄物必須清理或處理的前提下，讓非法處理廢棄物（隨意棄置）的誘因或利潤高，才有偷埋或亂埋的現象。也就是說，去化的源頭問題未解，這類環境犯罪不會消失。例如，2019年11月北臺灣最大的土資場「基隆月眉」因崩塌停止營運，導致去化管道更形緊繃。雙北市府後來也提出「中央與地方」應共同面對，意思是地方政府無法單獨處理，必須有中央政府的介入或協助，[124] 而這便和中央政府的政策有關，

---

[124] https://www.storm.mg/localarticle/2651399，瀏覽日期2020/8/20。

亦為下個問題的重點。

第三，中央環保決策體系太弱。作者推測環保署也知道去化管道不足，也希望積極協調解決問題。然而，去化管道不足並非單獨環保署所能解決，必須仰賴跨部會合作才有辦法，而這必須有更高層次（如行政院院長）出面協調，才能解決。而這又涉及中央政府環保體系太弱的體制問題，具體而言，環保體系不像中央「救災體系」組織結構完整，除了災害應變中心，還有災害防救會報、災害防救委員會等機制，可以解決救災問題，而這也是環保體系必須強化的方向。若去化管道不足，我檢警環再怎麼努力查緝，仍難以根絕廢棄物偷倒亂埋的問題。換言之，目前環保體系可能缺乏如中央政府（行政院）層次的救災體系機制，導致許多重要的「環保政策」問題無法被檢討或執行。

對比之下，救災體系和環保體系中央決策系統相較，救災體系的機制較強。可能因為媒體能見度高，加上救災體系有災害防救法的基礎，所以救災體系的重大政策比環保體系容易形成。若依災害防救法，還有行政院災害防救辦公室、災害應變中心、災害防救會報，以及災害防救委員會等可以連結或應用。但如果從政策執行的角度分析，檢警環的結盟或合作模式，似乎沒在救災體系的執行面出現。雖然救災體系的政策執行面有消防人員，也有國軍積極行動，並進入地方政府，加上非營利組織也有很多參與。但就作者觀察，救災體系執行面的人力整合或合作，比環保體系政策執行的檢警環結盟機制來的遜色。

雖然過去曾發生毒化災，但似乎較少因為毒化災啟動救災體系。以2018年桃園的敬鵬大火為例，根據桃園市消防局的檢討報告，因廠房儲存大量酸鹼有機溶劑，為易燃與助燃物質，係造成6名消防人員在火場殉職的重要原因。[125] 而前述物質涉及環保局管轄業務，而火災係消防局業務職掌，卻因為沒有關鍵或整合資訊，導致消防人員喪命火場。因此，類似大火是否應成立應變中心，以獲取跨局處災害資訊，似乎可進一步討論。或即便沒有成立應變中心，從該次經驗，似乎應立即知會環保局，提供廠

---

[125] https://www.tyfd.gov.tw/files/15366262082003.pdf，瀏覽日期：2020/8/19。

房內部化學或易燃品的相關資訊。或者，環保局也可以針對廠房囤積化學易燃物品的資訊，建立詳細資料庫，並和消防局分享，以利其在火災發生的第一時間，即能取得廠房的易（助）燃物質。

　　這類似「複合型災難」的概念，存在複合型的災難因素，即火災的背後存在複雜的毒性化學物質。再以2014年發生的高雄氣爆為例，2020年4月二審宣判，過失責任全在高雄市政府，而廠商無罪。判決指出**「認定起因全為公務員對公共工程未嚴格把關、善盡職責，改依過失致死罪，判市府時任幫工程司趙建喬（現調顧問）3年半、副工程司楊宗仁2年半、工程員邱炳文3年半；其餘榮化、華運9被告全無罪」**。[126] 這判決的內容主要代表高雄市政府救災體系運作存在問題（救災成效不彰），特別是防災部分（管線施工）的疏失，應在高雄市政府，因為這涉及地下管線的管理問題，中央政府雖不能說完全沒有責任，但比較是監督或間接的責任。至於救災部分，還得要檢視氣爆發生時高雄市政府救災體系運作的情形。

　　倒是高雄氣爆發生後，高雄市政府消防局在第一時間判定為瓦斯外漏，延誤阻止氣爆發生時機。[127] 高雄氣爆和敬鵬大火類似的情形是，表面上看起來都是「火災」，而在未進一步取得證據前，就認定是「瓦斯」或不具危險性的毒性化學物質，導致滅火的策略失誤，甚至引發二次爆炸（例如毒性化學物質用水滅火，就可能引發爆炸）。可能的情形是，作者推測當時高雄市政府沒有啟動救災體系，或可能沒有成立災害應變中心，而讓消防局獨自處理氣爆，導致包括時任消防局主任祕書的林基澤在內的6名消防官員殉職。[128] 不過，高雄市政府是否真的沒有啟動救災體系，仍得有進一步的佐證資料。但從結果推論，這仍是組織間合作不足，造成的災難，因此均屬成效不佳的案例。

---

[126] https://udn.com/news/story/12090/4515557，瀏覽日期：2020/8/19。

[127] https://www.gvm.com.tw/article/44256，瀏覽日期：2020/8/19。

[128] https://www.bbc.com/zhongwen/trad/china/2014/09/140921_taiwan_kaohsiung_blast，瀏覽日期：2020/8/19。

陸、國際合作

　　有時因為災難規模過於龐大，或因國內資源難以滿足救災所需，或為救災所需，所以有國際合作的需要。換言之，跨國合作的目的，是在提升救災成效。跨國合作的內涵，包括政府組織、非政府（非營利）組織，以及營利組織（通常以捐款或以該營利組織成立的基金會運作）。每當國內外大型災難發生，都會有很多的（國際）組織投入救災。這些不同的組織，有些會有合作（整合），有些不會合作，甚至有些組織間會有衝突。為讓國際合作共同救災發揮應有功能，國際合作平臺的建立不可或缺，除了可以迅速動員，也可以避免資源的浪費或有效利用資源。在這部分聯合國與諸多非政府組織（例如慈濟功德會、紅十字會、世界展望會、聯合勸募等），提供很好的國際合作平臺。

　　聯合國成立於1945年，成立的原因在於二次世界大戰，造成人為嚴重災難（戰爭即是災難，但戰爭通常不會用救災體系架構因應或動員，可能會以國安體系為主軸，所以總統會是指揮官）。為追求和平與安全，促進國際友誼關係，以及共同合作解決跨域問題，係聯合國成立的目的，這些目的在聯合國憲章的第一章已有清楚說明。[129] 目前聯合國共有193個會員國，臺灣雖非會員國，無法參加聯合國相關組織，卻不能不了解聯合國的資源與運作模式。因為大型國際災難發生，聯合國多會提供相關資源，或積極協助救災。聯合國在祕書處（United Nations Secretariat）下設有聯合國人道事務協調辦公室（Office for Coordination of Humanitarian Affairs, OCHA），主要任務在協調相關部門人員，對於緊急事件有一致的回應，同時確認相關人員在既定架構下，都能貢獻所長。[130]

　　聯合國除了設有人道事務協調辦公室，還設有減災策略辦公室，該辦公室的主要任務是整合或連結政府、夥伴與社區，以降低災難的風險與損失，以確保安全與永續未來。[131] 而依聯合國官網的描述，不論是人道事

---

[129] https://www.un.org/en/sections/un-charter/chapter-i/index.html，瀏覽日期：2020/9/4。

[130] https://www.unocha.org/about-ocha/history-ocha，瀏覽日期：2020/9/4。

[131] https://www.undrr.org/，瀏覽日期：2020/9/2。

務協調辦公室，或是減災策略辦公室，主要是幕僚或扮演（類似中央政府的）政策形成角色。至於政策執行，聯合國必須回到會員國的思維，或透過會員國的合作；或和非政府組織進行連結。例如，聯合國在1946年即設有非政府組織委員會（NGO Committee），可能的原因在於有些國際公共事務不方便由政府或官方出面，[132] 非政府組織於是成為推動或參與國際公共事務重要的動力。或者，聯合國NGO委員會可以是防救災國際合作的重要平臺，可以進一步和前述人道事務協調辦公室，以及減災策略辦公室有所連結。

　　慈濟功德會除了主動參與國際賑災，同時也積極參與聯合國相關會議，走入國際組織，包括成為聯合國環境觀察員、[133] 參與聯合國婦女大會、聯合國經濟社會理事會非政府組織特殊諮詢委員（NGO in Special Consultative Status with ECOSOC）。[134] 雖然臺灣政府無法參加聯合國相關會議，但屬非政府組織的慈濟功德會，卻能參與聯合國的相關會議，這亦值得肯定。至於中華民國紅十字會，亦相當積極參與國際救災活動，在國際交流也有許多行動表現，包括參與聯合國主動的會議，以及和國際與各國紅十字會進行會議與交流。[135] 也因為非政府組織在國際合作與交流上，比政府（官方）組織更有彈性，因此我外交部特別設置非政府組織國際事務委員會（簡稱NGO委員會）。主要也在協助我國非政府組織，參與國際事務，讓臺灣有更多元的國際參與空間。[136]

---

[132] https://research.un.org/en/ngo，瀏覽日期：2020/9/5。

[133] http://www.tzuchi.org.tw/%E5%9F%BA%E9%87%91%E6%9C%83%E6%96%B0%E8%81%9E%E7%A8%BF/item/22292-%E7%BE%8E%E5%9C%8B%E6%85%88%E6%BF%9F%E7%8D%B2-%E8%81%AF%E5%90%88%E5%9C%8B%E7%92%B0%E5%A2%83%E8%A7%80%E5%AF%9F%E5%93%A1，瀏覽日期：2020/9/5。

[134] http://www.tzuchi.org.tw/%E5%85%A8%E7%90%83%E5%BF%97%E6%A5%AD/%E8%87%BA%E7%81%A3/item/9006-%E8%81%AF%E5%90%88%E5%9C%8B%E7%B6%93%E7%A4%BE%E7%90%86%E4%BA%8B%E6%9C%83%E9%80%9A%E9%81%8E--%E6%85%88%E6%BF%9F%E7%82%BA%E7%89%B9%E6%AE%8A%E8%AB%AE%E5%A7%94，瀏覽日期：2020/9/5。

[135] http://www.redcross.org.tw/home.jsp?pageno=201206040002，瀏覽日期：2020/9/5。

[136] https://www.taiwanngo.tw/，瀏覽日期：2020/9/5。

　　換言之，非政府組織或民間願意投入國際公共事務，原本就應予鼓勵，甚至從政府的角度，亦應全力促成或協助，因為這有助臺灣國際外交拓展。也因此，臺灣非政府組織在國際合作與交流扮演愈來愈重要的角色，例如慈濟功德會在五大洲（亞洲、非洲、美洲、大洋洲、歐洲等）共有63個國家地區設有分會，[137] 如果以美國為例，設有美國總會以及八個分會，總會下有10個據點，其他八個分會共有52個據點。若以據點分析，慈濟功德會的據點幾乎遍及全美國。[138] 根據作者的非正式訪談與了解，2017年哈維風災，共動員1,400人次的慈濟志工（從全美各地，包括加拿大與夏威夷），參與哈維風災賑災工作。志工主要的工作是發放現金與救災物資。動員方式是透過定期與不定期的視訊會議，並由所在地（分會）執行長作災情報告。視訊會議後通常就會形成資源動員的共識，並展現救災的效率與效能。

　　臺灣過去在1999年921大地震時，就有很多世界各國特搜隊到災區救災，作者印象中，有美國、日本、韓國、土耳其、墨西哥等國家的特搜隊有良好表現，救出受困民眾。2009年莫拉克風災，也有美國直升機支援或協助救災（作者的印象中，當時中國也表達可以派直升機協助臺灣救災，但遭我方婉拒）。然而，也有些國家不見得願意接受他國的協助，例如我國特搜隊曾遭中國（汶川大地震）與日本（東日本大地震）拒絕前往救災（楊永年，2020：127）。可能的原因包括兩岸關係，臺灣在國際外交政治上有其限制，以及非聯合國成員等因素。如果再加上交通、距離以及跨國文化的差異，就會讓國際救災存在障礙，或難以發揮救災成效。

　　國際合作共同救災固然不易，但成功救災或提升救災成效的案例並不少見，除了跨國（政府組織）合作，非政府組織也扮演非常重要的角色。例如慈濟主動投入東非伊代風災救災活動，受援助的國家包括莫三比克、辛巴威、馬拉威等3國，並動員與投入20多噸的糧食（王志宏，2019：

---

[137] http://www.tzuchi.org.tw/%E5%85%A8%E7%90%83%E6%85%88%E6%BF%9F%E8%81%AF%E7%B5%A1%E9%BB%9E，瀏覽日期：2020/9/2。

[138] https://tzuchi.us/zh/offices，瀏覽日期：2020/9/2。

14）。在證嚴法師號召下，全球55個國家的慈濟功德會成員，共同投入東非救災活動。證嚴上人並以「翻轉非洲此其時矣」，說明救（援）助非洲災區國家的意義（王志宏，2019：2）。這意思應該是說，大破壞後會有大建設（變革）。或者說，因為大型災害發生，讓外部力量（非政府組織或非營利組織）有介入的機會，也因為大型災難，可以突顯或衡量或診斷某個地區或國家有什麼問題。

透過重建過程，提供他們脫離貧窮與改變命運的方法。因為災難的發生，屬外部的非政府組織得以進入或深入這些貧窮落後的國家，可以了解他們的問題在哪裡，再據以作為變革的基礎。作者在一場分享會上，以視訊方式連結莫三比克災後重建區，見證到莫三比克具體的改變，[139] 原本受災的災民，透過以工代賑方式，投入災後重建。多年後，這些「災民」投入志工行列，或因為重建過程等於人才培育過程，讓原本缺乏知識的災民，一躍成為擁有知識與能力的志工（民眾）。這是國際合作對莫三比克產生的正面影響（成效），有助災民脫貧與永續發展，也可視為（慈濟）非營利組織啟動變革（可結合第四章第三節閱讀），發揮了成效。

不過國際合作有時有著政治考量，而這可能對防救災（含防疫）不利。例如每四年舉辦1次的奧林匹克國際運動會，就有許多政治經濟考量。背後龐大的政治經濟因素，使得政府舉辦的活動不一定符合永續環境思維，或者可能不利防疫。應該說，日本安倍政府，在東京奧運（簡稱東奧），所思考的是經濟（利益或未來收入）、契約執行（包括已投入的預算或成本）或結構因素（含政治、經濟或制度因素）等，所以堅持東奧必須如期舉辦。雖然當時新冠肺炎疫情全球不斷升溫，但日本安倍首相仍堅持續辦，為避免重大經濟損失，對於取消或延期舉辦東奧有其難處。在此情形下，對於舉辦東奧可能發生群聚感染，或選手們在搭機過程感染病毒，都是相當大的風險。

---

[139] https://www.tzuchi.org.tw/%E8%AD%89%E5%9A%B4%E4%B8%8A%E4%BA%BA/%E6%B3%95%E9%9F%B3%E5%AE%A3%E6%B5%81/%E5%BF%97%E5%B7%A5%E6%97%A9%E9%9C%83%E9%96%8B%E7%A4%BA/item/24572-%E8%8B%A6%E5%9C%B0%E5%96%84%E5%8A%9B-%E5%BF%83%E5%AF%8C%E8%83%BD%E6%96%BD，瀏覽日期：2022/2/2。

　　日本政治運作過程中，如期舉辦東奧一度獲得G7（七大工業國領袖）與國際奧會的支持，國際奧會網頁同時呈現東奧防疫計畫內容。[140] 理論上新冠肺炎疫情嚴峻時期，室內與室外大型活動多已取消，甚至很多國家已有封城與鎖國措施，所以東奧應該停辦或延期。但身為地主國暨主辦國的日本，一直希望如期舉辦東奧。主要的原因在於經濟考量，因為日本官方與企業均已投注大筆經費（預算），如果延期舉辦，勢必增加諸多（不必要）成本。所以日本才會透過雄厚的外交關係，與世界重要國家的溝通，希望世界重要國家能夠背書，讓日本能舉辦東奧。但如期舉辦東奧的計畫，在加拿大宣布退出2020年奧運後，日本政府在短時間作成延期一年的決策。

　　新冠肺炎於2020年2月下旬開始，疫情迅速擴張，有席捲全球的趨勢。面對全球人類共同的災難，理論上應立即展開國際合作共同防疫。然因諸多因素，或存在許多政治考量（小動作），使得國際合作存在障礙。包括國際衛生組織似乎也存在許多政治因素或考量，使得臺灣無法進入國際衛生組織成為會員。新冠肺炎於2020年1月在中國爆發，當時提供絕佳的防疫（救災）體系組織間合作的研究或探索個案。因為中國新冠肺炎疫情不斷升高，國際衛生組織將中國列為高風險地區。[141] 後來經過協調，中國政府同意國際衛生組織派員進駐，展開對新冠肺炎疫情的蒐集與監控的國際合作。應該說，這舉動隱含國際組織啓動組織間合作並介入新冠肺炎防疫工作。[142] 或當世界很多國家都出現新冠肺炎案例時，不論國內或國際，都應建立並執行組織間合作，以強化防疫成效。而其前提是精準與公開透明的防疫資訊，以及充足的防疫資源配置。但可能因為組織間合作誘因、意願、能力與機制，讓（國內與國際）組織間合作不甚理想。

---

[140] https://www.olympic.org/news/communique-from-the-international-olympic-committee-ioc-regarding-the-olympic-games-tokyo-2020，瀏覽日期：2020/3/20。

[141] https://udn.com/news/story/120944/4308541?from=udn_ch2_menu_dc1，瀏覽日期：2020/1/29。

[142] https://udn.com/news/story/120936/4309461?from=udn_ch2_menu_main，瀏覽日期：2020/1/29。

柒、地方政府

　　面對（大型）災難，地方政府站在第一線，必須因應災難的立即處理，以及後續安置與重建的工作。但中央（聯邦）政府也有責任在最短的時間，給予地方政府必須的支援與協助。但不宜作爲中央政府卸責的藉口，地方政府也不適合藉機批評中央支援不力。不過，中央與地方政府互相批評救災（防疫）的問題似乎重複發生，就作者的觀察，不僅臺灣（莫拉克風災與高雄氣爆）如此，美國（卡崔娜颶風）也是如此，甚至美國與中國也在互相指責病毒來源問題。因此，對於地方政府防救災能力或成效的衡量，可能不是只有衡量地方政府組織因應大型災難，是否擁有足夠的能力或能量，還得檢測地方政府組織間合作的能力與能量。而這包括地方政府間，以及中央與地方政府間的（網絡）關係。

　　2020年美國新冠肺炎爆發期間，川普總統認爲，州政府與地方政府身處政策執行的第一線，應該負較大的責任。問題在於，新冠肺炎疫情（災難）並非州政府與地方政府能夠處理，加上聯邦提供的資源，經常難以即時到位，導致聯邦與州之間存在許多矛盾。因此才有美國東岸七州，以及西岸三州的防疫結盟行動。[143] 2020年4月間，美國州政府爲因應新冠肺炎，東岸的紐約州、新澤西州、賓州、康乃狄克州、德拉瓦州，以及後來加入的麻州（共和黨州長），形成區域聯盟體共同抗疫，跨黨聯盟儼然成形。在此同時，西岸的加州、奧勒岡州以及華盛頓州，也已形成跨州合作抗疫機制。至於美國東岸七州爲進行防疫實質合作，設置多個委員會，特別由跨州的公衛與經濟官員共同討論，讓防疫與經濟能夠齊頭思考（並進），包括如何重啓經濟活動。

　　基此，川普總統相當不以爲然，認爲「重啓經濟」是總統的權限，但從東岸七州聯盟的作爲，這些聯盟州似乎不買川普總統的帳。後因川普總統理解州政府存在自主權限，後來改口尊重州長的權限。而從跨州防疫合

---

[143] https://www.bostonglobe.com/2020/04/13/business/cuomo-says-northeast-governors-will-coordinate-reopenings-after-coronavirus-outbreak-subsides/，瀏覽日期：2020/4/17。

作治理，也可以看出美國總統與州長間，同樣存在權力與政治的爭執（爭議）。[144] 而從這些爭議，或許我們可以思考或針對美國聯邦、地方政府，以及聯邦與地方政府組織間互動進行防疫成效之衡量。由於美國曾有一段時間成為全世界新冠肺炎疫情最嚴重的地區（以國為論），基此或許聯邦政府要擔負較大的防疫責任。而這可以從防疫政策找答案，也可以從資訊、動員、組織間合作找尋答案。同樣的，也可以從聯邦與地方政府，以及地方政府間的合作組織間合作，探索其與防疫成效的關連性。或者，雖然美國聯邦與各州普遍防疫成效不佳，但不同州或地方政府，仍有相對表現（防疫成效）良好者。

再以地方政府警察與消防合作為例，在消防未獨立之前，警察與消防可以說是生命共同體。消防是警察工作的一部分，消防獨立之後，已成獨立組織（個體），兩者的合作緊密度已無法或難以回到消防獨立之前。但這不表示兩者無法合作，例如大型災難發生時，有太多資源（工作）必須投入，警察與消防各自有不同或重疊的資源可以投入，很多時候也願意投入。只是有時這些投入是單獨投入，而不是合作投入。若從投入（的資源）著手，可以由兩組織的共同上級進行整合。例如警察局與消防局共同的上級是縣市長（或副首長、祕書長、副祕書長），甚至比較屬於體制面的部分，亦可以透過內政部部長協調警政署與消防局，以建立警消合作誘因與體制。Agranoff and McGuire（2001）即指出，在網絡管理過程中，資訊而非職權比較能有授能（empowerment）的效果。

而因資源的投入可能夾雜重要資訊，或資訊分享亦可先於資源投入，但資源投入之後亦可進行資訊分享。由於整合工作相當繁雜，加以（縣）市政工作也相當龐雜，1位市長外加3位副市長，以及祕書長等，都不一定能好好了解與整合警消兩組織，所以才會有災害防救辦公室的設立。問題在於，有些縣市首長不重視災防辦，有些縣市派有災防辦主任（如臺南市政府）；有些縣市災防辦主任由消防局長兼任，有些縣市災防辦主任則由

---

[144] https://www.bostonglobe.com/2020/04/13/business/cuomo-says-northeast-governors-will-coordinate-reopenings-after-coronavirus-outbreak-subsides/，瀏覽日期：2020/4/17。

副首長兼任，但幾乎所有縣市的災防辦均為任務編組。唯就作者觀察，臺北與新北兩市的人力較為充裕，在消防局下增設科別，執行防災或災防辦業務。例如，休士頓市政府組織結構，在市長辦公室下，設有高達28位幕僚主管或執行長，因此有整合的優勢。亦即，組織結構會是重要的資源投入衡量指標。[145]

　　或若以921大地震為例，就過程或行動而言，當時的警察的確也做一些傷患搶救與救助的工作，以及非消防專業的防救災工作。基此，或可針對警察可以投入的防救災工作進行整理，必要時形成規範，那麼也就可以進一步形成衡量警察資源投入與過程的指標。再者，921大地震發生後，南投縣政府警察局與消防局都分別投入一些防救災工作（南投縣碰巧於大地震那年4月正式分立，9月發生大地震），只是相互間沒有完美的分工與整合。其共同的上級（縣長、副縣長）對警察與消防工作之間的分工、整合與合作，可能不是很熟悉，所以不太能夠有效介入。加以當時災防法還不存在，也沒有災害防救辦公室（這是2009年之後才有的概念，目前臺灣諸多縣市也只是任務編組）。

　　就成果或結果而言，不論警察局或消防局，通常都會整理出其在災難救助的投入與成果（績效）。這些成果都可以進一步整理、分類，並作為考核下次災難警察資源投入、過程（行動）與成果的依據。當然，災害防救不是只有警察與消防之間的合作，還有其他局處必須納入考量。同樣的道理，每個局處都有它的獨立性與特殊性，所需的分工與整合，也需從投入、過程、結果等進行衡量。不過，如果能先整理好警消合作模式，其他局處在防救災工作的投入，可以同樣的模式進行衡量與整合。而當災難規模擴大，組織間合作必須跨政府層級、跨縣市，同時得和非營利組織進行合作，以利防救災之推動。Agranoff and McGuire（2001）指出網絡（networks）或團體工作（teamwork）是政府組織間合作（或公共網絡管理，public network management）的重要因素。

　　因此，網絡與團體工作可作為（政府）組織間合作的衡量指標。

---

[145] https://www.houstontx.gov/mayor/divisionsanddirectors.html，瀏覽日期：2021/2/12。

Agranoff and McGuire（2001）進一步提出網絡管理有七個重要的問題，作者進一步認為，這七個問題應可進一步發展成為組織間合作成效的衡量指標。第一，網絡管理是否存在傳統行政管理POSDCORB的七項功能（Gulick, 1937），其內涵包括計畫（planning）、組織（organizing）、用人（staffing）、指揮（directing）、協調（coordinating）、報告（reporting）、預算（budgeting）。第二，網絡管理是否存在團體決策。第三，網絡關係是否存在彈性。第四，網絡關係能否促進相互間的自我負責，以及能否取代課責議題。第五，網絡關係的相互信任、共同目標、相互依賴，以及凝聚因素是否等於組織的法制與理性職權。第六，網絡權力的使用，以及其對團體問題解決的影響。第七，網絡的成果與網絡的生產力，是否因為網絡管理的存在才能發生。

　　而如果從前述七點，重新檢視警消關係，或可得出一些創新思考。合理的論述是，如果警消分立前，能針對這七個議題作仔細檢視並規劃，也許警消合作關係會有不同。而今既已分立，不妨從警察與消防兩個組織存在許多共通性，進行設計與思考，這共通性可以「公共安全」涵蓋。例如，目前警察與消防的教育仍從警察大學與警察專科學校培養，因此，可以藉由共同課程或通識課程的設計，讓警察與消防人員都能熟習雙方的領域，甚至可以合組專案研究小組，進行防救災議題的研究或探索。再者，早期警消未分立前，中高階幹部也有職位輪調機制，只是，以目前警察與消防各往獨立或專業方向發展，要重新實施職位輪調可能有困難。

　　不過，未來如果認為警察與消防合作具重要性，可以嘗試從前述七項行政管理功能著手，以促進救災成效為前提，進行警察與消防組織合作之計畫、組織、用人、指揮、協調、報告、預算等。同時可以進一步嘗試形成跨組織（決策）團體，慢慢發展相互間的信任與依賴關係，也就是從警察與消防網絡合作關係著手，進行其和救災成效的連結。警消組織間合作，通常被視為水平間的網絡與合作關係，然而，警察與消防工作也有全國一致性的議題存在，所以警消合作關係，也不能忽略垂直或層級的（hierarchical）關係。或者說，警察與消防之間的合作，不是只有警察局與消防局之間的合作，也可能涉及警政署與消防署，甚至縣市政府與中央

政府（行政院、立法院、司法院、考試院、監察院）都有關係。

行政院掌有最豐富的行政資源，其所擬訂的防救災政策，可能影響警察與消防之間的合作。立法院可透過災防法中著力，影響警消合作關係。司法院可能因爲防救災審判案例的形成，對防救災政策或執行方式有影響（例如小林滅村判決高雄市政府敗訴）。考試院可以形成防救災專屬考科。監察院則針對防救災組織（警消）可能進行彈劾或糾舉。除了政府行政組織和非營利組織，國際組織或不同國家的救災相關組織，也可以發展合作關係，或可以發展成爲衡量救災成效的指標。例如，921大地震時多國搜救隊支援臺灣救災，莫拉克風災時美國支援直升機救災，都有助救災成效的提升。Fountain（1998）指出，社會資本有助公私協力（public-private partnership）創新政策合作的成效。

社會資本的提升，有助組織合作效能的提升。依Walsh（2019）的看法，社會資本是人際互動中產生社會關係（social relations）所存在的自願性行爲，而這自願性行爲有助生產上的互利。而組織基於慈善的給予或付出，也屬於社會資本的範疇。因此，社會資本可以是衡量警消個別或兩者合作的指標，其內涵包括警消個別組織（或個人）是否存在自願性防救災付出的行動或行爲，有助救災成效的提升，唯這比較屬於投入（input）的部分。這部分可說是無私的奉獻，通常不會出現在法律規定中，但通常在宗教中會有鼓勵。甚至，災難來臨時，社區自助能力經常扮演關鍵角色。因此，警消與社區之間有否合作機制，也可以是衡量救災成效的指標。

若然，警察與消防可以是競爭關係，目標是提升社區防救災能力，那麼警消是否合作，就不是那麼重要了。特別是，警察人力遠大於消防人力，甚至偏遠人力多有派出所的設置，在這部分，警察局可以發揮防救災的功能可能強於消防局。不過，如果能有資訊分享，以及防救災教育訓練的分享與推動，警察所能發揮的防救災功能更強。因此，若從垂直或多元的組織間合作思考，可以打破警消合作或整合水平思考的迷思。當然，除警察與消防組織之外，還應擴及其他局處參與和合作。因此，這可能還是得回到專責防災或災防組織（如防災局）的設置（楊永年，2019h），

唯初步是可以從警察與消防進行探索，但這涉及層面可能不是只有救災體系，也可能對治安工作有所衝擊。這涉及組織變革議題，將於本書第四章進行討論。

　　基此，或可以說，組織間網絡關係的存在，對組織間合作而言是重要的。存在網絡關係，以及網絡關係是否被激活（activation）是兩回事，而這又和社會資本有關，至於最基本的概念則應從個人（對網絡組織動員提升救災體系）的工作承諾開始。而如果以莫拉克永久屋重建為例，雖然重建經費與行動，多由非營利組織所提供。但因為善款亦係公共資源，必須接受公共監督，所以對於住戶財產的擁有權或轉移權（即買賣）就有限制。而這部分必須仰賴擁有公權力的政府參與，因此永久屋重建過程，基本上也是組織間合作的成果。我們也可以推論，非營利組織投入災區永久屋興建，多是無私的奉獻或付出，也可以說是社會資本的展現。

　　Imperial（2005）針對六個水流域管理專案研究獲得啟發，認為合作是網絡治理的重要策略，但執行面存在許多成效的差異，同時提醒在美國聯邦系統設計下，衝突或競爭有時在所難免。換言之，政府首長或公共經理人（public managers）如何善用合作治理策略，就非常重要。以舊金山市為例，由於該市衛生局長對於新冠肺炎存在高敏感度，因此早在2月25日就由市長London Breed宣布舊金山進入緊急狀態，這是美國最早宣布進入緊急狀態的城市。在此同時，舊金山市衛生局長，默默將關鍵疫情資訊和灣區各郡（市）討論分享。同時於3月中旬時，舊金山灣區五個郡的地方政府，聯合發布禁足令，除非必要活動，都要在家裡蹲。這麼做的原因在於，可以避免因為地方政府不同調，導致防疫成效大打折扣或造成外溢（spillover）或疫情擴散效果。也許也因為這個原因，位於美國西岸的加州（特別是舊金山灣區），疫情相對較東岸要來的穩定很多。[146]

---

[146] https://kknews.cc/world/5j85xlk.html，瀏覽日期：2020/4/17。

第四章

救災體系變革

　　如前章所述成效衡量是體系變革最重要的基礎，有了明確的致災原因，才能據以進行變革（或補強）。如第三章提到的高雄城中城與臺鐵太魯閣事故，雖然有了公開的調查報告，但後續是否根據調查報告，進行有效的變革，值得進一步探索。而這也是本章要探索的主題，應該說第三章關切的是調查報告的良窳，第四章重視的是，救災體系是否根據調查結果進行變革，變革的成效是否符合預期或期待（的成效）。因此，第三與第四章密切相關，必須經常進行成效檢測與變革思考。而這即是Argyris（1977）雙循環學習（double loop learning）的概念，主要的意思是，不只針對目標（所發現的問題）進行變革，還得有能力針對問題背後的問題，進行挑戰或檢視，或這才能真正達到組織學習的目的。而這也可以呼應第一章第二節所提太魯閣案的變革問題，因為交通部部長覺得交通部已做很多，但家屬都不知道；[1] 這似乎也表示，交通部的組織（錯誤）檢測系統存在問題，使得基層的問題無法上達，導致變革得不到家屬認同。

　　根據前文論述，救災體系變革，不會也不應是單一組織的問題，必須有系統思考。而這得從救災體系變革存在的兩層意義思考，第一，是救災體系（組織或內部）的變革；第二，是救災體系環境（外部）的變革。救災體系的廣義定義可以同時包括這兩個層次，不過從組織理論的觀點，組織環境固然和組織運作密切相關；但組織與環境還是存在區隔性（楊永年，2006：493-522）。本書圖2-1亦符合這樣的論述。換言之，防救災政策，可能同時對救災（組織）體系內部與外部造成影響。即便聚焦救災體系（組織）變革，對（組織）環境也會造成影響，這影響包括救災成效，而救災成效也可能反饋或影響救災體系運作。例如救災體系運作，會影響災民或一般民眾的滿意度，而這滿意度或不滿意度，也會進一步影響救災體系運作。為避免論述範圍過於龐大，因此本書變革的概念以救災體系組織內部為主，組織（外部）環境為輔。不過，下段文字的論述或可結合組織內部與外部環境進行統合思考。

1　https://udn.com/news/story/7266/6012165?from=udn-catelistnews_ch2&fbclid=IwAR3hdedbM1K dqBgb6EgA_AREylldu90vNSJEknTMDFIXkqUn3_3WMiR055E，瀏覽日期：2022/1/6。

　　爲進行救災體系變革，透過圖4-1可以有比較清晰的概念的解釋，不過圖4-1和作者（楊永年，2020：47）原本圖示不同。主要的差異在將中央政府、地方政府、非營利組織、社區等和資訊、動員、組織間合作之間改以「雙箭頭」呈現。也就是說，中央政府、地方政府、非營利組織、社區等所形成的救災體系，可能因爲其中一個組織的改變，會帶動其他組織變革。例如，中央政府的變革（例如形成自主防災社區政策、深耕政策或韌性社區政策）可能牽動地方政府、非營利組織、社區等的變革，進而造成整個救災體系的變革。或者，地方政府也能結合社區資源（例如社區守望相助隊），進行防疫（防災）。[2] 而爲能同步進行變革，資訊、動員、組織間合作的思維不可或缺，配合本書圖2-1組織變革變項關係圖進行思考，組織績效會回饋至組織環境，並進一步影響組織領導與願景。

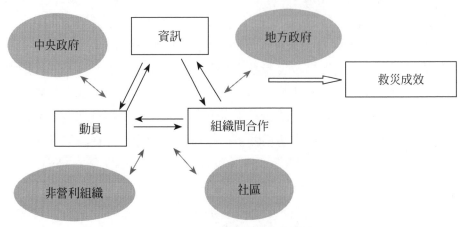

圖4-1　救災體系研究架構圖

資料來源：修改自楊永年（2020：47）。

2　https://www.taiwanhot.net/news/focus/77/%E6%A1%83%E5%9C%92/981160/%E5%AE%88%E6%9C%9B%E7%9B%B8%E5%8A%A9%E9%9A%8A%E6%94%AF%E6%8F%B4%E9%98%B2%E7%96%AB%E5%B7%A5%E4%BD%9C+%E9%84%AD%E6%96%87%E7%87%A6%E6%84%9F%E8%AC%9D%E4%BA%A4%E5%87%BA%E9%98%B2%E7%96%AB%E5%A5%BD%E6%88%90%E7%B8%BE，瀏覽日期：2022/1/8。

同時可再結合Argyris（1977）的雙循環學習思維，整個救災體系變革的輪廓就可以清楚呈現。救災成效仍以單箭右向的方式呈現，但救災成效亦可能形成反饋（如圖2-1所示），修正或調整中央政府、地方政策、非營利組織與社區的政策或策略。同樣的邏輯，社區防救災（組織）的改造，可能牽動中央政府、地方政府、非營利組織（例如社區發展協會或其他如慈善組織或大學均屬之）、社區（主要以村里長或社區防災為主軸的社區），而這會在本章第三節啓動變革有相關論述。救災體系不斷在變革中，有些是計畫性的變革，有些則非計畫性的變革。例如警察與消防分立，成立消防署、縣市政府消防局，成立行政院災害防救辦公室，都屬於計畫性的變革。只是這些計畫性變革是否「制度化」或變成工作生活的一部分，仍有檢討或研究的空間。

救災體系變革可以由上而下，也就是由行政院或所屬部會形成變革政策。也可以由下而上，就是啓動「社區變革」，或由非營利組織（營利組織）啓動變革。不論由上而下或由下而上，中央政府、地方政府、非營利組織、社區都是相互關連。以作者進行中的木屐寮防災社區計畫為例，該計畫最早是2001年桃芝颱風土石流淹沒木屐寮，2002年作者接受「行政院九二一震災災後重建推動委員會」委託，執行「木屐寮社區防救災組織」專案計畫（楊永年，2002）。大約在2018年作者撰寫《救災體系》專書過程發現，木屐寮社區防救災組織仍在運作（楊永年，2020：223），因此基於好奇，2020年7月25日作者接受木屐寮生態文化協會李振儀理事長邀請，參加「桃芝颱風19週年感恩活動」，並受邀致辭（https://www.youtube.com/watch?v=d0P_0GUX1rE，瀏覽日期：2021/12/18，致詞內容於Youtube的第39分），同時激起作者重返木屐寮研究的想法。

當時只是單純希望規劃在桃芝颱風20週年時，舉辦一場研討會，除了紀念桃芝颱風20週年，也希望從永續發展的角度思考與協助木屐寮社區。巧合的是，成功大學研發處為獎勵《救災體系》專書，提供小額經費，並要求在二個月內執行完畢。因此在2020年11月20日舉辦「木屐寮生態與觀光高峰論壇」，詳細內容請參考本書第四章第三節第參部分。這類似以「焦點座談」方法，以動態方式切入或介入木屐寮社區發展。不同的是，

焦點座談係以問題討論為導向；論壇舉辦則以任務為導向。加以後續成功大學社會科學院教學研究計畫補助，因此連續在109學年度（至2021年7月底止），總共舉辦5場論壇（除前述木屐寮生態與觀光高峰論壇[3]外，還有雙水論壇、[4]木屐寮社區防災論壇、[5]環境結盟論壇[6]與桃芝颱風教育園區論壇[7]），外加1場在臺中自然科學博物館舉辦的「桃芝颱風教育園區」座談會（每次論壇均有相關新聞報導，本頁註腳有提供連結）。

前述論壇策劃過程主要以圖4-1為思考的著眼點，並以永續防災為目標（成效），進行議題設計與討論。論壇開始前會由作者進行10分鐘的緣起介紹，讓與會者清楚論壇背景並聚焦討論議題，論壇結束後發送新聞稿，以發揮更大的社會影響。在籌辦前述論壇過程，也可說是行動研究或參與觀察研究法的內涵。作者過去辦過的研討會、論壇、座談會無數，但像這樣針對區域議題，進行系列論壇舉辦模式，係作者生涯規劃的第一次。所以有很多互動與學習，並自然回饋到論壇的舉辦（品質），讓在地相關政策利害關係人，會特別關注論壇討論的議題。對於參與討論的貴賓與單位，就自然會有連結。這過程有如The National Academies（2021: 1）所提，對於自然災害的減災與韌性，有三個議題非常重要。第一，激發社區建立與維持社會資本與連結性；第二，支持社區建立的數位與公共空間；第三，藉由財務投資策略建立社會資本（關於社會資本的定義，本書第三章第二節第貳部分有相關論述）。

The National Academies（2021: 6）進一步指出，公平（equity）、信任（trust）、社區共同發展與擁有（co-development and ownership）、社區層次可行性（community-level feasibility）等，是貫穿前述三個議題的四個重要元素。社區防救災是社區民眾集體行動的展現，但為發揮減災與

---

[3] https://www.shiangchin.com/news_detail.php?n_id=25996，瀏覽日期：2022/1/15。

[4] https://www.ettoday.net/news/20210502/1972815.htm，瀏覽日期：2022/1/15。

[5] https://taiwan-reports.com/archives/572037，瀏覽日期：2022/1/15。

[6] https://udn.com/news/story/7326/5599286?fbclid=IwAR2yZJfGKCi90jp8rtt0DC7SAAQIyfOyjUPgaLNcETis_lR8trwEYF5i2tU，瀏覽日期：2022/1/15。

[7] https://udn.com/news/story/122373/5658957，瀏覽日期：2022/1/15。

救災的效果，在平時就應有整備。因此，互信或共同擁有與發展，有助防
災社區的形成，而其前提也和公平與信任密切相關。也可以說，前述論壇
舉辦過程，就在鼓勵社區建立防救災行動共識。依作者觀察與經驗，研究
人員和社區領袖（如村里長或理事長）、社區民眾與領袖，以及社區民眾
間，互信可說是社區發展（含防救災制度建構）的基本要素。這部分作者
有深刻感受，從木屐寮與和雅村，到中石化（顯宮、鹿耳、四草）、核三
廠（恆春鎮與滿州鄉）、核二廠（金山區與萬里區）社區，研究人員與社
區（領導者）的互信都很重要。

　　可以說，作者能順利舉辦5場論壇，主要憑藉的是與社區（理事長）
的互信基礎。從（成功）大學的角度，以「木屐寮」社區為平臺，舉辦5
場論壇。因為都是公開活動，因此炒熱木屐寮生態、防災、流域治理、教
育園區等防災相關公共政策議題。因為論壇的舉辦過程，讓南投縣政府消
防局選擇木屐寮為韌性社區標的，也讓鹿谷鄉和雅村獲水土保持局協力團
隊，選為亮點社區之培訓對象。對在地而言，前述系列論壇舉辦的方式算
是創舉，也產生了許多社會影響，這些社會影響可以從以下五點得到印
證。

　　第一，讓木屐寮自主防災社區獲得重生，有更多木屐寮民眾願參與
「自主防災社區」。如前述，從2002年的60餘人到2020年大約5人，2021
年則增加至15人。除了論壇舉辦，主要因為有更多公部門關心，例如除了
原本四河局的關心與協助，還多了消防局的協助，並提供「防災士」（或
韌性社區）教育訓練的機會，也讓社區民眾願主動參與。第二，讓和雅社
區有機會獲水土保持局深耕計畫，選為亮點社區。第三，因為系列論壇的
舉辦，讓申請人關注的木屐寮社區與和雅社區感受到自信心與能力的提
升，而這也可以從理事長與村長的態度（主動與樂意和申請人經常分享訊
息）獲得印證。第四，政府部門比較願意傾聽社區的意見或聲音，同時願
意協助社區解決問題。原因很簡單，因為論壇的舉辦邀請轄區機關首長參
加，自然熟悉這兩個社區的問題或議題，而這也等於是溝通平臺的建立與
相關資訊的分享。第五，因為論壇的舉辦，提出諸多議題進行討論，得以
讓政府相關單位改變政策，例如車籠埔斷層保存園區原本只策展921大地

震斷層，以及和台電合作的「電磁」展覽，但經系列論壇討論，讓協力小學老師與行政人員，更感受到桃芝颱風、土石流、木屐寮（等關鍵詞）的重要性。

當然，前述係作者主觀論述，比較完整的作法會是由第三方進行研究或調查。但因木屐寮是偏鄉（缺乏資源、缺乏吸引力），會引發第三方有興趣投入研究的機會不是很高。應該說，作者投入木屐寮社區防災「行動研究」，對該社區而言，等於將外在資源帶入社區。這資源包括國立成功大學，以及經費補助的教育部，以及支持「自主防災社區」研究的國科會。因為大約在同一時間（2020年12月左右），作者同步向國科會申請「自主防災社區」研究案。該社區自主防災研究案並於2021年8月獲得通過並開始執行，但實際上在2020年8月已開始執行，因此已看到許多成果（成效）。包括南投縣政府消防局將「木屐寮社區」選為韌性社區，由協力團隊（逢甲大學）協助防災士培訓。

作者於2021年10月23日前往木屐寮社區，參與韌性社區培訓活動，感受到社區民眾連結性與互信的提升（也等同社區社會資本的提升，當然也可能因為受桃芝颱風影響因素）。重點在於，社會資本是社區防災的重要基礎（劉麗雯、林雅俐，2015；李宗勳，2017）。劉麗雯、林雅俐（2015）進一步指出，社區防災資本所涵蓋的社會資本概念，包括社區意識、社區信任、社區參與以及社區關係網絡等，其中又以「社區意識」與「社區網絡」為關鍵要素。或許這可以解釋，木屐寮社區防救災組織從2002年成立時約60餘人，至2020年7月時，約只剩5人參加，係因為2002年時，社區居民對災難記憶猶新，而「社區防救災組織」培訓活動，提供了社區參與管道，居民透過活動參加（社區參與），因而提升社區意識與社區網絡關係。

當然，也可能因為桃芝颱風因素，造成社區（互相合作）意識提升，也讓社區網絡關係有所強化，因而導致社區信任與社區參與的提高。十八年後（即在2020年時），因為社區居民對於桃芝颱風（災難）記憶遠離，加上社區（社會變遷）人口老化，所以社區參與和社區信任降低（缺乏活動或互動機會）。但因木屐寮生態文化協會每年舉辦「桃芝颱風感恩活

動」，得以維持基本的「社會資本」。因此，經過作者舉辦木屐寮系列論壇（可視爲焦點座談、教育訓練、議題交流、討論），2021年10月23日的培訓活動，社區民眾則又回溫到15人的規模。因爲2020年11月20日舉辦完「木屐寮生態與觀光高峰論壇」後，獲得以「防災」爲主軸的思維共識，深感發展流域治理的重要，因此促成「雙水論壇」的舉辦，雙水指的是經濟部水利署第四河川局（轄管東埔蚋溪，於2001年7月30日發生土石流淹沒木屐寮社區），以及農委會水土保持局南投分局（轄管北勢溪，係東埔蚋溪上游）。

雙水論壇於2021年4月29日在南投縣議會舉辦，過程中作者意識到不只政府機關（雙水）要合作，同時應推動民間（社區）合作。因此，經由介紹找到南投縣鹿谷鄉和雅村。因爲和雅村對於社區防災原本就有基礎，最重要的是村長非常投入社區防災。因此順利於2021年6月18日，透過視訊方式，舉辦「木屐寮防災社區論壇」。其中木屐寮生態文化協會理事長，以及鹿谷和雅村村長，即爲該次論壇兩位主講者。2021年7月12日舉辦的環境結盟論壇，主要和環境犯罪議題有關，主要參與者包括（主任）檢察官、環保團體、林務局、環保局代表等。3位地檢署引言代表，都有非常投入與精彩的演講。本次論壇，具有鼓舞檢察官偵辦環境犯罪士氣，也讓所有參與論壇的檢察官學到環境結盟精髓。109學年度最後一場論壇是「桃芝颱風教育園區論壇」，部分內容已在第二章第二節介紹。

「桃芝颱風教育園區論壇」最讓作者印象深刻的是，竹山國小輔導室主任的與談發言。他首先引用教育是改變世界最重要的武器開場，接著建議車籠埔斷層保存園區應與木屐寮生態文化協會，打造實體或虛擬的桃芝颱風（地震加土石流）的合作平臺。並提出發展（小學）複合型災難的跨領域教學的內涵，帶入防救教育素養與態度的形塑，以及融入在地社區的情感交流，同時促進地方創生。強調素養是解決問題的能力，而桃芝颱風下的木屐寮災情，就提供了絕佳的在地化教材，並落實在地人文，讓防災與生命教育有連結，讓生命啓發生命，進一步達永續未來的效果。在具體實踐上，以「夜宿車籠埔、探索木屐寮」的方式，進行教育與傳承。

這場論壇之後，作者看到一些改變（或影響）。例如，除了前文論述

外，也看到車籠埔斷層保存園區人員加入木屐寮生態文化協會成為會員，以及更多鄰近與在地的鄉親更願意討論「木屐寮社區」的相關議題。而這也是作者邀請具防災經驗的「在地」國小老師參加論壇的原因，最初的想法只是希望木屐寮社區防災應和在地小學結合，讓防災教育能夠永續，因此，大約在2021年4月28日，透過竹山鎮延平國小校長，介紹並找到前述竹山國小的這位老師。經過兩個月的互動，該老師得以在論壇中深入的談出作者的內心想法。而當這位老師講出他的看法後，也等於進一步認同這個故事；未來更可能會帶領學生進一步了解這個故事。同樣的情形也出現在車籠埔斷層保存園區代表，因為這場論壇邀請他進行「桃芝颱風」專題演講。演講結束後，於是出現在地認同的行為，因而樂意加入木屐寮生態文化協會。

因此，這也算等同於作者透過論壇舉辦，進行「計畫性」變革，而的確也出現了預期成效。應該說，系列論壇的設計，等於是持續的「在地教育訓練」。所有參與者都獲得學習與成長，即便是作者，也有很多學習，以及獲得驚奇（喜）的回饋。例如，作者也邀請臺南後壁區新嘉里里長與副指揮官參加「桃芝颱風教育園區論壇」，論壇結束後近三個月時，作者突然接到新嘉社區副指揮官的電話，特別要謝謝作者邀請她參與這場論壇，因為她勤作筆記並應用在自主防災社區評鑑，後來並獲得「特優社區」的殊榮。作者閱讀她們為評鑑所準備的簡報資料，感到驚豔與佩服，竟能有這麼強的學習能力。同時強烈感受到，社區防災教育如何持續具有重要性，而這也屬於後續的「社會影響」。

該論壇舉辦結束3週後，也獲知「車籠埔斷層保存園區」已積極在思考與規劃桃芝颱風土石流策展。綜言之，這場論壇最重要意義在於，將（桃芝颱風）災害經驗，轉換成環境（防災、人文、社會）教育的教材的思考方向，對於多山、多雨（潛在多災難風險）的南投而言，的確具有重要的教育意義，而作者舉辦的系列論壇造成的（社會）影響仍在持續中。但要如何持續正面社會影響，仍有需要進行社區陪伴與發展。由於2001年7月30日桃芝颱風影響範圍極廣，二十年後似有漸被遺忘的現象。因此，在桃芝颱風即將屆滿20週年前夕，作者辦理5場的系列論壇，不只對社區

防災有影響，對於區域治理、防救災政策、防災教育、環境教育，也都存在重要的（社會）意義。

　　再回到圖4-1分析，作者身為大學教師，應歸類為非營利組織。出面主導與結合社區進行救災體系變革，而從前文論述顯示，這變革是存在的，而且變革的不只是社區，包括代表地方政府或中央政府的專業或專案，都產生微妙的變化。而這比較像由下而上的變革思維，至於由上而下的救災體系變革，因首長對救災體系運作模式的調整存在政策考量，或也可能因首長個性或態度的差異而出現不同的變革模式或成效。2021年5月中旬左右，臺灣新冠肺炎疫情升溫，醫療體系量能瀕臨崩潰。例如，當時的臺大醫院院長對外求救，因為當時只有約37%的確診病患被醫院收治，甚至有新冠肺炎確診病患遭醫院拒收後病死家中，也有確診病患轉送中南部醫院的個案。[8] 雖然當時媒體並沒有大幅報導，卻造成社會（疫情擴散與醫院量能爆量）恐慌。

　　基於前述時期疫情嚴峻，北部某醫院院長於一場分享會上，表示2021年5月疫情嚴重，使得很多醫院不敢收治染疫病患，因為擔心第一線醫護人員安危，以及爆發院內感染問題。再者，究竟染疫病患該不該收治，讓該醫院院長相當掙扎。也因此，不斷和其心靈導師進行溝通，主要還是因為擔心收治染疫病患，反而造成醫院醫療危機。由於當時的情形是，幾乎所有醫院多拒收染疫病人，因此，該院長對於收治染疫病患相當謹慎。後經思考，認為醫院的核心任務是救人，雖存風險，但該醫院首開（北部醫院）先例收治染疫病患。幾天後，該病患病情穩定，也沒有發生其他醫護染疫與院內感染問題，因此短時間內北部許多醫院紛紛跟進，願意收治染疫病患。該醫院院長可視為政策企業家（policy entrepreneur）啟動（政策執行）變革，讓防疫（醫療）體系，恢復信心。

　　有感於臺灣新冠肺炎疫情嚴重，2021年6月23日，慈濟慈善事業基金會執行長，前往衛生福利部食品藥物管理署遞件，申請購買「BNT德國

---

[8]　https://www.commonhealth.com.tw/article/84279，瀏覽日期：2022/7/2。

原廠500萬劑疫苗」。[9]這是繼鴻海創辦人郭台銘表達捐贈500萬劑BNT疫苗後的另一項捐贈，因為這兩項疫苗捐贈，後來由總統出面協調台積電也捐贈500萬劑BNT疫苗。因此，解決了當時臺灣疫苗不足的問題，也緩和了疫情緊繃的情勢。前述案例，等於是非營利組織與營利組織聯手啓動變革，促使政府正視（疫苗），並願意解決疫苗不足的問題。相對於政府機關，由於（行政）首長不見得熟悉救災體系的理論思維與應用，因此相關作為比較屬於非計畫性的變革，本章則偏重計畫性變革的探索，但也會觸及非計畫性變革，例如警察組織有許多「協辦性」業務（警察在防疫過程扮演重要的政策執行角色，因此桃園市鄭文燦市長對於警察認眞與辛勞稽查，就給予高度肯定與感謝）。[10]

同樣的，消防局過去同樣承接了捕蜂抓蛇的任務，目前已有多個縣市政府委由其他單位辦理。[11]這代表消防局的核心任務，進行了簡化的變革，這對基層消防人員工作滿意度可能有提升的效果，因為消防局少了一項協辦業務。爲滿足民眾需求，政府工作業務呈現增加的趨勢，卻可能因此導致基層公務人員因工作業務負荷過重，而使得工作承諾（或積極主動性）下降。也因此，許多政府官員經常被批評缺乏積極主動態度。而日本政府因強震造成嚴重裂縫，但日本工程單位在8小時內完成修復，卻也引爲美談。[12]計畫性變革通常會從組織績效衡量（或組織診斷，亦稱變革診斷）開始，了解救災相關組織績效良莠，特別是績效不彰背後存在的問題進行診斷。診斷後進行變革設計，再啓動變革計畫。因此，本章分從變革診斷、變革設計，以及啓動變革等三節進行論述，而這三節也類似政策（策略）形成、規劃、執行三個階段，這代表組織理論、公共政策、策略管理等相關理論，可以交替應用在本章的內容。

9　https://news.tvbs.com.tw/life/1532775，瀏覽日期：2022/7/2。

10　https://news.ltn.com.tw/news/life/breakingnews/3546224，瀏覽日期：2022/1/8。

11　https://www.mirrormedia.mg/story/20210628edi028/，瀏覽日期：2022/1/8。

12　https://udn.com/news/story/122033/6175024?from=udn-relatednews_ch2，瀏覽日期：2022/7/2。

第一節　變革診斷

壹、變革診斷的意義

救災體系（組織）變革診斷，要從源頭問題開始，因此組織診斷係計畫性變革與介入的關鍵第一步（Burke, 1994; Spector, 2007）。這樣的思維類似醫師看病，主要先從診斷開始。唯有透過科學方法找到病源或病根，才可能對症下藥，當然所診斷出的問題或病根，必須和結果有緊密的因果關係，或因果關係的邏輯檢測不能忽略。緊接著，診斷之後必須據以設計行動方案，才算是完整的診斷流程。由於過去有些災難個案發生前就有徵兆（警訊），可惜這些警訊經常沒能成爲變革的基礎或誘因，以致問題重複發生。如果回到作者在2002年進入木屐寮社區，協助成立社區防救災組織，其實就利用參與觀察法與行動研究法，進行社區防救災組織的成立。當時並沒有針對社區進行診斷，但約略知道因爲木屐寮是重災區，嚴重的災情，讓社區民眾內心存在對災害的恐慌。

而行政院九二一震災災後重建委員會，希望透過社區防救災組織的設置與協助，讓身處第一線的社區能發揮減災與立即救災的效果，所以有「木屐寮社區防救災組織」的委託研究案。因此，如果推論當時「社區防救災組織」政策形成，可能著眼於災情嚴重的原因之一是，社區缺乏防救災警覺性。例如，木屐寮社區李先生就曾表達，土石流當天社區有接獲通報，應盡速撤離，而李先生也嘗試通知鄰居撤離，唯某家住戶沒有回應，以爲沒有人在家，災情過後才發現該戶人家遭土石流淹沒。而在同一時間，經濟部水利署第四河川局，也積極診斷並找尋桃芝颱風致災原因，曾任第四河川局局長的官員在「木屐寮生態與觀光高峰論壇」表示，當時隨著直升機進行溯源勘災，發現主要致災原因是921大地震，造成山林土石鬆軟。

而在「桃芝颱風教育園區論壇」中，專題演講者亦表示，桃芝颱風雨量不及1996年賀伯颱風的三分之一，但災情卻遠大於賀伯風災，原因亦直指921大地震。而爲回應當時（木屐寮）淹水區民眾的擔憂，因此第

四河川局展開土地徵收，因而成立了面積約22公頃的「木屐寮生態滯洪園區」。2020年7月25日，作者重回木屐寮生態園區，後來舉辦系列論壇（已於前文介紹），邀請相關利害關係人進行與談。也等於在進行後續的「變革診斷」，因為透過討論，發現了新事證與新問題。例如，木屐寮社區的李先生原本認為第四河川局未盡責處理921大地震留下的土方，導致災情的發生。經過「雙水論壇」討論，李先生於是釋懷，知道第四河川局的土方處理，只是很小的致災原因之一。

倒是雙水論壇討論過程，點出上下游河川（即上游的北勢溪與下游的東埔蚋溪）治理的重要性，同時診斷出跨域合作的重要。其內涵包括水利署第四河川局與水土保持局南投分局合作的重要性，以及位處上游的鹿谷和雅村，應與下游的木屐寮社區進行合作。也因此，論壇舉辦的社會影響，不只在防災教育，同時也發揮變革診斷的效果。因為發現桃芝颱風災情和921大地震存在關連性，進一步促成車籠埔斷層保存園區的策展變革。McFillen, O'Neil, Balzer and Varney（2013）提出以證據為導向的組織診斷，即是透過科學方法找組織變革的證據或依據，而已發生的災難個案，就成為組織診斷重要的個案（診斷）來源。

再如，潘美玲（2006：40-41）指出，在卡崔娜颶風之前，鑽探石油抽走了地下大量液體，濕地已大幅消失，同時使得紐奧良地層下陷嚴重，成為災難或災難的根源問題。為什麼這些公開警訊未獲重視，其因素可以有很多，包括政治、經濟、社會、媒體等複雜的因素。或這除了救災體系相關議題，也和環境政策有關，可以形成不同的診斷或討論議題。如果以圖2-1進行分析，問題就很清楚，例如氣候變遷或環境破壞，這是（組織）環境的問題，但許多人（國家）為了經濟發展（或政治利益），不顧環境生態的破壞（包括山林或土地開發），或對環境生態破壞視而不見。重視選舉或政治利益的政治領導者，可能遭利益團體包圍，使得政治領導者不願面對災難可能發生的現實。

例如本書第三章第三節提到，日本安倍首相面對嚴峻疫情，原本仍堅持舉辦東京奧運（若非加拿大沒反對，可能就舉辦了）。再如，卡崔娜颶風災難之前氣象局發出的警訊，在臺灣也曾出現。可以說，類似問題不

單發生在美國，歐洲、澳洲、非洲等國家都存在。小的災害或問題若不診斷、處理、解決，就可能造成大型災難的發生。在此情形下，以圖2-1進行解釋，等於領導者無法或難以針對問題，作（變革）願景的提出，而這也就顯現在（救災體系的）組織結構與組織文化，或形成難以變革的（救災）組織體系。雖然如此，仍得堅持問題診斷呈現的眞相，並想辦法分享相關資訊，等待（變革）時機來臨，再進行組織變革的執行。因爲我們還有宗教、學術領導者或環境保育人士，他們會堅持與期待變革時機的到來，而這也是本章重要的意義與貢獻。

那麼針對前述問題，是否有辦法進行變革，是與否都是可能答案，因爲這背後涉及制度變革，但制度變革通常曠日廢時。根據North（1990）的說法，制度變革（特別是非正式規範）通常是緩慢的，或變革的方向不一定往正面（即提升效能）的方向發展。例如臺灣面臨颱風侵襲，實施多年的停班停課機制，原本是希望能提升防救災成效（民眾生命財產安全保障），卻經常造成失焦。因爲停班課是防救災的手段不是目的，卻引發許多爭議與討論。因此，不論從理論或實務上，這樣的情形需要進行變革。而這包括兩個層面，一個是社會（制度）變革，一個是組織變革。社會制度變革部分，正式規範也比較容易；非正式規範部分，因涉及文化與信仰，通常比較困難。若就組織變革而言，通常由上而下變革，會比較有機會提升成效，不過，最好的方式可能是，由下而上提出變革計畫，而由上而下支持這項變革，如此，成效提升的機率更大。

以2020年8月下旬的強降雨爲例，南臺灣（主是臺南與高雄）因西南氣流影響，而有龐大雨勢，導致多處淹水。不過，媒體呈現的主要訊息是，民眾比較關切有沒有放防災假（或俗稱颱風假）。在此情形下，縣市長必須謹愼回應民意（或媒體）需求，除依氣象報告外，也必須依「天然災害停止上班及上課作業辦法」，再作成停班停課之決定。依該法第4條之規定，平均風力可達7級或陣風可達10級以上，降雨量未來24小時觀測值達350毫米（平地），高山200毫米，或影響通行、上班上課安全或有

致災之虞時，得發布停止上班及上課。[13] 不過，究竟多少雨量會導致什麼災害，很難以單一指標衡量或預測，例如地質或土質的鬆軟度也是原因。因此，楊永年（2018）提出，停班課標準（或雨量監測數據）是「參考指標，不是決策指標」的概念在此。

問題在於，縣市首長往往為了是否停班停課，全神貫注進行停班停課之決策思考，卻不是全心在防救災進行努力。因此楊永年（2020i）提出「討論放假不如聚焦治水」，主要目的在希望進行對社會非正式規範或習慣的改變，唯這樣的改善力道可能相當有限。而如果政府首長在專注是否放假的同時，也能從帶動變革的角度思考，則有機會改變目前重放假不重防災的情勢。例如在宣布是否放假的同時，可強調防救災的重要，同時具體說明或提供防救災的具體資訊，教導民眾如何從事防救災項目。當然，首長態度的改變，可能帶動幕僚人員對防救災的重視，可進一步對組織有所變革，最終希望能扭轉民眾對放假與防救災的態度。基此，首長在宣布停班停課資訊的同時，可以補充或配合治水的相關資訊公告，這可以是改變的開始。

再深入論述，強降雨或颱風造成的水患（淹水），需要跨層級、跨領域進行組織變革之思考。透過雨量的正確監測，可以避免氣象報告造成誤差，這部分交通部氣象局做了許多努力。依氣象局官網公布相關資訊，並沒有「強降雨」這個名詞，但依表4-1的官網所載，主要有「大雨」和「豪雨」兩大類，而豪雨又分為「大豪雨」與「超大豪雨」兩類；同時將具體雨量的毫米數（mm），也作了清楚的定義。這樣的資訊有助於民眾對雨量監測的數據存在敏感度，特別是標題定為「豪雨增列短時大豪雨（200mm/3hr）」；主要也在提醒政府組織（官員）、非營利組織、民眾等，必須隨時注意雨量的變化；對於易淹水（易致災）地區應加強警戒或預警。

再依表4-1所描述，200mm/24hr以上或100mm/24hr以上（即24小時內

13　https://www.chiauyues.mlc.edu.tw/attachments/article/1690/108D047075_108D2022538-01.pdf，瀏覽日期：2020/9/10。

200毫米或3小時內100毫米）屬豪雨等級；350mm/24hr或200mm/3hr以上
（即24小時內350毫米或3小時內200毫米雨量以上）屬大豪雨，會有致災
風險；500mm/24hr（24小時累積雨量達500毫米以上），稱超大豪雨，致
災風險比大豪雨更高。這無非在提醒防救災相關人員與民眾，應隨時注意
累積雨量監測，並加強防救災相關措施。作者相信，表4-1的產生係過去
災害或致災累積經驗，相關人員進行災難連結思考的產物，但因為沒有這
些資訊，因此很多人可能難以針對雨量和災難進行連結。然而，這屬於預
警（資訊）的努力，和水患之間存在什麼關連性，仍有必要作進一步的連
結，包括不同的地質條件，可能致災的雨量與風險程度並不相同。因此，
後續仍可針對雨量變化，同時參酌其他重要因子，進行救災體系（變革）
的準備或因應。

表4-1　強降雨之定義與分類

豪雨增列短時大豪雨（200mm/3hr）

名稱		雨量	警戒事項
大雨		80mm/24hr以上 或 40mm/1hr以上	山區或地質脆弱區：可能發生山洪暴發、落石、坍方 平地：排水差或低窪易發生積、淹水 雨區：注意強陣風、雷擊
豪雨		200mm/24hr以上 或 100mm/3hr以上	山區：應防山洪暴發、落石、坍方、土石流 平地：極易發生積、淹水 雨區：視線不良，注意強陣風、雷擊、甚至冰雹
	大豪雨	350mm/24hr以上 或 200mm/3hr以上	山區：慎防山洪暴發、落石、坍方、土石流或崩塌 平地：淹水面積擴大 雨區：視線甚差，注意強陣風、雷擊、甚至冰雹
	超大豪雨	500mm/24hr以上	山區：嚴防大規模山洪暴發、落石、坍方、土石流或崩塌 平地：嚴重淹水，事態擴大 雨區：視線惡劣，注意強陣風、雷擊、甚至冰雹

※對突發性或連日降雨雖未達特報等級，研判有致災之虞，將發布即時訊息。

資料來源：中央災害應變中心、災害防救辦公室，2019年3月1日。[14]

---

[14]　file:///C:/Users/Win10/Downloads/%E9%99%84%E4%BB%B62_%E6%96%B0E

　　換言之，表4-1主要是雨量致災的科學證據，但要發揮治水或防救災功能，必須從系統理論或治理的概念進行連結或檢視，這有如McFillen, O'Neil, Balzer and Varney（2013）所提出，需透過系統知識（knowledge of systems）進行整理，其內涵包括人類系統的深層探索，了解人類系統與環境系統之間的互動與影響。基此，如果將表4-1置入圖1-1解釋，這屬於資訊的介入，至於能否發揮動員與組織間合作，同時達成救災成效提升的目的，可能還有進一步詮釋的空間。若再將表4-1置於圖2-1進行解釋，可以將表4-1歸類為組織結構的內涵，只是組織結構主要和專業（技術）與分工有關，因此首先仍必須定義清楚，和表4-1相關的分工單位。同時必須檢視，此分工和以往的分工（含運作方式）是否存在差異。因此，這又涉及組織文化的內涵，包括工作習慣、集體認同，而若要和變革有關，又得設計激勵因子，同時要和工作價值與態度進行連結，才可能提升救災成效。

　　再就表4-1相關資訊進行論述，政府官員、非營利組織成員與民眾對這些分類名詞是否熟習或有高敏感度，是可能影響救災成效。唯這可能得針對不同對象，進一步進行教育訓練，而這和資訊的友善性有關。為深入探索表4-1所能發揮的防救災（變革）成效，或許可以具體個案進行相關分析。如果就前述南臺灣強降雨的個案分析，是否因為表4-1，讓地方首長重視防救災甚於放防災假？答案可能是否定的。應該說，表4-1的公告固然有其重要意義，但對於目前重視放假的運作模式，其改變可能有限。而如第三章所述，災難的發生，是檢視救災體系運作成效的方法之一。唯成效的完整衡量可能難以在短時間完成，或雖有部分資訊（證據）可作評量，但通常需作長期間的監控或調查，比較能蒐集到完整與具體證據，當然目的還是在提升組織（防救災）績效。

　　實務操作上，目前政府（國軍）會就易致災區進行預防性撤離，但不

9%9B%A8%E9%87%8F%E5%88%86%E7%B4%9A%E5%AE%9A%E7%BE%A9%E8%88%87%E8%AD%A6%E6%88%92%E4%BA%8B%E9%A0%85%E8%AA%-AA%E6%98%8E%E8%B3%87%E6%96%99.pdf，瀏覽日期：2020/9/9。

表示其他地區就是安全無虞，所以仍應有相關防災作為，而這就是可以進行變革之處。這部分政府固然有責任，特別是防救災人員雖然有相關敏感度，但民眾不一定有敏感度或有正確的認知，所以才需要進行變革診斷。變革診斷（或組織診斷亦同）的兩大問題是，診斷什麼以及如何診斷，而這兩個問題密切相關。關於第一個問題，最簡單的診斷標的是組織績效，唯影響組織績效的因素很多，如圖2-1所示，包括組織環境、領導與願景、組織結構、組織文化、激勵、工作價值態度與行為等，當然也可以圖1-1的資訊、動員、組織間合作進行診斷。而這也等於回答了第二個如何診斷的問題，也就是透過組織績效與影響的因素，進行變革診斷。

　　至於診斷程序的設計，或可參考McFillen, O'Neil, Balzer and Varney（2013）審酌醫療流程，提出資料蒐集（症狀確認）、資料解讀（彙整不同的症狀）、初步診斷、測試初步診斷，以及最後的診斷結果。而依Cummings and Worley（2001: 82-84）對診斷的解釋，診斷是指了解組織目前運作功能的過程，以及提供變革介入（change interventions）設計的必要資訊。但首先必須先經過進入與委託（entering and contracting）的程序，意思是說組織成員（通常是管理者或主管）與變革代理人（change agents，可以是組織內部或外部專家）必須先取得組織發展或變革的共識。但通常政府（救災）組織變革過程，較少有外部專家全程參與，唯諮詢會議或討論則通常是有的。或者，內政部、國家發展委員會、國科會（偏學術研究）、內政部消防署多會有委託研究案，唯可能較少純屬組織變革的行動研究專案。

　　至於診斷工具包括開放系統模型（open-system model，強調和外部環境的互動）與組織層次診斷（organization-level diagnosis，強調組織內部的設計）。開放系統模型主要從輸入（inputs）、轉化（transformations）、輸出（outputs）進行分析，組織層次的設計要素包括技術、策略、結構、管理系統、人力資源系統與文化。至於診斷的內涵包括組織層次、團體層次與個人層次（含工作內容）（Cummings and Worley, 2001: 84-109）。換言之，我們（政府與社會）有時知道必須進行變革，卻不一定有系統思維，或雖期待透過救災政策的形成與執行，希望

對組織與社會進行變革，卻不一定對（防救災）成效具有正面提升的作用。

貳、變革診斷與政策形成

救災政策的形成通常有跡可尋，而且其形成也是為了解決某些問題，或因為特定災難發生後，為回應社會輿論批判，或認為有變革需要，因此形成相關（組織變革的）政策。只是這問題是否真的是關鍵問題，以及解決（或組織介入）的方式是否妥當（能否提升組織績效），以及是否有前述的系統思維，值得進一步探索。例如，921大地震後草擬與通過的災害防救法，就形成了我國的防救災政策；災防法亦建構了我國的救災體系，特別是中央與地方政府層級的組織分工體系，同時提供災害防救政策（指導原則）。但因為外在環境，特別是不同災害或災難（包括人為與自然災害）的發生，促使災害防救法因政策改變，而不斷翻新（變革），唯是否發揮應有成效，仍待進一步檢視。

因此，如果政策形成過程，能同時進行前述組織變革診斷，並針對問題進行詳細分析，將有助政策執行或組織績效（或救災成效）的提升。Marks and Sun（2007）指出美國因2001年發生的9/11恐怖攻擊，所以聯邦政府在當時的小布希總統支持下，形成反恐組織變革（重整或整合）的政策，因此進一步帶動美國各州與地方執法機關，因應反恐的組織（計畫性）變革。至於9/11後主要變革之處，在於組織結構與流程的調整，組織結構的改變主要多了專責反恐部門，在聯邦、州（警察機關）與地方政府多設立了反恐專責部門。例如，聯邦政府所設的國土安全部也是因為9/11恐攻事件成立，因此讓警察機關對於國土安全資訊的分享更為開放。當然，也可能因為這樣的轉變，導致組織文化（含價值信仰）與工作誘因的改變，例如反恐成為聯邦與地方政府的主流或核心價值，FEMA的救災核心價值可能遭到弱化。至於弱化到什麼程度，則待進一步檢視，而2005年的卡崔娜風災即提供了檢視的基礎證據。

至於是否因為美國這樣的政府組織變革，導致有形與無形的避免了

大規模恐怖攻擊再次發生，關於這問題可能需要再作進一步的研究。應該說，美國歷經9/11恐怖攻擊，的確加強美國的邊境管制，可能因此避免恐怖分子進入國境。最明顯的證據是入境美國的時間明顯拉長，例如依作者2001年後進出美國國境的親身經驗與觀察，不論在出發前往美國之前的出境檢查，以及在美國境內轉機，其所進行的安全檢查都明顯仔細很多。主要目的在讓警察與邊境管制人員更加提高警覺或危機意識，以提升飛航安全。而如果從這個角度分析，聯邦政府啟動的後9/11計畫性組織變革目的達到了。亦即，美國聯邦政府可能意識到，因為入境美國管制不確實，讓恐怖分子有機可趁，導致9/11恐怖攻擊事件的發生。

　　評估美國反恐政策與組織改造（變革），也許因此提升了美國反恐治理能力與成效，卻可能沒注意到因此弱化了FEMA的防救災功能（楊永年，2020：147-149）。關於美國反恐組織變革過程，或許有人注意到FEMA防救災功能弱化的問題，但因政治價值與（聯邦）組織文化問題，讓FEMA的防救災議題未受到應有的重視或進行相關討論。特別因為這是由上而下的反恐政策推動，而且攸關美國國家安全與國際（領導）地位，讓FEMA的發展受到壓抑。至於類似的組織變革問題是否也出現在其他案例，值得探索。臺灣在1990年代推動的警消分立組織變革（政策），似乎也存在許多難以克服的問題。美國反恐與臺灣警消分立變革過程，雖然背景與目的不同，但組織變革過程出現部分防救災功能下降的問題，似乎是相同的。

　　就臺灣警消分立（變革）政策探索，在政策形成前，理想上應先就消防未獨立出去的警察組織進行診斷，了解消防專業隸屬警察組織，可能存在什麼問題，再就獨立之後可能存在什麼問題。接著再思考如何設計新成立的「消防局」或組織，如何可以提升消防局的救災成效。根據作者於2020年8月25日訪談某消防領域專業人員獲得的訊息是，警消分立決策的形成，和災難發生有密切關係。原本尚在猶豫或形同暫時擱置的警消分立政策，突然加速，這或許和行政高層有關（至於是誰，就不是那麼清楚，合理的推測是和行政院院長支持有關）。警消分立政策確定後，即派任王一飛擔任籌備處主任（後來成為首任消防署署長），也是行政高層的意

思，唯依前述受訪者的觀察，王一飛從警察調往消防組織，意願其實不高。因此，再依其觀察與解釋，當時並沒有詳細的（評估）計畫書，而且中央（消防署）與地方（消防局）皆無相關變革計畫書。

但無計畫書的推論可能有誤，因為根據「臺灣省各縣市政府消防局組織規程準則（草案）總說明」，內容提到**消防與警察分隸為政府既定政策，行政院於八十三年一月十七日審查『內政部消防署計畫書』時決議，消防與警察分立，於內政部設消防署、省（市）政府設消防處（局）、縣（市）政府設消防局，以健全我國災害防救體系及能力」**。所以消防署成立有計畫書，只是計畫書並沒有公開，以及計畫書可能比較是法令導向的指導原則，前述組織規程準則，應該就是從計畫書而來。也可能當時完成消防署計畫書時，並沒在政策行銷有較多的著力，或社會參與這部分可能較不顯著。消防成立獨立機關（組織）最大的差別是，除了可以設計更完整的專業分工單位，幕僚單位（包括人事、主計、政風、教育訓練）人員也比較充裕。

基此，所謂消防署與消防局的組織成立（變革），或可（推論）解釋為由上而下命令（指導）的方式，因此就可能存在政策配套不足（例如警消分立資源如何切割，以及如何合作），以及存在政策執行的困境。由於作者曾於1984年至1988年在警察組織任職的經驗，對於警察組織中的消防單位與其互動方式有一些觀察。曾經聽聞過的案例是，有些出狀況的員警（在警職工作出現問題），會調整職位至消防單位任職。再者，消防在警察組織之下，因為各種因素（包括支援警力處理緊急事故，含群眾運動或聚眾活動或警察組織整體運作考量因素），導致消防專業在警察組織內部未受到應有的尊重或重視，包括人事安排與預算（或資源分配）上，可能會有偏頗。也就是說，以防救災為核心任務的消防單位，放在以治安為主軸的警察組織，可能存在核心價值或任務的衝突。

但另一方面，警消分立之前，警察組織面對災難來臨，會帶著消防共同救災，警察會認為消防是分內的工作，包括警察局長或分局長（視災難大小會自動拉高在現場指揮的警官位階）會親臨火災現場指揮救災。或者，警察與消防會同心協力、緊密合作共同救災。警消一體時，警察組織

可能挪用消防資源（含人力與非人力），但也會挪用其他（警察）資源填補消防單位（緊急）之所需。特別在偏遠地區（山區），缺乏消防編制人力駐地的情形下，警察會自動扮演或填補不足的消防救災人力。關於支持警消分立政策的合理性論述，經常被提出的是，美國、日本或許多先進國家，消防和警察都個別屬於獨立並無隸屬關係的組織，所以消防才能發展其專業性。而且消防與警察的專業領域不同，應該說消防的任務在救災（救人），警察的核心任務在治安與交通；救災過程的相關資訊要盡可能公開，但治安涉及犯罪偵查部分，則不宜公開，因此警察與消防的核心任務不同。

　　問題在於，原本一體的警察與消防組織，如何進行切割，才能維持災害防救能量，或發揮應有的功能，從目前的觀點，應有更縝密的組織變革計畫（當然，也可能這已是當時最大的研發能力）。如前述，所謂警消分立的變革計畫，應先作問題診斷或陳述。理想上應分組織、團體、個人等三個層次，而且必須先就有消防單位的警察組織，進行變革診斷（也可以使用圖2-1進行診斷），評估或衡量救災成效是否存在什麼問題，以及受什麼（環境或組織）因素影響，導致救災成效的提升或下降。診斷後再作組織變革（或組織介入）的規劃，才是比較完整的組織變革計畫。等於是消防（大）隊提升為消防局，成為消防局後會有人事室、主計室、政風室、總務科，以及其他如火災預防科、災害搶救科、火災調查科、教育訓練科、災害管理科、緊急救護科等組織分工單位。亦即，消防局成立之初，可能沒有那麼多的科別，後來因為組織學習或外在壓力，而有更多的專業分工。

　　例如，消防局（人員）原本沒有緊急救護的工作項目，後因消防人力需求，並和衛生署（衛生福利部的前身）協調後，增加緊急救護功能。讓受傷或病急（病重）者，在未抵達醫院前，就能獲得初步的急救。因此，消防人員就必須有基本的緊急醫療訓練與能力。由於業務（任務）的增加，也屬於組織發展或變革的一環，因此存在「抗拒變革」的自然現象，這係作者於2012年時與某消防官員和某醫療人員接觸及討論所獲得的訊息。依某消防局官員的說法，因為經費與人力尚未到位，緊急醫療是「額

外」的業務，不宜貿然接受或增加這項業務。而該醫療人員的說法是，這是消防署與衛生署的協商結果（共識），否則已增加給消防署的人力應該收回，這可能和變革過程或組織介入不夠周延有關。

增加消防人員的工作項目，除了教育訓練外，儀器設備（還有設備維護的問題）也是重要的因素或成本，由於緊急救護也可能涉及身體的侵入，這背後有專業訓練或證照的問題須處理。同時也和組織結構或設計有關，因為人力或業務增加，也等於和組織環境有更多的互動，組織結構自然產生變化。因為增加緊急救護項目會有兩種結果，第一是提升現有消防人員的緊急救護工作能力，第二是增加具緊急救護能力的消防人員。不論是那一種，都可能造成消防人員工作承諾與投入的改變；基層消防人員比較關切的會是，是否造成工作量的增加，或增加責任的負擔（若然，可能存在組織抗拒），以及是否能因此提升工作誘因（例如薪資的增加），都是必須考量的議題。

檢視警消分立（組織變革）的目的，主要在探討是否存在規劃不足之處，也可以作為未來組織變革的參考。或者，警消分立的經驗，可以提供未來類似救災單位獨立，甚至其他行政組織獨立（或成立）的參考。應該說，警消分立的過程可能是不平順的，因為涉及資源分配與切割。而可能的原因有四，第一，當時籌備小組的運作策略，可能是先成立消防署再說。或者，當時最大的挑戰是能順利成立消防署，為避免橫生枝節或避免爭議，因此只能在小範圍進行規劃。第二，消防署組織變革規劃初期，隸屬警政署的「消防組」，位階或層級低於警政署，可能擔心來自警政署或警察組織的阻礙。第三，當時籌備小組的成員組合，跨領域與多元性可能較為不足。第四，當時的官僚與社會文化因素，對於成立消防署的相關資訊可能不夠公開透明，以致於討論並不熱烈。

消防署成立前進行的（變革）計畫書，難以針對消防署作實質的組織診斷（因為還不存在），比較可行的是針對日本總務省消防廳進行比較，因為臺灣警察與消防體制，最早也是日本統治臺灣時期所建立，加以地緣關係，臺灣與日本的社會文化較為接近。不同的是，日本二次世界大戰後，即推動警察與消防分立（二戰前日本的警察與消防也是合一），並於

1960年成立總務省消防廳，作者推測，消防署成立的計畫書應會參考日本總務省消防廳。只是因為社會文化、政治體制，以及決策小組成員等，都存在許多動態或不確定性，這部分若有進行規劃，也可能在實施後會有改變。倒是消防署成立過程和警察組織之間的互動，也值得探討，同時也應針對警察組織投入救災的成效進行評估或診斷。

換言之，在進行或籌備消防署與消防局成立的過程，應有系統思考的概念。也就是說，除了針對消防署，也應針對警政署進行完整或系統的評估（診斷）。也就是透過對警察和消防專業分工如何互動，以及存在什麼問題或困難，才能在消防署與縣市政府消防局成立過程，進行組織介入（organizational intervention）並提升救災成效（或稱組織績效）。診斷內容可包括個人、團體、組織、組織環境等四個層次，個人部分可以針對籌備小組（個別）成員當時的工作內容、目標進行檢視；籌備小組（團體）的工作內容與目標，以及團體內部和外部團體（或組織）的互動方式，也都是可以探索或診斷的方向。關於組織與組織環境層次，本節已有相關論述，不再重複。

參、不同層次的變革診斷

所謂不同層次的變革診斷，可以從分析層次解讀，例如可包括個人、團體、組織與環境等不同層次的診斷（楊永年，2006：10）。依Cummings and Worley（2001: 99）的解釋，個人部分的診斷應包括技巧多樣性（skill variety）、自主性（autonomy）、工作認同（task identity）、工作重要性（task significance）、結果回饋（feedback about results）等五個面向。這五個面向源自於Hackman, Oldham, Janson and Purdy（1975），其內容不難理解，重點在於這五個面向，可以診斷出消防署籌備小組個別成員的能力、潛力及其對成立消防署的認同度。當然也不能忽略體制給予的誘因（工作的重要性），應該說，成立消防署是非常重要的工作任務，唯不知小組成員是否感受到重要性。所謂回饋包含的意義很多，包括對其工作結果是否產生學習效果，以及是否獲得鼓勵、獎勵與成就感等。

　　而前述五面向，還得和其工作滿意度、工作表現、缺席率、個人發展等作連結，而這也是組織績效或救災成效的內涵。關於團體的診斷，Parker（1990: 33）提出，有效率與高工作表現的團隊具備12項特質，值得作為團體診斷的參考。第一是清楚的目標及工作任務；第二是團體的形成非正式化；第三是鼓勵參與；第四是注意傾聽；第五是容忍不同的意見；第六是達成實質的共識，避免表決；第七是開放式的溝通；第八是成員的角色及工作任務清楚；第九是參與領導；第十是建立團隊的外在關係，以獲取需要的資源；第十一是成員具多元的智識與工作技巧；第十二是成員有自我評估能力，產生自我學習效果。這12項特質，可用於組織中團體診斷的內容或項目。

　　相對於Parker，Cummings and Worley（2001: 98-101）則提出，目標清晰性（goal clarity）、團隊功能（team functioning）、團體規範（group norms）、團體組合（group composition）、工作結構（task structure）等五個面向。依這五面向進行消防署籌備小組之團體診斷，可以有很多很深入的分析內容。也就是去了解，當時籌備小組設定了什麼目標，這目標是否清晰；籌備小組成員是否發揮團隊精神，或是否能合作無間，以及當時籌備小組形成什麼樣的團體規範，團體的組合方式（是否存在多元與代表性）和工作結構（團體分工與整合方式）。應該說，消防署之所以能夠成立，和正式與非正式的籌備小組的努力有密切關係，成立消防署是籌備小組的具體與最重要目標，至於如何讓消防署發揮應有的功能，或如何提升救災體系的成效，可能不是籌備小組最關心的議題。

　　至於組織與組織環境層次的診斷，則可參考領導、組織結構、組織文化與組織環境等章節（楊永年，2006）。理論上，消防與警察組織分立應有計畫書，或有許多公聽會，說明消防署的成立規劃。在層級節制的官僚體制下，也應有層層的說明與審查。因此，在消防署官網上載有1990年10月18日行政院第2204次院會，奉行政院院長指示，消防業務自警察系統分出；1994年1月17日行政院邀集有關單位審查「內政部消防署計畫書」會議決議；1994年7月16日成立「內政部消防署籌備處」。[15] 依「臺灣省

15　https://www.nfa.gov.tw/cht/index.php?code=list&ids=212，瀏覽日期：2020/8/15。

各縣市政府消防局組織規程準則（草案）總說明」：「……**消防與警察分立，於內政部設消防署、省（市）政府設消防處（局）、縣（市）政府設消防局……。**」

　　雖然消防署成立近三十年，但消防署計畫書的原始檔案資料並未公開，難免造成關心該議題者的遺憾。但從前文論述，消防署與消防局之成立，是經過政府官僚體系評估的程序。另個值得探索的問題是，從1990年行政院院長指示「消防業務自警察系統分出」，到1994年共歷經三年三個月的時間，都沒有任何動靜，具體原因為何，有待進一步求證。不過，可以確定的是，消防署的成立，進一步形成議題，再由行政院院長拍板定案。倒是籌備處正式成立後，僅花一年又一個多月的時間，消防署就正式成立。依消防署官網大事記的內容顯示，1994年9月8日行政院通過「內政部消防署組織條例」；1995年1月17日立法院通過該條例；1995年3月1日正式成立內政部消防署，並任命王一飛先生擔任第一任署長。

　　不過，可能的情形是，計畫性變革的內容有些項目應納入而未納入；或有些可能有納入計畫內容，後來執行時出現障礙；也可能有些未納入但變革過程卻出現的項目。這些都可以持續進行研究，包括找到當時撰寫計畫書的主筆者或相關利害關係人進行訪談；在未能找到相關人士前，本書內容僅能就有限資訊進行推論。例如，警察組織和消防相關的資源可能未納入計畫書進行討論。具體而言，警政署所屬的警察機械修理廠（除維護警察車輛或裝備，也同時維修消防車輛與裝備）、警察電訊所、民防管制所、警察廣播電臺等四個機關，[16] 和救災體系運作密切相關。應該說，這四個機關同時和警察組織與消防組織運作有關，不容易切割。問題是，當時是否曾經考慮，在不容易切割的情形下，有無可能以資源分享的方式進行設計。

　　而如前述，可能避免橫生枝節，造成警政署不悅，所以沒有碰觸警察組織或警政署所屬和救災相關的議題。警察電訊所負責警察組織的通訊

---

[16] https://www.npa.gov.tw/NPAGip/wSite/ct?xItem=68012&ctNode=12575，瀏覽日期：2020/8/15。

與電信任務，警消分立後必須自行建立或開發獨立的通訊系統。警察電訊所主責警察組織的資訊與通訊科技，內容包括有線、機動、微波等三種通訊（通信）方式。[17]有線主要指的是警用電話，包括交換機與相關電信設備。機動通訊所指的是無線電通訊，包括手攜臺無線電機、機動轉播機、固定臺無線電機、派遣臺、基地臺無線電機、車裝臺無線電機等。[18]微波通訊（microwave communication or microwave transmission）是線性的無線通信科技，用於點對點的通訊，[19]主要是直線波進行傳送，並受氣候、風速、雨量所影響。[20]

　　前述通訊科技，在消防救災也有其重要性與必要性，唯這亦是警察組織運作的重要通訊科技，警政署可能難有意願和新成立的消防署分享。應該說，警察電訊所的資訊科技，在警察治安（含交通）與消防救災同時扮演重要角色。而且警察電訊所的組織分工與分布（資源）相當龐大，除了警察電訊所總所外，還設有臺北、新竹、臺中、臺南、高雄、花蓮等六個分所，並在全國設有16個微波臺。[21]至於民防管制所的任務主要在於「民防」，內涵包括防空警報蒐集、傳遞、運用，以及防空避難規劃、宣導之督導與考核。[22]問題在於，目前處於非戰時，而以該組織的特性，和消防救災非常接近。而且，各縣市警察局也都設有民防管制中心，其通訊設備亦及於警察分局與分駐派出所。

　　重點在於，民防管制有其獨立的通訊設備與系統，早期警消未分立前，這套民防管制（組織）系統，可以立即發揮防救災動員效果。警察廣播電臺負責治安與交通資訊傳播，是相當獨特的資訊傳遞機關，在災害來臨的前、中、後，均可以扮演重要角色，而這也不易直接切割或移轉消防署。除了前述四個警政署所屬的機關，和消防救災密切相關，警消分立

17　https://www.npta.gov.tw/cht2009/01organ/01_01.html，瀏覽日期：2020/8/15。

18　https://www.npta.gov.tw/cht2009/03motion/03_01.html，瀏覽日期：2020/8/15。

19　https://www.cablefree.net/wirelesstechnology/microwave/，瀏覽日期：2020/8/15。

20　http://www.scu.edu.tw/~distedu/chap2/section2-15.htm，瀏覽日期：2020/8/15。

21　https://www.npta.gov.tw/cht2009/01organ/01_06.html，瀏覽日期：2020/8/15。

22　http://www.cdcc.gov.tw/editor_model/u_editor_v1.asp?id={D50E406C-EC99-418D-A8E1-2FDA1FE6D687}，瀏覽日期：2020/8/15。

前，對於山難救助，警察以其警力部署的優勢，加上警察組織既有的資通訊科技因素，可以充分與山區的青年作緊密的（網絡與布點）連結，例如即便偏遠山區，警察局仍會設置派出所或駐在所（楊永年，2020：122；余易祐，2005）。至於人力較爲吃緊的消防局，其分布面就無法像警察組織般綿密，在動員山區青年上，就比較遜色，這部分作者和南投縣某位消防人員對談，也提供類似的個案問題。

　　主要的個案是張博崴因登山迷路失蹤，後來軍、警、消聯合搜尋51日，最後找到時，張博崴已經死亡，家屬不滿「搜救不力」，因此興訟控告消防人員怠惰。一審原判南投縣政府消防局必須賠償張博崴家屬，後來二審改判免賠。[23]當時的輿論主要聚焦在是否國賠，至於警消分立造成的山難救助網絡問題則較少被關注。問題在於，原屬警察組織的救災資源，在警消分立時，不一定會提出討論（或作完整的組織診斷）。又，以消防署（籌備處）的（政策形成）位階，可能不會有詳細的「組織變革」事項討論。相關內容已於前文論述，以當時籌備小組的位階與組成，不容易有宏觀的視野，可能不會以全面的角度，分別進行警察與消防組織的組織變革診斷，或從整合和內政部（行政院）的層面，進行組織診斷。

　　至於和警消分立結果與最初變革（成立）計畫的意外是，縣市政府消防局局長的任命權，和警察組織人事一條鞭的運作模式不同。應該說，消防署沒有地方政府消防局長的人事權，主要係地方政府縣市長的權限，所以縣市政府消防人員，偶會傳聞人事不公的情形。但消防署對於消防局則仍有業務（政策）上的指導（檢查）與關係存在。可能由於消防早年屬於警察組織，加以教育訓練主要從臺灣警察專科學校，以及中央警察大學，所以基本上消防署與消防局之間，仍存在濃厚的從屬關係，或這從屬關係會被視爲非正式規範的一部分，而這包括消防人員的服制亦是全國統一。消防署組織條例有明確的組織定位，例如第2條規定消防署「承內政部部長之命，規劃及執行全國消防行政及災害防救事務，統一指揮、監督全國消防機關，執行消防及災害防救任務」。

---

[23]　https://www.ettoday.net/news/20171229/1082171.htm，瀏覽日期：2020/8/15。

理論上，2009年莫拉克風災後，當時的馬英九總統，宣布救災列為國軍的主要任務。雖然這政策對於災害救助快速且有效，而且搭配強制性撤離政策，有助執行預防性撤離。不過理想的作法，則可以從「計畫性」變革的角度，進行組織診斷，再進行縝密變革計畫，否則就可能存在問題。例如，國軍精實案，加上募兵制的政策推動，讓國軍人數愈來愈少；另外有無防救災教育訓練因素，都可能影響救災成效或出現難以預期的意外事件，例如讓經驗不足的新兵參與救災而發生傷亡（楊永年，2020：91）。至於變革計畫書的撰寫，可參考圖1-1從資訊、動員、組織間合作等變項進行評估，或組織環境、組織文化、組織結構、激勵因子、工作價值與態度等進行組織診斷與變革計畫之擬訂。

肆、變革診斷與救災體系變革

楊永年（2006：393）指出，「**組織發展是組織長期的計畫性變革**」；組織發展是領域的正式名稱，唯因組織變革（organizational change）研究著作較多，因此組織發展與組織變革幾已成同義詞。重點在於，依組織發展的核心概念，救災體系變革應作長期規劃與追蹤考核，然因許多政治與行政官僚人員因為任期限制，有時難以作長遠思考，因此有時成為救災體系變革的障礙。為提升救災成效，救災體系變革就有必要；而要確保救災體系變革成效，變革診斷就很重要。而通常診斷先於變革，但變革過程也需要持續診斷，以免偏離主軸。不論是救災體系變革或診斷，都應有科學依據，而這依據可以是理論或實證，唯背後亦可能涉及價值信仰或判斷，如果都能釐清，救災體系變革的脈絡會比較清楚。再依楊永年（2020：46-48），救災體系包括中央政府、地方政府、非營利組織與社區等四大柱。

因此，變革診斷必須同時診斷前述四大柱的「系統」因素，但為免分析過於龐雜，本部分僅就局部因素進行論述。由於臺灣地方政府在救災體系領域發展較慢，機制彈性（或韌性）就比較弱（這是指和美國比較而言，原因在於美國地方政府的自主權限較大）。例如讓作者印象深刻的是

休士頓市政府的組織結構，除了設有一般的局處如消防局、警察局、財政局、工務局、環保局、法制局、祕書處、住都局與社區發展局（Housing and Community Development Department, HCDD）等共22個局處。[24] 在市長辦公室下，還設有28位（幕僚）主管，協助市長整合跨局處業務，例如韌性長（chief resilience officer）、重建長（chief recovery officer）、公安與國土安全主任（director of public safety and homeland security）、新聞室主任（communications director）、新創辦公室主任（director office of innovation）、幕僚長（chief of staff）與緊急應變中心主任（director houston emergency center）等。

　　前述休士頓市編制於市長室的幕僚主管，因直接對市長負責，有助整合跨局處的市政業務。若和臺灣六都相較，市長主要仰賴3位副市長，或由副市長與祕書處（祕書長）協助跨局處整合，顯然休士頓市的整合性功能性遠較臺灣的六都要強很多，至於是否表現較優，則待進一步評估與研究。但從專業分工的角度，休士頓市長室的（整合）功能會比較強，許多市政跨局處協調聯繫事項，不需要直接由市長處理或費心。基此邏輯，設若休士頓消防局必須進行組織變革，可能涉及其他局處工作事項，就必須由不同的幕僚主管出面協助，缺點在於可能出現多頭馬車的現象，或幕僚主管間也可能出現協調整合的問題。例如，若休士頓市政府出現警察與消防分工與整合問題，幕僚主管、警察、消防代表，會有很多討論，至於是否會形成共識，則仍有討論空間。

　　若要探索休士頓市政府消防局的組織變革，或許可以感受其組織變革的複雜性可能高於臺灣的直轄市。理由在於，休士頓市消防局的組織變革，透過不同幕僚主管的討論，比較容易突顯消防局組織變革過程，對於其他處或市政府可能造成什麼問題。如此，就比較容易了解，消防組織變革對其他相關組織或組織環境會造成什麼衝擊或影響。由於救災體系屬政府組織體系下的系統，雖然有其重要性，但政府在進行變革過程中，很少會關注救災體系組織發展（變革）；或除非有災難發生，否則救災體系不

---

[24] https://www.houstontx.gov/departments.html，瀏覽日期：2020/6/21。

常改變。以政府組織變革為例，經常以不同名詞出現，包括政府組織改造、行政革新、行政改革、政府瘦身、精省、凍省、組織精簡等。就救災體系而言，包括警消分立、國軍增列救災為重要任務、成立災害防救辦公室，都屬於救災體系變革。不同名詞的背後存在不同原因（或目的）的組織變革，只是成效如何不一定會被深入檢視。

　　Wilson（1887）強調政府行政改革的重要，並進一步認為行政問題不是政治問題，但很多的改革者卻從政治的角度切入，他同時指出公眾意見（public opinion）的重要性，並認為公眾意見應該是具權威的批判（authoritative critic）。問題在於，什麼是公眾意見、如何區隔個人與公眾意見，或公眾意見可以從什麼管道獲取，前述問題不一定有標準答案，但政策形成有時有一定或相關背景因素，有時和時機有關。Kingdon（1984）就指出，政策形成的三大因素是政治流、政策流與問題流，而當這三大因素匯集在一起，通常會形成政策之窗（policy window）。雖然政策之窗不永遠開啓，但若有解決方案，則立即形成政策。不過，問題也在於，政策形成不等於規劃已經完備，也不等於執行沒有問題。

　　就警消分立政策而言，政策形成執行前已有一段醞釀時期，依作者的記憶，當時對社會大眾主要的訴求點有二，第一是專業化，以提升災難處理品質；第二是參考先進國家消防組織（如日本與美國），都是獨立於警察組織，所以也應該分別成立消防署與消防局。至於專業化至少存在以下四個問題：第一，教育訓練內容是否重新定義。由於基礎教育仍由警察專科學校與警察大學負責，所以基礎教育的改變可能有限，或也有可能作大幅或小幅的改變。第二，消防署下設有訓練中心，這固然對專業化有幫助，問題是災難的種類繁多，究竟能強化哪種專業能力，以及提升到什麼程度。第三，是否因為專業化提升了救災成效。第四，專業化是提升救災成效的因素之一非唯一，其他因素如圖2-1所示。

　　合理的推論是，專業化可能提升救災成效，而且這成效可能限縮在特定的領域，例如火災與緊急救護係目前消防組織的主軸任務。不過是否真的提升救災成效，或提升到什麼程度，仍待進一步研究或證據證實。倒是警消分立對消防組織而言，因為自主性提升、位階提升、預算使用度提

升，這對消防組織人員而言，是相當大的誘因。警消分立政策形成後，內政部消防署於1995年3月1日正式成立，臺北市政府消防局則於1995年7月10日成立，高雄市政府消防局於1996年3月9日成立，新北市政府消防局於1998年7月1日成立（當時為臺北縣，尚未改制為直轄市），南投縣政府消防局於1999年3月18日成立（同年9月21日發生大地震）。從前述的時程分析，消防機關成立的時間有快有慢，可能的情形是，中央政府資源充足（預算與人力彈性大），因此成立時間最早。

　　臺北市政府由於是首都城市，也是直轄市歷史最久的城市，所以資源相對也較豐沛，因此係最早成立消防局的城市。再者，成立新機關（組織），通常都附帶必須成立主計與人事的幕僚單位，甚至直轄市還會設置政風室。消防署之所以成為最早獨立於警察的消防組織，可能是期待消防署能帶動或協助縣市政府消防局的成立，讓消防署指導縣市政府消防局如何和警察局作完美的切割，以及如何讓消防組織能往專業化的方向發展。消防組織獨立後，有助專業化的發展，但同時也導致警察與消防合作的解體。這部分在政策形成之初可能有想過，也可能沒有想過；結果是，警察與消防徹底分割為兩個獨立組織（機關）。或者，警消分立之初，主要的想法是，如何進行合理的專業分工，但可能未考慮警察與消防分工後的整合問題。又或者，可能有過相關討論，但因諸多因素導致協調不順利。

　　實務運作上，可能因「先成立消防署或消防局」，其他問題待消防局成立後再慢慢討論，因而喪失事前體制溝通與規劃的先機。倒是有關縣市政府消防局獨立後之人事，已無警察系統一條鞭的機制或規範。這是指高階警官由警政署（或中央政府）派任，非由地方政府決定，難免造成地方政府消防人事體制的混亂或地方政治力的介入。例如有縣市政府消防局，因為縣市長更換，導致消防局與消防大隊長人事互調的案例發生，出現長官和部屬互調的窘境。[25] 亦即，消防局人事除受縣市影響，也可能受議會的影響。原因在於，不論消防署或消防局的成立或獨立，都必須經過許多法定程序，特別是，因為涉及預算增加，須由民意機關（立法院、縣市議

25　https://www.storm.mg/localarticle/297804，瀏覽日期：2020/7/2。

會）審議。例如，最基本的組織法必須修正（內政部組織法修正，才有消防署獨立）；而省政府消防處於1997年1月6日成立後，各縣市政府消防局才陸續成立。[26]

1999年921大地震後，救災體系原本有機會可以好好盤整與變革，但臺灣省政府於1998年底實施精省，原有省政府的政策規劃與執行功能大幅減少，以省府為主軸的救災體系同樣受到嚴重衝擊。主要因素有五，第一，從歷史角度分析。在歷史沿革上，1945年二次大戰結束臺灣光復後，即成立臺灣省政府。1949年國民政府撤退來臺，成立中央政府；後來臺北市政府與高雄市政府成為直轄市，脫離臺灣省政府轄區，但範圍仍擴及臺灣除北高兩市的整個範圍。且早年省政府內閣，被稱為小內閣，經常是行政院部會首長的儲備人才。第二，從中央與省政府分工角色分析。長期以來中央政府（主要是行政院）重政策形成與部分規劃，地方政府則重規劃與執行。

第三，從人力運用角度分析。省府各機關人員的職等略高於縣市政府，因此經常有人員輪調，對於相互之間的立場也比較容易理解及溝通，而這人力運用模式係從1945年臺灣光復後，開始累積經驗。第四，就地域的角度分析。由於省政府位於南投縣，位居臺灣省的中心位置，南來北往交流比較方便；也可以說，省府的地理位置和地方政府較為接近，不論在（偏遠）民眾心理上或交通時間上，相對於臺北，都具有一定的優勢。第五，精省後中央更為集權。如果強調地方自治，精省過程（過剩）的人力，應往縣市政府移撥的方向發展，但實際上是和中央機關合併，也等於是整個權力結構重心往中央移動。作者之所以對精省議題有特別感受，是因為曾在省政研究班兼課多年。

基於前述五大因素，以省府為主軸的救災體系功能，也可能受到相當程度的影響。理由在於救災體系其實就是政府組織體系的一環；或原本省府組織自成體系，卻因中央政府（總統）介入精省，因而打破（打亂）原有的體系。而這可以從資訊、動員、組織間合作解釋，臺灣省政府原本就

---

26 依「臺灣省各縣市政府消防局組織規程準則（草案）總說明」。

是龐大的機關組織，擁有自我的防救災資訊系統，這資訊系統也可以串連省府各局處，以及中央與地方政府相關單位，也就是說擁有橫向與縱向的資訊系統連結。防救災資訊系統又可分硬體與軟體部分，雖然省消防處成立的時間不長，主要因為省府既有的龐大資訊系統，其所能發揮的功能不能忽視。例如原省府民政廳、衛生處、警政廳，均有其資訊系統，也有因省府特殊龐大組織，自然設計或存在的資訊管道與平臺，可以發揮資訊分享與傳遞的功能。

在資源動員上，原來的臺灣省政府位於南投縣（部分辦公室在臺中市），可以立即整合臺灣省的資源進行救災。除了省政府本身是龐大的機關（組織），擁有龐大的人力資源（原本省府總編制員額逾10萬人），還可以立即協調中央政府，以及地方政府（各縣市）的資源。因為精省，無法針對（中部地區）重災區所發生的問題，進行系統性的整理，同時反映在救災體系的變革上。雖然許多省府機關仍在，例如水土保持局（原屬農林廳）、林務局、教育廳，機關（組織）目前持續運作，但已改直隸行政院的部會。其和原屬省府機關已失去系統連結，資源整合的效率性已大不如前。而且，原本省府匯集縣市政府精英，除了熟悉地方政府事務，也有多年寶貴的省府協調整合歷練；精省後，這些寶貴的人力資源部分優退，部分轉往其他機關服務。

換言之，精省失去的不是只有組織，還有寶貴的人力資源同時喪失（精省期間作者在中部兼課，和當時省府官員熟識，很多省府官員因精省選擇提早退休）。後雖成立屬部會層級的「行政院九二一震災災後重建推動委員會」，但因為是臨時組織，而且一個部會的資源難以和之前省府的規模相比，再加上員工的認同度改變（改為認同中央而非省府），導致工作承諾的下降。在組織間合作部分，省府組織間有一定的合作模式，而這合作模式包括垂直與水平的網絡關係。精省後，組織間合作誘因、意願、能力與機制同時改變。合理的作法是，精省後的組織間合作模式必須重新調整，包括精省後已消失的組織，當然無法發揮功能。改隸中央政府的組織，其網絡關係也必須重新調整。重點在於，精省這龐大的組織變革工程，在一至兩年內完成；也因這是由上而下的決策，缺乏由下而上的參與

或認同，對於原省府員工也存在嚴重的剝奪感。

　　理論上，精省過程是針對整體省府組織進行改造，是將原本具主體性與功能性的組織，在缺乏願景的情形下，短時間進行組織變革。例如，根據當時媒體報導，精省主要的兩個理由是，組織扁平化與行政效率提升。問題是，精省後幾乎讓原有省府的功能消失，包括省府原有協助、輔導、整合縣市政府的功能也一併解體，都直接或間接導致行政效率下降。如果再加上12萬名原省府員工因為精省，導致工作承諾或認同受到影響，也可能讓行政效率下降。或者，這兩個理由不只不成立，還是負面的影響；所謂行政效率的提升是不成立的。而這也可以從圖2-1獲得解釋，因為精省（組織結構的改變）存在負面激勵因子，導致工作承諾或投入的下降，行政效率或組織績效因此也會下降。

　　省府組織係因應環境變化與需求，在長期發展下形成穩固或紮實的行政組織。省府組織變革政策形成過程之初，並沒有想到精省過程如何提升「救災體系」的功能或成效，或這議題在當時並未被關注（精省後發生921大地震，才有許多人感覺精省影響救災與災後重建至鉅）。應該說，精省過程並非「問題」導向，或所呈現的問題，並非詳細診斷省府組織的結果。只因當時李登輝總統領導的意志力（合理的說法是形成精省決策時係李前總統連任民選總統，在權力穩固下所作的決策），讓精省政策快速形成，並迅速執行。因此作者曾指出，精省組織改造，因為缺乏願景與省府員工的認同，甚至由上而下強行精省，導致政治嚴重對立（後來宋楚瑜離開省長職位後競選總統，並一度擁有高民調），可能造成難以收拾的政治與行政後遺症（楊永年，1998b；1998c）。主要的後遺症有四，中央政府更為集權、地方政府政策執行更為僵化、地方政府協調整合更難、跨政府協調整合人力斷層（楊永年，2017a）。

　　甚至精省也養出了組織怪獸（楊永年，2013），包括增設了行政院中部辦公室、南部辦公室、東部辦公室、雲嘉南辦公室，以及五都（後來變六都）的成立，都直接或間接和精省有關。其原因和組織改造策略不當有關，或若要提升行政效率，不用精省也可以達成。例如，1998年時任職美國副總統的高爾，在柯林頓總統授權下，親赴各政府部門，參與數以百

（千）計的會議，在實際與各機關成員直接面談互動中，了解問題的核心與重點，才著手進行政府再造的細部工程。因此在改革的過程中，沒有驚動國會，沒有產生任何的抗拒（爭），成就了一場寧靜的行政改革。雖然它是由上而下發起的政府改造運動，著力點卻是經過由下而上的參與。是用行政的手段解決行政效率問題的最佳典範，而非以政治手段，強行解決行政效率問題（楊永年，1998d）。

綜合前述，精省的社會影響既深且遠，直接影響的是政府體制（制度）與體系運作，間接影響的是政治制度與社會制度。而精省對救災體系變革的主要啓發是，啓動救災體系變革最好還是能獲得總統或相關首長的支持。但當我們提出「變革什麼？」的問題時，對於精省議題，似乎僅能查出籠統或政治的理由（例如當時即有廢宋楚瑜省長的說法，或背後主要存在的是政治目的，而非行政效能或效率的因素），例如精省過程中沒有官員說要提升「救災成效」類似具體的議題。因此，當時變革的標的反而變成省府（精省）組織結構，卻無具體說服力的變革目的。所以，依作者的看法，精省反而可能造成（救災體系）缺乏目標的重組，行政效能就難以提升。不過當時能順利推動精省，和當時總統的全力支持有關。只是後座力或負面影響，不一定在當時立即顯現，例如執政黨總統候選人落選，有了第一次的政黨輪替。

同樣的問題也發生在我國海軍防疫議題上，由於國軍精實案（和組織精簡同義），目標是精簡人力，軍醫也成裁減標的。國軍精實案過程，並未顧及可能影響防疫成效，於是出現防疫漏洞。所以有「軍醫室復活」的說法，而這正好足以說明，2020年4月間發生敦睦磐石艦海軍官兵集體感染新冠肺炎的案例，需再進行結構改造或變革。[27] 組織（人力）精簡通常是成本節省的考量，應該是手段或方法，卻經常成為目標，導致組織功能或成效的下降。而組織精簡通常是組織環境（行政院或立法院）對預算節省要求所進行的變革，卻可能因為相關組織缺乏組織變革經驗，導致災難

---

[27] https://www.chinatimes.com/newspapers/20200420000627-260109?chdtv，瀏覽日期：2020/6/25。

發生時才發現功能已經喪失。而這樣的問題不只出現在海軍上，也出現在其他政府與民間組織（變革）上。

政策形成有時是由上而下，或即便剛開始的發想不一定來自最高領導者（首長），但因領導者擁有的資源最豐富，規劃與執行的障礙最小，政策成效提升較能預期。不過，也有所謂政策企業家，如本書第四章第二節所討論社區意見領袖的故事。至於本書第三章第三節，有關舊金山市防疫超前部署，因為當時舊金山市衛生局局長，對於防疫具高敏感度，並經市長London Breed同意且於2020年2月25日對外發布緊急命令，成為全美第一個發布緊急命令的城市。[28] 舊金山市市長London Breed與衛生局局長都可視為政策企業家，但因係衛生局局長最早洞悉疫情趨勢，因此衛生局局長更適合被視為政策企業家。而且，因為疫情敏感，衛生局局長也懂得在資訊公開與不公開拿捏，進一步促成舊金山灣區五個郡的地方政府，聯合發布禁足令。

伍、變革診斷與文化思維

Schein（2010: 14-16）指出文化是抽象的概念，但對於組織（變革）更深層與複雜的文化人類學思考卻很有幫助。而組織文化反映在人們互動所產生可觀察到的規則行為（observed behavioral regularities when people interact）、團體規範（group norms）、信奉的價值（espoused values）、正式的哲學（formal philosophy或稱理想主義）、遊戲規則（rules of the game）、氣候（climate或稱感受）、嵌入式的技術（embedded skills或稱特別能力）、思考心智或語言模式的習慣（habits of thinking, mental models, and/or linguistic paradigms）、共享意義（shared meanings）、根源意象或整合表徵（root metaphors or integrating symbols）、正式的儀式與慶典（formal rituals and celebrations）。

應該說，了解或診斷組織文化是一回事，而改變組織文化則又是另

---

[28]　https://kknews.cc/world/5j85xlk.html，瀏覽日期：2020/6/25。

一回事，這屬兩個不同的議題（雖具密切的關連性）。關於組織文化，Becker and Steele（2006）的定義比Schein更為簡單，他們認為組織文化的診斷應從任務（mission）、價值（values）、關鍵成功因素（key success factors），以及專案目標（project goals）等進行了解或診斷，而且高層領導必須勇於測試文化上的基本假設（cultural assumptions），或在測試的過程，已釋放出改變組織文化的意義。更具體的說，更改組織的任務或目標，就在改變組織文化。至於Becker and Steel（2006）認為組織文化改變應從實際的經驗開始，在改變組織文化的同時應推動定義包容性廣的實際工作，這背後同時在建立互信。

組織文化提供我們另個組織（變革）診斷的理論，因為文化或價值認同的表徵經常能深入人心。或者說，從（組織）文化層面進行診斷，係救災體系變革重要的思維，而這和North（1990: 36-45）制度內涵（定義）的非正式規範（informal constrains）相仿。由於文化背景的價值深植內心，固然可以嘗試改變（組織）文化，亦可嘗試適應或調和（組織）文化，或讓不同族群（組織）接受文化差異的現象，而這都可以涵蓋在文化思維的組織變革。如楊永年（2006：351）所述「**組織文化之於組織有如個性之於個人，可以說組織文化所表達的是組織的個性，就像每個人的個性不同，每個組織的文化也有不同的領導者、結構、工作流程，產生不同的組織文化**」。

由於個性分先天與後天，先天和基因有關，後天則和環境有關。雖然先天和後天會有互動，但先天與後天仍有其差異性。這代表著，組織文化也存在先天與後天兩大部分。再者，Loehlin（1992）針對在不同家庭長大的同卵雙胞胎進行研究，發現個性的相似度大約在35-39%；這隱含環境因素占61-65%。這同時可以解釋，為改變個性，透過環境改變可能比改變先天因素更為容易。因此，為改變組織文化，可以同時診斷出組織的先天（傳統）因素，與後天（組織環境）因素，再針對這些不同的因素，進行組織變革（策略）計畫的擬訂。在這部分，楊永年（2006：349-388）臚列出許多具體的組織文化項目或內涵，例如表徵（symbols）與人造事實（artifacts）。但重點不在找出要變革的組織文化項目，而是改變

這些項目，能否提升組織績效（或救災成效）。

　　救災體系有諸多不同組織，可能存在不同的組織文化，卻可能擁有共同的（救災）信仰，而這會顯見在他們的救災行為上。例如，2016年臺南大地震維冠大樓災區場域，有許多不同的搜救隊共同救災；不意幾天後中華搜救總隊公開退出災區（楊永年，2020：33）。問題是，現場的非營利組織搜救團體很多，何以只有該搜救團體發生衝突，可能的原因即在於組織文化的差異，而這差異突顯在搜救模式（作為）上。不同的搜救隊來自不同的政府組織與非營利組織，包括教育訓練（含組織社會化過程）、經費來源、組織結構、獎勵系統的差異，導致價值觀與文化的不同。如果解讀為組織文化的差異，就比較不會有更深層的衝突或爭執。

　　當然，組織文化可能受外在（社會）文化的影響，例如，2001年9月11日發生在紐約的9/11恐怖攻擊，造成約3,000人死亡的慘劇，而且死亡人數經過數年之後仍在增加中。因為災難現場釋放有毒氣體，造成救災人員與附近居民罹患慢性疾病（含癌症）。[29] 而也因為災情相當慘重，為了紀念那些在9/11事件無辜的犧牲者，以及追思因災罹難的救災人員（英雄），因此每年會在911紀念博物館（National September 11 Memorial & Museum）前，舉辦紀念活動。但因為新冠肺炎疫情仍未完全紓緩，因此該紀念博物館原本宣布，將停辦室外的紀念活動，消息一出，立即有50,000位民眾表示關切，並希望續辦這項紀念活動。經過溝通後，紐約州長古莫（Cuomo）同意續辦紀念活動，同時承諾增加（防疫）人手，以確保參與人員的健康與安全的防疫環境。[30]

　　顯然，這場紀念儀式背後的意義，已經深入人心，甚至很多人認為，「這是紐約民眾再次攜手，對抗大家的敵人」，具有特殊的（防疫）意義。可能的解釋是，因為紀念活動，讓參與者集體的心靈獲得慰藉，同時也會讓參與紀念活動的民眾感覺未來充滿著希望。因此，在變革診斷過

---

[29]　https://www.thenewslens.com/article/103909，瀏覽日期：2020/8/16。

[30]　https://patch.com/new-york/new-york-city/9-11-memorial-tribute-light-back-cuomo-says，瀏覽日期：2020/9/19。

程，不能忽略表徵文化顯現的深層意義。或者，透過文化詮釋，同時納入防疫考量，不失爲提升防疫成效的政策設計。再根據本書第三章第二節所述，9/11恐怖攻擊造成2,753人死於世貿中心，包括343位消防員，23位紐約市警察局員警，37位港務警察（50 MINUTES, 2017: 17）。這代表紐約的消防與警察人員，都有救人「奮不顧身」的價值信仰或組織文化。但消防員死亡的人數遠高於警察，重要的因素即在於組織文化（不過也可能消防人員參與9/11救災人員遠多於警察人員）。

　　而這組織文化可以從消防與警察組織的核心任務或價值進行檢視，例如警察的核心價值是治安，消防的核心價值是救災。這也反映在警察徽章是「和平鴿」，而消防獨立後有不同的制服，並以「鳳凰」作爲消防認同的徽章；鳳凰可解釋爲（浴）火鳳凰，代表不怕火的意思，因而形成其特有的文化與價值認同。這價值內化於「消防弟兄」心中，以致再怎麼危險的火場，都可能不顧自己生命安危，而入火場搶救，也許這是2018年桃園敬鵬大火6名消防員在火場殉職的重要原因之一。而這也可以解釋，Atkins（2011: 323-324）發現警察局與消防局組織間合作意願不高，原因也和組織文化有關。基此，從組織文化的觀點解釋我國警消分立，有其合理性。

　　2011年3月11日東日本大地震，岩手縣的陸前高田市，當時有近2,000位民眾遭海嘯吞噬喪生。卻有一棵「奇蹟的一本松」，樹高約27公尺，[31]經海嘯蹂躪卻屹立不搖，而且是70,000棵松樹中唯一倖存。[32] 該松樹曾經歷1896年與1933年的海嘯，唯2012年9月時，該棵松樹因接觸鹽水而死亡，總共存活的時間長達一百七十三年。[33] 如圖4-2所示，該松樹挺拔於海嘯後的廢墟中，因此該松樹已成當地重建與希望的表徵，吸引來自世界的捐款，希望保留與重建這棵松樹，後來共募集到1.5億日幣（該松樹的

---

[31]　https://dorapark.blogspot.com/2013/08/blog-post.html，瀏覽日期：2020/9/19。

[32]　https://tw.visitmiyagi.com/contents/miracle-pine/，瀏覽日期：2020/9/19。

[33]　https://www.dailymail.co.uk/news/article-2291799/The-miracle-pine-Tree-survived-2011-Japanese-tsunami-dying-months-ago-rebuilt-monument-19-000-victims-disaster.html，瀏覽日期：2020/9/19。

保護與維護費用)。目前該樹位於岩手縣的紀念博物館內(全稱為「高田松原海嘯復興祈念公園」,同時設有東日本大地震海嘯傳承館,也稱岩手海嘯紀念館),該館於2019年9月22日開放。[34] 由於重建過程充滿艱辛與不確定性,且重建也可視為災難後的「變革」,為取得在地民眾(對在地)的認同,該松樹成為重建的精神或文化,該松樹的維護也成地方政府重要的任務。

2011年5月22日發生於美國密蘇里州的巨大龍捲風(風速超過每小時200英哩),造成Joplin市161人死亡,逾1,000人受傷,財損約22億美元(FEMA, 2014),可以說該龍捲風造成Joplin市的致命災難。[35] 如圖4-3所示,Joplin市也有一棵樹沒被龍捲風吹倒,而該樹被稱為精神樹(spirit tree),2018年該樹倒塌後再被扶起,但預估花費10萬至13萬美元(這費用大約是奇蹟一本松的十分之一),經費來源為捐款,不用政府預算(日本奇蹟一本松也完全以捐款重建),並希望作為龍捲風10週年的紀念。[36] 該樹被視為公共藝術,對居民而言具有療癒效果。它代表著龍捲風當夜搜救人員努力的記憶,因為這棵樹就像是徒手在瓦礫奮戰的意象。[37] 巧合的是,同樣都是2011年發生的災難,雖然災害的嚴重度不同,但樹都成為兩國在地民眾重要的精神表徵。

---

[34] https://kknews.cc/zh-tw/world/e6x6gen.html,瀏覽日期:2020/9/19。

[35] https://www.weather.gov/sgf/news_events_2011may22,瀏覽日期:2020/9/19。

[36] https://www.joplinglobe.com/news/possible-design-rendering-of-spirit-tree-sculpture-underway/article_4ac30524-950d-11e8-a3a2-73d4b0b787e2.html,瀏覽日期:2020/9/19。

[37] https://www.joplinglobe.com/news/local_news/joplins-spirit-tree-falls-but-can-it-have-second-life-as-public-art-memorial/article_f57b0882-3b45-5efb-97d1-e355a3380c92.html,瀏覽日期:2020/9/19。

圖4-2　奇蹟一本松[38]

圖4-3　精神樹（FEMA, 2014）

　　1992年洛城大暴動可視爲體系變革重要案例，因爲該個案對洛城警察組織體系，以及市政治理體系，都是嚴酷的挑戰，宜從該個案進行深度檢討，進行體系變革。洛城大暴動在5天的暴亂中，和暴亂有關的有超過50人死亡，10人遭洛杉磯警察局（Los Angeles Police Department, LAPD）逮捕，超過2,000人受傷；大約有6,000名嫌犯是因搶劫與縱火遭逮捕，其中非洲裔占36%，拉丁裔占51%。[39] 這表示，多數打劫與縱火者，可能不是在抗議司法不公，而是在「趁火打劫」。遭LAPD白人警察毒打的是非洲裔的金恩（Rodney King，雖有酗酒與竊盜前科，但遭警察不當毒打並傷及頭腦，也是事實）而非拉丁裔的民眾，這代表很多參與暴亂的拉丁裔民眾可能是盲從。但如果加上失業或貧窮因素，這些都是洛杉磯城市治理失靈的問題。

　　因爲當時Bradley市長與Gates局長之間存在前述十三個月不講話的衝突問題，等於將問題的層次拉高爲城市治理的體制（或稱制度）問題。可能的原因有二：第一，市長無法解僱警察局局長，因爲警察局局長的去留係委員會的職權；第二，洛城大暴動的原因，亦和城市治理有關。非洲裔的Bradley市長對於貧窮落後的非洲裔社區可能不重視；或可能市長很重視，但並未解決非裔社區貧窮落後的問題，或並未改變非裔社區深層的社會文化。不過，Bergesen and Herman（1998）針對洛城大暴動的研究即發現，主要原因在於亞洲與拉丁美洲裔移民進入非洲裔社區，產生經濟上的競爭，進一步造成非洲裔人的（經濟）剝奪。若然，這並非市長的責任，或市長對這議題的著力可能有限。

　　然而，也不能說Bradley毫無責任，因爲從課責的角度分析，洛杉磯發生這麼大的暴動事件，市長仍必須概括承擔「政治責任」，所以市長受到責難也就無可厚非。問題在於，Bradley面對外界對他的批評，他一直不願認錯與道歉，導致其社會形象大幅滑落（這也可視爲危機處理的問題）。例如，他遭批評稱呼暴亂者爲暴徒、流氓，以及公開聲稱，部分無

---

[39] https://www.npr.org/2017/04/26/524744989/when-la-erupted-in-anger-a-look-back-at-the-rodney-king-riots，瀏覽日期：2020/8/28。

知的媽媽去偷嬰兒尿片遭逮捕，這樣的說法被認為市長在卸責。也有人認為Bradley在第一次「白人警察無罪」判決出爐時，並未公開對判決表達憤怒，成為點燃大規模暴動的引信。甚至，警察局局長Gates公開批評市長不適任，除了讓Bradley相當難堪，也因此直接或間接導致Bradley沒再爭取洛杉磯第六任市長（連任）。[40]

　　1965年瓦城暴動幾年之後，Bradley於1973年獲得多數白人選票，展開二十年的市長生涯，特別受到以色列社區的愛戴；甚至因為他的努力與貢獻，讓歐巴馬於2008當選美國總統。至於Bradley對洛城最大的貢獻是，由於他的親和力與整合力，讓洛城成為跨種族的熔爐，爭取到1984年的奧運在洛城，以及透過不斷的投資與開發，成功將洛城轉變成國際級的城市。[41]不過，可能也有人注意到，Bradley擔任市長期間，市政經費並未將非洲裔社區發展列為優先項目。但對Bradley的口碑最傷的，還是洛城大暴動的事件，讓他提早結束政治生涯。[42]Bradley沒續任市長，固然和他年事已高（1998年逝世時享年80歲）有關，但更重要的是，可能和他沒有做好大暴動的危機處理有關。

　　Miller（2001）即認為洛城大暴動是危機處理問題，同時指出1965年的瓦城大暴動，Gates曾大肆鼓吹大規模逮捕滋事（暴亂）者；但1992年時的洛城大暴動，卻不見Gates動員警察逮捕暴亂分子。甚至暴動期間，Gates還外出為警察募款，後來進辦公室時，亦未主導暴亂防制的預警與處理。導致警察領導出現「真空」，迫使Bradley市長向州長提出派遣國民兵的需求。因此，若從危機處理的角度，警察局與市政府責無旁貸，市府與警察局都必須深刻檢討（診斷）這起個案，並作組織變革設計。再者，Bradley於1992年宣布洛城緊急狀態，同時要求當時的州長Wilson派

[40] http://content.time.com/time/specials/2007/la_riot/article/0,28804,1614117_1614084_1614509,00.html，瀏覽日期：2020/8/28。
[41] https://jewishjournal.com/los_angeles/176621/，瀏覽日期：2020/8/28。
[42] https://thegrio.com/2012/04/27/tom-bradley-racial-politics-and-the-la-riots/，瀏覽日期：2020/8/28。

遣國民兵到洛城「平亂」（但當時的警察局局長Gates並不願意）。[43]

　　關於BLM社會運動，引發是否派遣國民兵的議題。有部分人士憂心，2020年如果川普總統引用叛亂法派遣國民兵到各州「平亂」，可能加深抗議群眾的不滿，而且可能破壞多年以來的警察改革成果，因此加州州長Newsom力阻川普引用此法。之所以有破壞警察改革成果的說法，主要的理由有三：第一，抗議活動多係以和平方式進行；第二，洛城大暴動後，警察改以經營社區警政，重視警民關係的經營；第三，國民兵介入「平亂」，代表警察失靈，也隱含警察處理群眾抗議活動失能。因此，對於全美各州有關BLM聚眾抗議如何處理，其思維存在三個問題：第一，聯邦或州政府政策介入或不介入的目的是什麼。第二，對警察（組織）造成什麼影響。第三，對抗議群眾行為造成什麼影響。

　　而前述三個問題還涉及兩個組織（體系）的變革層次議題，即組織內部和組織外部。就系統理論而言，兩個層次息息相關，只是焦點議題的不同。再進一步論述，對組織造成的影響，比較屬於警察（組織）內部變革的議題；至於第一和第三個問題則存在因果關係，或者，不論聯邦或州政府對BLM社會運動，都希望有正面成效。只是，聯邦與州除了對於災難的認定存在差異，對於希望達到什麼成效，也沒有共識。川普陣營認為，抗議活動已影響到民眾日常生活的秩序，讓許多民眾感到不安。拜登陣營則認為，抗議群眾係以和平方式表達意見，應予尊重不宜干預。這爭議涉及的是，組織與政策介入到底要改變什麼，且究竟能改變什麼。抗議群眾後來的訴求，主要希望進行警察組織改革，操作化的定義是要求大幅縮減警察預算。

　　但大幅削減的訴求是組織變革的方法，不是目的，且紐約市警察局雖的確大幅削減了警察預算，但也造成後來紐約槍擊案件的增加。[44] 這是因

43　https://www.nytimes.com/1992/05/04/us/riots-los-angeles-mayor-los-angeles-mayor-criticizes-chief-for-slow-action-riot.html，瀏覽日期：2020/8/28。

44　https://www.worldjournal.com/7077645/article-，瀏覽日期：2020/8/28。%E7%B4%90%E7%B4%84%E5%B8%82%E6%A7%8D%E6%93%8A%E6%A1%88%E5%A4%A7%E7%88%86%E7%99%BC-%E5%B7%B2%E8%B6%852019%E5%85%A8%E5%B9%B4/，瀏覽日期：2020/8/28。

為進行警察組織變革之前，並未詳實進行警察組織診斷，應該先探索或診斷（研究）的問題是，為什麼警察執法行為，會引起全美國各州這麼多、這麼大的聚眾抗議活動。對此，則必須先就警察組織進行診斷，究竟警察為何會有這些行為。這麼多與這麼大型的抗議活動，事件本身有其引爆點，例如警察執法行為的合理性，或是否符合比例原則。以2020年BLM運動為例，依媒體報導顯示，雖Floyd有使用假鈔之嫌在先，但警察執法確實過當。[45] Floyd雖失業有犯罪之虞，但未持傷人武器且似無立即攻擊性，而且他身體倒下遭警察跪膝鎖喉時，Floyd發出「我不能呼吸」的哀求，唯執法警察仍持續鎖喉。

這段影片傳至全美各地，引發眾怒，除了明確感受這次警察執法過當外，讓許多人想起，類似案例不斷重複，因此認為該是變革的時候到了。抗議聲浪如風起雲湧般蔓延至全美各州，並與警察發生許多衝突。那麼，為何類似的問題重複發生，有人會歸咎這是媒體造成的問題，因為這段影片透過媒體不斷播放，例如南加大傳播學院Muller對於洛城大暴動，就持這樣的看法。[46] 1992年時，網際網路才剛開始發展，社群媒體仍未萌芽，而現今已有社群媒體，對於相關訊息通常會不斷轉傳。因此，媒體報導或許是導致BLM社會運動的原因之一但非唯一。其他的原因包括警察組織文化，以及非洲裔美國人（歷史上）長期以來，一直難以擺脫失業、貧窮與弱勢。

1992年的洛城大暴動，雖暴亂開始時即有民眾透過911報案，並請警察局儘快派人處理。但一直經過3小時後，LAPD才姍姍來遲，以致後來暴動更為惡化並快速蔓延。暴動擴大後，LAPD曾試圖挽回局勢，後來因為暴動規模過大，為安全起見，警察只好撤退，也使得暴動又再進一步擴大，而更難處理。[47] 由於作者於1988年至1994年在美國求學，當時很清

45　https://cn.nytimes.com/usa/20200602/george-floyd-investigation/zh-hant/，瀏覽日期：2020/8/28。

46　http://www.uscannenbergmedia.com/2017/04/25/reflecting-on-the-la-riots-25-years-later/，瀏覽日期：2020/8/26。

47　https://www.npr.org/2017/04/26/524744989/when-la-erupted-in-anger-a-look-back-at-the-rodney-king-riots，瀏覽日期：2020/8/28。

楚的印象是，在King事件發生前，LAPD名聲響徹全美，背後可能和Gates
擔任洛城警察局局長達十四年（1978-1992）有關，因為他對LAPD類軍事
化的管理方式，讓LAPD成為快速打擊犯罪的同義詞。員警多數為白人男
性，由上而下的領導與管理方式，幾讓LAPD組織運作沒有反對的雜音。
不過，洛城大暴動後卻發現，LAPD主要的警政（變革）策略在控制與壓
制，而不是在保護與服務。[48]

1992年6月時，Gates遭強制去職，後來換成從美國費城來的非裔局長
Willie Williams，並介紹社區警政給LAPD，但由非裔擔任局長，多數白
人警察感覺他們被冒犯，所以Williams只當了一任就離開，並被視為弱勢
的局長。[49] 依楊永年（1997）〈社區警察組織設計〉論文，就指出組織
變革與重新設計的必要性。而且依圖2-1進行分析，只有領導者改變，但
組織結構與文化改變有限，所預期的成效當然也就受限。William Bratton
接任警察局局長，服務LAPD共約七年期間（2002-2009，剛好在Rampart
Scandle爆發後不久前往就任），使用資料為基礎（data-based policing）
的警政策略，為能順利施行，所以和社區警政策略作某種程度的調整，透
過對數百位基層警察的訪談，了解獎勵與執法困境。同時開始晉用有色人
種，而且找尋具教師、社工與藝術背景者擔任警察。[50] 同時晉用與提拔工
作表現良好的有色人種，擔任基層與中高階警職。[51]

從前文論述，Bratton運用比較多的變革策略，進行LAPD的組織改
革，他的領導與願景有其堅持，就是降低犯罪率（以資料為基礎的警政策
略，就是在降低犯罪率）。也就是透過更彈性與開放的警察人力資源變革
（含獎勵系統），以及組織架構的調整為基礎。理由在於，原本社區警政
策略有其既定架構，Bratton讓他的策略和社區警政策略作調整。因為策

---

48 https://www.npr.org/sections/codeswitch/2017/04/26/492848045/-it-s-not-your-father-s-lapd-and-
that-s-a-good-thing，瀏覽日期：2020/8/28。

49 https://www.npr.org/sections/codeswitch/2017/04/26/492848045/-it-s-not-your-father-s-lapd-and-
that-s-a-good-thing，瀏覽日期：2020/8/28。

50 https://www.npr.org/sections/codeswitch/2017/04/26/492848045/-it-s-not-your-father-s-lapd-and-
that-s-a-good-thing，瀏覽日期：2020/8/28。

51 https://abc7.com/rodney-king-lapd-la-riots-riot/6365543/，瀏覽日期：2020/8/28。

略決定架構，所以Bratton不同或多元的作法，改變了LAPD的組織文化。可以說，1992年洛城大暴動後，洛杉磯警察局做了許多的變革，包括前述執勤方式的改變，同時加強和社區的互動。[52] 至於1995年發生的Rampart Scandle弊案，可能係延續Gates擔任局長的組織文化。因為在洛城大暴動之後，LAPD的形象幾乎盪到谷底，警察人員的工作士氣與尊嚴低落亦可想而知，接任Gates的Williams又得不到警察同仁的認同，加上退休警察參與黑幫組織，間接或直接導致Rampart Scandle弊案的發生。[53]

再就洛城大暴動的變革進行論述，首先當然要診斷，為何會發生暴動，可能的原因有六：第一，是參與暴動民眾的問題，因為他們長期貧窮或失業，處於弱勢。第二，是社區的問題，可能因為社區長期貧窮，或因失業缺乏社區資源，使社區無法形成約束的力量。第三，是警察的問題，因為警察未立即制止，如前文所述在發生之初警察（特別是第一次報案）在3小時後才抵達現場；或當時的社會力量沒能立即制止，導致暴動範圍不斷擴大。第四，是LAPD警察組織的問題。第五，是洛杉磯市政府的問題。第六，是整個美國社會（族群）文化的問題，而這部分符合楊永年（2020e）所提，認為除了改革警察組織文化，應同時改革與關注非洲裔美國人貧窮與失業、種族歧視、合法擁槍的社會問題，否則大環境不改，類似問題會重複發生。

前述的洛城大暴動問題診斷，有如組織行為個人、團體、組織、環境之分析，第一和第三點屬於個人行為，第二點社區屬於團體，第四與第五點屬於組織的問題。不過和大暴動直接相關的兩大族群，是參與暴動的民眾和警察。因此，應直接聚焦變革的焦點有二：第一，是參與暴動民眾的行為，這部分比較和社會變革與（或）政府政策有關，因此關心的是政策介入與成效的問題；第二，是警察行為，這部分和組織變革比較有關，因此關心的是組織介入與成效的問題。兩者是不同的議題，但可以有相關

---

[52] https://www.nbcnews.com/news/us-news/insurrection-act-was-last-used-1992-los-angeles-riots-invoking-n1224356，瀏覽日期：2020/8/28。

[53] https://www.cpp.edu/~rrreese/nonfla/RAMPART.HTML，瀏覽日期：2020/8/29。

性，例如社區警政或資料為基礎警政策略，有具體重整組織結構或改變警察行為之意，同時也有改變參與暴動或有治安危害之虞民眾行為的意圖。

　　不過，因為治安潛藏的社會問題，不是警察單獨能夠解決，而需透過市政府的高度整合，進行政策擬訂與介入。原本很多人認為Floyd案件不會發生在洛杉磯，不意2020年9月在洛杉磯郡的Westmont市，發生一位警察開槍射殺騎單車違規的非洲裔男的不幸事件，同時引發民眾和平抗議。[54] 或許美國警察對於非洲裔民眾存在的偏差執法，問題可能難解。前述LAPD的作法結合本書圖2-1進行規劃，也許還是可以作為變革的參考。或者，可能要有更詳細與深入的組織變革設計，才能避免類似案件的發生。

第二節　變革設計

壹、變革設計的理論與方法

　　問題診斷出來後，就要展開組織變革（或稱組織介入，organizational intervention）設計。因此，本節論述的前提是，變革方向或願景已經確定，本階段在進行變革策略（政策）設計的內涵。應該說，在組織（變革）診斷過程，就應持續蒐集與分析所獲取的（診斷）相關資訊。Brown and Katz（2011）提出三層次的變革設計，其內涵包括激發（inspiration）、創意構想（creation）、執行（implementation），同時將人（人力資源）視為優先（putting people first），並從全球的觀點激發與尋找解決方案（Inspiring Solutions with Global Potential）。這比較偏心智模式（mindset）的改變，Smith and Wobst（2005）認為改變心智模式並

---

[54] https://www.worldjournal.com/7126214/article-%E8%AD%A6%E5%AF%9F%E5%8F%88%E6%AE%BA%E9%9D%9E%E8%A3%94-%E6%B4%9B%E6%9D%89%E7%A3%AF%E9%9D%9E%E8%A3%94%E7%94%B7%E9%A8%8E%E5%96%AE%E8%BB%8A%E9%81%95%E8%A6%8F%E9%81%AD%E5%B0%84%E6%AE%BA/?ref=%E8%A6%81%E8%81%9E#，瀏覽日期：2020/9/2。

不容易，卻可透過對話與共同工作，以促進心智模式的改變。

　　Jacobsson and Roth（2014）則指出，執行夥伴化的專案視為心智模式改變的平臺，換言之，如果把專案運作夥伴化，並融入日常工作生活中，可以跨越（組織）疆界與傳統的互動關係以共享文化，進一步改變心智模式。Cummings and Worley（2001: 112-122）則指出，組織發展（變革）主要仰賴診斷過程獲得的資訊。至於（診斷）資訊取得的方法，包括問卷（questionnaires）、訪談（interviews）、觀察（observations），以及非介入性（或非干擾性）測量（unobtrusive measures）。他們同時指出，所選取的樣本（sampling）很重要，包括是否隨機，以及是否具有代表性，都會影響所蒐集資料的品質。這部分和前述心智改模的內容與模式有關，可以同時進行組織變革的（專案）設計。

　　前述方法都是在獲得重要或關鍵的變革資訊，再根據所獲取的資訊，進行變革設計。最理想的方式，當然是嘗試運用前述所有的方式，唯目的還是獲取有用或有助（救災）變革成效的資訊。應該說，初步蒐集的是資料，但如何整理、轉化為有用的變革資訊，還得進一步設計。例如本書第三章第一節第肆部分有關武界壩不正常放水的告示牌分析所述，等於是說實際的（情境）案例提供負面成效的資料，並非屬前段文字所述之診斷方法。至於如何轉變成有效的變革資訊，可能得從救災體系的研發單位（也許是學術單位，但因涉及經費或誘因，也或許是政府與研發單位合作），而最重要的目的之一是，如何讓告示牌發揮動態防救災（警示）效果。

　　合理來說，武界壩災難發生後，台電公司（因為是管轄機關）應主導（設計）救災體系變革。特別是針對災難發生過程進行檢討，萃取變革資訊。重點在於避免遊客（行為人）再度於河（溪）床露營行為，前述告示牌變革固為方法之一，但需有兩個考量：第一，告示牌變革需和遊客行為改變有關（不會在河床露營）；第二，告示牌變革時必須和救災體系連結。而前述兩個考量的標的相同，都是在提升防救災成效。如本書圖2-1所示，告示牌變革可歸類為結構變革，因為這主要涉及組織分工（含科技）的改變。而這可能受組織文化影響，而且如果沒有領導者的重視或支持，這變革也難以成功。因此又得考量激勵因子的調整，以及其和工作價

值與態度的關連性，才能眞正提升防救災成效。

　　換言之，救災體系變革最終（理想）是整個社會防救災意識的提升。再以武界壩案爲例，因爲屬於台電公司管轄，所以應從台電公司（組織）帶動。問題在於，防救災議題雖和台電公司有關，但卻不是台電公司的主軸任務。或許由救災體系進行變革的機會較大，但臺灣目前沒有專責的防災機關，所以在進行救災體系變革就有困難。楊永年（2019h）提出，其結果是，因爲災害後留下待變革的問題，可能因爲乏人控管與追蹤，潛藏的問題仍在，重複的災害錯誤就可能發生。不過，就脆弱度（vulnerability）而言，醫院與安養機構最高，或最容易出現防救災的問題。例如日本311福島核電事故，逾百名重症病患在撤離過程中死亡（Tanigawa, 2012）。

　　2012年10月臺南署立新營醫院北門分院大火，逾10位住院老人被燒死，同時燒出住院病人緊急逃生與疏散的問題（楊永年，2012）。但老人安養機構的消防安全問題持續存在，例如2020年9月23日臺北市內湖區，發生未立案安養中心火災，釀成3死的個案爲例。針對該起個案，臺北市政府遭指失靈，因爲稽查過程中，有2次通報沒有處理。[55] 針對未來如何變革（改善），黃珊珊副市長的回應是「改進通報系統」。至於柯文哲市長的回應有三：第一，透過社會安全網系統的里幹事清查（政府在社會安全網仍扮演主導角色）；第二，民眾要擔負檢視與檢舉的責任（這和民眾的防災意識有關）；第三，目前安養機構設置標準太高（這涉及中央與地方政府的政策與法令）。[56]

　　柯市長的回應固然都有其合理性，但比較是針對安養中心存在的問題（與變革）進行回應；黃副市長則比較從救災體系變革的角度出發。應該說，這是跨局處的防救災議題，救災部分由消防局主導，老人安養問題則由社會局主導，這些並沒有疑義。但如何整合落實防災，則成三不管地

---

[55]　https://udn.com/news/story/121689/4884008，瀏覽日期：2020/9/25。

[56]　https://udn.com/news/story/121689/4884576?from=udn-referralnews_ch2artbottom，瀏覽日期：2020/9/25。

帶。因此，楊永年（2020k）認為，臺北市府應速成立防災專責機關。主
要理由有三：第一，就因為沒有防災專責機關，所以必須由市長或副市長
出面整合。但因市長與副市長綜理全市府事務，難以作深化處理與變革。
第二，善後（跨局處）工作繁瑣，難由單一或獨立機關完成。第三，防災
任務繁重，因為防災政府形成、規劃與執行，都必須相當嚴謹，所以必須
成立整合的防災機關。

　　基此，如果將前述個案的問題關鍵，解釋為通報沒有處理，才導致
災害的發生。接下來的問題是，改進通報系統是否就能強化防災體制或成
效。針對這個問題，可能的答案有二：第一個答案是正面或肯定的，也就
是可以提升防災成效。至少在短期內，因為對類似個案的重視，理論上會
認真稽查。第二個答案是否定的，也就是無法提升防災成效。這又可以有
兩種解釋：第一，前述成立專責防災機關，似可涵蓋通報系統的建立；第
二，若從圖2-1進行檢視，所謂通報系統的改進，只是結構變革的一個項
目。或就算要從市府組織結構進行變革，仍必須同時考量圖2-1所示之組
織環境、願景與領導、組織文化、激勵、工作價值與態度等，進行變革策
略之設計。

　　對臺北市府而言，議會屬於市府的環境，特別是議會掌握市府預算，
是否願意支持與監督市府的變革計畫，就會影響防救災變革的成效。世
界先進國家城市，防災或緊急應變都有專責單位負責，例如大約150萬人
口的日本神戶市（屬兵庫縣），歷經1995年阪神大地震，設有一級單位
的「危機管理室」。[57] 人口547萬的兵庫縣，在企劃縣民部（這是一級單
位，類似我們的民政局）下，分別設有防災企劃局與災害對策局（二級單
位）。[58] 換言之，先進國家防救災體系架構圖的設計，已跳脫消防思維，
也就是救災與防災分屬不同的獨立機關。因為消防（局）的核心任務是救
災，災防辦的概念或意義是防災，獨立或專責單位才會有願景與發展。而

[57] https://www.city.kobe.lg.jp/a46152/shise/about/construction/soshiki/0200.html，瀏覽日期：
2020/12/12。
[58] https://web.pref.hyogo.lg.jp/org/kikaku-somu/kikakukenmin.html，瀏覽日期：2020/12/12。

且理論上防災的深度與廣度大於救災，因此更有設置獨立機關或單位的理由。

　　接下來是市長是否願意支持「變革專案」，或者，如果將「通報系統」作專案或系統專案規劃，比較有可能落實圖2-1的系統改革。至於變革專案，必須先有明確的專案目標並配合政策目標（王慶富，2005：4-13）。應該說，變革的目標不是「通報系統」而是防救災成效，因為我們關注的是透過通報系統強化，可以避免災害的發生。換言之，通報系統是方法或手段不是目的，重點在避免災害發生，但有可能因為災害沒有發生，容易讓人誤解「績效不彰」。接下來必須定義，什麼是通報系統，最簡單的定義是，透過1999或其他電話與網路進行舉報，派遣有公權力的公務員，前往進行稽查或訪視。不過，該案的情形是，1999轉接到衛生局後，衛生局派「約聘僱」人員到現場，因為開門就離開，沒立案也沒追蹤。[59]

　　依前文描述存在五個「結點」，第一是接電話者（等於是資訊入口），包括是否記錄對話，以何訊息判斷轉接機關，以及後續是否進行追蹤，都有許多可討論處。第二，是衛生局接聽者（資訊入口），是否全程記錄，以及如何向上報告，並傳遞訊息給派遣單位。第三，派遣單位根據所接收的訊息，以什麼樣的標準進行人員派遣。例如，為何是指派約聘人員，而不是正職人員。第四，所派遣的人員，接收到什麼樣的指示（資訊）、派遣者是否給予什麼樣的重點提示（包括有無勤前教育）。第五，被派遣的人員抵達現場，做了什麼、怎麼做、達成什麼樣的目標，以及是否作全程記錄（包括出勤與返回工作場所記錄）等。可以說，每個結點都有負責人員，也都有直屬上級人員，整個組織（含整個市政府）的分工與整合概念就可以釐清。

　　前述五個結點分析，重點不在追究責任（雖然也可以用來追究責任），主要在避免錯誤重複發生。因為，如果要追究責任，市長、市議會都有廣義的行政責任與（或）政治責任。整體而言，可將五個結點再放入

59　https://udn.com/news/story/121689/4884008，瀏覽日期：2020/9/26。

本書圖2-1，可以獲得更多的深入分析內容。例如，前述五個結點基本上就是組織結構分析，還有組織環境（議會、媒體、政治、社會因素）、領導（包括領導者的態度與價值觀）、組織文化（長期以來形成的共同信仰與價值，或者1999長期運作下來，因沒有注入新的動力，而產生疲憊狀況）、激勵（獎懲）、工作價值與態度等，都可以有許多深入的診斷、分析與變革。新北市政府的策略更有超前彈性，取締無照養護所「稽查絕不手軟」。[60]

這代表不同領導者，存在不同的價值思維，運用圖2-1進行新北市與臺北市政府組織運作分析與對比，可以再得出一些差異。因為領導者的價值差異，導致組織結構、組織文化，以及不同的激勵因子，同時直接與間接影響員工的工作態度與行為。再者，從專案的撰寫到執行，需要專責專業的人力，同時也得考量專案改變的範圍或幅度。基此，似乎又離不開專責防災機關的成立，因為有了明確與專責的防災機關（或人力），才有充足的人力，進行相關防救災專案的推動與執行。而除了變革專案撰寫要有誘因，也得讓參與變革的成員有誘因或工作承諾，共同推動變革專案。或許專案可以委託或委外，但如何和原組織密切連結，則又是重要挑戰。

貳、變革的權變思維

至於救災體系在實際變革上，不一定會有前述方法使用的完整應用或考量。或者，前述方法固有其實用性，不過Nutt（1984）提出權變（或稱應急）取向（contingent perspective），進行（變革）策略設計；而且規劃過程必須有不斷的資訊交換。權變計畫的架構，係透過確認且有用的整套技術模式（經支助者認可或接受其對品質的期待）的網絡關係。意思是說，診斷方法（的訊息）如何和人際網絡進行連結或結合，會是關鍵因素。甚至執行診斷之後所獲得的訊息，亦需和重要的網絡關係作資訊

---

[60] https://reader.turnnewsapp.com/ct/20200926/B12AA12/Q1RfMjAyMDA5MjZfQTEyXzM1/share，瀏覽日期：2020/9/26。

交換（exchange），以避免解讀或未來執行產生落差，而這網絡關係特別會是在董事會或掌握組織運作資源的委員會。Kearns（1994）則認爲課責（accountability）在非營利組織運作過程比較欠缺，特別是在公共回應部分需要補強。

至於補強的方法，也許非營利組織可邀請資深退休公務員參與董事會，或擔任非營利組織的幹部。不過，這又回到變革規劃過程使用方法的嚴謹度，Worley（2001: 122-128）進一步指出有關分析資料的工具包括質化與量化，質化包括內容分析（content analysis，彙整所有意見並作摘要與分類）與力場分析（force field analysis，包括改變與抗拒兩道力量的分析）。量化工具主要是統計方法的應用，包括平均數、標準差、頻率分布，以及散布圖（scattergrams）和相關係數（correlation coefficients，以+1.0和-1.0表達變項之間的關係）。通常救災體系變革過程，若要使用前述方法進行變革設計，需要一些學術訓練的基礎，雖然國家發展委員會（前身是研究考核發展委員會）有一些研究資源，包括研究報告及與學術單位的連結。

比較重要的是，政府組織變革規劃的內容通常在未執行前不會公開，或即便公開，是否採納外部意見也是問題。或前述方法固然有其實用之處，但實務上的變革設計過程則不一定會採用。倒是，如何設計，以及設計什麼樣的變革計畫，可以融合本書圖1-1與圖2-1的結構。以圖1-1爲例，必須思考與設計的內容包括資訊（系統）、動員（資源）、組織間合作（模式），但作者推論消防署籌備過程，可能沒有思考這些變項。可能的原因在於，部分職權與功能已超越消防署的位階與能力。也許，當時主要可能以成立消防署爲目標，而非以提升救災成效爲目標。所以才會出現警消之間協調整合的嚴重問題（楊永年，2009a），以及資訊系統存在許多障礙（楊永年，2020：53-54；張四明、吳秀光、周韻采，2011）的問題。

作者進一步推論，這套資訊系統主要爲連結內政部消防署與縣市政府消防局所設計，而非從整體救災成效或以行政院的角度設計。另一個可能的因素是，因爲消防署成立過程約停頓四年，卻又突然快速通過；原因將

於下文解釋。原本1990年時，行政院指示消防業務原則上應自警察系統中分出，請內政部研議消防署成立之必要性及將緊急救護納入消防體系（陳弘毅，2015：15）。但一直到1994年1月17日行政院正式審議通過，隔年1995年1月17日立法院三讀通過「內政部消防署組織條例」，1995年3月1日消防署正式掛牌成立。[61] 依前述規劃時程，從立法院三讀通過到消防署掛牌成立不到兩個月，可能的原因在於1995年2月15日，發生臺中市衛爾康西餐廳大火，造成64人死亡的災情，所以促成消防署快速成立；唯依唐雲明的說法，消防署早該成立（唐雲明，2009）。

　　特別是，警消分立進入審查、籌備、成立之程序，主要在解釋與因應審查人員的問題，一年的時間恐有不足，但如果納入1990年行政院即有指示，那麼就有五年多的時間，應該就比較充裕。再就1994年出爐的「內政部消防署計畫書」進行檢視，雖然該計畫書以現今的標準批判並不公平，但針對計畫書內容的分析，仍可以提供許多變革（政策）的參考。依Cummings and Worley（2001: 142-153）的看法，有效變革設計的主要變革情境考量包括：變革是否已經就位（readiness for change）、變革的能力（capability to change）、文化系絡（cultural context）、變革代理人的能力（capability of change agent）。或許可以推論的是，1990年關於警消分立的政策可能還不成熟，可能的原因在於組織抗拒，因為涉及資源切割或分配，或當時行政院對於警消分立仍有疑慮，因此用「原則上警消分立」的用語。

　　應該說，1994年警消分立議題已趨成熟，部分原因可能和決策高層接觸防救災議題與警消分立資訊較充裕有關。當然，變革是否已經就位，必須以不同指標進行衡量，包括資源是否充足，以及（民意）對現狀不滿（或成立消防專責機關）的程度是否很高，唯作者並無資料顯示是否曾有詳細的評估。另種可能是，經過四年的沉澱變革，包括政治與行政組織的衝擊上，感覺較有充足的知識或能力。而這不只包括決策者，亦包括學術研究人員，以及政策執行者，可能因為透過研究、考察，並進行跨國比

---

[61] https://www.nfa.gov.tw/cht/index.php?code=list&ids=17&page=2，瀏覽日期：2020/9/26。

較，因此已有充分的（變革）準備或能力。由於國人長期適應警消合一的運作（習慣），除了警察與消防人員要適應分立的組織運作模式，民眾也要有時間進行調適。警消分立要能符合社會文化系絡的內涵，警消分立才能順暢。

至於變革代理人的能力也是重要因素，當時係由內政部長吳伯雄，指派次長李本仁爲籌備處長，陳弘毅爲副處長，趙鋼爲兼任副處長等，主導警消分立（陳弘毅，2015：16）。由於這是行政組織變革的人事，當然需要長時間進行溝通、協調與整合。但就實務操作的角度分析，一位資深消防專家的說法是，某資深警界高層反對（抗拒）警消分立，原因和人事卡位有關；所以消防署一直沒能成立。不過，另一位資深人事人員的說法可能較有道理，「**除了警察不支持外，包括員額移撥、組織架構建立與調整、廳舍規劃等諸多細節需要規劃協調，所需的時間應該也是差不多**」。另個關鍵因素是，消防署籌備過程中，同意當時衛生署的意見，願意接下「救護」的任務，消防署（消防局）員額的問題才獲通過。

關於消防署接下救護任務的議題，作者曾在2012年執行國科會專案計畫，「救災醫療體系之研究——以雲嘉南爲例」，就有相關體悟。一位資深急診部醫師也有類似說法，認爲消防人員必須有緊急救護的執行能力，以協助病患在救護車上或到醫院前，就能獲得簡單急救的醫療救治（楊永年，2013）。不過，作者在2012年訪談時發現，少數偏鄉消防人員不認爲消防局應承接救護工作，可能的原因在於宣導、政策配套不足或資源缺乏使然。再回到爲何警消分立的決策在行政院躺四年，可以Allison（1971）的三個決策模式解釋，包括理性角色（rational actor）、組織程序（organizational process）與政府政治（governmental politics）。從理性角色分析，警消分立的確必須先檢視或精算人力（員額）配置，也必須就相關資源（廳舍、設備、車輛）進行盤點。

就組織程序而言，成立消防署不只是內政部轄管的議題，同時至少和衛生署（現爲衛生福利部）、人事行政總處（掌員額配置、薪資、福利、遷調、獎懲）、主計總處（預算編列與核銷）、海巡署（現爲海洋委員會）等部會有關。所以在公文程序上，必須會簽相關部會，各部會通常亦

會就轄管業務簽注相關意見。如前述，衛生署就要求救護必須列入消防工作項目，才同意消防署成立；初期消防署籌備小組可能不願接受，但後來還是同意納入救災項目成為消防署的工作項目（任務）。這些流程亦載於未出版之「內政部消防署計畫書」第5至6頁，包括1980年12月14日由陳次長主持開會研商，主要結論是「……**原則贊成警政署*1980年11月22日的開會決議：消防體系自警察系統分出。惟其隸屬關係及層級應參考先進國家及各單位所提意見，請警政署提出具體建議案並徵詢行政院研考會後，報請行政院核定**」。

　　警政署接由內政部指示後，經半年研議，完成「消防組織自警察系統分出並成立消防總局」研究報告及「當前消防工作檢討報告與建議」，並於1991年8月29日函送行政院裁示。行政院研考會於1992年3月7日函復，說明已併行政院審查「內政部組織法」修正案之參考。後於1992年7月22日，在高銘輝政務委員主持下決議「**成立消防署原則同意，惟應就其組織編制、人員進用、訓練、待遇福利及經費等妥為規劃**……」。換言之，警消分立係由上而下指示成立，並經過冗長的研議與規劃流程。只是計畫書沒有說明的是，警政署（消防組）規劃過程，是否造成警政署內部的組織衝突或衝擊。而這或許呼應政府政治的現象，如前述人事卡位的說法，即和政府政治（權力）有關，甚至亦有資深消防專家受訪時表示，首任消防署長王一飛先生，當時離開警察組織的意願並不高，這同樣是權力與政治的議題。

　　美國國土安全部的成立，似乎就比我國消防署快了很多，9/11恐怖攻擊事件發生後的第11天，賓州州長Tom Ridge即被任命為白宮下的國土安全辦公室主任。該辦公室主要綜整國家的反恐策略，並針對未來的恐攻進行整備。2002年11月通過國土安全法案（Homeland Security Act），屬部會層級的國土安全部，於2003年3月1日正式成立（從法案通過到正式成立不到四個月；而如果從白宮確定要成立到正式成立，則也不到一年半）。[62] 官網並提供國土安全部計畫書，該計畫書主要在陳述成立國土安

62　https://www.dhs.gov/creation-department-homeland-security，瀏覽日期：2020/9/29。

全部的理念與內涵，主要任務在於保衛美國國土。美國國土安全部屬部會層級，消防署畢竟是三級機關，而且美國是3億人口，大約是臺灣人口的13倍。重點在於，美國國土安全部成立計畫書的目標很清楚。

美國國土安全部成立計畫書指出的具體目標有八項：第一是有專責（單一）部門保護美國國土；第二是有專責部門確保邊境、運輸部門、港口與機場，以及重要基礎建設的安全；第三是有專責部門有能力從多元管道，進行國土安全情報分析；第四是有專責部門整合州政府、地方政府、私人企業，以及所有美國人進行整備與威脅的因應；第五是有專責部門整合所有資源，以保護美國人民生化恐怖主義與其他大規模毀滅的武器；第六是有專責部門協助訓練與整備第一線反恐人員；第七是有專責部門管理聯邦緊急應變活動；第八是有更多的安全官員在實務場域中止恐怖主義者，以及在華府用更少的資源去管理重複與過多的國土流失行動。基於前述目的，國土安全主要分四大機關，邊界與運輸安全、緊急應變與整備、化學、生化、輻射與核能對策，以及情報分析與基礎建設保護。[63]

美國國土安全部2003年成立，迄2020年止約二十年，因為加上2001年恐怖攻擊發生後，美國白宮對反恐議題相當重視，並立即啟動反恐整合機制。但為什麼2005年的卡崔娜風災，聯邦政府FEMA會被批評的一無是處，第一，反恐與防救災的核心任務不同（楊永年，2020：148-149）；第二，總統（小布希）對9/11反恐與對卡崔娜風災的重視度不同（兩起災難均係小布希總統任內發生）；第三，FEMA整合於國土安全部後，自主性變低，例如Morris（2006）就直接點出國土安全部成立後，FEMA從獨立機關變成附屬於國土安全部的組織，除自主性大幅降低外，原本隸屬FEMA的國家整備辦公室（Office of National Preparedness）成為邊境與運輸總處所屬單位，導致FEMA原本存在的整合功能遭到分割。

審計總署（U.S. General Accountability Office, GAO，隸屬於國會，早期名稱為會計總署，General Accounting Office）對於緊急應變議題曾有一系列的研究報告，所以對FEMA改隸國土安全部後，有關聯邦政府存在的

---

[63] https://www.dhs.gov/sites/default/files/publications/book_0.pdf，瀏覽日期：2020/9/29。

溝通與整合困境，非常清楚。加以，FEMA受制於核心價值不同的國土安全部，因此，對於2005年卡崔娜風災出現的問題早被GAO所料到。但可能因為美國為總統制，加以反恐當前，這些不同的聲音就不容易被聽到或被忽略。而國土安全部官網提供的資訊，和臺灣消防署相較豐富很多。如前述，美國國土安全部官網可下載成立計畫書，將成立的目的與過程，作完整的論述。關於國土安全部成立的優缺點，也很容易可以查閱到相關資訊。但消防署的成立計畫書就沒在消防署官網上公開，也等於失去了計畫書再精進的機會。

參、變革策略與介入

Battilana, Gilmartin, Sengul Pache and Alexander（2010）提出領導能力（leadership competencies）是執行計畫性變革的關鍵因素，並認為領導者的挑戰在透過組織計畫性變革的執行，以提升組織績效。領導的定義可以是激勵與發揮影響力的過程（Kouzes and Posner, 1995; Bass, 1990; Yukl, 1994），根據這個定義，領導所強調的是過程（這過程適用於組織計畫性變革策略規劃與執行），而且這個過程是由激勵與影響力的發揮所組成。而魅力型領導（Charismatic Leadership）與轉化型領導（Transformational Leadership），可以更深化領導與計畫性變革（策略）的關連性。關於魅力（Charisma，或譯為奇魅）一詞，根據許倬雲（1992：15）的說法，原意是神學上的用詞，是指神給人特別的秉賦、能力與恩賜；Weber（1947）在社會學上的解釋，意在描述天生的稟賦，是一種異於常人的特質與能力。

Willner（1984: 8）從政治的觀點，詮釋魅力是屬員認為領導者是超人、是屬員對領導者的任何陳述盲從、是屬員無條件遵從領導者的行動領導、是屬員給予領導者情緒上的承諾。至於要將魅力領導操作化，轉化型領導提供了方向，Bass（1985: 31）認為魅力是轉化領導必要的元素，但單有魅力並不足以解釋轉化領導的過程，還要有兩個要素，第一是智力的激盪（intellectual stimulation），第二是個人化的關心（individualized consideration），智力的激盪係指對組織成員能以新的思維模式解決舊的問題，同時導致屬員智力的提升，而個人化的關心與前述俄亥俄州大學行為研究的體諒型領導類似，是給予部屬個人關心，不過還有協助屬員自我發展的涵義（Bass, 1990: 218）。Bass and Avolio（1990）將精神上的激勵（inspirational motivation）加入轉化型領導，顯見激勵是轉化領導的要素，同時具有活化變革策略的功能。

　　Nielsena and Abildgaard（2013）認為組織介入需同時關注過程（process）與結果（effects）的評量（evaluation），目的在提升員工的心理健康與幸福。但他們亦承認，要設計精準的組織介入策略，必須考量或評量複雜或多面向系統，所以必須藉助理論框架進行設計。而這框架可採用本書圖1-1、圖2-1，也可以參酌下文的內容，進行組織介入策略的設計或評量。例如，Nielsena and Abildgaard同時指出，組織介入的影響或造成的改變，應從態度、價值與知識、個人資源、組織程序、工作環境、心理健康與幸福、生產力與品質、職安與管理過程。基此，所謂理論框架必須包括計畫性變革的介入策略、所造成的影響（成效），以及在什麼樣的組織情境等三個變項（或要素）。

　　至於變革策略的介入內容，Cummings and Worley（2001: 147-149）則從人力過程介入（human process intervention）、技術結構介入（technostructural intervention）、人力資源介入（human resources intervention）與策略介入（strategic intervention）等四個面向進行設計。人力過程包括敏感度訓練、過程諮商、第三方介入與團隊建立。依陳弘毅（2015：16）的說法，消防署籌備處成立之前，團隊成員可能未曾經歷組織發展相關訓練。但因為任務的重要性高，而且團隊成員的工作承諾高，所以消防署籌備處的工作團隊，主要透過實戰經驗進行學習，同時完成艱鉅的成立消防署任務。不過，這不表示人力過程的要素不重要，如果消防署籌備處歷經前述人力過程的發展內涵，後來工作團隊的表現可能更佳。

　　而組織發展領域談的技術結構介入，其內涵包括結構設計（structural design）、精簡（downsizing）、結構工程再造（reengineering）等（Cummings and Worley, 2001: 147-153）。組織結構主要在分工的重新

設計，透過組織結構更彈性設計，以及其網絡或矩陣的方式，讓組織結構更能發揮應有功能。由於消防署係新成立的獨立機關，從「內政部消防署計畫書」內容看來，仍比較偏向是官僚化（bureaurcatic）或層級化（hierarchical）的組織結構設計方式，因此和前述網絡或矩陣的結構設計方式，就可能存在落差。因此，在組織精簡的設計上也沒有著墨，但也可能因為消防署是新成立的機關（組織），所以難以聚焦在過去呈現的問題進行改造。不過，其實可以針對先進國家消防組織存在的問題，或從警察組織存在的問題，進行消防組織設計的參考。

人力資源管理介入則包括目標設定（goal setting）、績效評估（performance appraisal）、獎勵系統（reward systems）、生涯規劃與發展（career planning and development）、工作多樣性管理（management workforce diversity）、員工幸福（employee wellness）（Cummings and Worley, 2001: 147-153）。消防署或消防組織的成立過程，可能因為從警察系統分出，加以教育訓練和警察組織系統同質性高，因此，雖然消防組織系統有其工作特性，但計畫書的內容主要仍和警察組織設計，有許多的相似性（不是對錯好壞問題）。或者說，計畫書並未針對過去消防人員在警察組織存在的目標、績效評估、獎勵系統、生涯規劃與發展及工作多樣性管理等，作深入的檢討與分析，其規劃內容就有精進空間。

前述人力資源管理介入的設計有其合理性，但若以Bolman and Deal（1991）的結構型模、人力資源型模、政治型模、表徵型模進行思考，Cummings and Worley就沒有針對政治型模或面向進行組織介入之設計，而且不論政府、非營利組織、營利組織，經常有權力與政治的考量，或融入組織變革的計畫內容中。只是，權力與政治的思維，有時被解釋為強迫或違反（不符合）組織成員的意願，就比較負面。不過，權力政治如果以「公共價值」的思維解讀並進行推動或介入，則有比較正面或正當的內涵。因此，如果以消防署與縣市政府消防局成立（組織變革）進行思考，當然存在政治與權力的意義，由上而下的支持或介入固然是成立的關鍵因素。但消防署成立或設計之初可能沒有想到，在地方自治體制下，消防局和警察局首長會有不同的任用方式。

　　縣市政府消防局無法像警察局般，有人事一條鞭的指揮系統或設計，甚至縣市政府消防局長和消防署長同列十三職等。在一項消防人事制度的委託研究中，彭錦鵬、唐雲明、李俊達（2016）就指出，雖研究案執行期間警消分立已逾十年，但許多人事制度仍存在難解的爭議。例如關於消防人事不像警察與海巡，受制地方政府甚深，包括人事任命、遷調、獎懲，均受地方政府與政治的影響。而且，諸如消防救災業務是否包括捕蜂抓蛇，存在地方首長與消防人員的認知差異。[64] 甚至該委託研究報告亦舉美國與日本救災體系運作模式為例，說明跨機關（組織）協調整合，不宜由消防機關單獨承擔。因此，前述問題涉及的組織變革，可能不只有消防組織，還包括中央與地方政府組織運作。或者說，組織變革不能單從消防組織（消防署或消防局）的角度進行組織介入或變革。

　　至於策略介入（strategic intervention）則包括整合策略變革（integrated strategic change）、跨組織發展（tranorganizaitonal development）、整併與併購整合（merger and acquisition）、文化變革（cultural change）、自我設計組織（self-designing organizations）、組織學習與知識管理（organizational learning and knowledge management）（Cummings and Worley, 2001: 151-152）。而這或可以2020年獲諾貝爾和平獎的世界糧食規劃署（World Food Programme, WFP）進行解釋，零飢餓（zero hunger）是WFP的專案（策略）目標，同時在零飢餓的目標下，又釐出三個具體的策略目標或目的，包括透過糧食資助以支援經濟與社會發展、滿足難民與其他展延救濟食物（如營養品）的需求、配合聯合國與聯合國糧食與農業組織（the Food and Agriculture Organization of the United Nations）的建議以提升世界糧食安全等。[65]

　　因為WFP的目標具體、清楚且具高度重要性，因此在跨（國）組織與資訊整合上，就比較容易進行溝通與協調。或可以說，因為WFP係全球最大的糧食援助組織，其策略目標清楚，成為很好的策略介入模式，除

---

[64] https://news.ltn.com.tw/news/politics/breakingnews/2231656，瀏覽日期：2020/9/29。

[65] https://www.wfp.org/publications/wfp-strategic-plan-2017-2021，瀏覽日期：2020/10/17。

了有助於跨組織（或跨國）發展與整合，即便跨組織存在文化差異，卻因目標相同而可以互相調和或融合，並進一步形成WFP的組織設計特色，因此過程存在許多組織學習或（與）知識管理的內涵。而這在諾貝爾獎委員會的公告內容就有許多說明，主要是全球許多開發中國家，可能因為天災或人禍（戰爭或族群衝突）存在飢餓或缺糧的狀況；新冠肺炎的侵襲讓全球糧食供應更為吃緊。飢餓人數多可能導致暴動，因此大規模飢餓可視為災難。

作者在2020年3月於美國休士頓訪問研究期間，亦觀察到美國雖係已開發國家，但面對嚴重的新冠疫情，成千上萬的民眾也會有缺糧之虞，同時亦直接或間接影響社會秩序。也就是說，針對飢餓的議題，聯合國所屬的WFP因長期關注並採取行動，因而榮獲2020年諾貝爾和平獎。可以說，因為WFP投入零飢餓的大型專案，避免飢餓被當成戰爭與衝突的武器。而在2019年就有88個國家約1億人口接受WFP的援助，因此糧食成為治療失序的疫苗。[66] 雖然也有報導指出，該獎項存在性侵與貪腐爭議，例如有發放糧食者藉由糧食交換性侵；也曾發生在進行人道物資發放時，必須配合「獨裁或貪腐官員」的爭議安排。[67] 不過，聯合國頒給WFP的獎金，仍可能會投入糧食援助的行列，因為獎金是頒給組織而不是給個人。

若然，可以讓糧食援助的資源更為豐富，除了有形的獎金，以及諾貝爾和平獎的光環，讓WFP擁有更強大的激勵誘因，投入糧食援助工作。也可以說，諾貝爾和平獎（就圖2-1而言屬外部環境因素），讓WFP的領導者與願景獲得世界最高榮譽的肯定，可能直接或間接導致組織文化進一步產生變化，主要的變化是整體組織（成員）尊榮感與成就感的提升，同時帶動WFP組織結構進一步活化，讓WFP組織成員對於世界糧食援助更為投入。對臺灣而言，為考慮與國際接軌，可以發展國際糧食援助項目，並和WFP存在（直接或間接）合作關係。不過，這存在兩個重要的考量，第一，臺灣非聯合國成員，和聯合國正式組織的接觸或合作受限。

---

[66] https://www.nobelprize.org/prizes/peace/2020/press-release/，瀏覽日期：2020/10/10。

[67] https://global.udn.com/global_vision/story/8662/4923098，瀏覽日期：2020/10/17。

第二，臺灣非營利組織亦有積極參與聯合國非政府組織賑災（如慈濟功德會），並獲得聯合國肯定。

而臺灣負責糧食安全的專責單位是農委會的農糧署，早期臺灣省政府時代為糧食局。應該說，臺灣光復初期因為糧食短缺，所以消滅飢餓會是主要任務。但隨著時代轉變，農業發展比消滅飢餓或糧食安全更為重要。因為臺灣面臨稻田生產過剩、（稻米）消費減少、農業人口老化（減少）、稻田休耕、農田汙染、農田土壤酸化等。因此對農糧署而言，現階段必須強調農業發展，至於消滅飢餓與糧食安全任務漸漸不是農糧署的任務。再者，因為消滅飢餓非農糧署任務，所以未設相關部門，而這可以從農糧署的官網獲得印證。[68] 因此，我國農糧署若能重新納入消滅飢餓的工作任務，臺灣農糧署（或和非營利組織合作）有機會在糧食安全的議題和世界接軌。

不過，這對農糧署而言是全新的挑戰或組織變革，等於是增加或改變組織結構分工的方式，進行組織介入或變革。如圖2-1所示，這必須帶動組織文化的改變，同時也得思考如何透過激勵模式的改變，讓組織成員的工作價值與態度有所轉變，認同世界零飢餓是他們的工作任務或使命，而有積極的行動（行為）產生。要讓這些行動或行為產生，還得要有領導與願景的實施與創造，而這領導，可能不只是農糧署長，甚至要有行政院長或總統的啓始。為讓農糧署能發揮或改造成擁有「糧食安全」的任務，或可納入救災體系進行整理規劃，可讓農糧署在重大災難來臨時，模仿WFP的角色任務，提供災區食物與災民衍生的需求。而為讓農糧署組織變革順利，透過「專案小組」的成立與介入，將有助救災成效的提升。

因此專案小組的成員與組合（運作方式），會是農糧署組織變革或介入能否成功（或發揮救災成效）的關鍵因素。所謂成效包括和WFP接軌（直接或間接），發揮消滅世界飢餓的功能，同時在國內外緊急災難時，發揮應有的糧食提供效果。至於專案小組的組合，有如Mohrman and Ledford（1985）所提品管圈的概念，品管圈小組的成功有諸多因素配

---

68 https://www.afa.gov.tw/cht/index.php?，瀏覽日期：2020/10/17。

合，包括成員的專業知識、小組所負之任務相關、小組為組織正式的編
制、有正式的會議、成員固定及良好的溝通管道等。甚至如前文所述，專
案小組要能和（國際）救災體系有所連結；而這可以透過（正式或非正式
的）諮詢會議，例如行政院災害防救會報，以及災害防救委員會議的方式
進行補強或連結。

　　通常組織介入或變革設計多需獲首長的支持，或首長支持成為政策
或法案，才可能順利執行。因此組織變革（介入）設計和政策形成、規劃
與執行等，密切相關。或者說，政策形成、規劃與執行過程與資訊分享密
切相關，同時是提升救災成效的重要因素。而這又可以思考，如何透過
「資訊」的改變，以提升救災成效，其內涵包括資訊內容、資訊傳播管道
與資訊平臺的改變（楊永年，2020：51-82）。由於資訊科技的發達，對
於災難資訊內容之提供與方式，五年前、十年前、二十年前，都有很大的
轉變，但是否因為資訊提供的改變，導致生命財產安全獲得更多的保障，
答案可能是不一定，因為這除了有賴資訊準確性外，也可能存在解讀的落
差。下部分「災害資訊系統與變革」，將分從資訊內容、資訊管道與資訊
平臺的改變進行論述。

肆、災害資訊系統與變革

　　包括資訊、資工、測量、地理資訊等工程領域，在災害資訊系統有許
多研究成果與應用，例如透過google scholar搜尋disaster information system
關鍵詞，就有為數眾多的相關研究論文。但災害資訊系統如何和救災體系
緊密連結，則有進一步研究發展（變革）的必要。就因為救災體系具高度
動態性，必須思考的是資訊系統如何進行變革，以和救災體系作緊密連
結。Goto, Hashimoto, Sato and Shibata（2017）針對2011年東日本大地震
災難指出，因大規模災難導致硬體系統損壞與通訊基礎設施的失能，造成
網際網路資訊蒐集與傳輸問題，導致緊急與可靠的災情資訊傳送產生障
礙，因此發展出災情資訊共享系統，以利資訊傳輸與疏散穩定。
　　Iannella and Henricksen（2007）指出，資通訊科技（Information and

Communication Technology, ICT）在資訊層次上，應扮演協調整合更重要的角色；不應只專注在網絡與資料功能的發展。並進一步指出，災害文件結構、角色與責任的國家框架，很少和資通訊科技有緊密連結。雖然，隨著科技與時代演進，救災資訊（平臺或系統）或資通訊（科技）系統提供的內容不斷在演進，其與救災體系間如何整合以利運作順暢，仍有不斷更新之必要。Walllace and Balogh（1985）認為決策支援系統（Decision Support System, DSS）可以在災難管理扮演重要角色並發揮功能。DSS的內涵包括資訊庫（data bank）、資料分析能力（data analysis capacity）、規模模型（normative models，主要根據資料彙整而產生的因果關係推測，或提供問題的解決方法），以及能有資料與模型互動的展示技術（technology）。

　　DSS主要的功能或用處在於和災難管理者，以及災難回應環境進行互動，簡言之，好的DSS有助災難管理者對於災難產生的問題，提供適當的決策意見。而為進一步發揮DSS的功能，資料管理系統（data base management system, DBMS）、模式管理系統（model base management system, MDBS）、對話管理系統（dialogue management system, DIALOG）的建置就很重要。作者進一步認為，資訊管理系統（Management Information System, MIS）領域應用在災難管理，或者亦可進一步和人工智慧結合。基此，消防署曾嘗試建置災害資訊系統，特別是2007年建置完成「中央災害應變管理資訊系統」（Emergency Managerment Imformation System, EMIS），但友善性與實用性並不足（楊永年，2020：53）。另有資深消防人員受訪表示，內政部消防署因應雲端化與物聯網（Internet of things, IOT）時代來臨，自2012年開始推行應變管理資訊雲端服務系統（Emergency Management Information Cloud, EMIC），並取代2007年建置之EMIS，提供給我國各級災害應變中心運作時使用。

　　EMIC較EMIS更具跨部會資訊整合性，不僅可提供政府決策者參考，一般民眾也可以使用該平臺資訊。EMIC 1.0版於2015年開通，2020年5月EMIS 2.0改版，更進一步協助中央與地方機關，即時進行災情通報、彙

整、監控與追蹤等任務。雖然其仍由內政部消防署主導，但中央災害應變中心開設時，非僅有內政部所主管災害（颱風、地震）使用EMIC系統，相關的部會如經濟部（主管水災）、交通部、環保署、原子能委員會等，均可利用EMIC系統進行災情彙整。目前EMIC災情的登打，除了由災害應變中心受理報案組登打災情外，119（火警與災害）、110（交通與治安）及市府1999等專線的報案災情，鄉鎮市區公所等，均可將災情登打於EMIC上。緊急災害資訊系統（如EMIC設置）不斷更新並提升功能，固然值得肯定，但是否針對過去大型災難因應之需求不足而有改善，則值得進一步探索。

　　合理的思考是，災害資訊系統更新，代表資訊平臺與內容一併改變。如前述，要改變資訊內容之前，得先進行診斷，探討目前資訊內容（提供）存在什麼問題。而這又回到本書第三章第一節有關救災體系資訊衡量的12項指標，也就是先了解，究竟目前資訊內容評估，缺乏哪一項指標。如果是氣象資訊，通常是可理解性、友善性比較有問題，而這又影響到資訊的準確性的解讀。而最關鍵的問題仍是，資訊內容改變是否有助救災成效的提升？這問題可能不能單以是或否加以回答。資訊內容改變，可以分從兩個層次論述，第一，資訊內容改變，是否較為親民、友善；第二，資訊管道與平臺的改變，因為相同的資訊內容，透過不同管道或平臺，可能存在不同意義。

　　不過，比較少思考的問題是，是否因為資訊內容改變，導致救災成效的提升，或者，是否因為災害訊息的提供，避免生命財產損失。合理的推論是，災害資訊提供者，都希望其所提供的資訊是有意義，可以進一步防止災難的發生，但推論和實務有時會存在落差。為降低資訊內容提供造成的認知落差，可以嘗試改變所提供的資訊內容。以颱風資訊提供為例，傳統的資訊內容提供，主要會是颱風規模與風力的大小、路徑、帶來的雨量，甚至提供衛星的天氣雲圖。但很多民眾對這些資訊內容沒有概念，不清楚這些訊息對他們的生命財產會產生什麼影響。因此，如果能將過去類似颱風規模、路徑、雨量的案例，說明可能帶來什麼樣的災害（災難），民眾接收到這些資訊，就比較能知道資訊內容的意義。

　　換言之，如果災害資訊的內容有具體的人、事、時、地、物，進行資訊對比，也就是有故事性，所提供的資訊內容相對就容易了解。而如果有更詳細的資訊，告訴民眾面對什麼樣的災難情境，應該有什麼具體的應變行為，這樣的資訊就更為完整。只是，詳細資訊內容的提供，可能涉及跨領域或跨機關，而存在困境。關於地震資訊的提供，可能不只是告訴民眾，哪裡發生了幾級的地震，造成了什麼傷亡或損害。資訊內容最好也能提供地震後，可能造成的災害與對資訊接收人有什麼生命財產的影響。或者，避災的資訊內容，才是民眾所最需要的。而如果以圖2-1解釋，資訊內容之提供等於是落在組織結構，從這角度分析，要改變資訊內容，可能得從改變組織結構，或先有願景的擬訂，同時也得提高誘因（或激勵因子），救災成效才會提升。

　　近年來，政府所開發的災防告警資訊（就是手機簡訊），主要以簡短描述式的資訊，通知特定地區民眾進行避災。美國德州所提供的手機簡訊不只有天災，也提供治安方面資訊的警示資訊，例如槍擊逃犯使用車輛的車牌號碼。[69] 由於簡訊資訊通常字數不會太多，提供的資訊會有限制，這代表民眾能接收到的緊急災害資訊也有限制。對一部分民眾來說，這些有限的警示資訊可能足夠；對另一部分民眾而言，則可能仍有不足。合理的說法是，手機簡訊的警示資訊對於民眾避災，應有幫助，只是幫助多大，以及是否應結合其他資訊（管道），可進一步研究。至於資訊內容提供是否要改，主要還是需經評估，也就是資訊內容提供有否提升救災成效。

　　例如，2021年2月7日凌晨臺灣東部外海發生規模6.1的中型地震，雖未造成災情，但國家級的災防告警系統，突然連響10多次，氣象局回應主要是資訊系統程式計算出現問題所導致。[70] 顯然這次（手機）預警資訊的傳遞具有效率性與即時性，但準確性卻存在問題。雖然這是科技或技術問題，卻可從（救災）體系的角度進行診斷，包括資訊系統（包含訊息內容、資訊平臺、資訊管道）是否重新設計或變革，以及所動員相關資源與

69　作者於2020年6月間在美國休士頓，就接獲多次有關治安方面的資訊。

70　https://www.cna.com.tw/news/firstnews/202102075005.aspx，瀏覽日期：2021/2/10。

進行組織連結。或者，資訊系統程式係軟體問題，而程式只是軟體的一部分，廣義而言資訊系統與組織體系均屬軟體部分。重點在於，透過救災（組織）體系進行診斷，有助問題的釐清與解決（楊永年，2021b）。

　　關於資訊管道的改變，臺灣早期媒體管制，電視尚未發明前，只有收音機；有了電視與電話之後，災情資訊提供的管道增加，但基本上都還是單向的資訊提供方式。也可能因為當時大環境因素，民眾對資訊的需求也不多。媒體解除管制後，媒體愈來愈多元，提供的資訊愈來愈豐富。因為資訊管道增加了，民眾對於接收資訊的管道增加，是可增進民眾對資訊的了解。但所謂的謠言、不實新聞或待查新聞也不斷增加。加上政治色彩和媒體結合，所提供的訊息難免帶有政治色彩。網際網路開通，加上智慧手機的使用普遍，使得資訊的蒐集、接收、使用、傳遞更為多元、快速，但遭扭曲、誤解的資訊也同時增加。那麼，目前資訊管道存在哪些問題？

　　為回答這個問題，可能要針對資訊管道作不同的分類，最簡單的分類方式是傳統媒體與社群媒體。合理來說，不同的資訊管道，存在不同的問題。由於不同資訊管道會有不同的族群接收災情資訊，例如年紀大者可能偏好電視與收音機，年紀輕者可能偏好社群媒體。因此資訊提供管道若要改變，應視災害的種類、資訊發送對象，以及救災成效作綜合性考量。只是在現實生活中，有時傳統媒體與社群媒體會作某種程度的結合或相互影響。主要的原因在於，同樣的資訊在不同的管道發布或提供資訊，接收者可能會有不同的解讀，如果再加上跨媒體敘事的概念進來，資訊會往正面或負面發展，則難以預料。至於就Preston（2015）的說法，則可能往跨媒體恐怖主義的方向發展。

　　面對傳統媒體與社群媒體多元化發展，資訊提供者（如政府）如何持續提供即時與準確（不會被扭曲）的資訊，有其挑戰性。因為社會媒體具動態性，透過目前（政府）提供的資訊管道，有時不太容易扭轉趨勢。但畢竟政府有責任評估現有（可使用）的媒體管道，提供準確災情資訊。由於媒體係溝通工具，除了和環境互動，再經組織內部流程進行運作，而形成產出（這產出即是資訊），係成效的一部分，然後和資訊接收者互動再形成輸入。管道的選擇有部分取決於資訊提供者所屬的組織，部分可能

難以選擇，亦即，當資訊公開後，不同的資訊管道如何解讀，有時不是資訊提供者（組織）所能掌握。或者說，資訊管道變革，雖係組織內部的事務，卻和環境因素息息相關。

關於資訊平臺改變，由於資訊管道和資訊平臺的概念存在重複性，資訊管道主要強調媒介，平臺則重視溝通，也可說兩者都有溝通的意義在內，只是強調的重點不同。首先得先確認有什麼資訊平臺，通常政府機關（組織）多設有發言人（或公關室、新聞室）代表機關對外說明；各組織也多設有獨立之官網（網頁）；很多政治人物通常也會有他的臉書或推特，作為他們對外溝通的平臺。如果再廣義定義，可以包括組織控幅者（boundary spanners），組織控幅者是指代表組織對外（或與環境）互動者（例如首長、警察、消防人員、與外界互動的第一線工作人員等），所以也是資訊平臺的意思，而組織控幅者的概念是從控幅系統（spanning system）而來。

組織控制幅度系統包括兩層意義，即組織控幅者與控幅系統。控幅系統是指與環境產生互動的部門與一切活動，根據Adams（1980）的看法，組織邊緣活動（organizational boundary activities）共有五項：第一是進行組織輸入的交易與輸出的處置；第二是過濾組織的輸入與輸出；第三是找尋與蒐集資訊（應該也有研究與發展的意義）；第四是代表組織面對外在環境；第五是保護組織與緩衝外來的威脅與壓力。也可以說，組織控幅者往往代表組織與環境互動（雖然當事人不一定有代表組織的意圖與意願，但因為職位因素，自然被視為組織的代表），組織控幅者在與環境互動後，同時將與環境互動的資訊帶入組織，也等於在進行組織與環境的連結。

根據前述解釋，也等於將資訊平臺作更廣義的系統解釋。或者，資訊平臺的改變或改造，不只影響組織內部運作，同時影響組織與環境的互動關係，甚至可能進一步影響（組織）環境（或其他組織）。至於如何改造資訊平臺，理論上不難，只要能符合本書第三章資訊衡量的12項指標即可。但實務上不容易同時滿足12項指標，以各機關（組織）設置的網頁或稱官網（資訊平臺）為例，資訊可得性涉及資訊公開議題，很多政府組織

通常不願公開太多資訊，因此，民眾就無法獲取相關資料。即時性通常容易達到，也就是災難發生，立即公開相關訊息，只是，若要同時滿足12項指標，組織得投入更多（人力）資源。

　　關於網頁（專區）的議題，如果比較臺灣和美國疾管署的網頁專區，就可以很清楚發現兩者的差異。包括網頁專區資訊的安排（易懂、實用、可得、可理解），以及多國語言的使用，美國疾管署的網頁均明顯優於臺灣的疾管署，比較屬於民眾導向。例如美國疾管署就將需求者分為六類，提供不同的指引，包括企業、學童與青少年、第一線工作人員、公園與休閒場所、大學與學院、宗教信仰相關組織等。[71] 同樣的，要改變（網頁）平臺可能不難，透過網頁平臺跨國比較，可以得出理想的網頁平臺設計。只是，這背後同樣需要投注人力或（與）預算，因此同樣需要領導者的支持、組織分工的配合，以及足夠的激勵因子，所以也可能不是簡單的事。

伍、政策規劃與變革

　　由於計畫性變革經常產生非期待性的結果（Whetten and Cameron, 1994; Fairhurst, Cooren and Cahill, 2002），理由來自於組織抗拒與環境變遷的影響。這在政策（或變革策略）推動過程經常發生，有時政策執行結果和預期存在巨大落差，或政策的美意遭到負面的扭曲，甚至加上媒體（含社群媒體）的負面詮釋，反而造成組織績效的下降。因此Jian（2007）提出過程模式（process model），透過辯論與對話討論的參與溝通方式，以降低計畫性變革之非期待結果，或避免非期待結果產生負面的影響，並提升組織績效。而其前提是，參與溝通過程要能如前文所述，須納入領導與激勵的考量，讓參與計畫性變革與受變革影響者，都能感到授能（empowerment）的效果。

　　以臺南環境結盟機制發展為例，該機制最初（2004年，即臺南縣市未合併前）由臺南地檢署、臺南市環保局、環保團體（臺南社區大學）共

---

[71] https://www.cdc.gov/coronavirus/2019-nCoV/index.html，瀏覽日期：2020/6/26。

同形成。起因於臺南主要的河川鹽水溪與二仁溪，因為河川遭廢水與廢棄物嚴重汙染，導致魚屍經常可見，並造成惡臭問題。民眾（含環保團體）向警察反映，希望能出面取締或處理，但遭警察局拒絕。警察局的解釋是，環境汙染屬於環保局業務，不是警察局業務。因此，民眾轉向環保局檢舉，要求並希望解決汙染問題。但因當時的政治生態，或汙染業者的背後有民代（議員）的支撐，甚至傳聞這些民代具有黑道背景（擁有槍枝），使得環保局執法力道與成效大幅縮減。後來由地檢署（由民眾或環保團體提供汙染資訊）主動介入，前往汙染場址。

檢察官的介入帶動環境結盟體系的活絡，因為依刑事訴訟法第229、230、231條規定的精神，檢察官係「偵查主體」，可以指揮警察、憲兵、司法警察辦案。因此，檢察官抵達汙染場址時，通常指揮警察陪同進行蒐證，環保（稽查）人員自然敢勇於出面取締，形成緊密的檢、警、環合作機制。環境結盟機制運作大約兩年後，臺南鹽水溪、二仁溪兩條河川汙染情形大幅改善。作者於2006年2月前往成功大學政治系任教，後來發現這樣的機制非常寶貴，主要原因有四：第一，作者曾參與由臺南市長主持的環境結盟會議（當時為許添財市長），感受現場存在解決問題的熱情。第二，作者曾多次邀請成立與參與環境結盟的檢察官到學校（含系上），作環境結盟運作的專題演講，所以有深刻感受。第三，作者於2007年起，執行國科會三年期整合型計畫「地方政府環境治理──以台鹼安順廠為例」有關，得以了解地方政府在環境議題扮演了重要角色。

第四，2009年11月28日，作者時任成功大學社會科學院副院長，舉辦「環境汙染與環境結盟」研討會。參加人員包括成功大學馮達旋副校長、環保署署長沈世宏、臺南市市長許添財、臺南縣縣長蘇煥智、朱朝亮檢察長、曾昭愷主任檢察官、臺南縣政府環保局局長江世民、臺南市政府環保局局長張皇珍、臺南社大黃煥彰老師、高雄市政府環保局局長李穆生等。雖然討論過程有許多不同的意見或爭論，卻亦形成中央與地方政府環境結盟的共識。由於對環境結盟機制的了解，作者多次為文指出並推崇環境結盟的必要性與重要性，並進一步在食安風暴時建議食安結盟（楊永年，2012b；2014）。根據作者熟識的檢察官的說法，因為這機制受到肯定，

他們感覺受到鼓舞，同時形成政府檢察系統（檢察一體）政策，協助環保與食安政策執行（執法）。

　　根據前文論述，可以發現環境結盟政策的形成有其重要背景因素，因為地檢署的介入，讓地方議員所支持製造汙染的廠商受到懲罰，並停止汙染。然而，就作者於2021年的觀察，環境結盟機制已不如2014年與之前的活絡，唯這不代表環境汙染已經消失，或仍可能持續進行汙染而未被舉發。可能的原因有三：第一，製造汙染的廠商已經進化，不易被查獲汙染證據；第二，汙染廠商和政治建立深厚或難以突破的關係，例如透過政治獻金，影響政府決策；第三，政府（政治）決策存在包袱。或者，環境結盟機制因為沒有制度化，所以難以永續運作。或許，要等下一次重大災難發生時，才可能重啟環境結盟機制，問題在於，這樣的模式可能導致社會已付出龐大代價。而這現象似乎類似Kingdon（1984）政策之窗的概念，所以和時機（timing）有關。

　　或許如第三章第三節中央政府內容所述，環保議題不像天然災害議題，在行政院下已有制度化救災體系運作模式。只是，我們可能也不能忽略，即便已有救災體系機制，總統與行政院長是否重視這機制的運作，也可能影響其救災或環保成效。因此，問題又回到資訊公開，以及能否形成社會壓力。莫拉克風災後小林滅村，又因災區（山區）搜救與救災困難，加以民眾感受到救災遲緩，以及首長們（包括行政院長、行政院祕書長）沒有災情訊息，導致未立即坐鎮災害應變中心。因此出現救災體系變革的強烈民意，經過多方意見徵詢以及幕僚研議，為提升救災體系成效，最後擬訂成立災害防救辦公室，並設於行政院下。當時也有部分人士提議，應仿美國與日本成立有別於消防署之災害防救專責與統合機關（部會層級）。

　　由於成立新的部會或增加新的獨立機關，會有比較多的顧慮，因此以成立災害防救辦公室的政策定案。同時，災害防救辦公室定位為「幕僚單位」，由於是幕僚單位不是獨立機關，所以無法或難以動員相關部會是正常現象。應該說，行政院災害防救辦公室的成立，和當時總統與行政院長的支持有關，但縣市政府可能感受不到成立災害防救辦公室的重要。因

此，後來各縣市政府在災害防救辦公室成立的情形不一。不過，當時的政策規劃的想法是，不只中央（行政院）必須成立災害防救辦公室，同時規劃縣市政府也必須成立災害防救辦公室。由於行政院災害防救辦公室的成立，屬於體制的改革，當時成立有其迫切性與使命感，希望透過行政院災害防救辦公室的成立，可以達到快速整合與動員，並立即投入救災行列。行政院災防辦的成立，是屬於組織結構的變革，因為該單位的成立，絕對有助資源的動員與整合。

但可能存在以下兩個問題：第一，災防辦是幕僚單位，不是第一線防救災的單位，所以負擔的責任不是很重；但也因此其工作承諾或激勵因子就不見得很強。第二，災防辦是救災體系的小環節，如果只是組織結構改變，而其他因素（如激勵因子）不變，救災成效的提升可能很有限。災防辦能否發揮應有功能，部分原因和首長（行政院長）有關，如果首長不重視，或不了解災防辦的屬性，救災成效的提升也可能受限。由於縣市政府沒有中央政府成立災防辦的深切感受或體悟，縣市災防辦功能的發揮就會受限，甚至部分縣市長不重視災防辦，部分縣市長可能不清楚災防辦的內涵；或因為只是組織結構的改變，縣市長不太感受得出其對救災成效的提升會有多少幫助。在此前提因素下，縣市長不重視，或縣市政府所屬的災防辦不夠健全，就可能不足為奇。

如果以圖2-1就可以理解，組織結構改變不容易帶動組織文化，如果激勵因子不足，加以縣市政府（特別是非直轄市政府）資源相對貧乏，救災成效就難以提升。或者，當時在規劃成立災防辦政策時，就納入政策配套，可能會有不同，但是否能提升救災成效，仍待進一步檢視。莫拉克風災後，救災正式列為國軍重要任務，其來有自，作者進一步認為可能的理由有三：第一，921大地震救災過程，在南投當地駐軍，就有許多救災行動的參與，唯當時比較屬於國軍自願投入的性質。第二，國軍由上而下的動員力強，可以迅速投入救災。第三，警消分立之後，消防組織的人力雖然不變（甚至有些微增加），但比消防更龐大的警察人力已無投入消防救災的誘因（警察與消防組織間的合作已大不如前）。雖然警察組織擁有充足的保一總隊、保四總隊、保五總隊等預備警力，唯警察不願投入救災的

理由可能包括：救災已非警察任務、警察人員缺乏消防救災裝備與訓練，加以警察主協辦的業務（指非治安相關項目）過多（楊永年，1998）。

在此情形下，別說警察首長不願承擔或下令員警參與救災，基層員警投入救災都可能缺乏意願。只是，如果警察對於救災撇得太清，也可能招致民怨，因此對於不用特別裝備或訓練就可以從事的救災行為，警察多會基於急難救助的態度，提供協助。因此，將救災納入國軍正式任務，可以解災難救助龐大救災人力之急。但也存在國軍不願參與救災行列的理由，包括國軍缺乏消防裝備與教育訓練，唯有些災難現場的確適合國軍參與救災，包括鋪路造橋對於屬國軍的工兵並非難事，因為當戰事發生時，工兵也得做這些事。重點在於，國軍投入救災的工作項目繁多，的確有些救災工作需要消防專業，這部分確實不足。因此，這可以圖2-1解釋，當救災列為國軍任務時，可能衝擊或帶動國軍組織結構（包括分工方式）的轉變。比較合理的思考是，國軍應釐清能參與救災的工作項目，針對這些項目，再施予適當的教育訓練，包括人身安全與工作（激勵）誘因提升，都應思考。

甚至國軍可以進一步帶動組織文化的變革，也就讓「救災視同作戰」深植國軍內心，提高工作承諾，將有助救災成效的提升。唯為維護國軍官兵救災安全，相關教育訓練仍不可免，這部分當然就應由國家人力規劃與教育訓練部分進行相關設計，而這同樣帶來國軍組織結構與分工的變革。也因救災列國軍重要任務，因此近年來國軍主動進駐災害應變中心，並參與救災，的確有助救災成效提升。例如本書第三章第二節有關烏來土石流災害搶救，因為國軍即時進駐烏來區公所，得以及早透過國軍通訊系統，啟動救災體系進行相關搶救工作。而這部分和日本自衛隊需由都、道、府、縣最高行政長官提出需求才出動自衛隊有所不同，而這部分在本書第四章第一節已有相關論述。

簡言之，救災列入國軍任務的大方向有助救災成效的提升，但因為國軍領導的認同與投入，並形成國軍參與救災的組織文化，同時也有國軍幹部主動（進駐），等於存在參與救災的高度工作承諾。因為前述配套的因素存在，造就國軍高救災成效。而且，因為國軍救災任務與目標經常很明

確、態度亦積極，也就是緊急災難發生時，國軍就會主動前往救災，甚至目前國軍也有超前部署的策略，也就是部隊直接前往災害潛勢區進駐，或加入協助居民強制撤離的行列。也因為由三軍統帥的總統下令納入，突顯國軍高度的服從性。因此，將救災納入國軍的主要任務方向對於救災成效提升固然是正面的，主要也因國軍順從命令的組織文化特色，快速發揮並提升防救災成效。

<h2 style="text-align:center">第三節　啓動變革</h2>

壹、啓動變革的內涵

　　啓動變革和政策執行兩名詞高度重疊，或者啓動變革即展開變革行動之意。合理的論述是，救災行動的啓動或展開也等於在啓動變革，所不同的是，啓動變革同時關注對救災體系運作的影響，以及外界對救災體系運作成效的觀感。主要理由有三：第一，通常不會有兩個完全相同的災害或災難。第二，不論展開相同或不同的行動，都可能造成救災體系運作方式或模式的改變。第三，雖然本書主要關注的是計畫性變革，但可能同時存在非計畫性變革。例如，救災行動的決策過程必須面對救災標的進行抉擇。特別當災情龐大，而資源有限時，除必須進行災情分類（例如醫療上的檢傷分類），再就災情嚴重程度，進行不同救災（醫療）資源的投入。問題在於，災情分類由誰分類與如何分類，可能存在爭議。而這爭議可能存在於最高指揮官與第一線指揮官，或第一線救災人員和民眾（災民）也可能存在救災認知的落差。

　　也就是說，救災人員（含指揮官）的救災行動或行為，可能同時牽動救災體系內部與外部的變革。由於政府是救災體系主軸，救災體系變革可能牽動政治系統（含政府運作、政黨政治與選舉），具有變革的複雜性；這部分有其重要性，比較屬於民主（政治）與官僚領域（陳敦源，2002；2019），非本書的論述焦點。再回到啓動變革的議題，有三個重要的問題，包括誰來啓動？如何啓動？啓動什麼？關於第一個 **「誰來啓動」**

的問題，由於職位愈高掌握的資源愈豐富，所啓動的變革影響力也就愈大。例如，救災體系（變革）由總統啓動、由行政院長啓動，或由部會首長啓動，其所造成的影響或成效就有所不同。或者，中央災害應變中心指揮官，由行政院院長擔任，和由部會首長擔任，就會有差異。因爲行政院院長有整合跨部會資源的職權，但部會首長則僅能針對單一部會作協調整合。或可以說，若能由行政院院長啓動，所能形成的政策配套，就比較周延。

由於總統是三軍統帥，將救災列爲國軍重要任務，係總統的職權範圍。這項指令固然在短時間發揮了成效，包括國軍積極或勇於參與第一線災害搶救工作，值得肯定。但國軍的核心任務在作戰，不在救災，兩者固然有相似處，但也有不同之處，例如救災面對的是民眾或災民，而作戰面對的則是敵人。因此包括組織分工（應增列災害防救專責幕僚）、教育訓練等，均應有組織變革相關配套或重設計，才是比較完整的組織變革設計。加上國軍往募兵制的方向發展，使得國軍人力大大吃緊。因此，這又可參考本書圖2-1，進行國軍組織變革與設計的思考。特別是，國軍具有服從性高的組織文化，但也可能因爲如此，經常失去下情上達（或組織學習）的機會。

而救災體系運作，不是只有總統、行政院長、部會首長以及國軍等。還包括地方政府（含首長與救災相關人員）、非營利組織、社區（楊永年，2020：47）。也就是說，在啓動變革的過程，必須同時考量不同類別機關、組織或單位的協調整合，以發揮救災體系整體應有的成效。因此，這又涉及前述第二個**「如何啓動」**的問題，也就是用什麼方法啓動，可以達到最大的救災成效，或避免困境問題的發生。不同領域提供不同的思維方法，例如科學管理係以理性的方式啓動，也就是根據具體的資訊或數據，啓動變革，也可以文化思維進行質化的決策選擇。而這兩者分別和組織結構與組織文化有關，本書圖2-1也等於提供不同領域的思維邏輯。

通常變革啓動者存在自主裁量的授權或權限，所以仍得回到個人、團體或組織決策成效的檢測。唯這決策成效檢測，不能僅從單一領域思維評估，而且也得分別從短期與長期的角度進行衡量；而績效衡量的部分已在

本書第三章有詳細論述。就個人決策而言，不論總統、行政院長、部會首
長，背後都有龐大的組織或行政資源。這些首長的一言一行，對於救災體
系運作，都會有影響。例如，美國總統川普在防疫期間的言行，就造成美
國社會很大的影響，總統制的國家（如美國）因總統權力龐大，相對責任
也就很大。因此，接下來的問題是，首長們說什麼、做什麼，比較能發揮
救災體系的功能或提升救災成效。而首長們說什麼、做什麼，可以歸類為
本書圖1-1的資訊內涵，唯資訊的內涵還包括災情訊息，還包括廣義的資
訊系統與平臺設計。

　　而這又和資源動員存在緊密的關連性，而這是第三個**「啟動什麼」**
的問題。因此，啟動變革者必須思考的是，動員什麼樣的資源，可以提
升組織績效。資源的種類可以包括人力、非人力與經費等三種（楊永年，
2020：83-109），或如何綜合這些資源種類，以提升救災（變革）成效。
在此情形下，救災體系存在的複雜性與動態性不言可喻，因為大型災難
通常會有資訊爆量的情形，而這有賴啟動變革者（或其團隊），如何在
爆量的資訊中，篩選關鍵相關資訊，並作最適當的變革決策。所謂最適
當的變革決策，並無一定的標準，或許只能有Simon（1957）決策滿意
（satisficing）的結果。甚至變革啟動者所傳達的訊息，也可能得符合管
理者10個角色的內涵（楊永年，2020：208-215）。

　　而啟動變革如果能獲領導者（首長）的支持，或如果能由首長下令，
同時有由下而上的支持，執行的成效通常會非常顯著。不過，如果策略配
套或誘因不足，也可能無法達預期的成效。Cummings and Worley（2001:
154-172）指出有效的變革管理應包括激勵變革（motivating change，包
括建立變革情境與克服抗拒變革）、建立願景（creating a vision，包括描
述核心理念並建構願景化的未來）、開發政治支持（developing political
support，評估變革代理人的能量、確認關鍵的利害關係人，以及影響利害
關係人）、管理轉移（managing the transition，包括行動計畫、承諾計畫
與管理結構）、維持動能（sustaining momentum，提供變革的資源、為變
革代理人建立支援系統、發展新能力與技巧、強化新行為）等五大項目。

　　前述內涵點出組織變革能否成功或提升成效的關鍵因素，關於前述五

大變革管理因素，可以從2014年參與臺南市政府廉政（組織）變革個案進行解釋。如本書第一章第三節所述，貪瀆案件發生，可能導致災難。包括個人或（與）家庭的災難，以及社會的損失。所以加強防貪，可以避免悲劇（災難）或社會成本。「廉政細工」變革專案，其內涵主要是貪瀆個案討論形成防貪指引，即在進行防貪（或防災）的組織變革。[72] 廉政細工專案主要推動者，係由一位檢察官和作者兩人，組成臺南市政府廉政變革的外部委員。兩人深感如果廉政（防貪）工作可以做好，就可以避免貪瀆案件的發生。因此，先由局處政風主任，設計並整理過去發生的貪瀆個案，再進行類型化個案討論。

　　在確認其可行性後，即向當時的祕書長與市長進行說明。由於作者當時亦兼任臺南市政府廉政會報委員，因此也將詳細的計畫在會議中提出，主席（市長）表現高度興趣，認為和其政治理念相符，因此全力支持廉政細工，並成為臺南市政府重要的防貪政策。廉政細工防貪政策的形成也等於建立了防貪願景，建立與啟動防貪變革者雖非市長，但因市長全力支持，所以也等同市長在推動（防貪）願景。作者與檢察官的溝通協調過程，最先係在開發政治支持，接著獲得市長的支持與授能產生管理轉移作用，透過每個月（或每兩個月）的局處貪瀆個案討論，形成防貪動能的重要資源。再對比兩起廉政個案，2017年2月，新北市地政局副局長因貪瀆案遭搜索後自殺身亡，[73] 2020年7月，臺北市政府建管處官員，疑因收賄遭地檢署調查後自殺身亡。[74]

　　前述兩起個案均可歸類為防貪失靈產生的悲劇或災難，就前述兩位官員而言，是他們人生的致命災難，對兩位官員的家屬與服務單位，都造成嚴重的（心理與工作）衝擊或創傷（災難）。基於貪瀆案件造成前述嚴重後果，救災體系和廉政體系防災（防貪）的邏輯具有相通性。第一，兩

[72] https://web.tainan.gov.tw/ethics/News_Content.aspx?n=180&s=7169818，瀏覽日期：2020/10/18。

[73] https://www.cy.gov.tw/News_Content.aspx?n=124&sms=8912&s=12833，瀏覽日期：2020/8/20。

[74] https://udn.com/news/story/7315/4725284，瀏覽日期：2020/8/20。

者對當事人都造成身體與心理嚴重的傷害；第二，兩者均可從體系切入研究。作者撰寫救災體系專書，並以救災體系命名，其邏輯是以救災切入防災，除了具有動態性，又能避免議題討論的範圍過大（楊永年，2020：25-26）。廉政體系運作研究，同樣可以透過貪瀆（肅貪成效）的案例切入，找尋防貪作為。應該說，找尋防貪作為的過程也等於在進行防貪。也就是從貪瀆個案，探討防貪失敗的原因，以避免類似個案重複發生，可以形成緊密的防貪效果。由於廉政細工的邏輯或主要理念是防貪，在此思維下，啟動臺南市政府各局處的廉政個案討論。

　　廉政細工專案大約每一個月至兩個月輪一個局處，參與人員為政風處與局處首長及重要幹部；會議由局處首長與政風處長共同主持。因為市長大力支持，因此幾乎都是局處首長親自參與廉政細工會議。廉政細工的執行方法，主要先針對該局處過去是否曾發生貪瀆案例，進行個案資料的蒐集，或若該局處無相關案例，則透過其他縣市發生的貪瀆個案進行資料蒐集。會議前，由局處所屬政風人員蒐集貪瀆個案相關資訊，並作個別或類型化之整理。廉政細工會議時，針對貪瀆個案發生的原因，以及解決（預防）貪瀆的方法進行防貪作為的腦力激盪討論。不只如此，市長對於每半年舉行一次的廉政會報極為重視，每次多會全程參與。

　　作者擔任臺南市政府廉政會報委員，得以從各局處首長所進行的「廉政」專案報告，觀察到各局處的防貪執行情形。重點在於，市長用心聆聽各局處的廉政報告並作評論，顯示其對廉政議題相當重視；而也等於和廉政細工專案進行推動之配合。因此廉政細工專案兩年執行下來，據臺南地檢署檢察官的說法，臺南市政府貪瀆案件，大幅下降。廉政細工在臺南市政府推動的過程，也有如進行組織轉化（organization transformation），其和組織文化的轉變有關，因為涉及組織典範轉移（paradigm shift）、價值觀（values）與基本假設（basic assumption）的改變（Cummings and Worley, 2001: 498-530）。雖然市長沒有親自參與廉政細工的推動，但以市長的高度支持，不只導致組織結構（動態性）的變化，也逐漸形成市政府組織文化的內涵。

　　例如，因為對廉政工作的重視，政風部門同時受到重視與鼓舞，對於

市府員工同時產生願景化（envisioning）、能力化（enabling）、能量化（energizing）的改變，也讓市府員工對於廉政工作產生高度的承諾，並展現授能的政策作為，也就是讓參與執行廉政細工的人員，感覺充滿（防貪的）能量。由於廉政細工推動在臺南市政府具高度成效的成功經驗，讓前臺南市市長認為是任內重要的政績或成果。該市長後來擔任行政院院長，立即引進廉政細工，並以行政院院長（最高行政首長）的高度進行組織（廉政）變革。其擔任行政院院長期間，均親自主持每次的中央廉政會報，細心耐心聆聽外部委員意見，並作成政策決議。

　　2018年時的行政院，除落實廉政細工專案，並積極推動ISO 37001國際反賄賂管理系統（Anti-Bribery Management System, ABMS），著眼私部門反賄，並成為中央政府的防貪政策，前述廉政細工相關資料，並已建置於廉政署官網。[75] 因此作者進一步推論，廉政細工的防貪思維可以應用於防災，因為防貪與防災背後的邏輯是相同的，也就是透過對過去案例的檢視或討論，強化社區、政府與非營利組織的防救災功能。關於政策執行議題，Pressman and Wildavsky（1973）指出，對於位於美國舊金山灣區奧克蘭（Oakland）失業與重建政策執行（policy implementation）的解釋，即便是聯邦政府重視的專案，也願意投注巨額經費，同時也有跨部會的合作（包括商業部、住宅與都市發展部、健康教育與社福部）。

　　如果缺乏地方政府網絡的配合與協助，也不容易成功。而這背後不完全是地方政府不配合，可能是因為來自社區的抗拒或不配合，而整合聯邦與地方政府資源也存在許多問題。同樣的，救災政策的執行，有些部分可能會是來自組織成員的抗拒，例如警消分立後，要求警察投入救災，就造成警察人員的抗拒，因為救災已非警察的任務（業務）。但有些部分可能是來自民眾（災民）或社區領導者的抗拒，例如小林滅村之前，高雄縣警消要求村長帶領村民撤離，但村長拒絕，因此後來造成整村遭活埋。災後有人認為村民要負最重要的責任，然而防災意識沒有在小林村形成，可能更為重要。關鍵點在於，防災政策執行網絡，沒能發揮防災的功能或效

75　https://www.aac.moj.gov.tw/6398/6548/782249/Nodelist，瀏覽日期：2020/10/21。

果，導致災難的發生，而這又和社區（自主）防救災機制的建立有關。

貳、啟動中央政府變革

　　救災體系政策形成主要在中央政府（行政院），理論上政策形成的核心單位應在中央災害防救會報與中央災害防救委員會，但仍得視行政院院長（或總統）是否重視。依作者的觀察，通常多是災害來臨時，現有的災害應變機制才會啟動或受到重視；甚至不同的行政院院長（或總統）對這機制的重視度不同，難免造成執行力的落差。這情形類似Pralle（2019）所提，政治是FEMA決定氣候變遷的角色定位的關鍵，因為FEMA關注的是水災區域劃分，而非風險考量，因此Pralle認為聯邦政府在氣候變遷問題，仍未準備妥當。基此，啟動中央政府（救災體系）變革的關鍵在政治，總統與行政院院長的態度，固然是重要的決定因素，但亦不能忽略環境因素。

　　因此，啟動中央政府變革有其重要性，但若要靠政治啟動變革，可能曠日廢時，畢竟「政治」是籠統的概念，而且政治的背後可能涉及龐大的經濟利益。再詳細論述，啟動變革的（操作化）最佳時機，可能是在大型災難來臨時而不在平時（才會獲得關注）。所以要在短時間啟動變革，只能仰賴這個時機，而這可能因為（平時）準備不足，使得防救災成效變革的功能受限。倒是拜登總統授權FEMA主動進行救災，[76] 除了顯示拜登總統對防救災體系的重視，也讓FEMA發揮災害防救的自主裁量空間，應屬救災體系中央政府變革的範疇。重點在於，由拜登總統下令，也等於提升了FEMA的位階或跳過了國土安全部，減少了國家安全（或反恐任務）的干擾。

　　為加強政策執行的力道，921大地震與莫拉克風災後，均分別成立直屬中央政府（行政院）部會層級的重建委員會，社區自主防救災都是重要的政策項目。但重建過程仍存在許多災民的抗議，或者社區防救災的政策

---

[76]　https://udn.com/news/story/6813/5260603，瀏覽日期：2021/2/20。

推動雖有部分成效，但成效不具全面性，可能的原因在於每個社區有其獨
特性。這部分在楊永年（2020：218-244）就有清楚論述，位南投竹山鎮
的木屐寮社區，係少數能持續運作的社區防救災組織，當時有多個社區同
時推動社區防救災組織，木屐寮係少數能持續運作的社區防救災組織。木
屐寮社區防救災團隊係九二一重建委員會委託，並由作者所承接。但因重
建委員會是臨時或任務型組織，完成階段性任務後就必須解編或歸建，難
免影響重建委員會工作人員的工作承諾。

比較特別的是，九二一重建委員會成員多為前省府員工，因為重建
委員會的成立，讓他們能持續在省府所在地服務，所存在的組織抗拒可能
較低。不過，重建會是臨時組織，任務結束後必須離開重建會，難免影響
重建（含防災）工作的推動。唯這部分可能有討論空間，因為重建會解
散前，也可能將未結束的工作（業務）作整併或移轉給相關機關，只是工
作（業務）轉移，難免影響重建政策的推動。倒是921大地震組合屋，以
及莫拉克風災的永久屋，均係非營利組織提供資金與人力興建，免除政府
官員存在組合屋與永久屋政策執行過程出現困境。透過災難的發生與因應
（政策執行），可以知道救災體系不足之處，因而會有許多的政策變遷。

或者，從美國因應災難的政策變遷，可以了解政策執行的問題與困
境。Jackman, Beruvides and Nestler（2017）整理美國近百年來救災政策的
變遷，值得參考。Jackman, Beruvides and Nestler（2017: 7-14）指出1800
年到1969年是美國緊急應變管理的啟蒙時期，這時期雖有許多災難發生，
包括1900年Galveston颶風，1927年Mississippi洪水災害，以及兩次世界大
戰。但這期間聯邦與地方政府的救災機制並不完善，主要救災作為多屬
非正式，或由非營利組織主導或參與，例如美國紅十字會（American Red
Cross）、救世軍（the Salvation Army）、基督教青年會（Young Men's
Christian Association, YMCA）、修道院、教會、移民組織兄弟會與社會
團體等出面協助。這些非營利組織的成員，固然擁有強烈的使命感，卻可
能因為經費問題與人員更迭而難以持續。

非營利組織，或非正式的救援機制，目前仍扮演重要機制，以補政
府正式機制的不足。但因救災是公共事務，或政府（正式機制）必須扮演

的角色，所以往正式或制度化的發展（或變革），也屬正常現象。1950
到1960年代，聯邦政府開始有些救災或救援行動，但主要係國防部管轄
範圍。1970年聯邦政府救災體系進入另個新里程碑，因為越戰結束後，
美國國際威脅減弱，聯邦政府開始關注國內救災事務，救災並成為政府的
優先任務，但主要還是以地方政府為主軸，聯邦政府只提供經費的協助。
1974年通過災難救助法案（disaster relief act），救災系統（體系）開始成
形，減災（mitigation）、整備（preparedness）、應變（response）與復
原（recovery）等四階段的概念延用至今（Jackman, Beruvides and Nestler,
2017: 15-25）。

　　至於1979年FEMA的成立，也是重要的政策執行模式轉變，等於聯邦
政府有了專責災難管理與因應的組織。專責組織成立後，有助救災成效的
提升，不過運作過程也存在許多問題，值得臺灣參考或借鏡。1979年全
國州長協會（the National Governor's Association, NGA）提出一份報告，
並針對緊急應變管理進行定義，其定義主要還是根基於前述四個階段的內
涵，應有詳細之規劃或整備，而且必須是聯邦、州、地方政府等共同合作
與面對，這定義適用所有的災難處理。1980年代災難也不少，包括1984年
的博帕爾災難（Bhopal disaster，發生於印度的環境毒害災難）、1986年
的挑戰者號（Space Shuttle Challenger）爆炸、1986年車諾比核電事故、
1989年阿拉斯加灣漏油事件（Exxon-Valdez oil spill）、1980年聖海倫火山
爆發（1980 Eruption of Mount St. Helens），以及1989年的舊金山大地震。

　　最重要的是，1988年通過的羅勃史達福災難救助與緊急協助法（The
Robert T. Stafford Disaster Relief and Emergency Assistance Act，簡稱史達
福法，the Stafford Act），有如臺灣於2000年通過的災害防救法。唯法案
通過後，仍可能因為不同災難的發生與衝擊，而有再修法或補充的必要。
史達福法的精神是賦予州長向聯邦提出請求的權力，不過州得維持72小
時自給自足的資源提供。並由總統三者擇一的選項，同意全州進入緊急
狀態、視為主要災難與拒絕州長請求等（Jackman, Beruvides and Nestler,
2017: 27-33），但在實際執行上，就存在困境。例如2005年卡崔娜風災搶
救過程，聯邦政府與FEMA就受到很多批評，而主要原因是救援的遲緩。

至於是州長延遲求援或FEMA動作緩慢，有待進一步求證，不過，總統（與聯邦政府）認為聯邦是第二線救災機關，難免救災行動的態度較不積極。

Jackman, Beruvides and Nestler（2017: 35-40）進一步指出，2000年通過的減災管理法案（Disaster Management Act 2000, DMA 2000）的通過，成為減災（mitigation）首部法律。DMA制定與美國9/11恐怖攻擊事件後，最大的政策轉變是從因應（responding）轉變為預防（preparing）。DMA的重點在於，地方政府必須每五年提減災（預防）方案，再由FEMA補助經費。或許因為這思維的轉變，因此探討9/11事件的期刊論文，多集中在預防而非應變的議題，而這也反映在國土安全部與FEMA的政策思維。另個重要轉折是2004年國家事故現場管理系統（National Incident Management System）的發布其作業流程適用各層級政府以及所有災難（包括自然與人為災難），這或許也在補強9/11恐怖攻擊現場處理所出現的問題。

至於2006年後卡崔娜改革法案（Post-Katrina Emergency Management Reform Act, PKEMRA）的實施，加重聯邦政府（FEMA）的責任和權力，例如FEMA要為州政府的減災計畫提供更多的協助與規範（Jackman, Beruvides and Nestler, 2017: 51-53），這法案主要在讓FEMA的防救災角色化被動為主動。從前文論述看來，美國救災體系似乎就以FEMA為主軸，原因在於FEMA權力、責任、資源都相當龐大，而且經常會成為被檢討的對象。但問題又在於，依美國的體制，地方政府在災害之初仍負責最重要的應變責任。通常等到地方政府或州政府向聯邦政府（FEMA）求援時再緊急應變，可能就會出現卡崔娜風災延遲的現象。因此，理想的情形是，在災難發生時，FEMA和地方政府，就宜立即掌握相關災情，並視必要立刻介入。

對比之下，美國救災體系運作邏輯，似有從由下而上（求援）轉為由上而下（主動介入）的救災模式（上是指FEMA的意思）。至於臺灣的狀況，主要係以中央災害應變指揮中心為主軸，代表中央政府（行政院）發號施令，因為行政院的資源最豐、權力與責任最大，故臺灣救災體系運

作邏輯，則偏向由上而下。也因為國軍在災害來臨前（如颱風可預知路徑），就會進駐縣市政府災害應變中心。因此，臺灣救災體系之啟動，中央與地方政府可以說比較能夠同步進行，救災體系所能發揮的成效也可能較優。不過，這樣的陳述也可能有問題，設若災害規模過於龐大，非中央政府資源所能承擔，就可能要進行跨國求援。2009年莫拉克風災，就因為國內直升機不足，後來才由美軍協助。

2009年莫拉克風災導致小林滅村，並造成400多人死亡，原因之一是，當時村長接獲撤離訊息後，仍拒絕撤離。因此中央政府頒訂強制撤離政策，同樣的，其變革標的很清楚，就是要撤離災害潛勢區的災民，但其前提是，必須有清楚的氣象與潛勢區風險資訊。也就是說，潛勢區的居民，不論願不願意，都必須強制撤離。再者，誰來執行強制撤離政策，是警察、消防還是國軍？而不論是由誰執行，可能都得請村里長進行聯繫或配合。因為村里長對於該村里居民居住地點分布，以及住家內部情形最為了解，也就是擁有居民的準確資訊。村里長所沒有的是完整的氣象與地理潛勢資訊，以及撤離所需的人力與運輸資源，所以得仰賴氣象與水保相關專業人員提供準確訊息給執行撤離政策的官員。

而為有效撤離，必須回到平時（組織間）網絡關係的建立是否確實，可以減少溝通協調的時間。而如果強制撤離地點是在城市，因救災為消防主責，因此應由消防人員負責；而如果是在缺乏消防人員的偏遠地點或山區，且有警察人員駐守，則可以由警察負責。而如果災情預測資訊準確，通常會有國軍進駐災區，撤離的成效就會提高。換言之，有效撤離涉及資源動員模式的改革，而國軍以主動方式進駐災區，同時整合了人力與相關資源，也等於是從資源動員模式切入，所以是有效的救災體系改革模式。再詳細論述，資源動員模式包括人力、非人力與經費等三項，這有時是三個議題，有時可以整合成一個議題。國軍投入救災就同時具備三個項目的資源，但隨著災難規模愈來愈大，所需的資源愈來愈多，也可能出現資源不足的情形。

組織間合作變革可以從Ansell and Gash（2007）的合作治理模型得到啟發，如圖4-4所示，可以透過開始情境（starting conditions）、制度設

計（institutional design）、促進性領導（facilitative leadership）等，強化合作過程（collaborative process），以提升成效或結果（outcomes）為目的。嚴格說來，圖4-4包括個人、團體、組織、環境等四個層次的因子。換言之，該圖係將多重組織視為同一系統，並以這系統進行組織間合作的論述。而從開始情境分析，參與的誘因與限制同時受到兩個因素影響，第一是權力、資源、知識不對稱；第二是合作或衝突的過去歷史，而這和制度設計（參與包容性、論壇排他性、清楚的基本原則、過程透明）、促進性領導（包括授能）等，共同影響合作過程。

合作過程的內涵包括，面對面的對談（具信任性的協商）影響信任感的建立，信任感建立會影響對過程的承諾（包括相互確認與依賴、共享過程擁有權、開放共同利益的探索），過程的承諾會影響共享了解（包括清楚的任務、共同問題界定、共同價值的確認），共享了解會影響中間結果（小贏、策略計畫、發現聯合事實），而中間結果再影響面對面對談，最後得到結果。可以說，圖4-4提供完整的組織間合作，可提升成效的模型。救災體系包含眾多組織，理論上應該要能通力合作，但卻不一定能夠開誠布公合作，救災成效難免受到影響，而這同樣突顯救災體系內組織間合作的重要。圖4-4提供我們很好的變革思考，雖然促成組織間合作並不容易，卻值得努力促成。

2019年颱風19號造成日本東北龐大災情，而從日本救災體系因應災情的運作模式進行研究，似乎也存在問題，許多偏遠地區復原的時間相當長，例如丸森町許多受災戶至少花了三個月，才整理好家園或清理好汙泥。原因是許多家戶遭土石流侵襲，洪水退去後屋內留下龐大面積與體積的汙泥。因此，清理汙泥是目的，為達到這目標必須動員緊急人力，這些人力不是政府就是民間（包括災民自己或志工）。可能的情形在於，自衛隊不認為他們應該幫居民清除汙泥，因此缺少了自衛隊的人力投入，而環保機關亦不認為災民房屋的清理是他們的工作。如此災民只能仰賴自己或志工清除汙泥，以致家園清汙的時間拖很長。這議題同樣可以圖2-1與圖4-4解釋或形成變革策略。

相對於臺灣，國軍經常被（縣市長或民代）要求協助災民清除災難後

產生的廢棄物，所以災區很快可以復原或恢復正常生活。不過，作者也聽過國軍軍官表達不同的聲音，認為清汙泥的工作不宜由國軍來做，可以由縣市政府花錢委外辦理。就結果論，臺灣優於日本，因為有國軍協助清理家園；就過程論，這工作是否應由國軍來做，有討論空間。不過，日本災民需要協助這應是確定的，只是由誰來協助與如何協助的問題。以圖2-1為例，也許可以先討論，可以由誰來做，國軍是選項之一，但非唯一。非營利組織也可以協助，而這過程政府可以協助媒介。也許日本存在比較保守的社會（社區）文化，這部分可以討論，並針對清理家園一項思考如何解決。協助者，包括政府官員、非營利組織、志工與災民，有了共識或激勵因子之後，工作態度（投入災民家園清理）會有改變，家園清理的成果就會呈現。

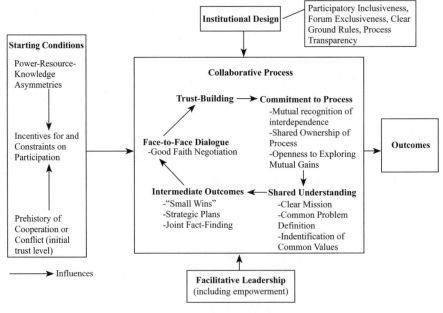

圖4-4　合作治理模型

資料來源：Ansell and Gash（2007）。

　　臺南市長榮大學馬來西亞女僑生，於2020年10月28日晚間於校園旁，遭歹徒強擄上車，後遭殺害並棄屍高雄阿蓮大岡山。雖然警方展現超高效率，在29日下午3時獲通報後開始尋人，8時30分找到凶嫌，並尋獲被害人屍體。[77] 然而，因為這是涉及跨國外籍生的命案，引發媒體與民意高度關切，除了是被害者與其家庭的災難，同時是該大學、臺南市與臺灣的治安危機。因此臺南市市長於10月31日為此公開向家屬表達最高的歉意，[78] 同一日不久後，蔡總統亦公開向家屬與馬來西亞人民道歉，並將檢討改善，讓未來不再發生類似憾事，[79] 接著長榮大學校長也公開向家屬與社會大眾道歉。[80] 等於說，這股來自民意與政治的龐大力量，形成與啟動龐大的組織變革力量。

　　而這變革應該包括校園、城市（特別是臺南市政府）與中央政府（特別是警政署或刑事司法體系）。根據楊永年（2020l）前述個案的看法，校園（安全）部分包括資訊友善性（是否在學生入學時即提供安全資訊，且包括本國生與外籍生都能充分了解）、通報機制（特別是同年9月發生過類似事件，同校女學生受害，同時跟學校教官報告與警察派出所報案並作筆錄，但學校未依規定往上報教育部，[81] 警察也沒有開立報案三聯單，[82] 遭懷疑有吃案嫌疑），以及夜間護送機制（特別是夜歸與行走在沒有路燈的路上，就存在較高的風險，因此成功大學於2001年經學生發想，並由學務處協助成立的「護送天使」，主要協助夜歸女同學安全回到住居所，學生自願參與志工服務，並須經過紮實的訓練，[83] 彌補了校園安全的漏洞）。

　　在城市部分，由於臺南市政府為獨立機關，對於治安議題，仍可以有

77　https://www.chinatimes.com/realtimenews/20201029007183-260402?chdtv，瀏覽日期：2020/11/1。

78　https://www.ettoday.net/news/20201031/1843788.htm，瀏覽日期：2020/11/1。

79　https://udn.com/news/story/121768/4978551，瀏覽日期：2020/11/1。

80　https://www.cna.com.tw/news/firstnews/202010310146.aspx，瀏覽日期：2020/11/1。

81　https://udn.com/news/story/121768/4978706，瀏覽日期：2020/11/2。

82　https://udn.com/news/story/121768/4979939，瀏覽日期：2020/11/2。

83　http://ir.lib.ncku.edu.tw/retrieve/128215/3010213001-000002.pdf，瀏覽日期：2020/11/2。

些作為。包括治安網絡的形成與連結，以及對（刑事匿報）議題的強調與重視，可以有犯罪預防功能。例如，不同縣市首長對刑案匿報的重視度與容忍度不同，即可能對員警匿報刑案行為產生影響，也可能具有不同的犯罪預防結果。[84] 理由在於，如果被發現匿報刑案的員警，會受嚴重懲處，可以減少員警匿報的誘因，而如果政治講求或重視不讓治安事件發生，匿報刑事就可能存在，而設計三聯單的目的，本來的政策初衷也在避免匿報刑案（楊永年，2006：26-27）。但前述女大學生命案之前發生的類似個案，經向派出所報案，卻未開立三聯單。問題在於，匿報刑案可能造成治安隱憂，成為治安惡化的重要原因。

屬中央政府的警政署，存在整體中央政府運作的刑事司法體系，除了全國警察人事中央與地方政府一條鞭的設計，檢察系統也存在檢察一體的思維。而這就可以解釋，何以總統或中央行政首長（特別是行政院院長、內政部部長、警政署署長、縣市首長等）的態度，對基層警察人員行為造成影響。至於首長對治安的態度，則可能受政治制度或權力與政治影響，特別對於警察人事權，經常成為重要角逐點，所以才有行政院院長堅持撤換臺南與高雄兩位警察局局長的案例，可能因為找不到適當撤換理由，只能以「鬥毆」造成民眾治安觀感不佳作為單一指標或理由（楊永年，2020g），卻可能因此埋下匿報刑案的原因或遠因。唯人事權背後的權力與政治和倫理有關，不容易以法令規範，這有如即便有報案三聯單的設計，卻仍發生匿報刑案原因在此。綜言之，不論救災或治安體系的啟動或是否發揮應有的功能，首長的態度是關鍵因素。

參、啟動地方政府變革

Yousef（2017）曾針對阿拉伯聯合大公國進行地方政府組織變革，有關組織承諾、工作滿意度與態度之研究。研究結果發現，員工們對工作環境與工作安全有高滿意度，但對於薪資與升遷並不滿意，最重要的是，他

---

[84] https://udn.com/news/story/121768/4981418，瀏覽日期：2020/11/3。

們較缺乏使命感或工作意義感。雖然臺灣和阿拉伯國家的政治、社會與文化並不相同，但其研究發現與臺灣地方政府有類似之處。特別在防救災部分，除了狹義的防救災（主要是火災）由縣市政府消防局負責，縣市政府的災害防救辦公室，僅在災害來臨時扮演協調整合角度，並不負責防災業務。鄉鎮市區公所雖係最基層的政府組織，直接和民眾進行互動，但因為沒有防救災分工與資源（新北市區公所係國內少有設「民政災防課」的組織，但成效如何有待進一步研究）。基此，從災害防救的角度，啟動地方政府變革有其必要。

依地方制度法，地方政府擁有自治權或自治事項，也代表地方政府對地方自治事項具自主裁量權。因此，在法律規範下，地方政府有權（也有責）啟動地方政府救災體系的變革，特別是直轄市（或稱六都）擁有比縣市政府更龐大的資源與自主性，可以啟動地方政府救災體系變革。不過，從許多個案顯示，地方政府並沒有趁機啟動變革。以2020年4月發生的臺北市錢櫃大火為例說明，除了第三章第一節所臚列的五個因素，作者透過參與相關檢討會議，整理出另兩個問題，安全梯（兩位消費者死在安全梯，問題在於安全梯經常推滿雜物或經常未關，導致濃煙也充滿安全梯）與聯合稽查模式（因為失火前一天才有聯合稽查，卻未發現問題）。

這兩個問題並非新的問題，而是長久以來的老問題，唯一直得不到改善，因此，或可歸因為體制問題，其內涵包括正式與非正式規範。正式規範的改變可能曠日廢時，非正式規範則有機會快速改變。具體而言，應關注或啟動的改革標的應該是具安全性的「安全梯」，以及安全的稽查機制（是否聯合不重要，但必須是有效的稽查）。就錢櫃大火案例分析，的確需要從救災體系的角度，作全面性的變革，雖然改革並不容易，但若不能持續變革，類似的問題會再發生。就某資深消防官員的說法，變革會涉及中央主管的法規，所以很難只啟動地方政府救災體系進行變革。這說法或許有理，但不宜作為變革的藉口，否則難以掌握政策之窗開啟產生的機會（Kingdon, 1984）。

具體而言，安全梯的規範或管制存在三個層面問題。第一，和臺北市政府有關。至於是建管處、消防局或哪個局處有關，可能存在模糊地帶。

第二，和業者有關。可能因為管制不嚴，可能因為業者存在規避誘因（因為大樓空間不足），使得安全梯問題難解。第三，法規和中央政府有關。如前述，安全梯相關法令固然和地方政府有關，也可能與中央政府法規有關，這些法令關連性，存在所以得從體系思考變革政策（或策略）。問題在於，中央政府可能不願參與處理地方政府發生的火災問題（因為責任歸屬問題），或除非這議題明顯存在中央法規的漏洞，中央政府才會介入。而如果套用圖4-4，可以解釋的變革工具或策略就更多了。至於聯合稽查機制因為是跨局處人員共同參與，因此責任模糊，可能因此存在團體迷思（groupthink）或團體壓力，所以成效不彰（Janis, 1971）。

　　至於實際變革，可以透過訓練團體（training groups, T-groups）或敏感度訓練（sensitivity training），亦即成員間的互動與學習，幫助團體（小組）成員發展自我警醒（self-awareness）的技術，目的在讓成員對人存在更高的敏感度（Cummings and Worley, 2001: 676）。讓聯合稽查小組發展團隊精神，或成為變革代理人（change agents），以協助救災體系進行變革。但這必須有來自領導高層（市長或市長室）的支持，而最好也能有結構分工的調整，激勵因子的提升，以及環境（媒體）的需求，才可能啟動救災體系進行變革。只是以臺灣的媒體和政府組織文化，通常過了新聞熱潮，同一個議題就不再被重視，也就不再有變革的壓力。但另種變革思考是在業者，也就是將通報責任加諸業者，可以節省聯合稽查的責任與成本（楊永年，2020c）。

　　再以2001年納莉風災為例，由於氣象局根據氣象資料顯示有豪大雨發生，因此也特別提醒臺北市政府注意。因此當時的市長與副市長，在9月15日就分別主持了兩場災害整備會議。9月16日晚上至17日，是災情最嚴重的時間，當時的市長來回穿梭在災害指揮中心與災害現場（鄭問堂，2005：183-193），主要目的在試圖動員所有資源，全力投入救災。其災害應變邏輯似乎是，首長（市長）對於災害應變指揮中心相當重視，在行程許可的情形下，坐鎮應變中心，若因必須前往災區巡視，則由副市長或祕書長在應變中心坐鎮。但依楊永年（2001b）的看法，如何權衡坐鎮災害應變中心與前往災區災視，仍有討論與研究空間，若以救災體系動員的

角度，以坐鎮災害應變中心為宜。

　　因為災害應變中心係防救災資源動員的核心引擎，而其功能的發揮與否，和首長（態度）有關，當然也和通報系統的設計有關，因為要能掌握完整災情資訊，也才會產出適當的救災政策。只是，傳統上災民會期待首長能「苦民所苦」，前往災區訪視，甚至形成政治上的選票拉扯，使得首長不得不和現實（或選票）妥協。不過，因為資訊科技的發達，或可以行動平臺的方式，讓首長能隨時參與或主持（虛擬）災害應變中心。也由於前述納莉風災造成臺北市災情慘重，已超越臺北市政府的救災能力（能量），必須仰賴中央或其他地方政府協助，因此2001年9月18日上午參謀總長指示海軍總部成立救災指揮中心，全力搶救捷運系統，處理積水與汙泥（鄭問堂，2005：206-207）。

　　相對地方政府（如臺北市政府）的災害應變指揮中心，中央政府在納莉風災來臨前亦即成立（開設）災害應變指揮中心，並由當時的陳錦煌政務委員坐鎮並擔任指揮官，於9月15日14時30分，召開第一次工作會報，並作成10點的指示，要求各部會成立緊急應變小組，同時將應變中心提升為一級開設。災害應變中心開設期間，並有總統、行政院長、副院長蒞臨巡視。當時的總統並當場以電話抽查，結果地方政府首長都不在縣市政府開設的災害應變指揮中心，卻造成縣市首長反彈，認為應採機動方式較妥（鄭問堂，2005：141-145）。理論上，政務委員有指揮與協調跨部會運作的權責，而以臺灣的體制，政務委員的動員能量，仍可能遜於行政院院長或副院長。

　　對比美國地方政府，包括郡（County）、市（City）、鄉或鎮（Township）、區（District、Borough），甚至學區、水區、警察轄區、消防轄區都屬於地方政府的範疇。至於美國的州政府，雖不被歸類為地方政府，但若議題的嚴重性超越地方政府的能力，州政府通常會積極介入，所以也被列為廣義的地方政府。例如2020年3月新冠肺炎紐約市疫情嚴重，[85]而從媒體觀察到的是，紐約州州長扮演相當吃重的角色。幾乎天天

---

[85] https://www.epochtimes.com/b5/20/3/27/n11981744.htm，瀏覽日期：2020/10/30。

召開記者會，跟社會大眾誠實的說明疫情，媒體畫面比較少呈現美國災害（疫情）指揮中心跨局處溝通協調的情形。不過，臺灣疫情指揮中心運作模式，也有別於之前中央災害應變中心畫面呈現的方式，以方型桌講臺，接受媒體提問，這和過去總統或行政院院長在應變中心視察之畫面，有所不同。

當時紐約州州長古莫公開反對川普提出隔離紐約的政策（於是川普收回他隔離紐約州的想法）；同時號召美國各州退休醫護，投入紐約疫情的協助，並積極為紐約爭取相關資源協助。面對紐約民眾抱怨「我很累」，古莫州長回應「我也很累，但我有什麼資格喊累？」[86] 他對紐約州所屬轄區，包括紐約市與各區的疫情，瞭若指掌，因此盡力協調跨轄區資源運用，並經常透過媒體，和民眾溝通與分享最新疫情、困境、情緒與政策。重要的是，前述內容顯示，中央（聯邦）與地方政府在救災體系運作過程，不論臺灣或美國，均存在權力與政治的角力。因如前述，地方政府對於災情通常會有最豐富或完整的資訊，所採取的政策或行動計畫通常會最為直接。

當然，中央（聯邦）和地方政府存在緊密的關連性，所以中央與地方政府都有責任。任何一方啟動變革，都有可能提升救災成效，但若一方願啟動變革，另一方不願啟動，則可能出現盲點。甚至讓人擔心的是，救災過程中央與地方相互攻訐的問題，往往使得變革停滯，前執行長黃榮村博士在《救災體系》推薦序文中提及，中央政府可以在災區設置單一窗口，以平衡爭議並做好分工整合（楊永年，2020：II）。作者認同這樣的說法，並進一步認為可依災害種類與規模，派駐中央災害應變中心副指揮官或相關部會副首長層級官員，進行協調整合，而這也是救災體系組織架構動態或彈性的詮釋。唯實務運作上，仍可能存在政治與權力問題，而這問題可能難以避免。

再以紐約州州長古莫面對新冠肺炎疫情嚴重的處理方式，同時透過管理者10個角色進行分析（楊永年，2020：208-216），也可以發現其實用

---

86 https://www.youtube.com/watch?v=ZTSKb3m6mJo&feature=youtu.be，瀏覽日期：2020/4/1。

性。[87] 由於紐約疫情相當嚴重，不只確診人數逼近70,000人（依2020年3月31日的報導），[88] 醫療資源也超過負荷。面對紐約州民對疫情升高產生許多焦慮與疑惑，若沒有妥善因應，可能造成紛亂或失序。基此，古莫州長的公開談話的內容，符合前述10種角色的扮演。特別是，古莫州長願意站在第一線公開面對民眾，將他所知道的疫情資訊，跟社會大眾（主要是紐約州民）作清楚之說明，充分展現首長負責任的態度，因此獲得媒體大幅報導與社會（民眾）的肯定，甚至有媒體指稱，古莫州長有機會問鼎白宮擔任總統。

具體而言，古莫州長在談論如何爭取相關防疫醫療資源，以及採取何種因應的政策，都展現出表徵者角色（背後存在關心疫情的重要意義）、領導者角色（係紐約州首長）、連絡者角色（連絡聯邦與地方政府）、監控者角色（監控疫情的發展）、傳播者角色（傳播州政府的防疫政策或措施）、發言人角色（代表州政府對外發言）、企業家角色（針對疫情提出有效的防疫策略）、穩定紛亂者（穩定人心並避免失序）、資源分配者（爭取並分配防疫資源）、談判者（進行跨機關、跨層級協調整合）等角色內涵。至於古莫州長在指揮防疫過程，是否存在瑕疵，則待進一步研究。合理的推論，防疫瑕疵應該會有，不過，紐約州民可能期待古莫州長沒有瑕疵，特別是政敵或反對黨，可能針對瑕疵大肆批判。

可能的原因在於，因為新冠疫情擴散，使得人心變得脆弱，古莫州長透過媒體直接向民眾說明，減少了民眾的疑慮，也存在安撫人心的作用。甚至第一線防疫人員也因州長的肯定，獲得鼓舞，因為救災（防疫）人員與災民的家庭（家屬），都是諮商輔導的對象。這符合人本主義實踐的精神，換言之，人本主義實踐的對象包括救災人員與災民，但有時救災人員較容易受到忽略，Stanley, Hom and Joiner（2016）指出，2001年9/11恐怖攻擊的第一線救災人員，包括警察、消防人員與緊急救護人員（emergency medical technicians, EMTs），就存在自殺與災後創傷壓力症

[87] https://www.youtube.com/watch?v=ZTSKb3m6mJo&feature=youtu.be，瀏覽日期：2020/4/1。
[88] http://ep.worldjournal.com/NY/2020-03-31/A01，瀏覽日期：2020/4/1。

候群（posttraumatic stress disorder, PTSD）。主要因為第一線救災人員面對災難現場的惡劣情境，以及大量傷病患與死亡場景，對心理造成重大創傷，所以亦應列諮商輔導的對象。

　　Colwell-Chanthaphonh（2011）從參與罹難家庭諮商輔導，就感受到家庭對於在9/11事件突然消失的年輕消防員生命，存在無比傷痛。傷痛的原因之一是，屍體無法找到、無法辨識，或整個成為雙子星大樓殘骸或灰燼的一部分。在此情形下，走出傷痛的方法之一，是透過9/11紀念博物館籌建的參與，讓他們感受到療癒。比較特別的是，9/11博物館屬非營利組織，但因必須自給自足，所以亦存在「營利」的壓力，所以罹難家屬並不認同博物館以高額的入館門票費維持其營運。但為保持災難的共同記憶，9/11紀念博物館的籌建與開放參觀，仍獲得很多肯定。可能的原因在於，博物館除了可以保留共同記憶，也存在心理或創傷療癒的功能。

　　2021年9月11日適逢9/11恐怖攻擊20週年，媒體亦充分報導這起重大事件，讓記憶重現。對有些罹難家屬而言，這記憶是痛苦的延續，但對國家社會卻存在責任、勇氣、無私與愛的意義。例如，首先對外發出劫機警訊的美籍華裔空服員鄧月薇，隨著美航11號班機撞擊紐約世貿大樓，過程中鄧月薇與地面保持通話達23分鐘。直到航班撞上世貿中心為止，提供諸多關鍵資訊，包括5名劫機者座位，成為警告當局的第一人，讓美國政府得以提供因應措施，挽救無數生命，因此獲9/11調查委員會封為國家英雄。[89] 甚至因為鄧月薇不顧自己安危願意挺身改變當時的狀況，讓美國政府（含FBI聯邦調查局），有進一步劫機者的資訊，得以立即啟動國安體系，[90] 而這也可視為透過（災難）預警資訊提供，以啟動救災（國家）體系變革的案例。再者，對於災難的記憶（或紀念）之所以重要，除了在避免錯誤重複發生，也在傳達政府與社會對該事件的重視，並願投注心力，預防類似災難重演。

---

[89] https://udn.com/news/story/6813/5739500?from=udn_ch2_menu_v2_main_index，瀏覽日期：2021/9/12。

[90] https://mp.weixin.qq.com/s/chkvTCYr9ZJYmWuF0-fwtg，瀏覽日期：2022/1/23。

　　例如，拜登總統在2021年9月11日當天，邀集第一夫人，以及前總統柯林頓、歐巴馬等，前往3處事故現場——紐約、五角大廈、賓州，紀念這場悲劇。主要目的也在向世界與美國社會傳達或釋放拜登總統（或民主黨）重視9/11事件的訊息（即我們美國沒有忘記這場恐怖攻擊災難）。[91]而前總統小布希也造訪賓州聯合航空93號國家紀念館，並發表主題演說。這些都是政治人物對9/11事件關注、紀念或記憶保存的實際行動，同時引起人們回想事件帶來的可能「改變」與影響，顯然這事件過了二十年，後續影響仍在。而一項針對9/11後，美國是否變得更為安全的民意調查，研究發現顯示，僅有半數的美國人民，認為更為安全。[92]

　　周陽山（2021）亦指出，這起事件透過傳送伊斯蘭聖戰士，力圖摧毀代表美國資本主義霸權的世貿大樓或五角大廈，造成美國霸權持續衰頹。也許，這也可以詮釋或作為美國或世界政治制度變遷的轉折點。19世紀的英國政治家Lord Acton就曾說過，絕對的權力造成絕對的腐化（absolute power corrupts absolutely）。[93]依前文論述，這說法適用國際政治霸權主義的發展，也適用個別國家政治制度的發展。應該說，這起9/11恐怖攻擊災難是人為或國際政治相關的重大災難，與自然災害無關。重點在於其對政治制度、政府組織制度，以及救災體系運作，都造成（負面）影響。這些影響或許在變革之前就已被預見，但仍可能因為政治制度的影響，無法或難以阻擋後續的發展。

　　合理來說，不論美國、日本或臺灣，重大災難之後，多會設置（災難）博物館，例如1995年日本神戶阪神大地震後，設有阪神・淡路大地震紀念人與防災未來中心（博物館）。[94]陳列項目不只是大地震的建築與設備殘骸，還有諸多被害者的陳述、記憶或人文社會研究紙本與影音

91　https://udn.com/news/story/6813/5739915?from=udn-relatednews_ch2，瀏覽日期：2021/9/12。

92　https://www.chinatimes.com/realtimenews/20210909005005-260408?chdtv，瀏覽日期：2021/9/12。

93　https://www.phrases.org.uk/meanings/absolute-power-corrupts-absolutely.html，瀏覽日期：2022/1/14。

94　http://plus.feel-kobe.jp/tw/facilities/detail/?code=0000000024，瀏覽日期：2021/2/15。

資料，供入場的參訪者瀏覽。2011年東日本大地震（海嘯）帶來龐大災
情，岩手縣與宮城縣，也都分別設有海嘯災難博物館，以蒐集並記錄災難
當時的景象。包括位於宮城縣氣仙沼市的市立谷灣方舟美術館（Rias Ark
Museum），[95] 保存諸多2011年海嘯的殘骸、照片、文物、文件等。岩手
縣的東日本大震災海嘯傳承館，除了有室內館的資料與殘骸擺設，還有
室外防災公園的設置，本書第四章第一節所提到的「一本松」即設於該
館。[96]

還有，屬日本環境省的三陸復興國立公園，[97] 係受2011年東日本大地
震及海嘯影響，整合既有位於岩手、宮城、青森三縣的兩座海岸自然公園
（24小時開放，不收門票），讓民眾感受大自然（海嘯）的威力。[98] 日本
也有一些小型資料館，例如位於仙台市附近的津波復興祈念資料館，係由
非營利組織經營（收捐款，但不收門票），[99] 以及位於兵庫縣仁川百合野
町的土石流資料館，因受1995年阪神大地震影響，造成土石流嚴重，導致
34人死亡，因此1997年成立這個資料館，留下相當寶貴的生態災難記憶或
紀錄。[100] 美國亦然，例如本書第一章第一節所談到1900年9月強烈颶風侵
襲加爾維斯敦，造成6,000人死亡。爲紀念歷史最強的颶風，因此設有博
物館。[101]

美國加州舊金山於1906年4月18日發生規模7.8大地震，接著發生
大火，最早統計爲478人死亡，後來陸續統計達3,000人甚至6,000人罹
難。[102] 1989年10月17日舊金山再次發生規模6.9大地震，造成63人死亡，
灣區重要的Bay Bridge也因而中斷。[103] 可能因此使得舊金山灣區有著高

[95] http://rias-ark.sakura.ne.jp/2/，瀏覽日期：2021/2/15。
[96] https://www.bindan.jp/detail/spot/5678.html，瀏覽日期：2021/2/15。
[97] https://www.env.go.jp/park/sanriku/，瀏覽日期：2021/2/15。
[98] https://e-info.org.tw/node/84856，瀏覽日期：2021/2/15。
[99] http://miyaumi.info/search/page21.html，瀏覽日期：2021/2/15。
[100] https://web.pref.hyogo.lg.jp/hsk06/hs04_1_000000023.html，瀏覽日期：2021/2/15。
[101] https://penobscotmarinemuseum.org/galveston-hurricane-of-1900/，瀏覽日期：2020/10/30。
[102] https://www.chinatimes.com/realtimenews/20190418002318-260408?chdtv，瀏覽日期：2021/2/15。
[103] https://www.britannica.com/event/San-Francisco-earthquake-of-1989，瀏覽日期：2021/2/15。

度的防災警覺性，故舊金山灣區睦鄰救援隊（Neighborhood Emergency Response Team, NERT）從1990年開始展開訓練，迄今已逾三十年，並成爲世界社區防災訓練機制建立的先驅。[104] 也因如此，舊金山灣區許多博物館，保存有諸多大地震的故事與文物，[105] 例如舊金山加州科學館（California Academy of Sciences）、灣區聖安地烈斯斷層（San Andreas Fault）、奧克蘭博物館（Oakland Museum of California，展覽加州歷史及地震歷史）。

　　應該說，多數國家在大災難後，多會成立災難博物館。陳叔倬（2013）從921大地震博物館與莫拉克風災博物館成立，發現公共參與是臺灣博物館的新興功能，同時兼具文化資產保全、社區培力、文創產業發展、心靈陪伴、科學研究、教育等功能。然而，博物館要能永續經營，研究發展的功能不可或缺，或透過深入的科學與人文社會研究，可深化博物館的典藏價值，甚至與公民社會進一步連結。博物館的存在功能發揮是重點，規模大小可能不是關鍵，唯若博物館規模大，擁有的資源會較豐富，但如何經營可能是生存的關鍵。而不論營運方式爲何，成立博物館以保存記憶，均有其重要的意義或價值。921大地震，也在臺中霧峰國中半倒塌的遺址，建立紀念博物館。不同的是，日本與臺灣的博物館，多由政府出資營運。

　　例如921大地震教育園區（博物館），[106] 以及車籠埔斷層保存園區（位於南投縣竹山鎮），[107] 均隸屬於（國立）自然科學博物館（屬教育部轄下機關）。還有，921大地震時「走山」的九份二山，已成立九份二山國家地震紀念地，並由農委員水土保持局（簡稱水保局）管轄；2019年水保局並與日本（宮城縣）栗原市栗駒山麓地質公園締結爲姊妹園

104 https://sf-fire.org/about-sf-nert，瀏覽日期：2021/2/15。
105 file:///C:/Users/yungnane/Downloads/C10004627.pdf，瀏覽日期：2021/2/15。
106 https://calcloud.nmns.edu.tw/cp-14-14-1.html，瀏覽日期：2021/2/15。
107 https://www.nmns.edu.tw/park_cfpp/news/，瀏覽日期：2021/2/15。

區。[108] 還有東埔蚋溪木屐寮滯洪生態園區，[109] 依其內涵，其實也是「防災公園」，但國內所稱防災公園，主要係由既有的公園，納入社區防災的元素，後來經與科博館4位專家座談，認為改稱「教育園區」比較符合該園區的歷史意義。因為，該園區設立的緣由係因2001年桃芝颱風龐大土石流，造成南投縣水里鄉（上安村）、竹山鎮、鹿谷鄉、信義鄉，以及花蓮縣光復鄉大興村等嚴重災情，其中竹山鎮木屐寮（屬延正里）有9人慘遭滅頂。前四河局長告訴作者，當時政府作了深入研究，發現主要致災原因是921大地震造成土質鬆軟，加上颱風帶來豪大雨量，才造成嚴重土石流，並有諸多巨大石塊順土石流流下。

既因和921大地震有關，因此木屐寮重建的部分經費來自行政院九二一震災災後重建推動委員會。例如，作者主持的木屐寮社區防救災團隊專案計畫，經費即來自該委員會（楊永年，2002；2003）。生態園區部分土地因災民要求政府徵收，加上原有的國有地，設置目前的園區。作者於2020年11月20日在木屐寮滯洪生態園區舉辦「木屐寮生態與觀光高峰論壇」，邀請到前水利署王瑞德署長、臺灣大學實驗管理處蔡明哲處長、社團法人南投縣木屐寮生態文化協會李振儀理事長與許發成理事、竹山鎮陳東睦鎮長、賴進益鎮民代表、特有生物保育中心許再文博士與薛美莉博士、經濟部水利署四河局李友平局長、交通部觀光局日月潭風景管理處洪維新處長、南投縣政府建設處李正偉處長、南投縣議會游顥議員、慈心基金會蘇慕容執行長等。

關於前文木屐寮園區，不同利害關係人有不同的期待，特別是鄰近居民期待觀光與發展。但當天論壇的共識是，該園區應以「防災」發展為主軸，而非以生態或觀光為主軸。也就是說，未來是可以發展生態與觀光，但必須在以防災為主軸的思維上，進行生態與觀光的相關設計。既以防災為主軸，就必須連結921大地震與桃芝颱風帶來的災害或災難，因此木屐

---

[108] https://www.swcb.gov.tw/News/younger_more?id=fd23acb8d54245a28e8cda9df4771a34，瀏覽日期：2021/2/15。

[109] https://smile-eye.net/blog/post/66，瀏覽日期：2021/2/15。

寮園區宜納入東埔蚋溪流域（含鹿谷鄉與竹山鎮，但主要為水保署與第四河川局管轄）、車籠埔斷層保存園區（自然科學博物館管轄）、內政部消防署訓練中心、鄰近之中小學（因921大地震倒塌後校舍重建，例如鹿谷內湖國小），以及溪頭森林遊樂區（臺大實驗林）等，可以機關（組織）間或區域合作的方式規劃。

　　也就是進一步形成「防災教育園區」或「桃芝颱風教育園區」，範圍可以擴及鄰近的鄉鎮，讓觀光、防災、環境等議題可以合一。其規劃或設計可以是虛擬，也可以劃定範圍；可以是室外，也可以是室內。重點在呈現921大地震，以及桃芝颱風雙重災害。而這防災公園的構想與行動，可以由地方政府啟動，但必須獲得中央政府的支持才行。當然，透過系列論壇方式進行討論，或許也可以形成共識，並進一步影響政策形成。例如，作者在2021年至2022年期間舉辦的論壇，就產生許多政策效益或「社會影響」。由於和雅村於2021年5月起，也加入「木屐寮防災系列論壇」行列，2021年9月25日舉辦桃芝颱風20週年活動時，並向作者表達並爭取舉辦和雅系列論壇的意願。

肆、啟動社區變革

　　關於啟動社區變革，和行動研究有關（action research）。關於行動研究，Susman and Evered（1978）認為組織科學研究最大的危機在於忽略實際問題解決的重要性；或因為研究方法過於複雜，反而難以反映實際的問題，並進一步認為行動研究有其科學哲學的合法地位。他們進一步指出，行動研究存在六個特點：未來導向（future-oriented）、合作性的（collaborative）、隱含系統發展（system development）、創造根基於行動的理論（generates theory grounded in action）、不可知論（agnostic），以及情境存在的（situational）。根據前述六點，進行社區防救災組織的發展檢視，就存在許多功能強化的可能性或不確定性，其內涵包括前述社區防救災組織功能的強化，只是強化過程存在許多不確定性，這不確定性來自於環境衝擊存在的問題。

Lewin（1946）算是行動研究的先鋒，該文雖然從團體動態（group dynamics）的角度出發，但Lewin強調整合社會科學，以及重視社會計畫、行動功能與立場研究。雖然這研究係從團體或團體間關係出發，但標的卻包括社區、組織、社會、國際等不同層次的變革。同時提出多數與少數的問題，例如美國少數族裔的問題，可能存在於多數族裔的問題；美國非洲裔族群的問題，可能是白人族群的問題。這樣的思維符合本研究的邏輯概念，雖然本單元從社區防救災組織出發，但希望對地方政府、中央政府，以及非營利組織都能有（帶動）變革的影響。行動研究固然有諸多優點，而且也由本研究所採用，但也有學者對行動研究存疑，Hammersley（2004）認為理論（theoria）與實踐（praxis）兩者存在矛盾，因為兩者同形，卻被認為是兩個不同的概念，所以行動研究的理論與實踐兩分法存在衝突。

然而，行動研究仍被廣為應用，因為透過理論與實踐的劃分，比較有機會作更深的討論或分析。這邏輯或爭辯，類似價值與事實能否二分，或政治與行政能否分離。從哲學的角度，兩者要不要分或能不能分，仍可繼續討論。但兩者不同或切割的論述，仍被廣泛應用。甚至，行動研究和參與行動研究（participatory action research）經常被視為同義詞（McIntyre, 2008）。Hodgkinson（1957）認為行動研究，是指為改善實務（practice）所作的研究，而當事人的態度與行為則為變革主要的標的。本書（社區變革）採行動研究的理論與概念，並希望透過跨領域思維，或以治理的角度，期待社區防救災組織發揮更大的功能。基此，不論表現良好或表現不佳的防救災社區都存在重要或關鍵的特質，可就此進行社區防救災組織的診斷，並設計與執行相關變革規劃與行動。

如果就McNiff and Whitehead（2002）的看法，所謂行動研究不只是從事活動，過程必須透過資料的蒐集，然後從資料得到證據；再從驗證過的證據，獲得結論與知識。這程序或流程類似管理學上的PDCA〔計畫（Plan）、實作（Do）、檢查（Check）、行動（Act）〕，而這或可視為行動研究的精進。再深入論述，行動研究也離不開（社區）成效評估或評量。Lindell and Prater（2003）指出，評量自然災害對社區的影響並不

容易，但若能在減災與整備進行努力，是可以減少社區生命財產的損失，對於社區重建的資源協助過程，亦可降低社區的社會問題或效應。因此，社區在救災體系扮演重要角色，特別在黃金72小時內，救災人員無法立即抵達現場，社區防救災團隊就能迅速搶救災民。

由於啓動社區防救災（組織）變革（通常社區規模較小，所以用「團隊」比用「組織」適合，或即便以組織爲名，概念仍屬於團體），或如何讓社區防救災組織能永續運作以即時搶救災民（居民），成爲重要的課題。爲強化社區防救災機制，目前有農委會水土保持局、內政部消防署（含消防局，均在推動深耕計畫）、國科會（提供相關研究經費）、經濟部水利署、衛福部（和疫情有關的防災組織推動）、地方政府、非營利組織，以及國家災害防救科技中心（屬國科會）等，都直接或間接提供或協助社區建立防救災機制。[110] 前述機關分別就其轄管業務或偏好，推動社區防救災變革，期待在災害來臨時發揮應有的防救災效能或救災成效。

Medley and Akan（2008）運用Lewin（1951; 1947）解凍（freezing）、改變（changing）與再結凍（refreezing）的三階段論，同時策略計畫的擬訂，進行社區非營利組織的變革。研究過程透過問卷調查與研究，並以人群互動關係爲主軸，重新調整社區非營利組織的任務與方案，讓社區非營利組織對社區需求有更高的回應性與敏感性，等於是成功的進行社區非營利組織變革。這隱含社區防救災組織的成立或變革，亦可透過Lewin或組織變革理論完成，當然啓動社區變革過程，必須配合社區的背景或特色（包括經常致災的種類），比較容易提升社區防救災組織的成效。臺灣以（村）里長爲主軸的社區並不是組織（而比較像是團體），但以社區爲主軸的（發展）協會則是組織。

不過，里長在社區有其法定的角色或地位，並和鄉鎮市區公所有連結，也經常和縣市政府有直接連結，因此，面對災難的來臨，里長可以動員的資源經常相當可觀。特別因爲里長透過選舉，加上政令宣導的功能，形成緊密的網絡關係，所以其影響力不一定比社區爲主軸的協會來得小。

---

[110] https://community.ncdr.nat.gov.tw/result，瀏覽日期：2020/10/30。

也可能是因為社區防災政策係由上而下執行，因此比較多的社區防救災組織（成功）個案係以里長為主軸進行推動或輔導。但當社區發展愈來愈多元，有更多以社區為主軸的組織（協助）願意投入社區公共事務，具有正面意義。基此，社區防救災組織的發展也可以更為多元，或社區不同的組織，可以發展不同的分工或功能，同時思考與設立社區（資源）整合機制。

根據國家災害防救科技中心防災社區專屬網頁介紹，我國早在2000年就已積極推動防災社區，並有許多成果。至於目前究竟是用「防災社區」、「自主防救災社區」或「防救災社區」，名詞使用並無一致性。本書視為同義詞，因為防災社區可以涵蓋救災、救護與安置多種功能，以備災害來臨緊急所需。也因此，不論是用哪個名詞，都希望災難來臨時，社區能在第一時間自助（即自救之義）與共助（社區民眾相互救助之義），以發揮社區防救災功能，或提升救災成效。主要的原因在於，政府（消防）救災資源有限，在緊急時刻（特別是大規模災害）經常無法即時趕到而為了要在災難來臨時發揮功能，平時的整備、演習或教育訓練就非常重要。

依作者觀察，運作良好的防救災社區，經常曾有經歷刻骨銘心的災難，這災難讓社區民眾或防救災團體，真正感受到社區防救災的重要。至於社區防救災機制的建立，是由社區、政府或非營利組織啟動，有討論空間。由於社區民眾或意見領袖，不一定知道社區防救災組織的內涵，所以也不知如何組訓與運作，在此情形下，要社區主動積極爭取建立社區防救災機制可能有困難。因此，政府有政策（含人力編組與經費）支援很重要，但社區是否積極與有高度意願也不可或缺。如下文所述，木屐寮社區防救災組織迄今仍在運作。因此，社區防救災組織發揮功能，固然和重建會的政策（含預算編列）與（作者）所屬研究團隊投入有關，但亦不能忽略社區本身的意願與努力，才能讓社區防救災組織運作永續。

再詳細論述，作者曾參與輔導的木屐寮社區防救災組織，位於南投縣竹山鎮延正里，曾面臨2001年桃芝颱風龐大土石流，淹沒整個社區（楊永年，2020：227-229），可能因為這個因素，讓木屐寮社區更珍惜社區防

救災的組訓。而臺南市永康崑山里，因為經常發生水患，讓里長與里民感受到社區防救災組織的重要。後來在臺南市政府水利局和成大防災中心的輔導與協助下，表現相當傑出。[111] 甚至在2016年2月6日發生的0206大地震，災情最嚴重的維冠大樓，也在崑山里，但因為平時已有整備，因此也發揮物資救援以及里民（災民）創傷諮商與輔導功能。加上崑山里里長高度的防災意識，讓崑山里成為社區防救災典範，因此里長的積極作為功不可沒。[112]

不過，過程中，成大防災中心的輔導，以及水利署自主防災社區評鑑的推動也是重要因素。目前推動自主防災社區的中央政府機關包括經濟部水利署、[113] 農委會水土保持局、[114] 內政部消防署（有別於農委會與水利署，消防署以韌性社區為名），[115] 以及原子能委員會的輻安防災社區。[116] 臺南後壁新嘉里在2009年莫拉克風災侵襲下，造成新嘉國小淹水深度達50公分。因此，在里長爭取與政府（屬中央的水利署與臺南市政府）協助（補助與培訓）下，2002年正式成立自主防救災社區之編組。[117] 作者獲得的訊息是，因為新嘉社區屬於嚴重淹水區，所以地方政府（區公所）徵詢新嘉里長的意願，並獲里長正面回應積極主動投入組訓，所以就這麼成立社區自主防救災團隊。

由於新嘉社區在里長積極投入帶領下，邀請社區熱心人士社區防救災組織，幾年下來發揮了防救災功能。依作者推測，培訓課程支出經費應有來自政府的協助。就像歷經2001年桃芝颱風的木屐寮，作者接受行政院九二一震災災後重建推動委員會專案委託，協助木屐寮社區防救災團隊成

---

[111] http://www.tainanfrc.com.tw/PDF/Community_15_05_105.pdf，瀏覽日期：2020/10/31。

[112] http://cdns.com.tw/news.php?n_id=1&nc_id=246721，瀏覽日期：2020/10/31。

[113] https://fhy.wra.gov.tw/fhy/Disaster/Community，瀏覽日期：2020/12/25。

[114] https://246.swcb.gov.tw/Service/CompetitionPlan，瀏覽日期：2020/12/25。

[115] https://pdmcb.nfa.gov.tw/dc/intro，瀏覽日期：2020/12/25。

[116] https://www.aec.gov.tw/%E7%B7%8A%E6%80%A5%E6%87%89%E8%AE%8A/%E6%88%91
E8%A9%B2%E6%80%8E%E9%BA%BC%E5%81%9A/%E8%BC%BB%E5%AE%89%E9%98
%B2%E7%81%BD%E7%A4%BE%E5%8D%80--5_41_3923.html，瀏覽日期：2020/12/25。

[117] http://www.tainanfrc.com.tw/community/detail，瀏覽日期：2020/9/11。

立，專案經費就含培訓經費。木屐寮與新嘉社區不同處在於，木屐寮最熱心的意見領袖，並非里長（可能的原因在於木屐寮屬延正里偏遠且選票或人口稀少的聚落）。2020年8月作者親自前往拜訪，據木屐寮意見領袖的說法，社區防救災團隊仍在運作中，讓作者至為感佩，而有些和木屐寮社區同時接受輔導的社區早已解散（根據作者的探詢）。至於新嘉里主導者為里長，因為里長積極的態度，帶動社區自主防救災團隊的持續運作。可以說，不論木屐寮社區或新嘉社區，領導者均充滿付出的熱誠。

再依臺南市政府提供的資料，新嘉社區從2002年成立後（當年獲50萬補助，2003年獲得20萬補助，主要用於防救災相關設備與器材的購置），截至2019年為止，新嘉社區每年在水利署進行的防災社區評比，都獲得獎項肯定。也因為得獎所以提供獎金，除了提升防救災團隊人員工作承諾（或士氣），因為獎金補助，讓該社區的防救災裝備更為充實。而據作者友人轉述新嘉里長的說法是，「未來就算經費短缺，或沒有經費，自主防災社區還是會持續運作下去」。至於新嘉社區防救災志工，最多時有60位（2017年的數字），[118] 2020年時則有40位（主要因健康因素離隊）。依表4-2所載，新嘉社區總人口數才1,068人，其中男性574人，女性494人，呈現男多於女的情形。但若以表4-3顯示，參加志工的人數反而是女多於男。

表4-2　臺南市後壁區新嘉里2020年人口資料

里名	鄰數	戶數	男	女	總人數
新嘉里	8	482	574	494	1,068

資料來源：臺南市後壁區公所提供。

---

[118] https://www.peopo.org/news/351495，瀏覽日期：2020/9/11。

表4-3 臺南市後壁區新嘉社區自主防災組織人力分布

志工人數	志工學歷	志工年齡
40人 男：15人 女：25人	小學：34人 中學：5人 高中：1人	60-70歲：8人 70-80歲：22人 80-90歲：10人

資料來源：社區人士提供（2020年提供資料）。

　　雖然社區人口老化是影響自主防救災社區運作的重要因素，但這也代表社區老人身體健康，所以仍能為社區付出。可能的情形是，社區老人愈是為社區付出，身體愈是健康；也或許可以因此降低老人醫療與長照的成本，唯這需要進一步研究。臺灣社區特別是偏鄉人口老化是常態，所以由社區老人投入社區防救災團隊並無不妥，例如木屐寮防救災團隊主導的社區（意見）領袖也是年逾七旬的人士，但身體仍非常健康。唯若要能永續，仍得想辦法邀請青壯年居民加入行列。不過社區人口外流嚴重，青壯人口本來就少，加以青壯人口可能還有工作或事業在身，可能影響投入意願。在此情形下，也許想辦法和小學、中學、大學甚至社會進行連結，也許仍有機會吸引青壯人士參與。

　　再就水利署2019年的社區自主防災評鑑，全臺灣共有五個種子自主防救災社區入選。這五個種子社區包括：宜蘭縣宜蘭市梅洲里、臺中市烏日區前竹里、南投縣南投市營南里、臺南市永康區崑山里、臺東縣金峰鄉嘉蘭村等。評獎（等第）共分為種子、特優、優等、甲等共4級，種子表示最高榮譽之等級。[119] 由於這項評鑑工作係由水利署主導，水利署官網亦有相關評選資訊。[120] 可以說，因為水利署這項社區自主防災評鑑計畫，有促進社區自主防災運作的貢獻與功能（這部分屬於公助，或屬於政府介入的部分），因此，如何透過網頁內容安排與設計，以吸引與促進更多自主防災社區投入，還可以有精進空間。而這可由本書第三章第一節提

[119] https://www.economic-news.tw/2020/01/Flood-Resistant-Communities.html，瀏覽日期：2020/9/12。

[120] https://wrafpc.tw/，瀏覽日期：2020/9/12。

供的12項資訊衡量指標，進行網頁內容調整。

　　根據前文所提，木屐寮意見領袖，以及臺南市崑山里與新嘉里兩位里長，均可視爲政策企業家（policy entrepreneur）。根據Mintrom（2015: 103）定義政策企業家爲：找尋政策改變的政治角色扮演者。崑山里位於人口密集區，防災社區的運作模式，可推廣至人口密集的市區。至於新嘉里則屬偏鄉，人口仍在減少中，里長帶領老人志工投入社區防災，值得肯定與學習。就偏鄉資源貧乏的竹山鎮木屐寮而言，出現這樣的政策企業家並不容易。特別是，將原本屬於災區或資源貧乏的社區，透過環境政策的改變與執行，將危機化爲轉機，讓木屐寮社區旁的生態園區（原本規劃爲滯洪池）成爲南投縣重要的觀光景點，同樣值得肯定。

　　有了防災社區（工作團隊），似可進一步和老人照護（送餐）、防疫、生態、觀光發展等社區總體營相關議題。唯這隸屬於不同部會（中央政府）、局處（地方政府）的業務，如何建立合作或整合機制，有待進一步研究。不過，防災社區可以進一步和科技連結。例如，臺灣近年面對強降雨，經常發生淹水之苦，因此水利署在全臺灣設置了1,000多個「自動淹水感測器」。可以在第一時間掌握準確水情，不必仰賴民衆透過119向消防局通報，免除民衆水情記憶與描述（通報）資訊產生的落差。依水利署的說法，防汛監測數據是智慧防災的基礎，同時公告在APP上，民衆可以自由連結獲取水情資訊。問題在於，在地民衆（里長）並不知情，也不知道自動淹水感測器的用途或功能，難免無法讓淹水感測器發揮應有的防救災功能。[121]

　　而這可以和日本兵庫縣西脇市福地社區作對比（楊永年，2020: 220），福地社區之所以能暫時擺脫淹水之苦，關鍵原因便在於社區領袖積極主動，和市政府官員密切溝通與合作，因而充分理解水位感測器的功能，並知道如何作初步因應，進行水位調控、撤離、尋求支援的通報或決議。只是，這樣的防災社區，在日本似乎並不普遍，以致2019年19號颱風多處河川潰堤，發生嚴重水災與災情。可能的原因在於，多數日本民衆不

---

[121] https://e-info.org.tw/node/224795，瀏覽日期：2020/5/27。

知有感測器，也沒有相關資訊，以致難以緊急因應。另個重要原因，則可能是沒有防災社區的設置，或也可能有設置，發揮的功能卻有限；或也可能災情過於龐大，已超越防災社區的能力或能量。這些問題，均有待進一步研究。

　　重點在於，若以社區爲主導的角度思考，可以主動進行水平與（或）垂直的合作關係。有研究指出，根據日本2011年複合型災難的案例顯示，水平關係連結好的社區，也就是鄰里間相互友好與熟識的社區，受海嘯侵襲造成的死亡率較低（這係作者於2020年1月19日前往日本宮城縣氣仙沼市訪談民宿業者的說法）。而垂直關係良好的社區，也就是和地方政府或更高層政府關係良好的社區，可以獲得的資源較多，重建或復原的速度通常較快。或可以說，社區水平或（與）垂直連結關係良好的社區，通常有較高的韌性。類似的狀況也發生在美國芝加哥1995年發生的嚴重災難（熱浪襲擊），[122] 占總人口數25%的拉丁裔居民，在死亡人數僅占2%。這比例遠低於其他族群的死亡率，原因即在於拉丁裔居民或社區間的凝聚力或互助力較強。[123]

　　臺灣在2021年5月爆發多起感染源不明的新冠肺炎案例，嘉義縣新港文教基金會創會董事長的陳錦煌醫師（曾任行政院九二一震災災後重建委員會執行長），2020年曾發起COVID-19全國社區防疫行動聯盟，希望由下而上推動防疫工作，針對社區內可能的感染風險即早規劃如何介入並沙盤推演，建立社區通報系統，甚至疫情升溫時，所有活動據點被停止卻缺乏配套，使得老人相關關懷與照護（如送餐）活動被中止（張亦惠、曾慧蘋、陳人齊，2021）。如果結合中央政府防救體系組織架構圖與圖4-1，就可以看出啓動社區防疫體系，必須配合中央政府、地方政府、非營組織等，比較能發揮應有的防疫成效。至於在實際作法，其實可以結合現有的社區防救災組織（含自主防災社區、社區發展協會、以里長爲主軸的網絡

[122] https://www.chicagomag.com/Chicago-Magazine/July-2015/1995-Chicago-heat-wave/，瀏覽日期：2010/5/18。
[123] https://www.houstonchronicle.com/life/article/hurricane-season-pandemic-disaster-expert-houston-15272515.php，瀏覽日期：2020/5/18。

系統），是可以發揮應有的（社區）防疫功能。

以社區爲主軸的防疫作爲，也可以是防疫體系變革的重要內涵。特別是，有社區願意參與進社區防疫（體系）啓動或變革，這其實提供中央政府、地方政府、非營利組織很好的切入點。問題在於，社區資源畢竟有限，必須來自中央政府、地方政府或非營利組織的協助、合作或參與，才可能發揮應有的防疫功能。而根據前述不同的防災社區個案，里長或社區領袖可說是防災社區最佳的變革代理人（change agent），是發揮社區防救災功能的關鍵人物。不過，若社區能以積極的方式建立水平與垂直關係，則是強化韌性的關鍵因素，也就是以社區自助爲主軸，再進一步發展社區共助，但在災情規模更大時，再由政府或非營利組織（公助）協助或介入。綜言之，自助、共助、公助的運作邏輯具有實用性以及跨國性。

伍、啓動非營利組織變革

不同非營利組織有運作上的差異，有些非營利組織仰賴募款；有些非營利組織則會想辦法自闢財源。而不論用什麼方式經營或尋找財源，非營利組織都可能面對不同的壓力，包括經濟不景氣，導致募款金額大幅縮水，以及因爲政治或社會因素，導致非營利組織變革的壓力。例如非營利組織負面新聞的出現，可能導致捐款人要求退款或不願再捐款，形成非營利組織變革的壓力（Irvine, 2000），也讓非營利組織要積極尋找財源。而非營利組織的變革有些是自行發起，有些可能礙於環境壓力，但不論何種變革因素，都應往強化公益或功能的方向發展。唯可能因爲諸多因素，讓非營利的發展存在不確定性，而這也是非營利組織必須面對的問題或困境。

Vantilborgh, Bidee, Pepermans, Willems, Huybrechts and Jegers（2011）指出，由於非營利組織的經濟壓力，讓他們不得不變得商業化（business like）與更專業化，也因爲政府要求非營利組織愈來愈高的課責性，加上非營利組織要和營利組織競爭，傳統與現代志工行爲、動機與期待也有所不同。面對這些挑戰，使得非營利組織不得不進行變革，卻可能造成志

工行爲的改變，因此，非營利組織在啓動變革過程中，必須非常謹愼，因爲可能影響雇主與員工之間的信任關係。Valcik, Benavides and Scruton（2015: 3-5）認爲美國非營利組織有三大特色，第一是免稅，第二是非以營利爲目的，第三是必須提供非營利組織運作指引手冊。

前述非營利組織特性論述，顯示非營性組織成立的誘因，其內涵至少是政府或社會對非營利組織成立的鼓勵。至於提供非營性組織運作指引手冊，則有期待非營利組織形成公共監督與自律的意義。既稱非營利組織，就不應以營利爲目的，而應以社會公益爲依歸，但爲有利非營利組織運作，容許其有適度的營利機制，以利其生存。不過，當非營利組織運作偏向營利，就可能造成方向的迷失而難以自覺，或失去非營利組織原本的初衷或核心價值。也可能非營利組織因爲「可以收取合理費用」，直接或間接導致非營性組織朝「營利」的方向發展，使得有些非營利組織發生方向偏差或貪腐問題，而一旦發生貪腐問題，可能造成非營利組織進一步的生存危機。

Valcik, Benavides and Scruton（2015: 107-118）即舉出兩個非營利組織貪瀆的案例，第一個是2009年發生的日本多益（TOEIC）醜聞，起因於國際商業溝通機構（Institute for International Business Communication, IIBC）負責日本多益測驗，卻因裙帶關係（nepotism）與財務管理不當，導致日本IIBC的形象嚴重受損。第二個案例是，美國共和黨全國委員會（Republican National Committee，屬私立非營利與募款性質組織）主席，因不當使用捐款至夜店消費，同樣引發爭議。其他諸如貪瀆（corruption）、犯罪（criminal）、賄賂（bribery）、非法交易（illegal transaction）、詐欺（fraud）等，都有非營利組織的具體案例。雖然這和防救災議題關連性不強，防救災非營性組織也可能發生前述問題。

Valcik, Benavides and Scruton（2015: xxi）同時指出，根據國家慈善統計中心（National Center for Charitable Statistics, NCCS）的報告，在2009年至2013年間，約有25.4%逾16歲的美國人，曾擔任非營利組織志工，這是很龐大的人力資源。然而，卻有很多參與非營利組織經營者，對於非營利組織的基本概念所知有限，這代表非營利組織的經營任務或目標

達成，都可能出現問題。而2013年美國國稅局（Internal Revenue Service, IRS）登記在案（有免稅資格）的非營利組織共有140萬9,430個；而在2011年的非營利組織總收入約1.59兆（美元），總支出約1.49兆（美元），同時擁有2.87兆（美元）財產。問題在於，非營利組織存在的目的主要在「行善」，而非爲了「免稅」。但因非營利組織既存的組織問題，有些非營利組織成立的目的是在免稅，不見得爲社會服務或慈善目標而存在。

　　因此，非營利組織必須不斷自我檢視核心價值，避免出現偏差。應該說，非營利組織的盈餘或利潤必須用於組織運作的支援（Anheier, 2014），而且，除了合理薪資外，財產與收入禁止分配給經營者、經理人或相關管理人員（Anheier, 2005: 40）。只是，有時因爲涉及倫理議題，比較不容易導正。換言之，非營利組織必須以公益爲依歸，因此追求利潤不能作爲非營利組織的目標。本書以非營利組織涵蓋非政府組織，主要原因在於兩者都扮演人道救援（humanitarian aid）重要的角色與力量（楊永年，2020：253-254）聯合國成立的核心目的之一是在實踐人道救援，而且該目的列入聯合國的憲章（Charter）。並由聯合國祕書處所屬的人道事務整合辦公室，進行跨部門的協調與整合。[124]

　　而在國際法範疇，亦建置有國際人道法（international humanitarian law），主要目的在避免武裝衝突或仇恨，造成違反人道或戕害人類生命的問題。特別是許多開發中國家，因爲連年戰亂導致缺糧，因此，有些武裝國家就以糧食作爲衝突的武器，導致暴亂或弱勢族群（老人、婦女、小孩）經常性的飢餓與（或）營養不良。[125] 參與國際人道救援的組織很多，大家比較熟悉的是紅十字會與慈濟功德會。唯不論紅十字會或慈濟，都是龐大的非營利組織，不只設有總部（或稱總會），還有諸多分部或分會。甚至，紅十字會設計之初原本就具跨國連結，而慈濟除了有諸多國家設有分會，亦積極參與國際賑災，目前並已成爲聯合國非政府組織參與國際救援的成員組織。

---

[124] https://www.un.org/en/sections/what-we-do/deliver-humanitarian-aid/，瀏覽日期：2020/10/31。
[125] https://www.icrc.org/en/doc/assets/files/other/what_is_ihl.pdf，瀏覽日期：2020/10/31。

　　另依官有垣、杜承嶸（2011）的看法，我國非營利組織的歷史發展，主要有四個驅力：第一個驅力是傳統慈善力量的發展與延伸；第二個驅力是來自國際援助對臺灣社會發展的影響；第三個驅力是來自於1987年政府宣布解嚴後，促成了大量民間社會團體的成立；第四個驅力是來自於社會福利民營化的風潮影響。只是，這四大驅力不太看得出臺灣防救災屬性之非營利組織發展歷程。再就臺灣非營利組織數量現況進行檢視，依內政部公益資訊平臺（npo.moi.gov.tw，瀏覽日期：2020/4/27），有社會團體63,904、職業團體5,014、寺廟12,166、法人教會1,208、合作社場6,402、農會302、漁會40、工會224、社區發展協會17,482，總計共106,742。

　　前述資訊同時難以看清臺灣防救災屬性非營利組織所占的比率，以及臺灣重大災難前後非營利組織的變化，而這也可是未來的研究議題。而Valcik, Benavides and Scruton（2015: 6-7）指出，美國1776年獨立戰爭所成立的革命組織，應係美國非營利組織歷史的源起。第二次世界大戰（協助榮民與家庭）與越戰（反戰）期間，則屬非營利組織成立的高峰期。目前9成非營利組織大約在1950年代成立，1970年代達到高峰，慈善組織（charitable organizations）則在1970年代有較顯著的貢獻。由於戰爭也是災難，因此美國非營利組織的發展和災難發生的關連性也許較高，不過功能性如何，還得進一步檢視，或這是另個值得探索的問題。重點在於，非營利組織在美國社會扮演重要角色，或已和美國公民社會有密切連結。

　　另一方面，如第三章第三節第陸部分所提，非洲莫三比克災後重建（變革）的案例顯示，非營利組織（慈濟基金會）可以採取行動或發動變革，不只提供災區援助或協助，而是在重建過程，透過教育培力（empower）在地人力，以進一步發揮重建的成效。而教育的背後，可視爲「資訊」的內容，因此又可以參考本書圖1-1研究架構，以及圖4-1救災體系研究架構圖進行思考。也就是透過資訊（教育）分享與投入，同時帶動（動員）相關資源，並連結政府與相關組織（含社區與營利組織）進行變革或解決問題，以發揮應有的成效。

第五章

結論

本書在疫情爆發初期開始撰寫，部分內容係2020年在美國德州休士頓擔任訪問學者期間完成；部分係2019年在日本講學研究的內容，不過大部分在臺灣完成。完成初稿期間（大約在2021年2月），新冠肺炎疫苗已問市，美國境內在當時已有數千萬民眾施打疫苗，唯新冠肺炎疫情2022年1月時仍無停止跡象。甚至後來發生Delta、Omicron變種株病毒，也導致新冠肺炎疫情持續升溫。臺灣的情形是，境外移入案例遽增，境內染疫個案也快速增加。我中央與地方政府也開始進一步強化疫情管制政策，唯中央與地方政府仍存在許多政策認知的落差。而這落差也不是2022年才有，最明顯是在2021年5月初的諾富特飯店事件，[1] 後來接著發生萬華阿公店事件，[2] 讓臺灣疫情變得嚴峻，同時出現中央與地方的緊張關係。加上如本書第一章所述2021年5月至7月旱災，隨後出現的豪大雨量、跳電問題，以及欠缺疫苗出現的窘境等。

前述突顯「複合型災難」的問題，應啟動既有的「中央至地方防救體系架構」與「中央災害防救體系組織架構」，[3] 進行問題之討論與處理。而且，依「中央災害防救會報設置要點」第3點，會報召集人與副召集人分別由行政院長、副行政院長擔任，委員由各部會首長與專家學者擔（兼）任，以及第4點規定：「本會報原則上每六個月召開會議一次，必要時，得召開臨時會議，均由召集人召集之，並擔任主席。召集人未能出席時，由副召集人擔任主席，召集人及副召集人均未能出席時，由出席委員互推一人擔任主席。」[4] 而依行政院中央災害防救會報官網所示，2021年間僅召開乙次會報。[5] 而該次會議的「中央災害防救會報第44次會議」紀錄，[6] 主要聚焦森林火災、海洋汙染、火災、爆炸、海洋災難等議題進

[1] https://www.mohw.gov.tw/cp-5016-59563-1.html，瀏覽日期：2022/1/16。
[2] https://www.taiwannews.com.tw/ch/news/4202528，瀏覽日期：2022/1/16。
[3] https://cdprc.ey.gov.tw/Page/1A5E70CE467002F1，瀏覽日期：2022/1/17。
[4] https://www.rootlaw.com.tw/LawArticle.aspx?LawID=A040040131003100-1070507，瀏覽日期：2022/1/17。
[5] https://cdprc.ey.gov.tw/Page/9974B84C86763F32，瀏覽日期：2022/1/17。
[6] https://cdprc.ey.gov.tw/Page/EA41A46A000CDF98/500d8396-8045-43e2-a322-13c41813182f，瀏覽日期：2022/1/17。

行討論，但似未針對新冠肺炎疫情問題，作深入討論。

　　針對前述論述，中央政府可能會回應，依中央災害應變中心作業要點，新冠肺炎議題由衛福部主導，因此行政院本於權責分工的作法並無不當。[7]然而，就組織結構與分工的觀點分析，中央應災應變中心應屬「政策執行」的層面。政策形成仍宜由中央災害防救會報、中央災害防救委員會主導政策形成，因為依災害防救法第6條的精神，行政院院長或副院長，應主導災害防救會報，[8]並進行災害防救政策的形成。例如，在新冠肺炎防疫期間，可能發生諸多非屬「衛福部」相關業務，因此難以主導或解決非屬防疫的業務。關於疫情期間發生的交通觀光疏困，理應由行政院主導執行，但實際的狀況是，當時的交通部部長，繞過行政院院長，獲得經費的「政策」支持。[9]而重大政策繞過行政院院長進行決策，原因之一即在於中央災害防救會報的功能不彰。

　　2022年1月22日臺灣新冠肺炎再度升溫，而依媒體報導，行政院召開擴大防疫會報方式因應，媒體主要的報導重點是「**在聽取指揮中心報告後，蘇貞昌表示，為遏止桃園電子廠感染群聚威脅擴大……，請勞動部責成數組通譯人員協助指揮中心進行疫調，也請內政部警政署配合協尋相關接觸者，而由經濟部協助周遭企業的防疫加強作為……針對高雄港感染相關事件，請交通部持續掌握船務作業員工接觸者……檢討防疫措施未盡完善之處……蘇貞昌強調，為有效掌控國內疫情，需擴大通報及採檢與加速病例追蹤管制，落實實聯制與高風險場域管理，全力提升疫苗覆蓋率與加速醫療整備**」。[10]這似乎表示行政院意識到，防疫必須從最高行政機關的角度，進行防疫政策的形成或啟動，因此院長在會議中作出防疫政策指示有其重要性及必要性。

　　可能也因此，在1月22日防疫指揮中心舉行的防疫記者會，罕見出現

---

[7]　https://www.rootlaw.com.tw/LawArticle.aspx?LawID=A040040131037800-1090508，瀏覽日期：2022/1/17。

[8]　https://law.moj.gov.tw/LawClass/LawAll.aspx?PCode=D0120014，瀏覽日期：2022/1/17。

[9]　https://www.storm.mg/article/2424738，瀏覽日期：2022/1/17。

[10]　https://www.ettoday.net/news/20220122/2175440.htm，瀏覽日期：2022/1/23。

4位部長與1位次長出席記者會。[11] 這固然代表行政院對防疫工作的重視，但行政院所採取的是「擴大防疫會報」而非探災害防救會報模式，進行跨部會的協調與整合。而且這樣的「擴大防疫會報」模式，分別在2020年1月9日，[12] 以及2022年1月17日都以同樣的方式舉行。[13] 至於爲何不採「災害防救法」的災害防救會報模式，行政院並沒有說明。但可確定的是，這樣的作法也等於改變過去（災害防救法）框架下，救災體系運作的（動態性）模式。若然，可能出現的問題有二：第一，可能少了行政院災害防救辦公室的角色扮演（協調整合）；第二，可能少了外部委員或非營利組織的參與。不過，這部分可能得進一步查證。

而前述現象也可以從本書第一章第三節「救災體系的系統意義」所提組織生態理論或族群生態理論解釋。以「防疫體系」定位新冠肺炎應變，有其專業性考量的合理性，但如何將這專業性放在「中央政府」組織架構，則需行政院（最高行政首長）或總統府的協調與整合（因爲我國探行雙首長制）。而這也可以解釋，不同區域屬性、不同體系層級、不同組織所產生的互動或調適現象。由於防疫工作仍須持續，以中央災害防救會報爲主軸的防疫體系，因此扮演（體系動員或政策形成的）重要角色。而政策執行也宜形成政策回饋，才能進一步形成政策配套或修正，這有如本書第四章引用Argyris（1977）雙循環理論概念的意義。而政策形成與執行的「政策規劃」，則亦扮演重要的「中介」變項角色。

而以行政院（長）爲核心的災害防救體系，也是中央災害防救組織架構的核心概念。或行政院不只主導中央政府各部會進行災害應變，也是影響中央與地方政府府際關係的關鍵因素，由於地方政府存在區域屬性差異，例如南臺灣與北臺灣的人口密度不同、氣候（溫度）不同、社會文化不同。因此，就本書的主軸論述，仍必須繼續衡量防疫（救災）體系的成效（包括不同區域、屬性組織互動關係對於「組織間合作」成效之衡

---

[11] https://news.ltn.com.tw/news/life/breakingnews/3809461，瀏覽日期：2022/1/23。

[12] https://tw.appledaily.com/politics/20220109/SD6VYUAVY5BXRKEP7I5J6U3YFU/，瀏覽日期：2022/1/23。

[13] https://today.line.me/tw/v2/article/gzawwxz，瀏覽日期：2022/1/23。

量），並根據成效進行防疫體系變革。而組織（體系）和環境互動，所產
生專業性或封閉性的解釋或解讀，可能因政治價值、社會文化而有不同。
新冠肺炎防疫疫情（資訊）本來就有高度敏感性，必須立即因應或形成防
疫政策，以避免疫情擴散或形成群聚感染的問題。

　　例如，美國紐約州州長古莫在2021年2月下旬，遭爆隱匿養老院的疫
情，實際因新冠肺炎死亡的老人數字和公布數字落差很大，[14] 至於對其政
治生涯造成多大的影響，仍待進一步研究。重點是，防疫期間可能發生其
他大規模災難，例如美國新冠肺炎防疫期間，除了確診人數與死亡人數
經常名列全球第一，而且又分別發生BLM（黑人的命也是命）的社會活
動，以及總統選舉期間的國會暴動，讓美國社會存在不安與失序的氛圍。
加上2021年2月下旬，美國德州發生大風雪、酷寒以及大停電，造成很多
民房水管爆裂甚至有小孩凍死的嚴重災情，[15] 因此拜登總統宣布德州為災
區（這屬於政策形成），但仍有許多致災因素待（研究）釐清（而這屬政
策執行）。

　　前述問題突顯（疫情與其他）災難不會停止，必須不斷強化救災（防
疫）體系的功能，因此救災體系持續變革有其必要，而（個案）研究即提
供救災體系變革的重要基礎。關於本書的主軸有二，即（救災體系的）
成效與變革，目的在提升救災體系的功能（或成效）或避免出現同樣的錯
誤。救災體系的定義或內涵和「系統」與「治理」兩個名詞密切相關，背
後的邏輯適用於採購、廉政、醫療、治安、大規模暴動與暴亂處理等不同
領域或系統之運作。而「救災」一詞存在動態性，讓救災體系在實務應用
更具活絡性。由於本書寫作過程新冠疫情持續升溫，成為本書個案討論
的重要內容。也因2019年9月至2020年3月，作者前往日本（兵庫縣西宮
市）、美國（德州休士頓）進行研究，自然納入諸多日本與美國的災難個
案分析。美國新冠疫情爆發期間發生「黑人的命也是命」的示威抗議，後
又演變成全美各州與地方政府要求大砍警政預算，間接與直接造成警察士

14　https://www.worldjournal.com/wj/story/121382/5263248，瀏覽日期：2021/2/22。

15　https://udn.com/news/story/6813/5267610，瀏覽日期：2021/2/23。

氣低落，導致治安事件頻傳，作者認為這符合「複合型災難」的內涵。

　　關於本書第二章相關理論與領域，作者持續採用2020年出版的《救災體系》研究架構進行分析與論述，三大自變項為資訊、動員與組織間合作，依變項是救災成效。由於救災成效係救災體系研究的最終目的，所以作為研究標的或主軸有其必要性。有關救災成效與變革兩大主軸議題，參考文獻以組織理論為主，同時納入公共行政與治理相關文獻。救災成效引用諸多組織績效（organizational effectiveness）理論或文獻；救災體系變革，則採用組織發展（organizational development）或組織變革（organizational change）的理論。同時因為本書的撰寫，深刻感受「救災體系」成為「新興領域」的潛力，並分別從研究、教學、實務等三層面提供相關證據。

　　第三章救災成效衡量主要在回答三個問題：第一，衡量什麼？第二，如何衡量？第三，誰來衡量？關於第一個問題，作者提出以資訊、動員、組織間合作等，進行成效衡量指標建構的方向。第二個問題比較屬於研究方法的議題，可分別量化與質化兩種方法，本書主要採質化之個案研究法，但不論量化或質化，均需重視信度與效度。第三個問題屬於課責性（accountability）議題，也就是課責對象有權力進行衡量，但考量課責對象的能力，有些會以委外方式處理，但卻因此產生委託方與代理方資訊不對稱的問題，而這又可以代理理論（agency theory）進行分析或解釋。再深入分析，救災成效可以資訊、動員、組織間合作進行衡量指標的建立。

　　資訊部分作者提出12項指標，包括資訊的可得性、可接收性、可理解性、效率性、即時性、準確性、友善性、相關或可靠性、可信任性、系統性、通則性或普遍性、實用性或可用性。根據這12項指標，發現美國疾管署（CDC）新冠肺炎網頁專區，遠優於臺灣疾管署的網頁專區。在預警資訊方面，發現臺灣告示牌的預警資訊過於靜態，不太能發揮預警功能，並建議應結合人工智慧，讓預警資訊提供更動態化。而日本的公共廣播系統，在2011年海嘯期間，發揮預警功能，但後來停電導致預警資訊無法持續播放。社群媒體的興起，讓跨媒體（傳統加社群媒體）敘事大受歡迎，英國學者Preston（2015）卻指出，這潛藏跨媒體恐怖主義的嚴重問題。

當新冠肺炎疫情不斷升溫，許多國家採取「鎖國」政策，卻因鎖國定義認知落差，以及預警資訊欠缺，導致社會與經濟混亂。

災防告警細胞資訊（手機簡訊）如何和體系連結亦非常重要，至於手機簡訊曾因美國夏威夷州誤發飛彈攻擊訊息；臺灣發生規模6.1地震，手機簡訊卻連續響10餘次；以及登革熱防疫資訊本來只規劃發給臺南市開山里居民，卻誤觸鍵盤並將該則訊息發送至全國。作者認為手機簡訊運作問題，應透過體系進行並作診斷與連結。空間資訊的防救災應用愈來愈重要，但如何生活化與友善性，仍有努力空間。甚至，除了戶外空間資訊（含地理空間資訊與衛星遙控資訊）可以提供豐富的災害資訊，也可用來蒐集室內公共空間的資訊，例如KTV室內設計與逃生路線、危險化學物品存放地點或處所，以及歷史古蹟空間資訊，都可以資訊化提供利害關係人作緊急使用。

關於救災人力動員成效，可以分從動員資源搶救，以及（大規模）疏散或撤離動員的準備或整備情形。亦可分人力、非人力與經費三方面評量，人力部分除包括政府與民間的人力（含數量與素質或能力），同時應納入社會資本（含網絡、規範與信任）等之衡量；新冠肺炎爆發期間的醫護人力（含工作承諾與授能程度）均屬人力（資源）動員。非人力資源部分，包括民眾物資、器械工具，以及住居所（避難所或臨時住居所、中繼屋、永久屋）；新冠肺炎所需的口罩、急救（防護）衣、手術衣等資源動員（含效率與公平性）。經費動員部分包括政府預算（包括災難預備金）、民間捐款政府、民間捐款非營利組織等，亦包括經費的公開度與廉政程度。不過，關於政府經費使用，通常規範較為嚴格與繁鎖，非營利組織或民間組織的經費使用，則有較高的彈性。

關於組織間合作動員的衡量，可從合作誘因、合作意願、合作能力，以及合作機制等四個層面。亦可從資訊共享、資源共享，以及獎勵（回饋）共享的程度進行衡量。還有合作平臺是否建構，可分成探索平臺、實驗平臺，以及執行平臺等三類；具體內涵可包括會議、研討會、夥伴關係、網絡等。組織間可能會合作、競爭，也可能存在權力與政治的考量。亦不能忽略政府與非營利組織間，以及非營利組織之間的合作。特別是，

臺灣國際外交空間受制兩岸關係，可以透過非營利組織平臺，走入國際並和國際連結。1999年921大地震中小學校舍重建，以及2009年莫拉克風災永久屋重建，多數由非營利組織協助完成，可以避開政府層層監督、發包、採購等繁鎖規範。

醫院屬非營利組織，具有很強的跨域性（含跨部會、跨局處、跨領域、跨層級），而這從新冠肺炎處理過程，可以了解，同時突顯醫院在防疫體系扮演關鍵角色，但不論SARS或新冠肺炎，主要多係公立醫院承擔較重責任，也因此必須發展更嚴格的防疫規範。而和平醫院因SARS封院，以及部立桃園醫院在新冠肺炎期間醫護人員群聚感染，兩者均為公立醫院。可能的原因在於，私立醫院收治傳染病的意願較低，因為私立醫院營利導向較為濃厚，公立醫院則具「公共性」，自然承擔較大的防疫責任。而這可以從李源德（2020）的說法得到印證，當時李源德為（公立）臺大醫院院長，為讓（私立）長庚醫院參與SARS防疫，後來請出行政院副院長協調才順利納入（防疫體系）。

救災體系成效政府部分，通常可以衡量最高領導者的態度，臺灣是衡量總統、行政院院長（指揮官），美國是衡量總統（因為是總統制國家）。例如，小布希總統對於2001年9/11恐怖攻擊事件，以及2005年卡崔娜風災，其態度有很大差異，總統資源動員就有明顯不同。至於臺灣在新冠肺炎防疫上，由衛福部部長擔任指揮官，雖然表現良好，但和行政院院長擔任指揮官或由總統出面領導，所能動員的資源與能量自是不同。作者進一步認為，救災體系指揮官以行政院院長擔任為宜。和美國與日本兩國救災體系相較，臺灣國軍的救災態度，比美國（國民兵）和日本（自衛隊）要主動積極，因為美國要由州長提出請求，日本則需縣長向內閣府提出要求。環保廢棄物不當傾倒，可能導致環境災難，作者發現，環保廢棄物不適用救災體系運作的架構，議題難以跨越環保署進行跨部會處理。

關於政府間合作（含中央與地方政府間，以及地方政府間）美國與臺灣較為多元（經常有競爭或衝突），日本似乎較為一致，也就是說，日本內閣府與地方政府之間較少衝突或對立的情形。當災難規模龐大，跨國合作共同救災有其必要，在這部分許多國家（政府搜救隊）、聯合國、非

營利組織（特別是紅十字會、慈濟功德會）均扮演重要角色。但跨國政府
合作救災，有時因爲政治考量，難免造成跨國合作救災的障礙。地方政府
扮演第一線救災的責任，但大型災難救災成效的提升，仍有賴中央或其他
地方政府的協助，但救災過程，經常發現中央與地方政府互相批評或卸責
（美國與臺灣皆然）。甚至新冠肺炎期間，美國東岸七州州長連盟，和川
普總統抗衡。因此，雖然可以針對地方政府救災成效良莠進行衡量，卻不
能忽略中央政府或地方政府間網絡關係，也影響救災成效至鉅。

　　第四章救災體系變革，救災體系變革應從組織診斷著手，有了診斷內
容，才據以進行變革政策（或策略）的形成、規劃與執行。救災組織（體
系）診斷工具可以透過組織行爲（理論），亦可以本書圖1-1與圖2-1進行
救災體系變革診斷。很多的組織變革個案，係（嚴重）問題發生後，才診
斷出或認爲問題嚴重，才著手進行變革。但也有些個案已診斷出問題，卻
因諸多因素而不受重視。救災體系變革分爲體系內部與外部兩個層次，兩
者相互關連，體系外部主要和體制（或制度）有關。警察與消防分立，係
我國救災體系發展最重要的（計畫性）變革政策之一，唯理想與現實存在
許多落差，這落差包括龐大警察人力與非人力資源，不再主動積極參與災
害防救。作者進一步發現，警察分立並未從「救災體系」的角度，進行診
斷、規劃、設計與執行，以致救災體系運作仍存在問題或盲點。

　　作者在2021年檢視1990年警消分立政策，可能因年代久遠，所提供
的評論不見得公允，卻可能在救災體系變革領域獲得重要啓發，因此仍值
得深入探索。作者發現主要的問題在於，這麼重要的變革計畫書當時（迄
今）仍未公開、縣市（含直轄市）局長任命權不在中央政府、警察組織民
防管制系統未納救災體系、警察電訊系統未結合救災體系、警消分立涉及
的諸多困境或問題並未公開討論或辯論。雖然2009年莫拉克風災後，當時
的馬英九總統將國軍任務納入救災體系，暫解救災體系人力不足之荒，但
因國軍的主軸任務是作戰不是救災，因此教育訓練仍待強化。而國軍參與
救災過程，難免因「民意」要求清淤或整理家園或農地，造成國軍人力的
濫用或誤用。

　　作者同時發現，精省（指精簡臺灣省政府而言）表面上雖和救災體系

變革無關（因精省過程沒有救災議題相關討論，或沒有大型災難突顯省府救災體系的重要性），卻直接或間接影響救災體系運作。因為救災體系背後是各級政府，臺灣省政府在精省前，亦存在支援與統合省府及各縣市救災功能。作者特別從歷史、中央與地方政府角色分工、人力運用、地域、中央更為集權的角度等，探索省府與救災體系的關連性，以及精省造成救災體系的衝擊。尤其是，省府精簡是政府組織改革重大議題，當時並無詳細（公開）的討論與規劃，因此作者認為產生四大後遺症，包括中央政府更為集權、地方政府政策執行更為僵化、地方政府協調整合更難、跨政府協調整合人力斷層。

　　文化係人們內心深層的信仰，組織文化則是成員的共同價值，而組織文化亦受社會（或政治）文化的影響。特別是，災難後的災民與利害關係人，通常需要訴諸表徵，以安撫脆弱的內心。美國9/11恐怖攻擊後，成立「911紀念博物館」，以紀念無辜犧牲者與罹難的救災英雄，每年並舉辦追思會，以慰藉利害關係人的心靈。日本岩手縣陸前高田市原種植70,000餘棵松樹，經歷海嘯侵襲，僅一棵松樹奇蹟似存活，讓地方政府與許多民眾，希望保存這棵樹。後透過幕款經費，將這棵樹命名為「奇蹟的一本松」，並保存在岩手縣陸前高田市的「日本大地震海嘯傳承館」，成為希望與重建的表徵。美國密蘇里州Joplin市發生巨大龍捲風，同樣有一棵倖存的精神樹，成為該市民眾永遠的記憶與留念。

　　透過洛城大暴動個案分析，可以了解當時的（政府）組織文化與社會文化。大暴動固然突顯在地社會文化（貧窮）的深層問題，當時洛杉磯市長與警察局長間存在嚴重矛盾與衝突（這也和長期以來形成的市政府組織文化，以及警察局組織文化），讓大暴動的問題處理雪上加霜。新冠肺炎期間的BLM社會運動，同樣突顯非洲裔族群長期受警察執法歧視、非洲裔族群多數長期貧窮與失業、警察組織文化、美國自有槍枝犯濫等制度（文化）問題。加上，聯邦政府應否下令國民兵，前往各州重建或穩定因BLM造成的社會秩序問題，都成為（政府）組織介入或變革的難題。後來又引發全美多州發起大幅削（刪）減「警察預算」的行動，紐約市即隨著風潮大幅刪減警察預算，卻也因此傳出槍擊案快速增加，這背後可能和

缺乏變革（預算刪減）的獨立（客觀）組織診斷有關。

　　對比2020年發生的BLM和1992年發生的洛城大暴動的起源或原因，都很類似。這代表重複的警察（組織）與社會（文化）問題持續存在，或1992年後續的（警察）組織變革，都沒有成功。不同的是，2020年有社群媒體推波助瀾，加速讓美國警察執法歧視的問題快速在全美發酵。洛城大暴動之後，洛杉磯警察局（LAPD）作了許多的變革，警政策略從「控制與壓制」，改變成「保護與服務」的「社區警政」。但變革過程並不順利，部分原因可能和「組織抗拒」有關，另個重要原因是，社會或社區文化（例如合法擁槍、貧窮）問題，無法透過警察組織處理。而作者的母校南加州大學，因與洛城大暴動起始點僅一街之隔，後來學校持續投入並推動鄰近社區改造專案計畫，除了成功改造社區，校譽同時獲得大幅提升。

　　診斷出問題癥結後，接下來就是要進行組織變革設計。2020年武界壩3位民眾在河床露營，遭大水沖走，經查（診斷）設有告示牌，問題在於告示牌沒有發揮功能，因此作者認為告示牌應作動態設計，並和救災體系作結合。2020年臺北內湖安養中心大火釀3死，同樣需進行變革設計，以避免類似災害重複發生。從救災體系的角度，改善通報系統，可以是變革設計的方法，但作者舉美國與日本重要城市為例，建議臺北市可以成立防災專責機關，而這可以運用本書圖1-1與圖2-1進行相關之組織變革設計。至於警消分立過程的組織變革設計，因涉跨部會事務，作者從內政部消防署計畫書檢視，發現所臚列的變革目標在救災體系成效的著力不深。美國國土安全部的成立就相當快速，而且有清楚的變革目標，但整合FEMA過程中，並未注意反恐與救災核心價值（任務）差異問題，導致2005年FEMA因應緩慢且狀況百出。

　　救災體系資訊系統變革亦很重要，但資訊系統的變革設計，同時必須先從組織診斷開始。雖然消防署新版的應變管理資訊雲端服務系統（EMIC）在2020年上路，雖然較諸以往已有長足進展，但是否和救災體系的連結更為緊密，或可以發揮更強大的防救災功能，值得進一步檢視。包括EMIC改版（變革）過程，是否先進行救災體系（組織）診斷、是否根據所診斷的問題，進行變革設計並執行之，以及執行後的成效是否較舊

版優，都值得進一步探索。其變革內涵還包括，資訊管道與資訊平臺是否進行連動設計，例如災防告警系統（手機簡訊）如何設計，這些都得和救災成效作緊密連結並作適時評估。對於傳統媒體加社群媒體的「跨媒體敘事」，以及可能導致的「跨媒體恐怖主義」，都應納入新版EMIC的設計。

　　至於救災體系政策規劃變革上，應重視系統規劃，以發揮應有的防救功能或成效提升。以行政院災害防救辦公室設置為例，理論上，災防辦的成立係因莫拉克風災救災過程突顯（診斷）出，救災體系存在協調整合的盲點，因此形成規劃災防辦的設置。原本冀望災防辦的成立，可以帶動或強化跨部會與跨層級政府的整合。但可能因政策規劃過程不夠周延，或救災體系原本就有很高的動態性，以致實務運作上，首長（總統與行政院院長）不見得會透過災防辦進行救災體系動員，縣市政府災防辦則多係任務編組，行政院與地方政府的溝通，可能就不見得能發揮應有功能。同樣的，如前文所述警消分立政策規劃，以及國軍任務納入救災項目，雖涉救災體系規劃，但都未從救災體系的角度診斷與規劃，使得政策執行並未發揮應有的災害防救功能。

　　接下來是啟動變革（類似政策執行）的議題，主要在回答誰來啟動、如何啟動、啟動什麼等三個問題。關於誰來啟動，理論上是職位愈高者，因為資源最豐富，所以啟動的力道愈強，例如由總統、行政院院長、縣市長或首長等啟動變革，相關利害關係人的配合度自然較高。但實務上，透過授權也是可行的方式（前提是獲得首長的認同與支持），例如廉政細工就是首長的重視與授權，才發揮應有（或超過預期）的功能。關於如何啟動，本書圖1-1與圖2-1提供策略思考方向，特別是圖1-1防救災資訊的應用，包括災情訊息與平臺，可有多元的思考與規劃。關於啟動什麼，主要的思維是相關資源的動員，資源內涵包括人力、非人力與經費等三種資源。雖然由上而下啟動變革很重要，但如何達授能（empower）的效果也不能忽略，因為這代表組織成員的認同與投入。

　　由於中央（聯邦）政府資源最為豐富，因此重大救災政策經常由中央政府形成（才會有效），許多防救災的政策法案於是在中央政府形成。即

便是社區防救災機制，有時也和中央政府政策有關。例如921大地震後推動實施的社區防救災組織，以及過去十年推動的自主防災社區，都和中央政府有關，啓動中央政府變革的理由在此。以2020年臺南長榮大學馬來西亞女僑生，在校園附近遭殺害性侵個案，同時啓動中央政府（內政部警政署、教育部或大學）、臺南市政府與社區變革。因爲長榮大學屬教育部管轄，警察局長屬中央政府權限，但亦需經地方首長同意，而案發地點在校園外部，所以同時啓動社區變革有其必要。至於最後是否呈現體系應有的變革成效，有待進一步探究。

由於圖4-1係以合作治理（組織間合作）的觀點所繪出（Ansell and Gash, 2007），作者進一步認爲圖4-1適合作爲（中央政府）救災體系（政策形成、規劃與執行）變革的指引。其主要變項包括開始情境、制度設計、促進性領導、合作過程、成效或結果等。開始情境包括權力、資源、知識不對稱，參與的誘因與限制，以及合作或衝突的過去歷史。制度設計則包括參與包容性、論壇排他性、清楚的基本原則、過程透明等。合作過程的內涵包括面對面的對談（具信任性的協商）影響信任感的建立；信任感建立會影響對過程的承諾（包括相互確認與依賴、共享過程擁有權、開放共同利益的探索）；過程的承諾會影響共享了解（包括清楚的任務、共同問題界定、共同價值的確認）；共享了解會影響中間結果（小贏、策略計畫、發現聯合事實）；而中間結果再影響面對面對談。

救災體系中的非營利組織因經常扮演防救災重要角色，經常可以補政府救災體系的不足。例如本書第二章第一節所述，由於鴻海、台積電、慈濟等非營利組織聯合購買新冠肺炎疫苗（鴻海與台積電爲營利組織，但亦設有基金會參與社會公益活動，所以有時亦可劃歸非營利組織），避免了政府失靈或未購疫苗的窘境，也免除了政府（當時）進一步變革的壓力。然而，面對不同的災難與（政治或社會）環境，可能形成組織發展或變革的壓力。具體而言，有些非營利組織要持續生存並不容易，特別是仰賴募款維生的非營利組織，會因經濟不景氣的因素，導致捐款大量縮減。特別是有些捐款人會指定捐款用途，同時指名不希望捐款用在行政管理費用，使得非營利組織的運作更加艱辛。因此，非營利組織變革過程必須反映這

些問題與壓力，但啓動過程必須非常謹愼，否則衍生其他問題，包括貪瀆問題的發生、社會信任的改變、志工行爲的改變，以及非營利組織管理者和員工之間互信的改變。或者，這些都是非營利組織啓動變革所必須關注的議題。

　　臺灣自2000年起推動防災社區已有一段歷史，有許多成效良好的「模範」社區。至於如何啓動社區變革，如前文所述，和中央政府的防災政策有關。亦即，中央政府的防災政策，經常扮演火車頭的角色，具有引導社區作用。但也不是所有接受輔導的社區，都能持續社區防救災組織運作。而依作者的觀察與親身接觸，通常社區防救災組織能持續運作，社區通常要有政策企業家（policy entrepreneur）的存在，而這會是里長或社區意見領袖。例如木屐寮社區防救災組織，於2002年接受作者輔導，迄今（2021年）仍在運作，關鍵人物是社區意見領袖，經作者查證，同時間接受輔導的社區，有些已經解散。經常獲頒自主防災社區首獎的臺南永康崑山里，里長是關鍵人物。臺南後壁新嘉里，雖然自主防災社區志工平均年齡超過70歲，在里長帶領下，都還是樂此不疲，而且經常獲自主防災社區獎。此外，這三里的共同特色是，都曾受過水災或土石流侵襲，也都受中央政策影響。

　　2022年1月16日，作者前往木屐寮，與木屐寮生態文化協會新舊任理事長（新舊任理事長於2021年12月底交接）與3位協會幹部進行非正式討論。對於該協會將向四河局提出認養「木屐寮生態園區」大面積土地（大約在10公頃左右）的想法，而當與會人員討論如何有效除草，以及如何運用有限經費（第四河川局對於非營利組織進行土地認養，會有經費補助），進行認養土地的整理。作者（以木屐寮生態文化協會諮詢委員的身分）提出兩點建議，第一，結合2020年11月20日在木屐寮生態園區舉辦「木屐寮生態與觀光高峰論壇」的「防災」共識。第二，參考與結合「桃芝颱風教育園區論壇」所討論的方向，會讓所認養園區土地未來發展更有意義。而這也在協助木屐寮生態與文化協會發展願景，並進一步帶動協會變革與發展，同時發揮社會變革或社會影響的效果。

　　換言之，衡量木屐寮生態園區的治理成效，可能不只在衡量是否整齊

清潔，還得從防災與桃芝颱風教育園區的觀點，衡量其對社區或社會的影響。木屐寮生態與文化協會以及木屐寮生態園區，未來的發展與變革，仍在持續中。而作者的國科會研究計畫也在持續中，因此將透過參與觀察法與行動研究法，繼續透過對木屐寮生態文化協會平臺，發展木屐寮（防災社區），以及以「桃芝颱風教育園區」的概念，打造木屐寮生態園區，以發揮生態、環境、防災、教育的社會影響或功能。

參考書目

一、中文

王志宏（2019）主編，*古地新機：東非伊代風災後*，臺北：經典出版社。

王俊元（2019），*協力災害治理：韌性系統建構與網絡管理策略*，臺北：五南圖書出版公司。

王慶富（2005），*專案管理*，臺北：聯經出版社。

丘昌泰（2000），*災難管理學——地震篇*，臺北：元照出版公司。

丘昌泰（2001），九二一災後重建的問題糾葛與破解之道，江大樹與廖俊松編著，頁：33-67，*府際關係與震災重建*，臺北：元照出版公司。

丘昌泰（2013），*公共政策——基礎篇*，第五版，高雄：巨流圖書公司。

丘昌泰（2017），*大陸NGOs在災難管理的角色與困局*，新北市：商鼎數位出版有限公司印行。

白先慎（2020），從武漢的疫情想起17年前的一些朋友和往事，https://www.newin-ternationalism.net/?p=5141，瀏覽日期：2020/2/28。

余易祐（2005），山難搜救體系之研究——以無明山山難為例，臺中：東海大學碩士論文。

李宗勳（2017），對〈社區防救災社會資本指標之建構〉的對話與省思，*公共行政學報*，第52期，頁：113-120。

李家綸（2017），災害救助金政策之研究——以維冠金龍大樓為例，臺南：成功大學碩士論文。

周陽山（2021），九一一事件廿周年的省思，*聯合報*，9月12日，民意論壇，A11版。

佛教慈濟基金會（2010），*慈悲心路：莫拉克風災慈濟援建*，花蓮：財團法人佛教慈濟慈善事業基金會。

官有垣、杜承嶸（2011），臺灣非營利部門自1950年代迄今的發展特質、轉型與挑戰，*社區發展季刊*，第133期，頁：65-80。

林宗弘（2012），災後重建的政治：中國512地震與臺灣921地震的比較，*臺灣社會學刊*，第50期，頁：57-110。

吳明上（2013），日本村山內閣在阪神大地震中的危機管理，人文與社會學報，第

3卷，第2期，頁：23-39。

吳嘉苓（2015），永久屋前搭涼棚：災後家屋重建的建築設計與社會改造，*科技、醫療與社會*，第20期，頁：09-74。

唐雲明（2009），從組織變革探討臺灣警察與消防組織之分立，*銘傳學刊*，第17卷，第6期，頁：87-102。

郭靜芳（2018），盹龜寮的幸福味道，臺南市東山區：東原國民小學。

張四明主編（2016），*極端氣候下臺灣災害治理*，臺北：財團法人二十一世紀基金會。

張亦惠、曾薏蘋、陳人齊（2021），社區感染：小鎮醫師嘆政府毫無作為，*中國時報*，5月15日，A2。

張鎧如（2018），初探我國地方政府從事災害防救組織協助之動機：理論與實務的比較，*公共行政學報*，第54期，頁：79-125。

許耿銘（2020），*都市水患風險治理：人文社會之面向*，臺北：五南圖書出版公司。

許倬雲（1992），*從歷史看領導*，臺北：洪健全文教基金會。

陳弘毅（2015），*消防學*，臺中：鼎茂圖書出版有限公司。

陳松春、許樹坤、王詠絢、劉家瑄（2014），臺灣西南海域上部高屏斜坡之泥貫入體與活躍泥火山的分布及油氣潛能，*鑛冶：中國鑛冶工程學會會刊*，頁：30-49。

陳叔倬（2013），天然災難後臺灣各博物館的公共參與：以921地震與88風災為例，*博物館與文化*，第5期，頁：87-103。

陳敦源（2019），*民主治理：公共行政與民主政治的制度性調和*，臺北：五南圖書出版公司。

陳敦源（2002），*民主與官僚：新制度論的觀點*，臺北：韋伯文化事業出版社。

陳儀深（2011），*八八水災口述史：2009～2010災後重建訪問紀錄*，臺北：前衛出版社。

梁景聰（2001），救災組織體系之研究──以九二一大地震南投縣政府為例，臺中：東海大學碩士論文。

彭錦鵬、唐雲明、李俊達（2016），消防機關組織與人事制度評估及因應策略之研究，內政部消防署委託研究報告，編號：J104-023，105年11月。

黃國樑、陳洛薇、周佑政（2020），蘇揆「電火球」爆表院本院快虛級化，*聯合報*，10月16日，A15版。

游顥（2008），環境汙染整治政策形成之研究──以中石化（臺鹼）安順廠為例，臺南：成功大學政經所碩士論文。

楊永年（1997），社區警察組織設計，*警學叢刊*，第28卷，第3期，115，頁：

1-24。

楊永年（1998a），警察預算，*警學叢刊*，第29卷，第1期，頁：221-238。

楊永年（1998b），精省，混沌的未來，*聯合報*，8月2日，民意論壇，第15版。

楊永年（1998c），省府再造，告訴他們為何而戰，*聯合報*，12月22日，民意論壇，第15版。

楊永年（1998d），精省，何不借用美人計：美國政府改造，由上而下發動，由下而上參與，用行政手段解決行政效率，*聯合報*，10月3日，民意論壇，第15版。（以筆名楊大毅刊出）

楊永年（1999），*警察組織剖析*，再版，桃園：中央警察大學出版社。

楊永年（2002）「社區防救災總體營造實施計畫」──木屐寮社區防救災組織研究主持人，執行期限：2002/7/1-2002/11/31，委託單位：行政院九二一震災災後重建推動委員會，生活重建處。

楊永年（2003），社區防救災組織之研究，重建區社區營造點案例選錄，行政院九二一震災災後重建推動委員會補助，財團法人臺灣省文化基金會印行，頁：5-12。

楊永年（2003a），強震陰影　救災體系未震先垮？*聯合報*，9月16日，民意論壇，A15版。

楊永年（2003b），公共價值之研究，「民主治理與臺灣行政改革」學術研討會，2003年6月21日（六），地點：國立政治大學公共行政及企業管理教育中心，主辦單位：臺灣公共行政與公共事務系所聯合會。

楊永年（2006），*組織行為：理論與實務*，桃園：中央警察大學出版社。

楊永年（2009a），警察與消防組織間合作之研究，*復旦公共行政評論*，第五輯，頁：190-206，上海：上海人民出版社。

楊永年（2009b），災防署與救災體系定位之問題，財團法人國家政策研究基金會，https://www.npf.org.tw/1/6414，瀏覽日期：2022/1/7。

楊永年（2009c），危機管理委員會取代重建會，*蘋果日報*，8月17日，論壇，A20版。

楊永年（2012），環境政策之研究──以中石化安順廠為例，人文與社會研究學報，第46卷，第2期，頁：77-96，臺南：國立臺南大學。

楊永年（2012a），颶風應變　歐巴馬加分，*中國時報*，11月1日，時論廣場，A14版。

楊永年（2012b），環境結盟，解決觀音海岸汙染問題，*中國時報*，5月17日，時論廣場，A15版（觀念平臺）。

楊永年（2012c），建立跨域防救災決策機制，*中國時報*，6月15日，時論廣場，A14版。

楊永年（2012d），大火燒出醫院撤離的難題，*蘋果日報*，10月24日，論壇，A15版。

楊永年（2013），救災醫療體系之研究——以雲嘉南爲例（總計畫），救災醫療體系組織分工與整合（子計畫），結案報告；總計畫與子計畫主持人，期程：101/04/01-102/03/31，計畫編號：NSC 101-2420-H-006-009-MY2。

楊永年（2014），用食安執法結盟遏阻犯罪，*蘋果日報*，9月10日，論壇，A19版。

楊永年（2017d），爲何急診醫師集體出走林口長庚，《制度篇》政府與市場都失靈了，*蘋果日報*，6月29日，論壇，A15版。

楊永年（2018），「參考」指標不是「決策」指標，*自由時報*，7月13日，自由廣場，A17版。

楊永年（2019i），推蔡賴配爲何有違政治倫理，*蘋果日報*，4月30日，蘋論陣線，A11版。

楊永年（2019j），建立訊息平台　強化預警防烏龍，*聯合報*，7月12日，民意論壇，A16版。

楊永年（2020），*救災體系*，臺北：五南圖書出版公司。

楊永年（2020a），資訊準確友善，決定防疫成敗，*聯合報*，1月23日，民意論壇，A12版。

楊永年（2020b），疫情3徵象，讓川普態度扭轉，*聯合報*，3月15日，民意論壇，A13版。

楊永年（2020c），KTV應提供完整空間資訊，*自由時報*，4月29日，自由廣場，A19版。

楊永年（2020d），災害防救應立法規範，*聯合報*，5月23日，民意論壇，A13版。

楊永年（2020e），美國警政改革三大難題，*自由時報*，6月20日，自由廣場，A18版。

楊永年（2020f），釐清軍演事故調查報告的六大疑點，*自由時報*，2020年7月9日，自由廣場，A20版。

楊永年（2020g），警察局長遭怒拔誰願「服蘇」，*聯合報*，7月15日，民意論壇，A12版。

楊永年（2020h），軍演意外需要夠水準的調查報告，*自由時報*，7月20日，自由廣場，A22版。

楊永年（2020i），討論放假不如聚焦治水，*聯合報*，8月27日，民意論壇，A13版。

楊永年（2020j），美國野火謠言等三大問題，*自由時報*，9月17日，自由廣場，A20版。

楊永年（2020k），北市應速設防災專責機關，*聯合報*，9月25日，民意論壇，A14版。

楊永年（2020l），從成大「護送天使」談外籍生安全，*自由時報*，10月31日，自由廣場，A24版。

楊永年（2020m），究責芝麻小官，*中國時報*，11月3日，時論廣場，A14版。

楊永年（2021），醫護染疫嚴峻　正視防疫四大主軸，*蘋果日報*，1月18日，論壇，A13版。

楊永年（2021a），跨域整合　防疫體系應升級，*聯合報*，1月19日，民意論壇，A12版。

楊永年（2021b），以體系診斷災害簡訊問題，*自由時報*，2月10日，自由廣場，A13版。

楊永年（2021c），自主防災社區之研究主持人，國科會，MOST 110-2410-H-006-020-110/08/01～111/07/31，學門名稱：公共行政

楊永年、馮達旋（2020），臺灣會封城嗎？*中國時報*，3月30日，時論廣場，A14版。

楊永年、馮達旋（2020a），居家隔離，何以臺灣能美國不能？*聯合報*，4月13日，民意論壇，A13版。

劉麗雯、林雅俐（2015），社區防救災社會資本指標之建構，*公共行政學報*，第48期，頁：73-108。

潘美玲主編（2006），*變調爵士城：紐奧良蒙難紀實*，臺北：經典雜誌，The Love Within Hurricane Katrin: A Tzu Chi Perspective。

賴明詔（2020），後新冠肺炎的病毒新思維，*聯合報*，12月14日，要聞，A4版。

謝志誠、傅從喜、陳竹上、林萬億（2012），一條離原鄉愈來愈遠的路？莫拉克颱風災後異地重建政策的再思考，*臺大社工學刊*，第26期，頁：41-86。

Albert Camus原著，顏湘如譯（2012），*鼠疫La Paste*，臺北：麥田出版。

春山茂雄原著，魏珠恩譯（1996），*腦內革命*，臺北：創意力文化事業。

二、英文

50 MINUTES (2017). *9/11: The Attack that Shook the World.* Belgium: Lemaitre Publishing.

Adams, J.S. (1980). Interorganizational Processes and Organization Boundary Activities. *Research in Organizational Behavior.* 2: 321-335.

Agranoff, R. and McGuire, M. (2004). Another Look at Bargaining and Negotiating in Intergovernmental Management. *Journal of Public Administration Research and*

Theory. 14. 4: 495-512.

Agranoff, R., and McGuire, M. (2001). Big Questions in Public Network Management Research. *Journal of Public Administration Research and Theory.* 11. 3: 295-326.

Argyris, C. (1977). Double loop learning in organizations. *Harvard Business Review.* September-October. 115-125

Allison, G.T. (1971). *Essence of Decision: Explaining the Cuban Missile Crisis.* Boston: Little, Brown and Company.

Anderson, L. A., and Anderson, D. (2010). *The Change Leader's Roadmap: How to Navigate Your Organization's Transformation.* 2nd ed. San Francisco: Pfeiffer.

Anheier, H. K. (2014). *Nonprofit Organizations.* New York: Routledge.

Anheier, H. K. (2005). *Nonprofit Organizations: Theory, Management, Policy.* New York: Routledge.

Ansell, C. and Gash, A. (2018). Collaborative Platforms as a Governance Strategy. *Journal of Public Administration Research and Theory.* 28. 1: 16-32.

Ansell, C. and Gash, A. (2007). Collaborative Governance in Theory and Practice. *Journal of Public Administration Research and Theory.* 18: 543-571.

Ashkenas, R., Ulrich, D., Jick, T. and Kerr, S. (1995). *The Boundaryless Organization: Breaking the Chains of Organizational Structure.* San Francisco: Jossey-Bass.

Atkins, S.E. (2011). "Firefighters at Ground Zero." *The 9/11 Encyclopedia*, edited by S.E. Atkins, 2nd ed. vol. 1. ABC-CLIO. 186-190. *Gale eBooks*, https://link-gale-com.ez-proxy.shsu.edu/apps/doc/CX2530200072/GVRL?u=txshracd2543&sid=GVRL&xid=67722fee, last visited: 2020/6/17.

Auerbach, M. (2019a). *Federation.* New Jersey: Salem Press Encyclopedia.

Auerbach, M. P. (2019). *Geographic information systems (GIS).* New Jersey: Salem Press Encyclopedia of Science.

Bass, B. M. (1990). *Handbook of leadership: A survey of theory and research.* New York: Free Press.

Bass, B.M. (1985). *Leadership and Performance Beyond Expectations.* New York: Harper & Row.

Bass, B. M. and Avolio, B. J. (1990). Developing transformational leadership: 1992 and beyond. *Journal of European Industrial Training.* 14: 21-27.

Battilana, J., Gilmartin, M., Sengul, M., Pache, A. C. and Alexander, J. A. (2010). Leadership competencies for implementing planned organizational change. *The Leadership Quarterly.* 21: 422-438.

Becker, F. and Steele, F. (2006). Making it happen: Turning workplace vision into reality. In *Organizational Development* edited by J.V. Gallos. 602-613. San Francisco: Jossey-Bass.

Beckhard, R. (1969). *Organization Development: Strategies and Models.* Reading. MA: Addison-Wesley.

Bechhard, R. (2006). What is organization development? In *Organizational Development* edited by J.V. Gallos. 3-12. San Francisco: Jossey-Bass.

Bergesen, A. and Herman, M. (1998). Immigration, Race, and Riot: The 1992 Los Angeles Uprising. *American Sociological Review.* 63. 1: 39-54.

Bishop, W. and Grubesic, T. (2016). *Geographic Information: Organization, Access, and Use.* Switzerland: Springer International Publishing.

Bolman, L. and Deal, T. (1991). *Reframing Organizations: Artistry, Choice, and Leadership.* San Francisco: Jossey-Bass.

Branicki, L. J. and Agyei, D. A. (2015). Unpacking the Impacts of Social Media Upon Crisis Communication and City Evacuation. In *City Evacuations: An Interdisciplinary Approach.* edited by J. Preston, J. M., Binner, L., Branicki, T., Galla, N., Jones, J., King, M., Kolokitha and M. Smyrnakis. 1-20. Heidelberg: Springer.

Brown, T. and Katz, B. (2011). Change by Design. *Journal of Product Innovation Management.* 28: 381-383.

Burke, W. W. (1994). *Organization Development: A Process of Learning and Changing.* MA: Addison-Wesley.

Burke, W. (1982). *Organization Development: Principle and Practices.* Boston: Little, Brown.

Caiden, G. E. (1982). *Public Adminsitration.* 2nd Edition. CA: Palisades Publisher.

Cameron, K. S and Whetten, D. A. (1983). Organizational Effectiveness: One Model or Several? In *Organizational Effectiveness: A Comparison of Multiple Models.* 1-24. K.S. Cameron and D.A. Whetten. Editors. New York: Academic Press.

Chatman, J. A. (1989). Improving Interactional Organizational Research: A Model of Person-Organization Fit. *Academy of Management Review.* 14: 333-349.

Christensen, T., Lægreid, P. and Rykkja, L. H. (2019). Organizing for Crisis Management: Building Governance Capacity and Legitimacy. *Public Administration Review.* 76. 6: 887-897.

City of Houston (2019). *Hurricane Harvey Recovery: A Progress Report.* City Government of Houston. January.

Colwell-Chanthaphonh, C. (2011). 'The disappeared' Power over the dead in the aftermath of 9/11. *Anthropology Today.* 27. 3.

Collie, J. (1986). Entropy in Evolution. *Biology and Philosophy*. 1: 5-24.

Congressional Research Service. (2011). Federal Evacuation Policy: Issues for Congress. CRS Report Prepared for members and committees of Congress. Updated January 18, 2011.

Cooper, T. L. (1991). *An Ethic of Citizenship for Public Administration*. New Jersey: Prentice Hall.

Copper, T. L. (1990). *The Responsible Administrator: An Approach to Ethics for the Administrative Role*. 3rd ed. San Francisco: Jossey-Bass.

Cummings, T. G. and Worley, C. G. (2001). *Organizational Development & Change*. 7th ed. Oh: South-Western College Publishing.

Davis, J. (1984). *Endorphins: New Waves in Brain Chemistry*. New York: Doubleday & Company.

DeMers, M. (2017). *Geographic Information Systems in Action*. New Jersey: John Wiley & Sons, Inc

de Munck, V. C. and Sobo, E. J. (1998). *Using Methods in the Field: A Practical Introduction and Casebook*. Eds. Walnut Creek, CA: AltaMira Press.

Doyle, J. (2017). *Hurricane Harvey*. Minnesota: Abdo Publishing.

Dun, W. (1994). *Public Policy Analysis: An Introduction*. NJ: Prentice Hall.

Emerson, K., T. Nabatchi and Balogh. S. (2012). An integrative framework for collaborative governance. *Journal of Public Administration Research and Theory*. 22. 1: 1-29.

Erlandson, D. A., Harris, E. L., Skipper, B. and Allen, S. D. (1993). *Doing Naturalistic Inquiry: A guide to Methods*. Newbury Park, CA: Sage Publications.

Eisenhardt, K. M. (1989). Agency Theory: An Assessment and Review. *Academy of Management Review*. 14. 1: 57-74.

Etzioni, A. (1988). *The Moral Dimension: Toward A New Economics*. New York: The Free Press.

Fairhurst, G. T., Cooren, F. and Cahill, D. J. (2002). Discursiveness, contradiction, and unintended consequences in successive downsizings. *Management Communication Quarterly*. 15: 501-540.

FEMA (2014). *FEMA Strategic Plan 2014-2018*. Homeland Security.

Floridi, L. (2010). *Information: A Very Short Introduction*. New York: Oxford University Press.

Fountain, J. E. (1998). Social Capital: Its Relationship to Innovation in Science and Technology. *Science and Public Policy*. 25: 103-115.

French, W. L. and Bell, C. H. (1999). *Organizational Development: Behavioral Science Interventions for Organizational Improvement.* 6th ed. New Jersey: Prentice-Hall.

Frederickson, H. G. (1997). *The Spirit of Public Administration.* San Francisco: Jossey-Bass.

Frederickson, H. G. (1991). Toward a Theory of the Public for Public Administration. *Administration & Society.* 22. 4: 395-417.

Ferris, J. and Graddy, E. (1986). Contracting Out: For What? With Whom? *Public Administration Review.* 46. 4.

Galbraith, J. R. (2014). Organizational design challenges resulting from big data. *Journal of Organization Design.* 3. 1: 2-13.

Gallos, J. V. (2006). *Organizational Development.* Editor. San Francisco: Jossey-Bass.

Gardner, A. and Brindis, C. (2017). *Advocacy and Policy Change Evaluation: Theory and Practice.* CA: Stanford University Press.

Goto, T., Hashimoto, K., Sato, G. and Shibata, Y. (2017). Disaster Information Sharing System Considering Communication Status and Elapsed Time. 2017 31st International Conference on Advanced Information Networking and Applications Workshops. Taipei.

Gulick, L. (1937). Science, values and public administration. In *Papers on the Science of Administration.* 189-195. L. Gulick and L. Urwick, Eds. Institute of Public Administration. New York. NY.

Hackman, J. R., Oldham, G., Janson, R. and Purdy, K. (1975). A new strategy for job enrichment. *California Management Review.* 18: 57-71.

Hammersley, M. (2004). Action Research: A Contradiction in Terms? *Oxford Review of Education.* 30. 2: 165-181.

Hannan, M. T. and Freeman, J. (1977). The Population Ecology of Organizations. *American Journal of Sociology.* 82. 5: 929-964.

Highhouse, S. (2002). A History of the T-Group and Its Early Applications in Management Development. *Group Dynamics: Theory, Research, and Practice.* 6. 4: 277-290.

Hodgkinson, H. L. (1957). Action Research--A Critique. *The Journal of Educational Sociology.* 31. 4: 137-153.

Iannella, R. and Henricksen, K. (2007). Managing Information in the Disaster Coordination Centre: Lessons and Opportunities. *Proceedings of the 4th International IS-CRAM Conference* (B. Van de Walle, P. Burghardt and C. Nieuwenhuis, eds.) Delft, the Netherlands, May 2007.

Imada, M. (2003). The voluntary response to the Hanshin Awaji earthquake: A trigger for the development of the voluntary and non-profit sector in Japan. in *The Voluntary and Non-Profit Sector in Japan.* edited by S.P. Osborne. 40-50. London: Routledge Curzon.

Imperial, M. T. (2005). Using Collaboration As A Governance Strategy: Lessons From Six Watershed Management Programs. *Administration & Society.* 37. 3: 281-320.

Irvine, H. (2000). Powerful friends: The institutionalisation of corporate accounting practices in an Australian religious/charitable organisation. *Third Sector Review.* 6. 1. 2: 5-26.

Jackman, A. M., Beruvides, M. G. and Nestler, G. S. (2017). *Disaster Policy and Its Practice in the United States: A Brief History and Analysis.* New York: Momentum Press.

Jacobsson, M. and Roth, P. (2014). Towards a shift in mindset: partnering projects as engagement platforms. *Construction Management and Economics.* 32. 5: 419-432.

Janis, I. L. (1971). Groupthink. in W. Natemeyer & J. Gilberg (Ed.). Classics of *Organizational Behavior.* 2nd ed. 179-187. Illinois: The Interstate Printers & Publishers.

Jian, G. (2007). Unpacking Unintended Consequences in Planned Organizational Change: A Process Model. *Management Communication Quarterly.* 21. 1: 5-28.

Jurkovich, R. (1974). A Core Typology of Organizational Environments. *Administrative Science Quarterly.* 19: 380-394.

Kaplan, R. S. and Norton, D. P. (1992). The Balanced Scorecard: Measures that Drive Performance. *Harvard Business Review.* 70. 1: 71-79.

Kawulich, B. B. (2005). Participant Observation as a Data Collection Method. *Forum: Qualitative Social Research.* 6. 2: 43.

Katz, D. and Kahn, R. L. (1966). *The Social Psychology of Organizations.* New York: Wiley.

Keeling, A. W. and Wall, B. M. (2015). *Nurses and Disasters: Global, Historical Case Studies.* Editors. New York: Springer Publishing Company.

Kenyon, J. N. (1985). *Modern Techniques of Acupuncture: A scientific Guide to Bioelectronic Regulatory Technique and Complex Homeopathy.* Volume III. New York: Thorsons Publishers Inc.

Kearns, K. P. (1994). The Strategic Management of Accountability in Nonprofit Organizations: An Analytical Framework. *Public Administration Review.* 54. 2: 185-192.

Kiltz, L. (2011). The Challenges of Developing a Homeland Security Discipline to Meet Future Threats to the Homeland. *Journal of Homeland Security and Emergency*

Management. 8. 2. Article 1: 1-20.

King, J. and Jones, A. (2015). Simulation of Information Spreading Following a Crisis. In *City Evacuations: An Interdisciplinary Approach*. *edited by* J. Preston, J. M. Binner, L. Branicki, T. Galla, N. Jones, J. King, M. Kolokitha and M.Smyrnakis. 39-62. Heidelberg: Springer.

Kingdon, J. (1984). *Agendas, Alternatives, and Public Policy*. Glenview, IL: Scott, Foresman and Company.

Kiran, D. R. (2016). *Total Quality Management: Key Concepts and Case Studies*. UK: Elsevier Science & Technology.

Koliba, C. J., Mills, R. M. and Zia, A. (2011). Accountability in Governance Networks: An Assessment of Public, Private, and Non-Profit Emergency Management Practices Following Hurricane Katrina. *Public Administration Review*. 71. 2: 210-220.

Koontz, L. D. (2003). Geographic Information Systems: Challenges to Effective Data Sharing. GAO: Testimony Before the Subcommittee on Technology, Information Policy, Intergovernmental Relations and the Census, Committee on Government Reform, House of Representatives.

Kouzes, J. M. and Posner, B. Z. (1995). *The Leadership Challenge: How to Keep Getting Extraordinary Things Done in Organization*. San Francisco: Jossey-Bass.

Lewin, K. (1951). Frontiers in Group Dynamics. In *Field Theory in Social Science* edited by D. Cartwright. New York: HarperCollins.

Lewin, K. (1947). Frontiers in Group Dynamics. *Human Relations*. 1: 5-41.

Lewin, K. (1946). Action Research and Minority Problems. *Journal of Social Issues*. 2: 34-46.

Lindell, M. K. and Prater, C. S. (2003). Assessing Community Impacts of Natural Disasters. *Natural Hazards Review*. 4. 4: 176-185.

Loehlin, J. C. (1992). *Genes and Environment in Personality Development*. CA: SAGE.

March, J. G. (1978). Bounded Rationality, Ambiguity, and the Engineering of Choice. *Bell Journal of Economics*. 9: 578-608.

Marks, D. E. and Sun, I. Y. (2007). The Impact of 9/11 on Organizational Development Among State and Local Law Enforcement Agencies. J*ournal of Contemporary Criminal Justice*. 23. 2: 159-173.

Marshall, C. and Rossman, G. B. (1989). *Designing Qualitative Research*. CA: Sage.

McEntire, D. A. (2007). International Relations and Disasters: Illustrating the Relevance of the Discipline to the Study and Profession of Emergency Management. In *Disciplines, Disasters, and Emergency Management: The Convergence and Divergence of Concepts, Issues and Trends from Research Literature.* edited by D. A. McEntire. 170-177. Il: Charles C. Thomas Publishers.

McFillen, J. M., O'Neil, D. A., Balzer, W. K. and Varney, G. H. (2013). Organizational Diagnosis: An Evidence-based Approach. *Journal of Change Management.* 13. 2: 223-246.

McIntyre, A. (2008). *Participatory Action Research.* LA: SAGE Publications. Qualitative Research Methods Series.

McNiff, J. and Whitehead, J. (2002). *Action Research: Principles and Practice.* 2nd ed. UK: Routledge Falmer.

Medley, B. C. and Akan, O. H. (2008). Creating positive change in community organizations: A case for rediscovering Lewin. *Nonprofit Management and Leadership.* 18. 4: 485-496.

Miller, A. H. (2001). The Los Angeles Riots: A Study in Crisis Paralysis. *Journal of Contingencies and Crisis Management.* 9. 4: 189-199.

Mintrom, M. (2015). Policy entrepreneurs and morality politics: learning from failure and success. In Narbutaite Aflaki, I., Petridou, E. and Miles, L. editors. *Entrepreneurship in the Polis: Understanding Political Entrepreneurship.* Aldershot: Ashgate. 103-117.

Mintzberg, H. (1979). *The Structuring of Organizations.* New Jersey: Prentice-Hall.

Moe, T. M. (1989). The Politics of Bureaucratic Structure. In *Can the Government Govern?* Edited by J.E. Chubb and P.E. Peterson. 267-329. Washington D.C: The Brooking Institutions.

Mohrman, S. and Ledford, G. Jr. (1985). The Design and Use of Effective Employee Participation Groups. *Human Resource Management.* 24: 413-428.

Moore, W. D. (2020). *Federalism.* New Jersey: Salem Press Encyclopedia.

Morgan, G. (1986). *Images of Organization.* CA: Sage.

Morgan, G. (1998). *Images of Organization: the Executive Edition.* San Francisco: Berrett-Koehler Publishers, Inc.

Morris, J. C. (2006). WHITHER FEMA? Hurricane Katrina and FEMA's Response to the Gulf Coast. *Public Works Management & Policy.* 10. 4: 284-294.

Nambisan, S. (2009). Platforms for collaboration. *Stanford Social Innovation Review.* 7: 44-49.

Nielsena, K. and Abildgaard, J. S. (2013). Organizational interventions: A research-based framework for the evaluation of both process and effects. *Work & Stress.* 27. 3: 278-297.

North, D. (1990). *Institutions, Institutional Change and Economic Performance*. New York: Cambridge University Press.

Nutt, P. C. (1984). A Strategic Planning Network for Non-Profit Organizations. *Strategic Management Journal*. 5: 57-75.

Okun, A. M. (1975). *Equality and Efficiency: the Big Tradeoff*. D.C.: The Brookings Institution.

Ott, J. S. (1989). *The Organizational Culture Perspective*. Il: The Dorsey Press.

Ottaway, R. (1983). The Change Agent: A Taxonomy in Relation to Change Process. *Human Relations*. 36. 4: 361-392.

Parker, G. M. (1990). *Team Players and Teamwork: The New Competitive Business Strategy*. San Francisco: Jossey-Bass.

Paton, D. (2017). Co-Existing with Natural Hazards and Their Consequences. In *Disaster Resilience: An Integrated Approach*. 3-17. Edited by D Paton and D. M Johnston. 2nd edition. Illinois: Charles C. Thomas Publisher LTD.

Perrineau, A. (2017). *The Chernobyl Disaster: The Nuclear Catastrophe and Its Devastating Effects*. In collaboration with Guillaume Hairy, Translated by Marina Martin Serra. 50 MINUTES. Belgium: Lemaitre Publishing.

Peters, G. (2012). Is Governance for Everybody? The Use and Abuse of Governance. In *Governance: Is It for Everyone?* Edited by A.M. Bissessar. 1-11. New York: Nova Science Publishers, Inc.

Pralle, S. (2019). Drawing lines: FEMA and the politics of mapping flood zones. *Climatic Change*. 152: 227-237.

Pressman, J. and Wildavsky, A. (1973). *Implementation*. CA: University of Berkeley.

Preston, J. (2015). Conclusion: Evacuations and Transmedia Vulnerability. In *City Evacuations: An Interdisciplinary Approach*. edited by J. Preston, J. M. Binner, L. Branicki, T. Galla, N. Jones, J. King, M. Kolokitha and M.Smyrnakis. 117-128. Heidelberg: Springer.

Preston, J. and Kolokitha, M. (2015). City Evacuations: Their Pedagogy and the Need for an Inter-disciplinary Approach. In *City Evacuations: An Interdisciplinary Approach*. edited by J. Preston, J. M. Binner, L. Branicki, T. Galla, N. Jones, J. King, M. Kolokitha and M. Smyrnakis. 1-20. Heidelberg: Springer.

Pritchard, J. (2019). September 11, 2001, terrorist attacks. New Jersey: Salem Press Encyclopedia.

Phillips, B. D. (2003). Disasters by Discipline: Necessary Dialogue for Emergency Management Education. A presentation made at the Workshop "Creating Educational

Opportunities for the Hazards Manager of the 21st Century." Denver, Colorado, October 22, 2003.

Purdy, E. R. (2018). *Political Science*. New Jersey: Salem Press Encyclopedia.

Quinn, R. E. and Rohrbaugh, J. A. (1981). Competing Values Approach to Organizational Effectiveness. *Public Productivity Review*. 5: 122-140.

Rao, T. V. and Ramnarayan, S. (2011). *Organization Development: Accelerating Learning and Transformation*. CA: SAGE.

Rhodes, R. A. W. (2007). Understanding Governance: Ten Years On. *Organization Studies*. 28. 8: 1-22.

Rhodes, R. A. W. (2017). Understanding Governance: 20 Years On. Article for the 领导科学论坛·国家治理评论2017. http://www.raw-rhodes.co.uk/wp-content/uploads/2017/07/National-Governance-Review.pdf, last visited 2020/8/30.

Rivera, F.I. and Kapucu, N. (2015). *Disaster Vulnerability, Hazards and Resilience: Perspectives from Florida*. New York: Springer.

Robertson, P. J. (1996). Interorganizational relationships: Key issues for integrated services. Working Paper. Los Angles, CA.: University of Southern California.

Robertson, I. T., Callinan, M. and Bartram, D. (2002). *Organizational Effectiveness: The Role of Psychology*. Editors. UK: John Wiley and Sons, LTD.

Rokeach, M. (1973). *The Nature of Human Values*. New York: The Free Press.

Rosenbloom, D. H. (2017). Beyond Efficiency: Value Frameworks for Public Administration. *Chinese Public Administration Review*. 8. 1: 37-46.

Rosenbloom, D. H. (2007). Reinventing Administrative Prescriptions: The Case for Democratic-Constitutional Impact Statements and Scorecards. *Public Administration Review*. 67. 1: 28-39.

Rosenbloom, D. H. (1993). *Public Administration: Understanding Management, Politics, and Law in Public Sector*. 3rd ed. New York: McGraw-Hill.

Rothwell, W. J., Sullivan, R. L. and Stavros, J. M. (2016). Organization Development, Transformation, and Change. In *Practicing Organization Development: Leading Transformation and Change*. Editors. 4th ed. 35-47. New Jersey: John Wiley & Sons.

Schein, E. H. (1998). *Process Consultation Revisited: Building the Helping Relationship*. Reading, MA: Addison-Wesley.

Schein, E. H. (2010). *Organizational Culture and Leadership*. 4th ed. San Francisco: Jossey-Bass.

Schneider, B. (1983). In Interactionist Perspective on Organizational Effectiveness. In

Organizational Effectiveness: A Comparison of Multiple Models. 27-54. K.S. Cameron and D.A. Whetten. Editors. New York: Academic Press.

Schuster, A. J. (2017). *Understanding Information: From the Big Bang to Big Data.* Editor. Switzerland: Springer.

Scott, W. R. (1992). *Organizations: Rational, Natural, and Open Systems.* 3rd ed. New Jersey: Prentice-Hall.

Shafritz, J. M. (1992). *The HarperCollins Dictionary of American Government and Politics.* New York: HarperCollins.

Shanker, M. and Omer, S. (2012). Role of Transformational Leaders as Change Agents: Leveraging Effects on Organizational Climate. *Indian Journal of Industrial Relations.* 47. 3: 470-484

Simon, H. A. (1957). *Administrative Behavior.* 3rd edition. New York: The Free Press.

Smith, C. and Wobst, H. M. (2005). Decolonizing archaeological theory and practice. In *Indigenous Archaeologies: Decolonizing Theory and Practice* edited by C. Smith and H.M. Wobst. 5-16. London: Routledge.

Spector, B. (2007). *Implementing Organizational Change: Theory and Practice.* Upper Saddle River. NJ: Pearson.

Stanley, I. H., Hom, M. A. and Joiner, T. E. (2016). A systematic review of suicidal thoughts and behaviors among police officers, firefighters, EMTs, and paramedics. *Clinical Psychology Review.* 44: 25-44.

Susman, G. I. and Evered, R. D. (1978). An Assessment of the Scientific Merits of Action Research. *Administrative Science Quarterly.* 23: 582-603.

Sylves, R. T. (2019). *Disaster Policy and Politics: Emergency Management and Homeland Security.* 3rd ed. CA: SAGE Publication.

Szilagyi, A. D. and Wallace, M. J. (1990). *Organizational Behavior and Performance.* 5th ed. Illinois: Scott, Foresman/Little, Brown.

Tanno, J. P. and Banner, D. K. (2018). Servant Leaders as Change Agents. *Journal of Social Change.* 10. 1: 1-18.

Tanigawa, K. (2012). 'Lessons learned from the Fukushima Daiichi nuclear power plant accident: evacuation, screening and emergency care for the injured following the Fukushima incident'. Paper presented at the Disaster Medical Assistance Team (DMAT) International Conference, 15 September, National Cheng Kung University, Tainan City, Taiwan.

Taylor, J. (2019). *Military Mobilization.* New Jersey: Salem Press Encyclopedia.

The Federalist (1788). *The Federalist: A Collection of Essays, Constitution.* New York: J.

and A. McLean.

The National Academies. (2007). *Successful Response Starts with a Map: Improving Geospatial Support for Disaster Management.* Washington, DC: The National Academies Press.

The National Academies. (2012). *Disaster Resilience: A National Imperative.* Washington, DC: The National Academies Press.

The National Academies. (2021). *Enhancing Community Resilience through Social Capital and Connectedness: Stronger Together!* Washington, DC: The National Academies Press.

Thompson, J. D. (1967). *Organizations in Action.* New York: Macmillan.

Trist, E. (1977). A Concept of Organizational Ecology. *Australian Journal of Management.* 2: 162-175.

Valcik, N.A., Benavides, T.J. and Scruton, K. (2015). *Non-Profit Organizations: Real Issues for Public Administrators.* New York: Taylor & Francis Group.

Vanclay, F. (1999). Social Impact Assessment. Prepared for Thematic Review V.2: Environmental and Social Assessment for large dams. Cape Town: World Commission on Dams. https://www.researchgate.net/publication/320196961_Social_Impact_Assessment_Contributing_Paper_Prepared_for_Thematic_Review_V2_Environmental_and_Social_Assessment_for_large_dams, last visited: 2022/1/8.

Vanclay, F., Esteves, A. M., Aucamp, I. and Franks, D. (2015). *Social Impact Assessment: Guidance for Assessing and Managing the Social Impacts of Projects.* Fargo ND: International Association for Impact Assessment.

Vantilborgh, T., Bidee, J., Pepermans, R., Willems, J., Huybrechts, G. and Jegers, M. (2011). A New Deal for NPO Governance and Management: Implications for Volunteers Using Psychological Contract Theory. *International Journal of Voluntary and Nonprofit Organizations.* 22. 4: 639-657.

Vicchio, R. P. (1991). *Organizational Behavior.* 2nd ed. Chicago: The Dryden Press.

U.S. Department of Homeland Security. (2010). Quadrennial Homeland Security Review: A Strategic Framework for a Secure Homeland. Retrieved from: https://www.dhs.gov/xlibrary/assets/qhsr_report.pdf.

U.S. House of Representatives. (2006). *A Failure of Initiative: Final Report of the Select Bipartisan Committee to Investigate the Preparation for and Response to Hurricane Katrina.* Report by the Select Bipartisan Committee to Investigate the Preparation for and Response to Hurricane Katrina. Washington: U.S. Government Printing Office.

Waldo, D. (1965). The Administrative State Revisited. *Public Administration Review*. 25. 1: 5-30. Twenty-Fifth Anniversary Issue.

Walllace, W. A. and Balogh, F. D. (1985). Decision Support Systems for Disaster Management. Special Issue: Emergency Management: A Challenge for Public Administration. *Public Administration Review*. 45: 134-146

Wall, B. M., LaMaina, V. and MacAllister, E. (2015). Hurricane Sandy, October 2012, New York City (USA). In *Nurses and Disasters: Global, Historical Case Studies*. 257-268. Edited by A.W. Keeling and B.M Wall. New York: Springer Publishing Company.

Walsh, J. (2019). *Social Capital*. New Jersey: Salem Press Encyclopedia.

Weber, M. (1947). *The Theory of Social and Economic Organization*. (T. Parsons, trans.) New York: Free Press.

Weick, K. (1979). *The Social Psychology of Organizing*. 2nd ed. New York: McGraw-Hill.

Whetten, D. A. and Cameron, K. S. (1994). Organizational-level productivity initiatives: The case of downsizing. In *Organizational linkages: Understanding the Productivity Paradox*. Edited by D.H. Harris. 262-290. Washington, DC: National Academy Press.

White, L. D. (1926). *Introduction to the Study of Public Administration*. New York: Macmillan.

Wienclaw, R. A. (2019). *Organization Development*. New Jersey: Salem Press Encyclopedia.

Willner, A. R. (1984). *The Spellbinders: Charismatic Political Leadership*. New Haven. CT: Yale University Press.

Wilson, W. (1887). The study of administration. *Political Science Quarterly*. 2: 197-222.

Withington, J. (2010). *Disaster!: A History of Earthquakes, Floods, Plagues, and Other Catastrophes*. New York: Skyhorse Publishing.

Worley, C. G. and Feyerherm, A. E. (2003). Reflections on the Future of Organization Development. *The Journal of Applied Behavioral Science*. 39. 1: 97-115.

Wylene, R. (2019). *Transmedia Storytelling*. New Jersey: Salem Press Encyclopedia.

Yousef, D. A. (2017). Organizational Commitment, Job Satisfaction and Attitudes toward Organizational Change: A Study in the Local Government. *International Journal of Public Administration*. 40. 1: 77-88.

Yukl, G. A. (1994). *Leadership in Organizations*. 3rd ed. New Jersey: Prentice-Hall.

Zammuto, R. F. (1984). A Comparison of Multiple Constituency Models of Organizational Effectiveness. *Academy of Management Review*. 9. 4: 606-616.

國家圖書館出版品預行編目資料

救災體系：成效與變革／楊永年著. ──初
　版.──臺北市：五南圖書出版股份有限公
　司, 2022.09　面；　公分
ISBN 978-626-343-117-1（平裝）

1.CST: 災難救助　2.CST: 災害應變計畫

575.87　　　　　　　　　　　111011624

1PTR

救災體系：成效與變革

作　　　者 ─ 楊永年（318.9）

發 行 人 ─ 楊榮川

總 經 理 ─ 楊士清

總 編 輯 ─ 楊秀麗

副總編輯 ─ 劉靜芬

責任編輯 ─ 林佳瑩、黃麗玟

封面設計 ─ 王麗娟

出 版 者 ─ 五南圖書出版股份有限公司

地　　　址：106台北市大安區和平東路二段339號4樓

電　　　話：(02)2705-5066　　傳　　真：(02)2706-6100

網　　　址：https://www.wunan.com.tw

電子郵件：wunan@wunan.com.tw

劃撥帳號：01068953

戶　　　名：五南圖書出版股份有限公司

法律顧問　林勝安律師事務所　林勝安律師

出版日期　2022年9月初版一刷

定　　　價　新臺幣520元

※版權所有‧欲利用本書內容，必須徵求本公司同意※

五 南
WU-NAN

全新官方臉書

五南讀書趣

WUNAN
Books
since1966

Facebook 按讚

1 秒變文青

五南讀書趣 Wunan Books

★ 專業實用有趣
★ 搶先書籍開箱
★ 獨家優惠好康

不定期舉辦抽獎
贈書活動喔！！！

經典永恆・名著常在

五十週年的獻禮 —— 經典名著文庫

五南，五十年了，半個世紀，人生旅程的一大半，走過來了。

思索著，邁向百年的未來歷程，能為知識界、文化學術界作些什麼？

在速食文化的生態下，有什麼值得讓人雋永品味的？

歷代經典・當今名著，經過時間的洗禮，千錘百鍊，流傳至今，光芒耀人；

不僅使我們能領悟前人的智慧，同時也增深加廣我們思考的深度與視野。

我們決心投入巨資，有計畫的系統梳選，成立「經典名著文庫」，

希望收入古今中外思想性的、充滿睿智與獨見的經典、名著。

這是一項理想性的、永續性的巨大出版工程。

不在意讀者的眾寡，只考慮它的學術價值，力求完整展現先哲思想的軌跡；

為知識界開啟一片智慧之窗，營造一座百花綻放的世界文明公園，

任君遨遊、取菁吸蜜、嘉惠學子！